제4판

Hotel Front Office Management

호텔객실관리

박영기 · 안성근 공저

기문사
www.kimoonsa.co.kr

머리말

최근 들어 호텔을 이용하는 고객들은 단순히 숙식만을 해결하고자 방문하는 고객은 없다. 안락하고 쾌적한 객실이용을 희망하거나 식사, 비즈니스, 행사참여, 휴식 등을 위한 목적으로 이용하는 경우가 대부분이다. 그러므로 호텔에서는 경영의 목표달성을 이루고, 나아가 고객욕구를 충족시키기 위하여 고품격 서비스 제공을 위한 부단한 노력이 요구된다. 호텔경영자 측에서는 일정수준 이상의 목표달성을 위해 시설적인 면에 투자를 한다고 하지만, 이것만으로 해결할 수 있는 것은 아니고, 고객 만족을 충족시키기 위한 프로정신을 겸비한 전문 인력과 모든 업무에 능동적으로 대처할 수 있는 직원으로 구성되어야 한다. 따라서 이 책에서는 호텔객실 운영과 관리에 관련된 객실부서의 전반적 기초이론과, 각각의 부서에서 일어나는 업무의 특성 및 기능을 중심으로 실무적인 접근방법에 근거한 실현 가능한 서비스를 습득하기 위해 저술된 "호텔객실 관리 입문서"라고 하겠다.

무엇보다도 이 책은 호텔객실 부서 직원들이 기본적으로 갖추어야 할 기본개념과 실무능력을 겸비한 기초 관리자로서의 자질 향상에 도움이 되기를 바라는 마음으로 저술하였다. 저자는 그동안 5성급 체인호텔의 객실관련 부서에서 오랫동안 근무한 경험을 바탕으로 저술하게 되었다. 그리고 저술을 함에 있어 동기가 된 것은 대학에서 호텔객실과 관련된 과목을 가르치면서 학생들이 호텔객실 관련 업무에 쉽게 적응하고, 이해할 수 있도록 하기 위함에 있다고 하겠다.

이 책에서는 호텔의 객실부서와 관련된 부서를 크게 4부로 구성하였으며, 1부에서는 3개의 장, 2부에서는 4개의 장, 3부에서는 7개의 장, 4부에서는 9개의 장 즉, 총 23개의 장으로 나누어 설명하였는데, 각각의 구성을 살펴보면 다음과 같다.

1부에서는 호텔객실 부문의 일반적 개요로, 호텔객실 부서의 이해, 호텔객실의 분류 및 요금체계, 호텔객실 부서의 조직과 직무로 나누어 설명하였다.

2부에서는 고객과 직접적으로 접하면서 서비스하는 부서라고 할 수 있는 호텔현관에 위치한 부서로, 현관업무에 대한 일반적 개요와 역할, 기능에 대하여 설명하고 있다. 그리고 고객과 접점 서비스를 하는 도어 데스크, 벨 데스크, 컨시어지로 구성하였다.

3부에서는 프런트 오피스 부문으로 객실예약, 프런트 데스크, 귀빈층, 비즈니스 센터, 피트니스 센터, 교환실, 당직지배인에 대하여 설명하였다.

4부에서는 객실상품을 만드는 하우스키핑 부서로, 하우스키핑의 일반적 업무, 객실정비 업무, 세탁과 린넨 업무, 공공지역 업무, 안전관리와 화재관리, 지속적으로 증가하고 있는 객실관리의 아웃소싱 현황, 호텔 시설물 관리, 습득물 관리, 미니바 업무에 대하여 설명하였다.

이 책은 호텔에서의 오랜 경험과 강의경험을 토대로 저술하였음에도 호텔용어를 한글로 표현함에 있어 어려운 부문이 많아 지속적인 연구의 필요성을 다시 한번 느꼈다. 그리고 최종 내용을 정리하면서 미약한 부분은 좀 더 보완하여 완성된 내용으로 거듭나고자 한다.

끝으로 이 책이 나오기까지 적극적으로 도움을 주신 도서출판 기문사 사장님과 편집부 이하 직원에게도 감사를 드린다.

저자 일동

차례

제1부 호텔객실 부문의 일반적 개요

제2부 호텔 현관 서비스 부문

제3부 호텔 프런트 오피스 부문

제1부

호텔객실 부문의 일반적 개요

호텔 객실 관리

Hotel Front Office Management

제1장

호텔객실 부서의 이해

호텔에서 객실부서(room division)는 객실판매를 담당하는 부서(front office)와 현관에서 대 고객서비스를 담당하는 부서(uniform service) 그리고 객실이라는 상품을 만드는 객실관리 부서(housekeeping)로 나누어 볼 수 있다.

호텔객실 부서 중 front desk(F/D: 프런트 데스크)는 객실을 예약한 고객이 도착하면 영접을 하고, 등록절차를 수행하며, 호텔 내 · 외의 다양한 정보를 제공하는 등 고객이 도착하기 전부터 호텔을 출발하기까지 전 과정을 담당하는 호텔 내에서는 중요한 부서라고 할 수 있다. 또한 호텔 내에서 고객서비스를 담당하는 부서인 uniform service(유니폼 서비스)는 고객에게 정보를 제공하는 concierge(컨시어지), 객실안내 등 다양한 업무를 담당하는 bell desk(벨 데스크), 호텔현관의 원활한 교통흐름과 호텔도착 고객의 안전을 담당하는 door desk(도어 데스크)로 구성되어 있다. 그리고 프런트 데스크에서 판매하는 객실 상품을 만드는 housekeeping(객실관리 부서)은 객실뿐만 아니라 호텔건물 내 · 외를 관리하는 광범위한 부서라고 할 수 있다.

1절 ◎ 호텔객실의 개념과 중요성

1 호텔객실의 개념

호텔에서의 객실은 호텔을 구성하고 있는 영업부서의 기본구조로, 식음료부서와 함께 대표적인 부대시설이라 할 수 있다. 특히 객실은 고객들이 가장 오랫동안 머무르는 공간으로, 고객에게 편안하고 안락한 휴식과 잠자리를 제공하는 공간이라 할 수 있겠다.

호텔의 객실은 인적서비스를 함께 제공하는 상품 중 최고급 호텔상품으로, 호텔경영에 있어 커다란 위치를 차지하고 있다. 즉 호텔의 객실 수는 호텔의 규모와 수준을 평가하는 기준으로 삼고 있는 것이 현실이다. 이는 호텔 이미지와 매출대비 순이익에도 많은 영향을 미치기 때문이라 할 수 있다.

최근 호텔객실의 기능은 잠을 잘 수 있는 수면 공간, 사무를 볼 수 있는 비즈니스 공간, 편안한 휴식을 취할 수 있는 휴식 공간, 오락을 즐길 수 있는 공간과 같은 다양한 기능을 갖춘 복합적인 공간이라 할 수 있다.

호텔의 객실상품은 객실이라는 물적이며 시설적인 상품을 고객에게 제공하는 기본적인 서비스와 객실부서 종사원의 인적서비스에 의해 종합적으로 만들어낸 상품이라 하겠다. 따라서 객실상품을 구성하고 있는 요소는 객실이라는 시설서비스와 인적서비스에 의해 이루어진 것이라 할 수 있는데, 시설서비스는 고객들이 요구하는 시설, 소모품, 청결, 안전, 쾌적, 정숙 등 고객들의 욕구를 충족시켜줄 수 있어야 한다. 그러므로 호텔객실은 고객들이 요구하는 다양한 객실상품을 생산하고, 판매하는 호텔경영의 핵심 상품이라 할 수 있다.

2 호텔객실의 중요성

호텔객실은 다른 지역을 여행하는 사람들에게 업무와 휴식을 위한 공간제공과 이에 부수되는 서비스를 제공하여 수익을 발생시키는 호텔경영에서의 중요한 부서이다. 그리고 호텔객실은 초기 투자비용이 많이 들어가지만 원가의 비중이 낮고, 운영비용이 적게 들어가기 때문에 호텔의 여러 영업장 중 가장 수익률이 높다고 하겠다.

객실판매로 인한 기타 수익은 객실료 수입으로만 수익이 발생되는 것이 아니라, 객실 내에 비치된 냉장고와 미니바(mini bar) 사용, 식음료 영업장과 부대시설 이용 등으로 호텔영업 전반에 지대한 영향을 미친다. 즉 객실 투숙률이 높으면 호텔 내 부대업장 이용률이 높아져 호텔수익에도 상관관계가 있기 때문에, 호텔에서는 경영적 측면에서 중요한 정책으로 여겨지고 있다. 그러므로 호텔을 경영함에 있어, 궁극적인 목표가 기업의 가치 확대와 이윤 극대화라면 호텔객실은 호텔의 전반적인 수익에 커다란 영향을 미친다고 할 수 있기 때문에 호텔상품 중 가장 핵심 상품이라 하겠다.

따라서 호텔객실은 고객의 욕구에 따라 계속적으로 변화되어야 주위의 경쟁호텔에서 우위를 점할 수 있다. 그러므로 호텔의 경영전략에 따라 차이는 있지만, 인건비나 식재료 비용이 많이 들어가는 식음료업장의 수를 줄이고, 객실영업에 중점을 두는 호텔이 증가하고 있다.

2절 호텔객실의 특성

최근의 도심에 있는 호텔객실 영업은 높은 점유율을 유지하고 있어 환경변화에 영향을 덜 받고 있는 것 같지만, 일반적으로 요일이나 월별, 계절에 따라 수요의 변동이 심한 것이 호텔객실이다.

호텔객실 경영을 평가하는 방법에는 다양한 특성에 따라 다르게 평가될 수 있지만, 일반적으로 객실점유율(room occupancy), 객실평균단가(room average rate), 객실판매 수(sold room)에 따라 실적이 평가된다. 그래서 객실수익의 극대화를 위해서는 성 · 비수기에 따라 상품이 개발돼야 하는데, 성수기에는 공표요금(tariff) 정책을 적용하여 객실단가를 높이는 반면, 비수기에는 패키지(package)상품을 만들어 객실점유율을 높이는 마케팅 전략 수립이 요구된다. 다음은 호텔객실을 경영함에 있어 몇 가지 특별한 특성을 보이고 있는데 간단히 정리하면 다음과 같다.

1 객실구조의 표준화

호텔객실은 초기 설계부터 표준화에 중점을 두고 있다. 왜냐하면 호텔객실은 막대한 자본이 들어가기 때문에 원가절감이라는 차원과 객실공간을 최대한 활용하기 위해서이다. 또한 차후 객실 보수 시에도 표준화된 객실은 동일한 제품을 다량 구입하여 사용함으로써 비용을 절감할 수 있기 때문이다. 그러므로 고객의 욕구를 충족시켜줄 수 있는 객실을 만들기 위해서는 고객의 다양한 취향 반영은 필수이고, 같은 형태의 침대나 가구, 커튼, 색상, 조명 등 설비도 관광객 또는 상용고객에 따라 표준화된 설계를 하고 있다.

2 객실의 고급화

호텔객실은 이용하는 고객의 취향이나 목적에 따라 다양화되어, 호텔마다 차별화 전략을 취하고 있다. 객실을 구성하고 있는 시설이나 설비, 소모품 등을 고급화하여 외형적인 면을 강조하여 고객만족을 유도하고, 차별화 전략을 통하여 욕구를 충족시키며, 고

객 재방문을 위한 노력을 하고 있다. 그러기 위해서는 침대, 응접실, 욕실 등을 최고급화하고 있는데, 침대의 크기를 넓히거나 응접실의 가구와 카펫을 현대적 감각으로 고급화하고, 욕실의 경우는 욕조보다는 샤워 부스(shower booth)를 설치하여 고급화에 치중하고 있다.

특히 호텔을 새로 개관하거나 보수(renovation)하는 경우는 표준객실 수를 줄이고, 스위트 룸(suite room)과 같은 특실 수를 늘이는 것으로 볼 때, 객실의 고급화 전략에 치중하고 있음을 알 수 있다.

3 객실상품의 변화

호텔객실은 다양화된 고객의 욕구를 파악하여, 고객들이 요구하는 소모품(amenity), 인테리어, 무선통신시설 등의 새로운 서비스와 시설을 추가하고, 객실형태와 크기를 주기적으로 보수(renovation)하여 고객의 욕구에 접근하고 있다.

상용고객을 위하여 객실 내에서 무선 인터넷을 무료로 이용할 수 있는 객실상품을 내놓기도 하고, 장기 투숙객을 위한 조리가 가능한 객실을 운영하기도 한다. 또한 세계적으로 확산되는 금연운동에 따라 호텔에서도 금연층(non smoking floor)이 증가하고 있는 추세이다. 그리고 여성들의 사회활동이 증가함에 따라 여성 전용층을 운영하고 있는 호텔이 있는가 하면, 호텔이 접해있는 주위환경에 따라 어린이를 위한 객실을 운영하는 호텔도 있다.

4 객실요금의 다양성

같은 넓이와 크기, 같은 층의 객실을 이용하더라도 고객이 지불하는 금액은 이용시간과 횟수, 예약시기, 숙박기간, 계약조건 등 여러 가지 상황에 따라 차등 적용된다. 동일한 회사 직원이 호텔을 투숙하는 경우에도 매년 조금씩 다른 요금체계를 적용받을 수 있다.

객실요금은 예약 담당자나 프런트 직원에 의해 할인된 요금을 적용받기보다는 GM 등 호텔 관리자(management)에 의해 정해진 요금을 적용받게 된다. 왜냐하면 호텔직원의 직급에 따라 객실요금이 적용되는 경우는 객실경영에 있어 일관성을 잃을 수 있기 때문이다. 따라서 객실점유율을 높이고, 매출을 극대화시키기 위해서는 객실예약과 같은 단일창구 부서에서 관리할 필요가 있다.

5 높은 고정비용

호텔객실은 일반 제조업과 다르게 상대적으로 높은 고정비용이 투입되는데, 모든 서비스가 인적서비스에 의해 이루어지며, 자동화하는 데는 한계가 있기 때문이다. 또한 객실점유율에 상관없이 객실부 직원은 24시간 근무자가 있어야 하며, 객실 층에 단 한사람의 고객이 투숙을 해도 전기는 물론 수도, 냉 · 난방 등을 공급해야 하기 때문에 고정비용은 매우 높다고 할 수 있다. 따라서 일부 호텔에서는 고정비용을 낮추기 위하여 비수기에 일부 층을 폐쇄하기도 한다.

6 가치 소멸성

이동시켜 판매할 수 없는 객실상품은 저장할 수도 없다. 즉 당일 판매하지 않으면 가치가 소멸되는 시한성 상품이라 하겠다. 또한 객실 수가 한정되어 있기 때문에 객실 수를 초과해서 판매할 수도 없다. 즉 호텔에서 객실상품은 시간적, 양적 제한을 받고 있으므로 객실상품은 당일 판매를 해야만 가치가 있다고 하겠다. 그렇지 않으면 자연 소멸되기 때문이다.

3절 ◎ 호텔객실의 기본조건과 기능

1 호텔객실의 기본조건

호텔객실은 여러 가지 조건을 요구하지만, 그 중 가장 중요한 조건은 안락한 숙박이 가능한 주거 공간이다. 그러므로 숙박조건을 중심으로 보았을 때, 호텔객실은 다음과 같은 기본조건을 갖추어야 한다.

1) 쾌적성

호텔객실의 실내 온도, 습도, 맑은 공기, 햇빛, 환기 등이 적절하여 고객이 머무는 동안 쾌적함을 느낄 수 있어야 한다.

2) 청결성

호텔객실은 다양한 고객이 사용하기 때문에, 고객이 머물고 간 자리를 청결하게 유지하여, 다음 고객이 투숙을 하더라도 새것 같은 인상을 주어야 하고 청결해야 한다. 그래서 호텔에서는 청결성에 대한 무형의 서비스를 유형화하고자 한다. 즉, 객실 내 소모품(amenity) 등을 포장하여 입고된 상태로 제공하기도 하고, 욕실의 변기를 비데(bidet)로 바꾸는가 하면 객실정비 때 티슈나 화장실 종이는 삼각형으로 접어 고객으로 하여금 처음 사용하거나 깨끗하다는 인상을 심어준다. 또한 호텔객실 내 냄새제거와 청결을 위해 분기별로 정기적인 대청소를 실시하여 항상 상쾌하고 청결한 객실을 제공하고자 한다. 침구류 또한 대청소 시 모두 세탁하여 청결을 유지한다. 그리고 흡연객실이라도 객실청소 후에는 담배냄새가 나지 않도록 정비해야 한다.

3) 정숙성

호텔객실에서는 옆 객실이나 외부에서의 소음은 고객 불평의 주요 요인이 된다. 따라서 객실 밖에서 들려오는 소음이 모두 제거될 수 있도록 객실을 설계하고자 객실 문을 닫으면 문 밑에서 셔터가 내려와 소음을 차단하는 것까지 설치하기도 한다. 호텔객실 내부에서 발생하는 소음도 최소화하여야 한다. 특히 최근에는 객실 내에 설치되어 있는 냉장고 소음에 민감한 고객들이 많이 있기 때문에 무소음 냉장고 설치를 호텔 매뉴얼로 의무화하는 경우도 있다. 그리고 24시간 작동하는 냉 · 난방시설의 작은 소음도 제거하여야 한다.

4) 편리성

객실이라고 하는 한정된 공간에서 생활해야 하는 객실 내 손님의 동선이 편리하도록 가구나 장식품 비치가 되어 있어야 한다. 또한 TV, 물 끓이는 주전자(kettle), 헤어 드라이기와 같은 전기제품의 사용설명서를 비치하여 직원의 도움이나 설명 없이도 편안하게 이용할 수 있도록 해야 한다.

5) 안정성

호텔객실은 투숙한 고객이 객실에서 머무는 동안에는 주위의 환경으로부터 간섭을 받지 않고, 안정을 취하거나 고객 자신만의 일에 몰두할 수 있는 공간이어야 한다.

6) 개인생활의 보호

호텔은 고객보호에 대한 호텔 규정이 있어서가 아니라, 객실에 투숙한 고객에 대해서는 철저히 사생활을 보호해 줄 의무가 있다. 그러므로 투숙 시 기록한 등록카드상의 고객정보가 누출되지 않도록 신경을 써야 한다.

2 호텔객실의 기능

호텔에 투숙한 고객의 생활 측면의 기능을 보면 잠을 자고 휴식을 취할 수 있는 수면 · 휴식공간, 자신만의 공간에서 자유롭게 행동할 수 있는 자유공간, 건강과 직결된 위생공간과 사무공간 같은 기능으로 생각해 볼 수 있다.

그림 1-1 **호텔객실의 기능**

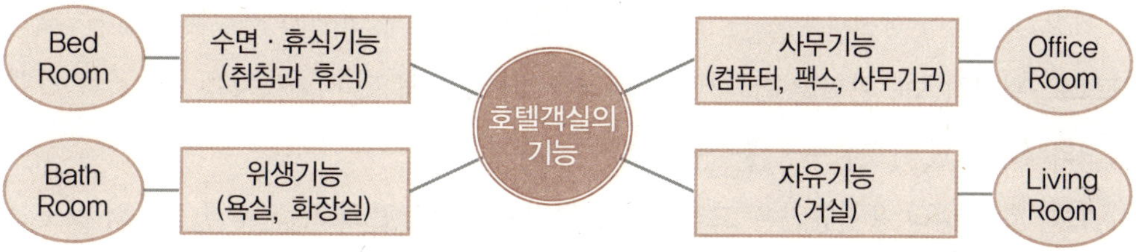

1) 수면 · 휴식공간의 기능

호텔객실은 안락한 침대와 편안한 침구류를 고객에게 제공하게 되는데, 고급 호텔일수록 고객의 욕구충족을 위해 다양한 종류의 베개와 이불을 준비하는 경우도 많다. 기본적으로 오리털 이불이 제공되지만, 민감한 고객을 위해 거위털이나 양모의 이불을 준비하기도 하고, 깃털 알레르기 손님을 위해 목화로 만든 솜이불을 준비하기도 한다. 베개 또한 한실 베개와 라텍스(latex) 베개 등 다양하게 준비해 놓기도 한다.

그뿐만 아니라, 대부분의 객실에는 편히 휴식을 취할 수 있도록 소파 또는 의자가 제공되고, 레스토랑까지 가지 않고도 객실에서 식음료를 주문하면 원하는 시간에 언제든지 룸서비스를 통하여 서비스를 제공받을 수 있다. 또한 편안한 수면과 안락한 휴식은 조명에 따라 다르게 느껴질 수 있으므로 객실의 전등은 밝기를 조절할 수 있도록 되어 있다.

2) 자유공간의 기능

호텔에 투숙한 고객의 객실은 자신만을 위한 공간이므로 자유롭게 행동할 수 있다. 또한 집과 거실의 기능을 갖고 있어 TV나 영화 시청이 가능하고, 음악을 들을 수 있는 시스템도 갖추고 있다.

3) 위생공간의 기능

객실은 고객이 장시간 머무는 공간으로 청결하지 않으면 고객의 건강을 해칠 수도 있으므로, 위생적으로 관리할 필요가 있다. 따라서 카펫으로 된 객실바닥은 매일하는 카펫 청소와 정기적인 카펫샴푸를 통하여 관리할 필요가 있다.

또한 객실 내의 욕실공간은 고객건강과 직결된 위생공간으로, 고객의 생리적 욕구를 해결할 수 있도록 설계된 공간이다. 최근에는 모든 객실에 비데와 샤워시설을 설치하는 호텔들도 많이 있는가 하면 로션, 샴푸 등 욕실용품도 고급화하고 있다.

4) 사무공간의 기능

최근에는 객실 내에서 인터넷을 활용한 업무를 볼 수 있기 때문에 객실 내에서 모든 업무를 수행할 수 있는 사무공간이 마련되어야 한다. 즉, 다양한 정보공유와 비즈니스를 할 수 있는 회의실, 인터넷과 팩스 등을 갖추고 있어 업무도 볼 수 있는 다목적 공간으로 자유롭게 이용할 수 있는 기능도 있다.

이상과 같이 호텔객실은 한정된 하나의 작은 공간이지만, 고객들이 휴식을 취하고, 편안하며, 위생적 기능을 갖추어야 되는 복합적 기능을 갖고 있다. 따라서 정해진 공간을 편리하게 사용하기 위해서는 고객의 동선을 고려한 구성이 절대적으로 필요한 곳이다.

〈서울 웨스틴조선〉의 디지털 서비스

서울 웨스틴조선 호텔은 TV리모컨 하나로 호텔의 다양한 서비스와 필요한 모든 정보를 얻을 수 있는 Digital TV Information Service를 지난 11월 6일부터 실시하였다.

Digital TV Information Service는 TV를 통해 룸서비스 주문은 물론, 세탁신청, 메시지 서비스뿐만 아니라 비행기 예약, 관광지나 레스토랑 정보를 조회할 수 있고, 체크아웃을 위해 프런트 데스크에 갈 필요가 없이 객실 안에서 모든 업무처리가 가능하다.

체크인을 하고 객실에 들어오면 TV의 메인 화면에서 자신을 환영하는 메시지를 볼 수 있다. 이어 나오는 메뉴 화면에 있는 호텔의 일반적인 정보, 컨시어지 서비스, TV채널, 사용내역(my account) 중 하나를 선택하면 호텔 정보, 레스토랑, 서울 관광지 및 시내 레스토랑, 비행사 및 비행시간 등을 조회할 수 있으며 룸서비스, 세탁 등 필요한 사항을 주문할 수 있다.

또한 리모컨에는 각 메뉴로 바로 갈 수 있는 버튼이 있어 가고자 하는 곳으로 즉시 이동이 가능하다. 룸서비스, 세탁 등 주문을 클릭하면 바로 객실로 전화가 오기 때문에 원하는 바를 말만 하면 된다. My Account를 누르면 자신이 투숙 중 사용한 비용이 정산되어 화면에 뜨기 때문에 고객의 개인 예산 관리가 가능하다.

익스프레스 체크인(express check in)을 신청하고 Digital TV Information Service에서 체크아웃까지 하면 프런트에서 기다릴 필요가 한 순간도 없다. 또한 TV채널은 8개국 언어로 뉴스, 스포츠, 영화, 다큐멘터리, 패션, 음악 등을 즐길 수 있다. 최근의 호텔은 글로벌화되고 다국적 고객이 늘어나면서, 영어, 일어, 중국어, 프랑스어 등 다양한 언어의 필요성이 높아졌다고 한다.

서울 웨스틴조선 호텔은 지난 2006년 9월 1차 보수(renovation)를 마쳤으며, 2007년 중에 453개 객실 모두 새롭게 태어났다. 이때 객실의 구성(concept)은 비즈니스맨을 위한 편안함과 안락함이었는데, 다음과 같다.

① Heavenly Bed & Pillow

비즈니스맨을 위해 특별히 제작한 침대와 매트리스, 바닥과 윗면에 특별 제작된 베개, 완벽한 완충 효과 그리고 어떠한 자세에서도 신체 곳곳을 빠짐없이 받쳐주는 매트리스 패드로 구성되어 있다. 또한 3겹의 순면 시트, 기후에 따라 3종으로 제작된 거위털 이불(duvet)과 이불 커버(duvet cover), 매트리스 위에 10겹의 시트가 안정감 있는 포근함을 보장한다.

② 항 알레르기 서비스

오리털이나 거위털에 민감한 고객을 위해 항 알레르기 처리를 한 담요(blanket)를 이용한 Bed Make up(침대 꾸미기) 서비스를 한다.

③ Espresso Coffee Maker

에스프레소 커피 머신이 비치되어 있어, 객실에서 신선하고 깊은 향과 맛이 나는 커피를 뽑아 즐길 수 있다.

④ Black Out Curtain

이 커튼은 햇빛을 2중으로 차단해 아늑하고 편안한 분위기를 느낄 수 있도록 세심한 배려를 한다.

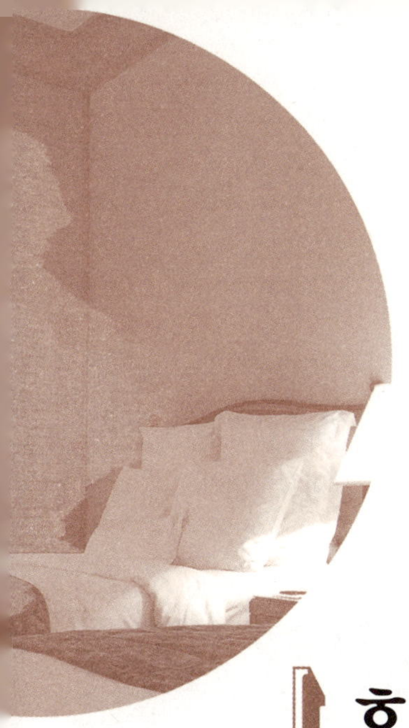

제2장

호텔객실의 분류 및 요금체계

1절 ◎ 호텔객실 침대(bed)의 종류

1 Single Bed(싱글 베드)

Single Bed는 1인용 침대로 관광진흥법 시행규칙에 따르면 크기는 90cm×195cm 이상이라고 되어 있다. 하지만 최근에 호텔에서 사용되고 있는 침대의 크기는 규정보다 가로 20cm, 세로 5cm 이상으로 사용되고 있고, 높이는 정해져 있지 않지만 일반적으로 40~50cm 정도면 적당하다.

2 Double Bed(더블 베드)

Double Bed는 2인용 침대로 관광진흥법 시행규칙에 따르면 크기는 138cm×195cm 이상이라고 되어 있다. 하지만 최근에 호텔에서 사용되고 있는 침대의 크기는 규정보다 가로 20cm, 세로 5cm 이상으로 사용되고 있고, 높이는 싱글과 마찬가지로 40~50cm 정도면 적당하다.

3 Semi-Double Bed(세미 더블 베드)

Semi-Double Bed는 가로의 크기가 더블 베드의 3/4 크기로 Three Quater Bed라고도 한다. 하지만 높이는 다른 침대와 동일하다.

4 Twin Bed(트윈 베드)

트윈 베드는 1인용 싱글 침대(Single Bed) 2개를 넣어 고객 2인이 한 객실에 투숙할 수 있도록 한 침대이다. 객실넓이는 일반 객실과 같으며, 싱글 침대만 2개 들어간다.

5 King Size Bed(킹 사이즈 베드)

King Size Bed는 더블 베드보다 크며, 가로와 세로는 180cm×200cm 이상으로 최근 많은 호텔에서 더블 베드보다 킹 사이즈 베드를 사용하고 있다.

6 Holley Wood Bed(헐리우드 베드)

Holley Wood Bed는 1인용 침대 2개를 상황에 따라 트윈 또는 더블 베드(붙여 사용)로 사용하는 침대이다. 헐리우드에 사용되는 1개의 베드 크기는 가로의 크기가 일반 싱글보다 약간 작지만, 더블 베드로 사용 시에는 가로와 세로 크기가 더블 베드 또는 킹 사이즈 베드와 동일하다.

7 Sofa Bed(소파 베드)

Sofa Bed는 Studio Bed(스튜디오 베드) 또는 Couch Bed(카우치 베드)라고도 한다. 주간에는 넓은 사무실 공간을 확보하여 업무를 볼 수 있는 긴 소파로 활용할 수 있으며, 밤에는 소파를 펴서 침대로 활용할 수 있는 접이식 침대로 상용호텔에서 효과적으로 많이 사용된다.

8 Extra Bed(엑스트라 베드)

Extra Bed는 침대에 바퀴가 달린 이동식 침대로 일반 싱글 베드보다 약간 짧고, 이동이 용이하며, 3명이 투숙하는 트리플 침대(triple bed)이다. 하지만 헤드보드가 작아서 불편한 점이 있다.

9 Baby Crib(베이비 크립)

Baby Crib는 유아용 침대로 Baby Cot(베이비 캇)이라고도 부른다. 유아를 동반한 고객이 이용하는 간이침대로 어린이는 사용할 수 없다. Baby Crib을 사용할 때는 아기가 바닥으로 떨어지는 것을 방지하기 위한 가름대를 사용해야 한다.

2절 ◎ 호텔객실의 분류

호텔객실은 고객의 욕구나 용도, 객실의 넓이, 가구의 질, 인테리어, 어메니티(amenity) 등에 따라 객실의 종류가 다양하다.

모든 호텔은 그 지역의 특성이나 영업 전략에 따라 객실을 차별화하고, 고급화시키고 있다. 때에 따라서는 호텔에 단 하나만 있는 객실을 만들어 개별화함으로써 호텔의 이미지를 부각시키는 경우도 있다. 이와 같은 객실의 변화는 고객층이 다양화되고, 고급화되면서 고객의 욕구를 충족시키고, 고객만족을 통한 객실영업에 활성화를 위해 객실이 다양하게 변화되고 있는 것이다.

따라서 호텔객실은 침대종류에 의한 분류, 객실용도에 의한 분류, 객실방향에 의한 분류로 구분할 수 있다.

1 침대종류에 의한 분류

관광진흥법 시행규칙에 따르면 single bed(1인용 침대)는 90cm×195cm 이상이고, double bed(2인용 침대)는 138cm×195cm 이상으로 규정되어 있지만, 최근 호텔에서 사용되고 있는 침대의 크기는 가로 20cm 이상, 세로 5cm 이상으로 나타났는데, 이는 고객의 편의를 위해서 침대 제작회사에 특별 주문한 것이다.

뿐만 아니라 호텔 이미지를 부각하기 위하여, 침대에 붙어 있는 상표(label)도 침대 제작회사의 이름은 작게 하고, 호텔이름이 들어간 호텔 브랜드를 크게 넣기도 한다.

1) Single Bed Room

Single Bed Room(싱글 베드 룸)은 객실에 1인용 침대 1개가 들어간 객실을 말하는데, 객실의 크기는 $13m^2$ 이상으로 관광진흥법 시행규칙에 규정되어 있다. 하지만 근래에 와서 우리나라 대부분의 호텔에서는 건물 구조나 특별한 경우를 제외한 싱글 베드 룸을 만들지 않고 있으며, 더블 베드 룸(double bed room)으로 싱글 베드 룸을 대신하고 있다.

그림 1-2 **싱글 베드 룸**

2) Double Bed Room

Double Bed Room(더블 베드 룸)은 한 객실에 두 사람이 숙박할 수 있는 2인용 침대 또는 king size(킹 사이즈) 침대를 갖춘 객실을 말한다. 일반적으로 비즈니스 호텔의 객실 대부분이 이와 같은 형식으로 구성되어 있으며, 객실의 크기는 $16m^2$ 이상으로 규정하고 있지만, 30m² 이상으로 되어 있고, 흔히 부부용 침대라고도 한다. 침대의 크기도 170cm ×200cm 또는 180cm×200cm의 침대가 설치되어 있다.

그림 1-3 **더블 베드 룸**

3) Twin Bed Room

Twin Bed Room(트윈 베드 룸)은 한 객실에 1인용 침대(single bed)가 2개 들어가 있는 객실을 말한다. 주로 단체 여행객이나 국제회의와 같은 행사가 많은 호텔에 이와 같은 객실을 많이 사용한다. 객실의 크기는 19m² 이상으로 규정하고 있지만, 더블 베드 룸과 같이 30m² 이상으로 되어 있고, 침대의 위치는 나이트 테이블(night table)을 사이에 두고 떨어져 있다.

Night Table

나이트 테이블은 침대 옆 또는 트윈 베드인 경우 침대 사이에 놓여 있는 네모난 작은 가구를 말하는데, 테이블 위에는 전화기, 메모지, 볼펜, 스위치 보드(switch board or control box) 등이 놓여 있다. 이는 손님이 커다란 동작을 하지 않고도 침대 위에서 객실 내부를 조절하기 위한 기능적인 기구라고 할 수 있다. 스위치 보드의 기능은 전등 조절, 시계, 라디오, 음악선별, 모닝콜(morning call) 등의 조절이 가능한 전자장치라 할 수 있다.

그림 1-4 **트윈 베드 룸**

그림 1-5 **나이트 테이블**

4) Triple Bed Room

Triple Bed Room(트리플 베드 룸)은 1인용 침대가 3개 들어간 객실을 말하는데, 트윈룸에 한사람이 더 추가되어, 세 사람이 묵을 수 있도록 single bed 하나가 더 들어가는 경우도 있다. 여기서 싱글은 일반 싱글 베드일 수도 있지만, extra bed 또는 아기용 침대(baby crib or baby cot)가 들어가기도 하는데, 이러한 객실은 단체고객이나 가족을 동반한 고객의 요청에 의해 만들어지기 때문에 트리플 베드 룸이라고 말하지 않는다.

그림 1-6 **트리플 베드 룸**

5) Double & Single Room

Double & Single Room(더블 앤 싱글 룸)은 가족 여행자들이 많이 이용하는 객실이다. 이 객실은 상시적으로 더블 베드와 싱글이 하나씩 설치되어 있는 객실을 말한다. 이러한 형태의 객실은 비즈니스 호텔인 경우에도 있기는 하지만, 관광지나 휴양지에 가족 또는 단체 이용객이 있는 호텔에 많다. 호텔에 따라서는 Family Room이라고도 부른다.

그림 1-7 더블 앤 싱글 룸

6) Double & Double Room

Double & Double Room(더블 앤 더블 룸)은 침대가 두 개 들어간 객실이지만, 더블 베드가 2개 들어간 것으로, 그만큼 객실 면적이 넓어야 한다. 이 객실 역시 가족 여행자들이 많이 이용하는 객실로 패밀리 트윈(family twin)이라고도 한다. 이러한 형태의 객실도 비즈니스 호텔인 경우에도 있기는 하지만, 관광지나 휴양지에 가족 또는 단체 이용객이 있는 호텔에 많다.

그림 1-8 더블 앤 더블 룸

7) Studio Bed Room

Studio Bed Room(스튜디오 베드 룸)은 일반 객실에 sofa bed(소파 베드) 또는 couch bed(카우치 베드)라고 하는 침대를 설치하여, 낮에는 넓은 사무실 공간을 확보하여 업무를 볼 수 있게 소파로 이용하고, 밤에는 소파를 펴서 침대로 활용할 수 있는 객실이다.

2 객실용도에 의한 분류

객실용도에 의한 분류는 고객이 요구하는 객실을 용도에 맞게 다양한 구조로 변경하고, 위치, 가구, 침대 그 밖에 편의용품에 따라 분류한 것이다.

1) Ondol Room

Ondol Room(온돌 룸)은 객실 내부를 한국식 방으로 꾸민 객실을 말한다. 가구는 한국 전통의 옷장, 장식장으로 꾸며져 있으며, 일반 객실의 테이블 대신 전통적으로 내려오는 상으로 구비되어 있다. 객실의 넓이는 일반 객실과 동일하나, 한국 정취를 느끼도록 설비되어 있으며, 객실 바닥은 우리나라 전통의 온돌구조로 되어 있다. 하지만 욕실구조와 객실 내 용품 등은 일반 객실과 차이가 없다.

그림 1-9 온돌 룸

2) Connecting Room

Connecting Room(커넥팅 룸)은 객실과 객실 사이에 통행할 수 있는 문이 있어, 복도를 통하지 않고도 이동이 가능한 객실이다.

이러한 객실은 어린이가 포함된 가족 여행객이나 단체 여행객들이 사용하는 경우가 많다. 객실구조는 하나는 더블 베드 룸이고 다른 하나는 트윈 베드 룸 또는 리빙 룸으로 되어 있는 경우가 있는데, 2개의 객실이 연결된 것뿐만 아니라 3개 또는 4개의 룸으로 연결되어 있는 경우도 있다.

경우에 따라서는 사이문을 닫고 사용하거나 판매를 하는 경우가 있는데, 객실의 방음이 완벽하지 않은 단점이 있다.

그림 1-10 **커넥팅 룸**

3) Adjoining Room

Adjoining Room(어드조이닝 룸)은 복도를 중심으로 같이 붙어 있는 룸이지만, 커넥팅 룸과 달리 연결 통로가 없다. 단지 객실이 같은 방향으로 배열되어 있을 뿐이다. 손님들 중에는 일행끼리 가까이 지내고 싶지만 신경이 예민한 고객이나 방음이 완벽한 객실을 원할 때 어드조이닝 룸을 사용한다.

4) Parlour Room

Parlour Room(팔러 룸)은 스튜디오 베드룸과 비슷하며, 스위트 룸(suite room)에 딸린 리빙 룸(living room)이다. 스위트 룸으로 판매하는 경우가 대부분이며, 때에 따라서는 connecting door를 닫고 별도로 판매하는 경우도 있다.

5) Non-Smoking Room

Non-Smoking Room(금연 룸)은 흡연이 건강을 해친다는 인식하에 세계적으로 확산되고 있는 금연운동으로, 우리나라의 호텔에서도 흡연할 수 있는 객실과 분리하여 금연룸을 별도로 관리하고 있으며, 이와 같은 객실분리 경영은 계속적으로 늘어나고 있는 추세이다. 금연 객실에는 재떨이(ashtray)와 성냥(match)이 비치되어 있지 않다.

6) Long Term Guest Room

Long Term Guest Room(장기 투숙객룸)은 투숙기간이 수일에서 수개월씩 머무는 경우 사용하는 객실이다. 이러한 객실은 스위트 형태로 이루어져 있으며, 침실

과 응접실로 분리되어 있고, 주방시설, 세탁시설이 별도로 설치되어 있어 취사와 조리가 가능하다. 주로 장기 출장 온 손님이나 외교관 등이 주 고객이며, 객실정비도 고정된 직원이 담당하고 있다.

7) Handicap Room

Handicap Room(장애인 룸)은 현관입구 문부터 객실 내 모든 시설 즉, 문턱이 없는 입구문 틀, 입구문 손잡이, 화장실, 시각 장애인을 위한 스피커 장치, 청각 장애인을 위한 램프로 된 안내문 등 장애인이 사용하기 편리하도록 되어 있다.

8) Ladies Room

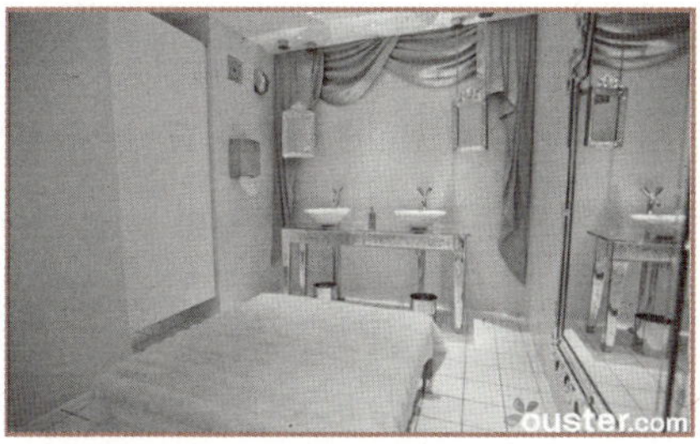

Ladies Room(여성전용 룸)은 여성의 사회활동이 증가하면서 여성을 위해 배려한다는 차원에서 생겨난 객실이다. 따라서 더 많은 여성고객 유치를 위해서 객실 내 소모품(amenity)이나 욕실용품 등은 여성이 선호하는 브랜드나 소모품을 제공한다.

9) Dog Companion Room

Dog Companion Room(애견동반 객실)은 애완견뿐만 아니라 애완동물과 함께 생활을 동반 인구증가 즉, 반려동물과 함께 생활하는 고객이 증가하면서 생겨난 호텔객실의 한 종류이다. 따라서 반려동물과 함께하는 더 많은 고객을 유치하기 위하여 호텔객실 내에서 애완견 관리에 필요한 강아지 집, 사료, 간식, 매트 등 용품을 제공하고 있다.

3 객실방향에 의한 분류

객실의 유리창이 어느 쪽을 향하느냐에 따라 분류한 것으로, 객실의 방향은 객실료에도 영향을 미치는데, 외부 전경, 내부 전경, 시내 전경, 바닷가 전경, 산악지역 전경 등으로 분류할 수 있다. 하지만 여기서는 크게 밖의 경치를 구경할 수 있는 아웃사이드 룸과 건물 등에 가려 경치를 볼 수 없는 인사이드 룸을 나누어 설명하고자 한다.

1) Outside Room

Outside Room(아웃사이드 룸)은 객실 창문을 통하여 호텔건물 밖을 조망할 수 있는 객실을 말한다. 도시에 위치한 호텔의 경우 강이나 시내를 조망할 수 있는 객실(river view or city view)을 말하며, 해변가에 위치한 호텔은 바닷가를 향한 룸(seaside room), 산의 경치를 볼 수 있는 마운틴 사이드(mountain side)가 있으며, 전망이 좋을수록 객실료가 더 비싸다.

2) Inside Room

Inside Room(인사이드 룸)은 아웃사이드 룸의 반대되는 개념으로, 객실 창문을 통하여 호텔건물 밖을 조망할 수 없는 객실을 말한다. 이러한 객실은 고객들의 불평이 많아 직원들의 숙소(house use)로 사용되거나 무료로 제공되는 객실(complimentary room)로 사용한다. 객실판매 시에는 아웃사이드 룸보다 가격이 저렴하다.

4 객실등급에 의한 분류

호텔의 일반적인 객실은 동일한 구조로 이루어져 있으며, 침구, 가전제품, 소모품, 인터넷, 위성방송 등 동일한 서비스를 제공한다. 하지만 고객들의 요구는 다양하며, 그에 맞는 서비스를 제공하기 위하여 호텔에서는 가격, 넓이, 인테리어 등 등급에 따른 객실을 제공하고 있는데 다음과 같다.

1) Standard Room

Standard Room(스탠다드 룸)은 일반적인 보통 객실로 호텔에서 가장 많이 보유하고 있고, 더블 베드 룸, 트윈 베드 룸 등이 이에 속한다. 객실 위치는 중간 이하 층에 있으며, 가격 또한 가장 저렴하여 여행객이나 단체객이 많이 이용하는 객실이다.

그림 1-11 스탠다드 룸

2) Superior Room

Superior Room(수페리어 룸)은 스탠다드 룸보다 상위층에 위치하고 있으며, 객실면적 또한 스탠다드 룸보다 조금 넓고, 전망이나 위치가 좋다. 하지만 대부분의 5성급 호텔에서는 객실면적, 소모품, 가구, 장식품 등 스탠다드 룸과 수페리어 룸에 차이를 두고 있지 않다.

그림 1-12 수페리어 룸

3) Deluxe Room

Deluxe Room(디럭스 룸)은 수페리어 룸보다 넓고, 인테리어, 소모품, 가구, 장식품 등이 고급스러우며, 객실은 전망이 좋고, 중간 이상 층에 위치하고 있다.

그림 1-13 디럭스 룸

4) Suite Room

Suite Room(스위트 룸)은 일반적으로 특실이라 불리며, 일반 객실보다는 넓은 공간이 제공되므로 편안하고 안락한 여유를 즐길 수 있는 객실이다. 작게는 $50m^2$에서 크게는

500m²에 이르기까지 다양한 넓이로 되어 있으며, 넓이에 따라 junior suite(주니어 스위트), corner suite(코너 스위트), royal suite(로열 스위트), presidential suite(프레지덴셜 스위트) 등의 다른 이름으로 불린다.

일반적으로 스위트 룸의 구조는 침실과 거실로 크게 나누어져 있는데, 대부분 고층에 위치해 있지만 모두가 그러한 것은 아니고, 호텔에서 전경이 가장 좋은 곳에 배치하는 것이 일반적이다. 그 중에서 프레지덴셜 스위트의 경우 몇몇 호텔에서는 복층구조로 되어 있다. 아래층은 객실과 욕실, 회의실, 거실, 다이닝 룸, 주방 등으로 되어 있으며, 위층은 객실과 욕실, 회의실 등으로 되어 있다. 또한 실크벽지, 유명화가의 그림이나 조각품 등의 인테리어로 투숙하는 손님으로 하여금 특별한 인상을 갖도록 하고 있다. 그 밖의 시설로는 응접실, 사무 공간, 서재, 대형 냉장고, 벽난로, 주방, 넓은 욕실에는 jacuzzi(자쿠지)라고 하는 whirlpool(월풀) 등으로 되어 있으며, 최고급 자재를 이용하여 고급스러움을 더하여 주고 있다.

주요고객은 상용이나 사업상 방문하는 고객인데, 때에 따라서는 각국의 수상이나 기업의 최고경영자(CEO), 명성을 가진 연예인 등이 사용을 한다.

그림 1-14 **스위트 룸**

5) Executive Floor Room

Executive Floor Room(귀빈층)은 주로 상위층에 위치하고 있으며, 전망이 좋고 최고급 객실이 있은 비즈니스맨들을 위한 전용층이라고 할 수 있다. 객실의 시설물과 소모품들은 최고급으로 구성되어 있으며, 컴퓨터, 휴대폰, WiFi · wireless Zone 등 업무에 필요한 시설을 갖추어 객실에서도 업무를 할 수 있는 층을 말한다. 또한 친절하고 외국어에 능숙한 직원이 근무하면서 고객의 업무를 도와주기 때문에 비서업무까지 제공해준다.

일반객실에 비하여 고가로 책정된 귀빈층은 각 호텔들이 평균 객실단가를 올리는 중요한 요인으로 작용할 뿐만 아니라, 서비스 만족에 의한 재방문고객이 증가하기 때문에 객실점유율을 높임으로써 안정적 객실운영에 중요한 역할을 담당하고 있다고 하겠다.

그림 1-15 귀빈층

3절 호텔객실의 요금체계

1 객실요금의 중요성과 객실요금 결정 요인

1) 객실요금의 중요성

객실상품은 호텔설립과 함께 경영상에 있어 가장 중요한 척도와 기준이 된다. 따라서 호텔을 건축하기 위한 설계도 객실에 기준을 두고 있으며, 판매대상 또한 객실상품이 주가 된다. 즉, 일반적으로 호텔의 수입은 식음료와 객실수입으로 양분된다고 하지만, 실질적인 주요 수입은 객실판매 수와 객실판매 금액에 따라 영향을 받으며, 호텔경영의 평가 또한 이 요인에 의해 결정된다고 해도 과언이 아니다. 하지만 호텔경영에 있어, 객실판매와 상관없이 지급되는 비용이 크므로, 객실부분에서 발생하는 비용을 얼마만큼 줄이느냐가 과제인데, 판매되지 않은 객실은 결국 손실로 남기 때문이다.

객실상품은 특성상 보존할 수도 없고, 공급의 신축성 역시 없으므로 호텔경영에 있어 객실요금과 점유율에 대한 관리는 매우 중요한 부분이라 하겠다. 객실경영의 손익분기점도 객실요금과 함께 점유율에 따라 결정된다.

따라서 유능한 경영자는 판매관리자와 경영분석에 대한 지식과 실무경험을 겸비한 사람이라 하겠다. 왜냐하면 객실판매로 인한 수입은 단순히 객실수입 자체로만 취급되는 것이 아니라, 호텔영업 수익 전반에 걸쳐 영향력을 미치기 때문이다. 투숙객의 증가에 따른 식료 매출은 물론 부대적인 사업장의 매출에도 민감하게 반응하게 된다. 따라서 호텔에서 객실수입의 증대방안은 객실부서의 주요한 과제라고 하겠다.

2) 객실요금의 결정 요인

호텔시장에서는 경쟁적인 가격정책을 설정하고, 경영자로서의 욕구를 충족시키기 위한 많은 노력을 하게 되는데, 그러기 위해서는 고객이 호텔에 투숙하는 목적과 선택요인, 적절한 객실가격으로 호텔선택에 미칠 요인 등 복합적이고도 근원적인 요인을 고려하지 않을 수 없다.

따라서 이러한 분석 없이 호텔경영자는 기업을 경영할 수 없으며, 경쟁우위를 점할 수 없어 결국은 퇴출하게 될 것이다. 그러므로 일정 수준의 객실점유율을 높이기 위해서는 객실요금을 어떻게 결정하느냐가 중요한데, 그러기 위해서는 다음과 같은 요인이 영향을 미친다고 하겠다.

(1) 브랜드

호텔이 고객에게 풍기는 이미지는 중요하다. 호텔이 고객에게 주는 선입견, 분위기 그리고 호텔의 브랜드가 호텔 전체의 이미지를 평가하게 된다. 대부분 산업에서 브랜드는 기업의 흥망성쇠를 결정짓는 중요한 요인으로 작용해 왔듯이, 호텔의 브랜드 역시 객실가격 결정에 중요한 요인이라 하겠다.

(2) 접근성

호텔을 접근하기 위한 용이한 위치와 교통의 편리성은 객실요금 결정에 중요한 요인이 되며, 시내에 위치한 호텔의 경우는 편리한 쇼핑, 오피스가의 접근용이 때문에 객실가격에 영향을 미칠 수 있으며, 리조트 호텔의 경우에도 근접한 관광 매력물, 아름다운 자연경관이 가격설정에 민감한 영향을 미치게 된다.

(3) 서비스

서비스 형태는 호텔의 이미지와 직접적인 관계가 있다. 서비스 수칙에 따른 공식, 신속한 서비스, 정확한 서비스, 친근감 있는 서비스, 고객감동 서비스, 친절성, 고객 불평처리 등으로 인한 요인은 재방문고객 증가로 이어질 수 있으므로, 객실요금 결정에 영향을 미친다고 할 수 있겠다.

(4) 시설

호텔의 전반적인 느낌이 항상 안락하고 쾌적한 설비가 되어 있다는 느낌을 주어야 하며, 변화하는 고객이나 호텔환경 변화에 맞는 즉, 호텔객실 내의 인테리어, IT시설, 비즈니스 고객을 위한 시설, 수영장이나 골프연습장, 피트니스 센터(fitness center)와 같은 운동시설 외에 조경과 같은 호텔의 주변환경 시설의 변화도 객실요금에 결정에 영향을 미칠 수 있다.

2 객실요금의 분류

객실요금은 성수기나 비수기의 수요량에 따라 할인율이 차등 적용되며, 객실의 크기에 따라 다르게 적용될 수도 있다. 또한 비즈니스 고객의 경우는 관광시즌과 관계없이 특정기간 목적지에 머물러야 하고, 업무상 객실을 이용해야 하기 때문에 할인율 적용이 낮은 반면 관광객의 경우는 비시즌에 객실을 이용하게 되면 높은 할인율을 적용받을 수 있다.

호텔의 객실요금은 다른 제품과 다르게 복잡한 구조를 갖고 있다. 주무관청에 신고한 순수한 공표요금(tariff)이 있기는 하지만, 마케팅 요금에 따라, 시간에 따라, 계약에 따라, 시즌에 따라, 각각 다르게 적용된다. 뿐만 아니라 손님이 지불하는 요금에는 순수한 객실요금(net price)에 서비스 요금과 부가세가 포함되어야 하므로, 결국 고객은 21%를 추가 지불해야 하는 경우가 발생한다.

앞서 설명한 바와 같이 객실요금은 여러 가지 환경에 따라 다르게 적용되기 때문에 공표요금, 특별요금, 추가요금, 기타요금으로 나누어 분류할 수 있다.

1) Tariff(Rack Rate)

Tariff Rack Rate(공표요금)란 주무관청에 신고한 할인되지 않은 정상요금을 말한다. 공표요금은 호텔 측에서 건축비용, 인건비, 판매성장률, 물가상승, 경쟁호텔의 요금 등 여러 가지 요인을 참고하여 적정가격을 결정한 후 주무관청의 승인을 받고 대내외에 공시하는 요금이며, 풀 레이트(full rate) 혹은 풀 차지(full charge)라고도 한다. 보통 객실요금은 호텔기업의 자율에 맡기지만, 사기업이면서도 공적인 성격을 띠고 있으므로, 행정적인 지도를 하기도 하고, 동급호텔 간에 가격협정에 의해 요금을 결정하기도 한다.

Tariff의 본래 뜻은 수입 물품에 붙은 관세율 리스트(list)였으나 지금은 객실요금이 기재된 브로슈어(brochure), 호텔의 객실요금표를 의미하고 있다.

2) Special Rate

Special Rate(특별요금)는 원칙적으로 호텔에서는 정상요금을 적용해야 하나 호텔 간 경쟁에서 우위를 점하고, 수요를 대처하기 위한 마케팅 정책상 특별요금(special rate)제도를 실시하고 있다. 특별요금이란 호텔의 정책에 따라 정상요금에서 할인해 주거나 객실요금을 받지 않고 무료로 제공하는 것을 말한다. 특별요금을 적용받은 고객은 객실매출 증대에 기여한 기업이나 고객, 장기체류고객, 호텔 멤버십에 가입한 회원, 여행사 등에 적용하며, 부대 영업장의 수익에 기여하는 고객에게 특별요금이 주어진다. 특별요금의 적용은 마케팅부서에서 총지배인의 승인하에 적용된다.

(1) Complimentary Rate

Complimentary Rate(무료요금)는 호텔에서 판매촉진을 목적으로 고객에게 요금을 받지 않고 무료로 제공하는 객실을 말한다. 무료요금의 적용범위는 모든 호텔이 동일하지는 않지만, 일반적으로 호텔 매출에 지대한 영향을 미친 기업이나 개인고객, 여행사, 호텔 예약담당자, 총지배인이 승인한 사람 등을 대상으로 제공한다.

Complimentary Rate을 호텔 실무에서는 comp, complimentary라고 약자로 사용되고 있는데, 컴프에는 객실료 무료, 식음료 요금 무료, 객실과 식음료 요금 모두 무료와 같은 다양한 종류가 있다.

(2) Seasonal Rate

Seasonal Rate(계절요금)는 호텔은 경영 특성상 성수기(on season)와 비수기(off season)로 나누어지는데, 성수기에는 할인율이 적지만 비수기에는 객실점유율을 높이기 위한 방안으로 할인을 많이 해주는 요금제도이다.

최근 서울에 위치한 호텔의 경우, 외국인 관광객이 증가하면서 4계절 객실점유율이 높아 비수기가 없는 실정이다. 하지만 여름철과 겨울철에는 다른 계절에 비하여 점유율이 조금 떨어지기 때문에, 이 기간에는 계절요금을 시행한다. 그러나 우리나라 여행객 수가 가장 많은 일본이나 중국과 같은 주변국의 연휴가 있을 때는 예약률이 올라가 할인 적용이 조금 되거나 안 되는 경우도 있다.

(3) FIT Rate

Foreign Individual Traveler(FIT : 개별 여행객) Rate에서 FIT의 의미는 그룹 여행객과 상반되는 말로 개별 여행객을 뜻하는데, 호텔기업에서는 장기 투숙객(long-term guest)이나 호텔에 자주 투숙하는 재방문고객(repeat guest), 공공단체, 호텔과 계약한 기업체에게 주는 요금제도로, 그날의 예약상황에 따라 유동적으로 객실요금이 적용된다. 이 요금제도는 공표요금에서 할인이 되지만 단체요금보다 더 높다.

(4) Group Rate

Group Rate(단체요금)는 단체에게 적용되는 요금제도로 단체 관광객이나 세미나, 행사, 회의, 학술대회, 컨벤션 등으로 숙박하는 고객을 대상으로 할인해 주는 제도이다. 대부분이 이러한 고객들은 사전에 호텔과의 협의에 따라 객실형태나 크기와 관계없이 균일한 요금을 적용하는 경우가 많다.

여행사 요금의 경우는 호텔과 여행사의 사전 계약에 의해 이루어지고, 평일, 주말, 연휴, 시즌별 등 세분화된 계약을 하게 되며, 계약 체결도 1년 단위로 하게 된다.

(5) Single Rate

Single Rate(싱글요금)란 싱글 객실을 예약하고 예약확인 번호까지 받은 상태에서 고객이 예약한 날짜에 도착했음에도 호텔에서 싱글 객실을 제공해주지 못할 때 더블 룸이나 트윈 룸을 배정하고, 객실요금은 싱글 객실요금을 적용하는 경우를 말한다. 호텔에서는 이와 비슷한 상황은 객실이 full house(만실)일 때 가끔 발생한다.

(6) Commercial(Corporate) Rate

Commercial(Corporate) Rate(커머셜 요금)는 상용요금이라고도 하는데, 호텔에서는 객실점유율과 매출 증대를 위하여 특정기업이나 공공단체, 비즈니스 목적의 숙박객에게 일정한 요금을 할인 적용하여 판매하는 제도이다. 도심에 위치한 외국인 회사 직원들이 많이 이용하며, 공항근처에 있는 호텔의 경우 항공사 직원이나 승무원을 대상으로 커머셜 요금을 적용하여 판매를 한다.

경우에 따라서는 아침식사, 세탁비, 전화, 인터넷 등 각종 부대시설 요금을 할인해 주기도 한다. 이와 같은 제도는 고객은 할인된 요금으로 안정적인 객실을 확보할 수 있는가 하면, 호텔입장에서는 일정량의 객실을 지속적으로 판매할 수 있는 장점이 있다.

(7) Package Rate

Package Rate(패키지 요금)란 패키지 상품을 만들어 정상가보다 낮은 가격으로 판매하는 전략으로 호텔이 비수기에 접어들면 낮은 객실점유율의 어려움을 극복하기 위하여 여러 가지 마케팅 프로그램을 만들게 된다. 이 기간에 가장 대표적인 프로그램으로 summer package와 winter package가 있는데, 이는 판매촉진 전략으로 시행하고 있다.

하지만 비수기라고 항상 적용되는 프로그램은 아니고, 주변국의 연휴 등으로 인한 예약률이 높아지면 할인적용이 안 되는 경우도 있다.

(8) Event Rate

Event Rate(이벤트 요금)는 호텔이 영업의 다변화를 목적으로, 앞서 설명한 패키지 프로그램을 만들기도 하지만, 허니문 패키지(honeymoon package), 디너쇼(dinner show) 등 각종 이벤트를 만들어 객실과 연계시켜 부가 서비스를 제공함으로써 객실료를 할인하는 요금제도이다.

3) 추가요금

추가요금(additional charge)은 정상적으로 체크아웃(check out)하는 과정에서 발생되는 요금을 말한다. 예를 들면 투숙객이 미리 전날부터 객실을 사전 체크인(chcek in)하거나 C/O 예정시간보다 늦어지는 경우, 예약한 객실을 취소하는 경우 추가요금이 발생하게 되는데, 그 내용은 다음과 같다.

(1) Midnight Charge

Midnight Charge(미드나이트 요금)는 호텔에 늦게 도착 예정인 고객이 개인 사정이나 항공기 사정으로 다음 날 새벽에 호텔에 도착하는 경우 전일부터 객실요금 부과를 승인하여 야간요금을 징수하는 경우를 말한다.

이러한 제도는 새벽이나 이른 아침에 호텔에 도착하였음에도 객실을 사용할 수 있게 하기 위한 것이다. 그렇지 않으면 다른 고객에게 객실을 판매할 수도 있기 때문이다.

(2) Cancellation Charge

Cancellation Charge(취소요금)는 객실을 예약한 고객이 개인사정으로 투숙할 수 없을 경우 취소에 따라 부과되는 요금을 말한다. 호텔에서는 약관에 따라 징수할 수도 있지만, 현실적으로 대부분 호텔에서는 특별한 경우가 아닌 이상 요금을 부과하지는 않는다.

하지만 객실점유율에 따라 신용카드나 현금으로 선수금(deposit)을 입금하여 예약보증(guarantee)을 받았을 경우 환불이 안 되는 경우도 있다. 취소요금은 호텔마다 다르기는 하지만 당일 취소, 하루 전, 일주일 전, 한달 전 취소와 같이 기간에 따라 차등적용된다. 이때 적용되는 요금을 cancel charge라고도 한다.

표 1-1 문화관광부 규정 취소요금

구분	3일 전 취소	2일 전 취소	1일 전 취소	당일 오후 6시 이전 취소
개인고객	객실요금의 20%	객실요금의 40%	객실요금의 60%	객실요금의 80% 부과
단체고객(15명 이상)	객실요금의 10%(9일 전부터 3일 전까지)	객실요금의 30%	객실요금의 50%	

자료 : 민혜성, 호텔객실영업론, 현학사, 2005, p. 83.

(3) Hold Room Charge

Hold Room Charge는 예약한 객실을 다른 고객에게 판매하지 않고, 예약한 고객이 호텔에 도착할 때까지 기다릴 때 부과되는 요금을 말한다. 이러한 경우는 3가지 형태로 생각해 볼 수 있다.

하나는 Midnight charge와 같은 의미로 해석될 수도 있는데, 개인 사정이나 항공기 사정으로 호텔도착이 늦은 예약고객의 객실을 다른 손님에게 판매하지 않고, 보류하여 놓은 다음 요금을 부과하는 형태이다. 다른 하나는 투숙하고 있는 고객이 다른 지역으로 단기 출장을 가는 경우, 사용하던 개인 소지품을 객실에 그대로 놓고 갔다 오는 경우 부과되는 요금이다. 마지막으로는 대통령이나 외국수상, 유명 연예인 등 VIP를 보안이나 특정한 이유로 여러 개의 객실을 판매할 수 없게 하는 경우에도 hold room charge를 하게 된다.

(4) Over Charge

Over Charge(초과요금)는 대부분의 호텔 check out(퇴숙) 시간인 12시 정오를 넘겼을 때 부과하는 요금제도이다. check out 시간은 호텔이 위치하고 있는 지역에 따라 다르게 적용될 수 있는데, 도심에 위치한 호텔의 경우 프런트 데스크에 미리 연락을 취한다면 2~3시간 지나도 요금을 부과하지 않고 늦은 C/O을 승인해 주기도 하지만, 리조트나 위락지역에 위치한 호텔의 경우 11시부터 초과요금을 부과하는 경우도 있다.

(5) Extra Bed Charge

Extra Bed Charge(엑스트라 침대요금)는 일반 객실인 double bed 또는 twin bed의 경우 2인실로 꾸며져 있다. 그러나 3인이 투숙하는 경우 extra bed 1개가 추가되는데, 이를 triple bed라고 한다. 물론 타올, 비누, 슬리퍼, 화장품 등은 3인분이 제공된다. 이러한 경우에는 C/O 정산 시 extra bed 요금이 추가된다.

4) 기타 요금

기타 요금은 호텔에서 실질적으로 실행되고 있지만 앞서 설명한 공표요금, 특별요금, 추가요금에는 포함시킬 수 없는 부분을 별도로 설명하고자 한다.

(1) House Use

House Use(하우스 유스)는 호텔기업이 호텔 내에 일정 공간이 필요한데, 부족한 부분을 해결하기 위하여 호텔객실을 사무 공간으로 사용하는 경우를 말한다. 때에 따라서는 객실비품 창고로 잠시 사용할 수도 있고, 객실을 호텔 임직원이 숙소로 사용하기도 한다. 객실은 호텔 자체의 필요에 의해 사용하기 때문에 객실요금을 별도로 계산하지는 않는다. 즉, 호텔기업이 직접 무료로 사용하는 것을 house use라고 한다.

(2) Family Plan

Family Plan(패밀리 플랜)은 가족과 함께 동행하여 객실에 투숙한 어린이에게 extra bed를 제공하되, 별도의 요금이 부과되지 않은 요금제도이다. 또한 유아가 있는 가족이 baby crib(baby cot: 유아용 침대)을 원할 때도 무료로 제공한다.

(3) Optional Rate

Optional Rate(옵셔널 요금)는 호텔객실을 예약하는 시점에서 객실 예약과로부터 예약하고자 하는 고객의 객실요금을 정확하게 제시할 수 없을 때 사용되는 용어이다. 예를 들면 다음 분기에 객실요금을 인상하려고 논의 중에 있는 상황에서 객실료 결정을 못하였을 때 예약자가 할인을 요구하지만, 결정권자가 부재중이라 확실한 답변을 주지 못하는 미결정 요금을 Optional Rate이라고 한다.

(4) Up-Grading

Up-Grading은 up grade와 같은 의미로 사용한다. 호텔의 사정상 객실을 예약한 고객에게 동일한 형태의 객실을 제공하기 어려울 때, 예약했던 객실보다 넓거나 비싼 객실을 제공하고 요금은 예약당시 요금을 적용하는 것을 up grade라고 한다. 또한 기존에 불편을 끼쳤던 고객이 재방문하는 경우, 감사의 뜻으로 부서장의 승인으로 상위 객실을 제공하는 것을 up grade라고 한다.

(5) Day Use Rate

Day Use Rate(Part Day Charge: 데이 유스 요금)는 객실을 낮 시간에 잠시 이용한 후 지불하는 요금 제도를 말한다. 비즈니스 호텔에서는 출국하는 비행기 시간이 늦을 경우, 이에 맞게 체크아웃이 늦어지게 되는데 이때 데이 유스 요금이 적용되기도 하며, 때로는 중요 고객 상담을 목적으로 객실을 일시적으로 사무실로 사용하기도 하는데, 이때 지불하는 요금을 Day Use Rate라고 한다.

3 경영방식에 따른 객실요금

호텔경영에서 매출에 직접적으로 영향을 미치는 요인으로는 객실, 식음료, 부대시설 요금으로 나누어 볼 수 있는데, 호텔요금 정산 시 객실과 식사요금이 포함된 요금이 있는가 하면 객실과 식사요금을 별도로 정산하는 방식이 있다.

1) American Plan

American Plan(미국식 요금제도)은 객실요금에 조식(american breakfast)을 포함한 요금으로 check in 시 식사권을 제공받아 정해진 레스토랑에서 아침식사를 제공한다. 이 제도는 고객이 지불한 객실료에 조식요금이 포함된 지불방식이다.

휴양지 호텔이나 산간에 위치한 호텔의 경우 주위에서 식사를 해결할 수 없기 때문에 객실료에 조식이 포함되고, 중식 또는 석식 중 1식이 포함된 제도도 있다. 이렇게 객실료에 2번의 식사가 포함된 제도를 수정된 미국식 제도(modified american plan)라고 한다.

2) European Plan

European Plan(유럽식 요금제도)은 우리나라를 포함한 대부분의 호텔이 채택하는 객실요금 제도로 객실료와 아침식사를 별도로 분리하여 계산하는 요금제도이다. 고객은 편안한 시간에 식사를 할 수도 있고, 메뉴를 강요받지도 않기 때문에 고객이 메뉴를 선택할 수 있다는 장점이 있다.

3) Dual Plan

Dual Plan(혼합식 요금제도)은 호텔경영자가 요금제도를 정한 것이 아니라, 고객의 의향에 따라 A/P 또는 E/P의 요금체계를 변형하여 적용하는 제도이다. 주로 단체 관광객이나 세미나 또는 회의에 참석하는 고객이 각각의 일정에 따라 객실료에 식사포함 여부를 결정하는 것이다.

4) Continental Plan

Continental Plan(대륙식 요금제도)은 컨티넨탈 요금제도라고도 하는데, 객실요금에 continental breakfast(대륙식 아침식사)가 포함된 요금제도이다. 이 제도는 유럽 전 지역의 대다수 호텔에서 시행되는 요금제도로 패키지여행 상품은 거의 아침식사(C/B)가 포함되어 있다. 이러한 호텔의 경우 주위에 식사할만한 곳이 없을 수도 있지만, 객실예약 당시 조식을 포함하여 예약을 받는 경우이다.

4 객실요금의 결정방법

호텔산업은 지역사회에 기여하는 성격도 있지만 궁극적으로는 영리를 추구하는 기업이다. 그러므로 목표달성을 위한 요소 중 하나는 호텔의 총 매출과 순이익에 가장 영향을 미치는 객실가격을 어떻게 책정하느냐 하는 것이다. 따라서 객실가격 책정은 호텔이 이익을 낼 수 있는 적정선과 고객이 긍정적으로 인식하는 객실요금 내에서 결정되어야 한다. 호텔의 주상품인 객실판매에 따라 호텔 전체 수입의 규모가 결정되므로 이에 대한 의사결정은 최선의 정책으로 고려되어야 하며, 터무니없는 가격은 고객의 신뢰를 잃을 수 있다.

호텔경영에서 왕성한 시장 활동은 시장점유율과 고급화라는 이미지 속에, 모든 객실을 판매함으로써 식음료와 부대시설의 이용률도 높여 총매출 관리에도 기여하는 것이다. 그러므로 객실가격은 일정 비율의 객실점유율과 함께 고려되어야 하고, 자본투입 비용, 건물유지비, 인건비, 감가상각비, 경쟁호텔, 입지조건도 객실요금 산정 시 고려되어야 할 사항이며, 호텔 객실가격 산출방법에는 다음과 같이 회계학적 접근방법과 비회계학적 접근방법으로 가능하다.

표 1-2 객실요금 산정 시 고려사항

내부 환경요인	투자자본	호텔건립 시 소요된 투자비용(토지, 건물 내 · 외 시설물)
	인건비	호텔직원 인건비의 복지비용
	간접비용	호텔관리 유지비, 영업과 관련된 판촉비용
외부 환경요인	경쟁호텔	경쟁호텔의 시설수준과 객실요금
	수요동향	고객의 수요동향 및 예측

자료 : 이선희 · 송대근 호텔객실실무론, 대왕사, 2007, p.152.

1) 회계학적 접근방법

(1) 호워드 방법(Horwath Method)

객실 건축비의 1/1,000을 객실 요금으로 산정하는 방법으로 1930~1960년대까지 이러한 방법이 적용되었다. 주로 객실영업 위주인 경우에 이런 방법이 적용되었으며, 우리나라에서는 옛 반도호텔에서 이러한 방법을 이용하였다.

(2) 로이 후버트(Roy Hubbart)

후버트 공식이라고도 하는데, 미국 호텔 및 모텔협회(American Hotel and Motel Association)에 의해 전파된 객실료 산정방법이다. 현재에도 호텔객실료를 정할 때 이용되는 방법 중 하나이며, 호텔마다 환경이 다르기는 하지만, 객실가격 책정에 있어 기본 원칙은 다음과 같다. 우선, 호텔기업이 지출하게 되는 연간 총 경비, 판매 가능한 객실

수, 객실점유율 등을 기초로 계산하여 연간 목표이익을 정하고, 이를 보전할 수 있는 가격으로 정한다.

후버트 방법에 적용되는 연간 총 경비에는 영업비, 조세공과금, 감가상각비 등으로 구분하고 있으며 그 내용은 다음과 같다.

❶ 영업비

호텔경영에서 발생하는 모든 비용을 말하며 인건비, 일반관리비, 광고선전비, 수도광열비, 영선비 등 영업을 하는데 들어가는 직 · 간접비를 말한다.

❷ 조세공과금

후버트 방법에는 제반세금을 별도항목으로 취급하며, 영업비에서 분리하여 항목을 설정하였다.

❸ 감가상각비

호텔객실에 있는 가구의 수명을 10년으로 보는데, 이처럼 고정자산에 대하여 세법이 규정한 감가상각률을 세무회계상 회계 처리하는 방식으로 계산하게 된다.

후버트 방식은 객실당 원가를 산출하는 것으로, 산출된 원가에 적정이익을 가산하여 총체적인 이익계획을 함께 세워야 한다. 이 방법은 투자액에 대한 1/1,000을 객실가격으로 산정한 하워드 계산방식보다는 향상되고 타당성이 있다고 하지만, 다음과 같은 문제점을 안고 있다.

- 영업비용에서도 고정비와 변동비가 있으므로 영업상황에 따라 변동비는 낮아질 수도 있음을 감안하지 않았다.
- 객실의 매출규모보다 식음료의 매출이 더 큰 호텔에서는 비용의 배분에 문제가 있다.
- 객실점유율과 평균요금을 함께 관리하는 객실 수익률 관리(yield management) 제도에서는 대처가 용이하지 못하다.

- 단기 체류객을 유치하는 호텔을 대상으로 설정한 것이라, 단체, 패키지 요금 등을 감안하지 않았다.
- 실적이 없는 신설호텔은 적정이익률 설정에 더 많은 자료가 필요하다.

(3) 수용률에 의한 객실요금 결정방법

1년간의 객실비용과 판매율로 평균 객실요금을 산정한다.

예를 들면, 객실 수(N) : 100실, 예상평균 객실요금(R) : 50,000원, 연간 총비용 12억 8천만 원이라고 가정한다면

1일 총비용=연 총비용/365=12억 8천만 원/365=3,500,000원

점유율=1일 총비용/예상 평균 객실요금×객실 수=3,500,000/50,000×100=0.7×100=(70%)

즉, 1일 평균 객실요금이 50,000원인 경우, 목표이익을 달성하기 위해서는 70% 이상의 객실을 판매해야 한다는 결론이 나온다.

(4) 손익분기점에 의한 객실요금 결정방법

대부분의 제품가격 결정이 그러하듯이 호텔객실의 적정가격도 원가, 조업도, 이익(CVP: cost-volume-profit)을 중심으로 가격결정이 적용되는데, 비용부문에서 고정비와 변동비를 합하면 총경비가 되고, 여기에 세금과 순이익을 합한 숫자가 총매출액이 된다.

다음 그림에서와 같이 경영활동에서 지표가 되는 기준점 즉, 손익분기점(break even point)은 총 매출액과 투입된 총비용이 만나는 지점이다. 객실의 매출액이 변하면 제반비용도 변하게 되는데, 그 결과 이익이 나는 지점을 결정짓는 분석기법을 손익분기점 분석(break even point analysis)이라고 한다. 호텔의 객실가격을 책정할 때에는 투입되는 비용 파악이 중요한데, 이를 토대로 의사결정을 하게 되며 총원가도 고정비와 변동비로 나누어 검토한다.

그림 1-16 손익분기점 분석

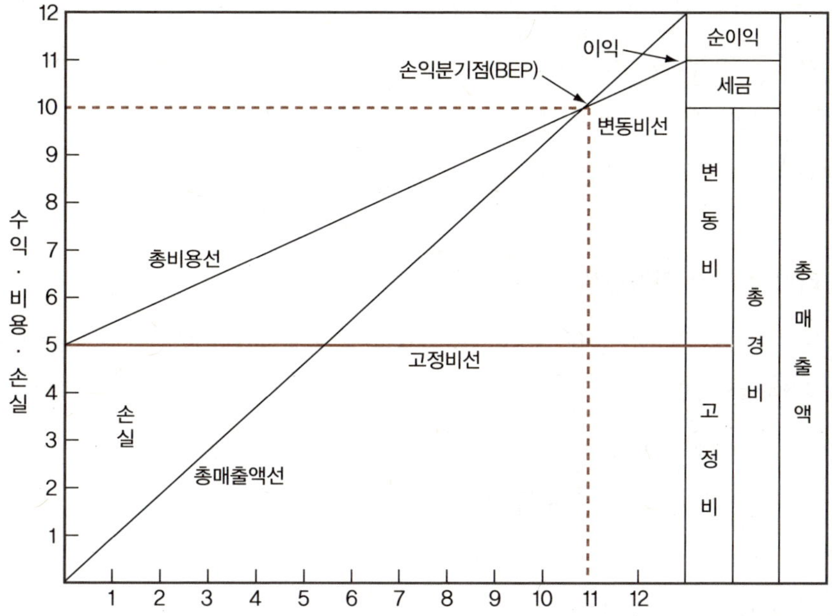

2) 비회계학적 접근방법

객실가격 전략은 호텔 경영자로서는 중요한 의사결정 중에 하나이다. 그러므로 앞서 설명한 회계학적 접근방법에 의하여 산출된 금액으로 가격을 결정하는 것이 일반적이지만, 비회계학적 접근방법도 무시할 수 없다. 현실성을 수치적 계산보다 앞세우는 것은 이론적으로는 약하지만 실전적으로 다음과 같은 방법들로 적용되고 있는 것이 현실이다.

비회계학적 접근방법에는 선두기업 가격 결정방법, 경쟁 가격 결정방법, 시험적 가격 결정방법, 심리학적 가격 결정방법, 직관적 가격 결정방법 등이 있다.

(1) 선두기업 가격 결정방법

동종업계 선두기업의 가격전략을 따라가는 것인데, 유 · 무형 서비스상품이라 할 수 있는 객실상품은 질적인 서비스가 경쟁사보다 좋을 때는 문제없이 경쟁할 수 있지만, 그렇지 않을 경우에는 재방문고객 유치에 어려움을 겪을 수 있다.

(2) 경쟁 가격 결정방법

경쟁호텔이라고 생각하는 지역 내의 객실요금을 조사하고, 이들 중 비슷한 상품은 비슷한 가격으로 경쟁하는 가격제도이다. 이러한 가격 결정방법은 대상호텔이 생산하는 객실상품과 서비스의 질이 동일할 때 가능한 것으로, 마케팅 전략이 요구되며, 우리나라 호텔들이 많이 이용하는 방법 중 하나이다.

(3) 심리학적 가격 결정방법

수량적, 장소적, 계절에 따라 희소가치가 있는 객실에 대해 호텔경영자가 의식적으로 가격을 책정하는 방법을 쓰게 된다. 이러한 경우에는 고객이 지불한 가격에 대하여 얼마만큼 만족하는 가에 대한 심리를 파악하여 결정해야 하며, 호텔의 접근성, 인테리어, 가구, 분위기 등 유형과 무형의 상품특성을 반영하여 결정한다.

(4) 시험적 가격 결정방법

일정한 시험기간(testing period)에 시험적 판매활동을 거쳐 고객반응을 살펴본 후, 그 결과에 따라 객실가격을 결정하는 방법이다. 이 방법은 기존가격의 변동으로 고객의 신뢰를 잃을 수가 있으며, 불만을 사게 될 수도 있다.

(5) 직관적 가격 결정방법

의사 결정권자가 오랜 경험을 토대로, 적절한 객실가격을 정해 시행하는 방법이다. 이 직관적 방법은 과학적인 분석을 토대로 의사결정을 하는 것보다 위험 확률이 높다. 그러나 이 분야에 오랜 근무경험, 전문지식, 다양한 정보에 의한 의사결정도 높게 평가받고 있다. 즉, 과학적 분석이 필요한 객실당 건축비, 객실의 수요예측, 유지관리와 같은 요인에 판단이 명확하지 않을 경우에는 풍부한 경험에 근거한 산출도 가격을 결정하는 하나의 방법이라 하겠다.

5 객실 수의 계산방법

객실 수는 호텔을 외형적으로 평가할 때 호텔의 규모를 나타내는 기준이 되기도 한다. 또한 판매 가능한 객실 수는 고객의 수용능력을 표시하고, 점유율 혹은 수용률은 객실의 이용도를 측정하는 비율의 기준도 된다.

객실 수에 의한 분류는 나라 또는 지역에 따라 상이한 특징이 있지만, 미국의 대표적인 컨설팅 회사의 'Laventhol and Horwath'에 의한 분류를 보면 소규모 호텔은 150실 미만, 중규모 호텔은 150실 이상에서 299실, 대규모 호텔은 300~599실, 최대규모 호텔은 600실 이상으로 나타낸 것과 같이 객실 수는 호텔의 크기를 분류할 때도 적용된다.

1) 유니트 객실 수

유니트 객실 수(number of room unit)는 호텔기업이 보유하고 있는 총 객실 수로, 관련 부처에 등록하거나 대외적으로 공표하는 전체 객실 수를 말한다. 앞서 설명하였듯이 호텔의 유니트 객실 수는 호텔의 규모뿐만 아니라, 등급과도 관련이 있기 때문에 침실과 응접실로 되어 있는 스위트 룸(suite room)의 경우 2개의 객실로 계산하여, 전체 객실의 숫자로는 많게 보이는 경우이다.

이처럼 객실의 칸 수 즉, 객실의 단위 수에 의해 계산되는 객실 수를 유니트 객실 수라 하는데, 호텔의 임원이 사용하는 숙소나 house use room까지도 포함된 객실 수이다.

House Use Room

호텔직원들이 업무상 사용하게 되는 객실을 house use라 부르는데, 객실료는 계산을 하지 않는다. 특히, 체인 호텔의 경우 총지배인, 주방장, 마케팅 매니저와 같은 외국인 직원을 위해 숙소를 제공하는 객실을 house use room이라 한다.

2) 총 객실 수

총 객실 수(number of total room)는 단위 객실로 계산하지 않고, 2개로 구성된 스위트 룸을 단일 객실로 간주하여 계산한 객실 수를 의미한다. 따라서 온돌 룸, 더블 룸, 트윈 룸, 스위트 룸, 디럭스 룸과 같이 종류별 객실 수를 알 수 있는 총 객실 수가 되는 것이다. 이 객실숫자에는 하우스 유스 룸, 미니바 창고, 룸 메이드 창고까지도 포함한다.

3) 판매가능 객실 수

판매가능 객실 수(number of available rooms)는 언제라도 판매가능한 객실 수를 의미하는데, 총 객실 수에서 하우스 유스 룸이나 out of order room을 제외한 숫자를 말한다. 하지만 out of service room의 경우는 수리되면 판매할 수 있는 객실이기 때문에 판매가능 객실로 계산하는 것이 일반적이다.

Over booking되어 객실상황이 어려울 때는 하우스 유스도 판매할 수 있지만, 룸 메이드 창고나 linen(린넨) 창고로 사용하고 있는 하우스 유스 룸은 판매가 불가능하다.

Out of Order Room

객실 천장에서 누수가 있거나 욕실에 문제가 있어 수리 중임에도 당일 수리가 불가능하여 판매할 수 없는 객실을 의미한다.

Out of Service Room

Out of Order Room과 같이 객실에 문제가 발생되어 수 시간 내에는 팔 수 없지만, 당일 수리하여 늦은 시간이라도 판매 가능한 객실을 의미한다.

〈호텔롯데〉의 진화

호텔롯데의 첫 체인인 "롯데호텔 서울"은 세계적인 설계회사와 장장 6여 년의 공사기간을 거쳐 1979년 3월에 웅장한 모습을 드러냈다. 개관과 함께 "롯데호텔 서울"은 당시 국내 최고층 건물이었던 청계천에 위치한 '31빌딩'을 누르고, 지하 3층 지상 38층의 국내 최고층 건물로 1천여 개의 객실과 18개의 레스토랑, 20여 개의 대·소 연회장, 실내 수영장 등을 갖춘 '한국의 마천루'라는 수식어와 함께 한국관광업계의 호텔역사를 새롭게 쓰기 시작한다.

개관 초부터 롯데호텔은 우리나라를 대표하는 호텔로서의 위상을 자랑하고 있었는데, 개관 후 27일밖에 되지 않은 시기에 개최된 제28차 PATA(태평양 지역 관광협회)총회에서 본부호텔로서의 역할을 완벽하게 수행하는 등 대형 국제행사를 성공적으로 유치하였다. 세계 각국의 문화를 소개하는 다양한 축제를 개최하며 내·외국인의 관심을 고조시켰다. 방한하는 국빈들은 롯데호텔 서울의 로얄 스위트(royal suite)에 투숙하며, 한국의 호텔시설과 수준에 대해 감탄을 금치 못했다.

롯데호텔 서울이 오픈하기 전에는 300m² 이상 되는 호텔 객실이 우리나라에는 없었을 뿐만 아니라, 이에 적합한 서비스를 제공할만한 시설도 없었기 때문에 외국국빈을 초청 시에는 단골 숙소로 이용되었다. 또한 국제회의를 개최하기 위해서는 1천 명 이상을 수용할 수 있는 대연회장과 객실이 구비되어야 하는데, 롯데호텔 서울은 아무런 문제가 없었으며 이를 충족시켰다. 그러므로 국제 사회에서 대한민국의 위상도 함께 올라갈 수 있었다. 이후 롯데호텔 서울은 NY, LA, 동경, 오사카 등에 판촉사무소를 개설하며 글로벌 호텔로서의 도약을 준비하였다. 1985년에는 국제부흥개발은행(IBRD)과 IMF연차 총회가 열렸는데, 참가자가 4천5백여 명이나 되었다. 이를 소화하기 위하여 크리스탈 볼륨과 로비, 롯데백화점 야외광장까지 이용되기는 했지만, 도심을 메운 외국인으로 인해 세계의 매스컴을 한 몸에 받았다. 86년에는 아시안게임 본부호텔로 지정되어 아시안게임 및 선수촌의 급식 등을 성공적으로 진행하고, 88년 올림픽이 개최됨에 따라 롯데호텔 서울은 국제적으로 대한민국을 대표하는 호텔로 자리매김하였다.

1988년 서울올림픽의 개최와 함께 롯데호텔월드 신관을 개관하고, 신관과 본관을 합한 1,300여 객실은 국내 최대 규모였다. 그리고 같은 해 9월에는 호텔 체인인 "롯데호텔월드"를 잠실에 개관하였다. 1997년는 세 번째 체인호텔인 롯데호텔 부산을 개관하고, 2000년에는 국내최고의 리조트호텔인 롯데호텔 제주를, 2002년에는 롯데호텔 울산을 개관하였다. 이후 2009년 4월에는 비즈니스 호텔인 "롯데시티호텔 마포", 2010년 6월에는 해외체인 1호점을 모스크바에 개관하였다. 그리고 2011년 12월에는 김포공항 내에 "롯데시티호텔 김포공항"을 개관하여, 제주 중문에 롯데아트빌라스(2012년 개관) 5성급 호텔체인을 운영하는 국내 최대 체인호텔이 되었다. 토종 브랜드 최초의 해외 5성급 호텔인 '롯데호텔 모스크바(2010년 개관)'를 운영 중이다.

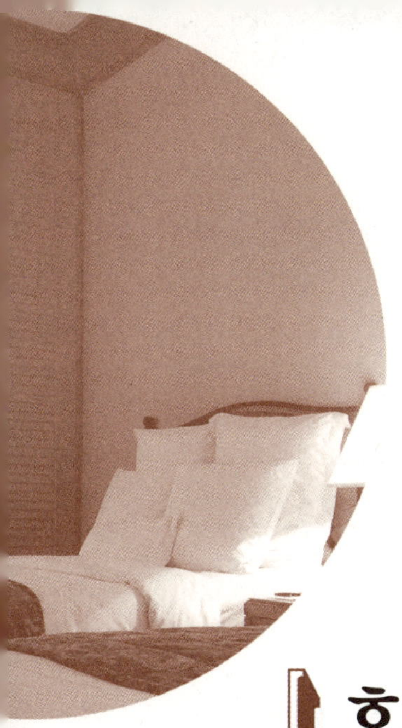

제3장

호텔객실 부서의 조직과 직무

호텔기업에서 객실부서의 업무는 고객이 객실에 투숙 중 제공되는 서비스의 기능에 따라 구분되는데, 일반적으로 객실을 담당하는 부서(room division)는 크게 객실영업을 담당하는 부서(front desk)와 현관에서 고객과 접점 서비스를 하는 부서(uniform service) 그리고 객실고객의 편안하고 안락한 휴식처라고 할 수 있는 객실을 청소하고 공공장소를 관리하는 부서(housekeeping)로 크게 3개 부서의 조직으로 나눌 수 있다.

호텔객실을 담당하는 부서의 직무를 좀 더 살펴보면, 손님이 호텔투숙을 위해 제일 먼저 수행하게 되는 객실예약 시 도움을 주며, 고객이 호텔에 도착하면 등록과정을 돕고, 호텔 내 · 외의 다양한 정보도 제공한다. 그리고 고객이 호텔을 떠날 때는 제공된 서비스에 만족하도록 환송을 하게 된다. 즉, 고객이 호텔에 도착하기 전부터 시작하여 호텔을 떠날 때까지의 전 과정을 담당하는 호텔 내에서는 매우 중요한 부서라고 할 수 있다.

이러한 객실부의 조직원인 직원들은 직무를 수행함에 있어 권한과 책임내용이 명확히 규정되어야 고객이 만족하는 일관성 있는 서비스가 제공될 수 있기 때문에, 각 부서의 하위직원에서부터 최고경영자에 이르기까지 신속하고 명확한 의사소통이 이루어지도록 조직화되어 있어야 한다.

1절 ◎ 호텔객실 부서의 조직

1 객실부 조직의 다양성

호텔의 객실부서(room division) 조직은 객실의 규모와 호텔 등급, 위치, 경영형태 등에 따라 조직이 달라질 수 있다. 또한 호텔 경영자의 경영철학 등에 따라서도 또 다른 조직형태를 보이기도 한다. 이렇게 서로 다른 조직의 구조를 이루고 있는 것은 호텔이 접하고 있는 환경에 따라 고객수요를 충족시키고 원활한 객실경영에 대한 기능을 유지하기 위해서이다. 그러기 위해서는 합리적인 조직체로서의 역할이 요구되며, 고객중심의 서비스가 제공되어야 한다.

2 핵심 영업부서

객실부서는 고객을 대상으로 하는 호텔 내 영업부서(front of the house) 중에서 가장 높은 수익률을 창출하는 핵심적인 영업부서로, 호텔에서는 가장 중요한 부서이다. 주요 부서로는 객실판매와 배정업무를 담당하는 프런트 오피스(front office)와 현관지역에서 접점 서비스를 제공하는 유니폼 서비스(uniformed service) 및 객실상품을 만드는 객실관리(housekeeping) 부서를 중심으로 조직도가 구성되어 있지만, 호텔에 따라서는 피트니스 센터(fitness center)가 객실부로 소속되기도 한다.

객실부문은 총괄 책임자로 객실담당이사(director of room division)를 두며, 그 하부조직으로 객실영업부(front office department)와 객실관리부(housekeeping department)를 두어 운영한다. 조직을 능률적으로 운영하기 위해서는 구체적이면서 체계적인 조직도(organization chart)가 구성되어야 하는데, 5성급 호텔의 조직도는 다음 그림과 같다.

그림 1-17 **객실부의 조직도**

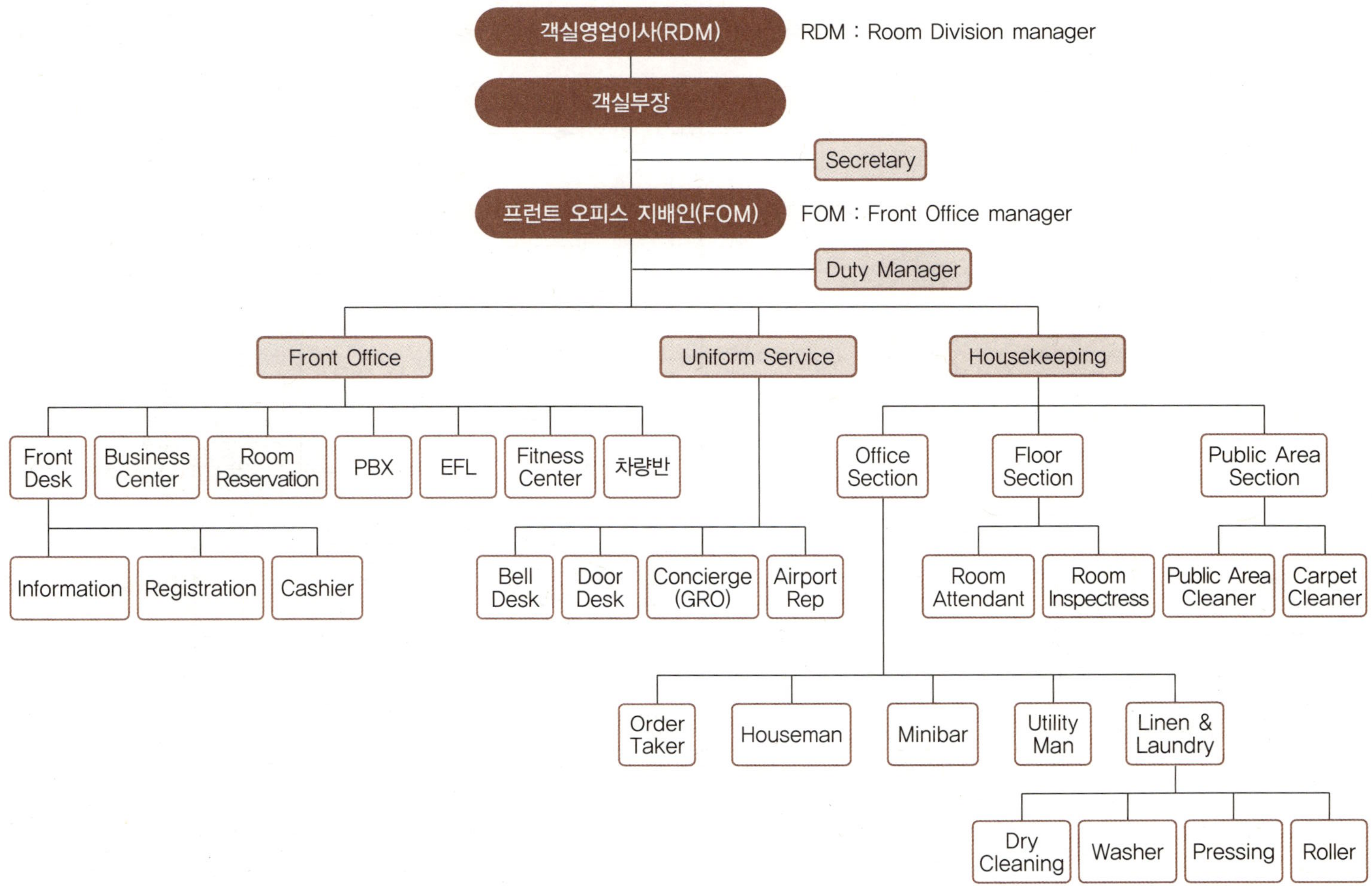

그림 1-18 객실업무의 흐름도

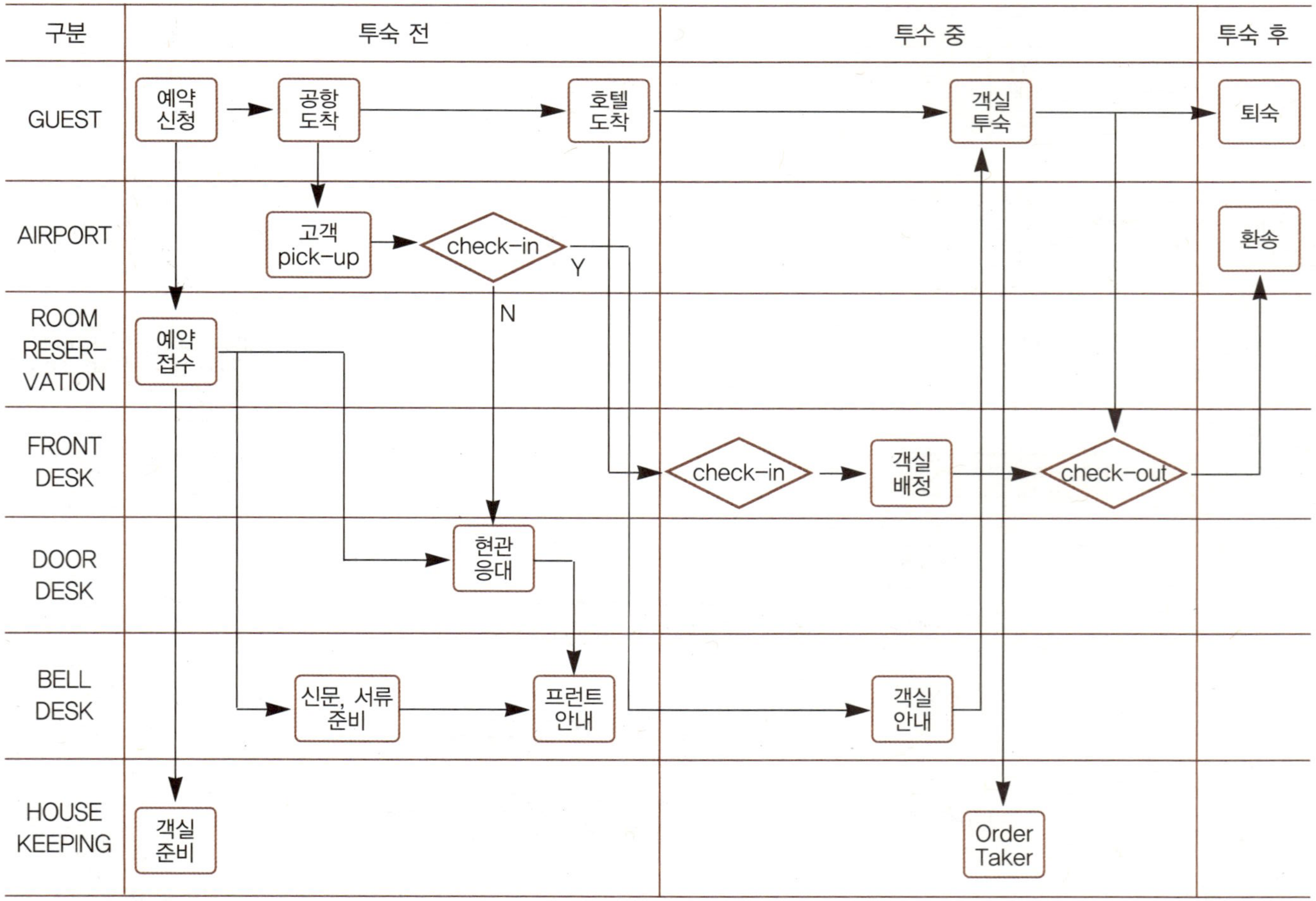

2절 ◎ 호텔객실 부서의 직무분석

1 객실부서의 운영

호텔기업은 일반 제조업과 달리 24시간 영업하는 서비스업이다. 따라서 대부분의 부서가 24시간 근무조를 편성하여 운영하게 되는데, 그 중 객실부서는 호텔에서 주요기능을 담당하고 있기 때문에 연중무휴로 고객 편의 서비스를 제공하고 있다. 그러므로 객실부 직원들은 객실운영을 위해 3교대로 근무하는 것이 일반적이다. 하지만 호텔의 크기나 운영형태에 따라 근무조를 2교대로 운영하는 곳도 있다.

3교대로 구성된 근무조는 morning shift(주간 근무조: 07:00~15:00), afternoon shift(오후 근무조: 15:00~23:00), night shift(야간 근무조: 23:00~07:00)로 근무를 하며, 근무 인원은 총 객실 수에 비례하여 편성되어 있다.

우리나라의 호텔의 경우 객실에 투숙하는 고객 대다수가 외국인이므로, 객실부 직원들은 외국어 능력을 겸비하고 있어야 하며, 긍정적인 성격과 융통성, 외국문화를 이해할 수 있는 서비스 정신 등과 같은 자질을 갖추고 있어야 한다.

2 객실부서의 직무분석

호텔의 객실부는 프런트 오피스(front office)라고도 하며, 객실과 관련된 전 부서를 관할하는 메인 오피스(main office)라고 할 수 있다. 프런트 오피스 업무에 대해서는 기능적인 면을 수반하고 있으면서, 고객서비스에 대해서는 대 고객창출의 선도적인 역할을 담당하고 있다. 따라서 프런트 오피스의 기능과 역할 등은 고객을 위해 갖추어져 있어야 하고, 대 고객서비스의 정보교류는 프런트 오피스를 중심으로 이루어져야 한다.

이러한 프런트 오피스의 주요기능으로는 현관 서비스 업무로 도어 데스크, 벨 데스크, 컨시어지가 있으며, 객실예약 업무, 고객등록과 퇴숙을 담당하는 프런트 데스크(front desk) 업무, 투숙객의 편의 서비스 제공, 고객 불평처리 업무, 각종 안내 및 정보 제공업무, 고객 영접 및 환송 업무, 환전 업무, 교환실 업무, 비즈니스 센터 업무, 피트니스 센터(fitness center) 업무, 이그제큐티브 플로어(EFL) 업무, 하우스키핑 업무 등 다양하고 세심한 대고객 서비스에 관련된 제반 업무를 수행하고 있어, 이에 대한 직무를 살펴보고자 한다.

1) 현관 서비스 부문의 직무분석

(1) Door Desk

Door Desk(도어 데스크)는 호텔고객을 맞이하는 최초의 호텔 직원으로, 현관을 출입하는 고객을 영접하고 환송하는 업무, 차량의 유도와 주차관리 및 고객출발 시 차량호출, 택시수배 업무, 현관주변 청결유지 등을 담당한다.

(2) Bell Desk

Bell Desk(벨 데스크)는 고객의 의뢰에 의해 기동성 있는 서비스를 제공한다. 투숙객이 호텔에 도착하면 지정된 객실까지 안내, 호텔의 업장과 시설물 안내, 수하물 관리, 물품배달 및 현관정리 등을 담당한다.

(3) Concierge

Concierge(컨시어지)는 고객의 안내, 수하물 관리, 통신문 전달, VIP고객의 영접 · 환송, 관광정보 안내, 리무진이나 택시와 같은 차량수배와 배차관리, 항공관련 업무 등을 취급한다. 또한 고객의 요구나 불만사항을 접수 · 처리한다.

2) 프런트 오피스 부문의 직무분석

(1) Room Reservation

객실상품은 신용과 편리한 시설, 훌륭한 인적자원 서비스 등을 바탕으로 예약을 접수한다. 연중무휴로 운영되는 호텔은 지속적인 운영을 위해 책임 있고 정확한 예약처리가 요구된다. 따라서 Room Reservation(객실예약)에서는 객실점유 상태를 항상 인지하고 있어야 한다. 그리고 객실예약과 확인, 예약변경, 예약취소 등의 업무를 수행하며, 호텔의 전반적인 안내와 정보 등을 제공하는 서비스한다.

(2) Front Desk

Front Desk(프런트 데스크)는 24시간 3교대로 근무를 하게 되며, 투숙예정인 고객이 프런트 데스크에 도착하면 먼저, 고객의 예약상태를 확인한 후 고객의 여권확인과 함께 등록카드를 작성하도록 도움을 준다. 서명까지 확인하게 되면 객실 배정을 하게 되고, 객실에 문제가 있다면 객실을 변경하는 업무도 한다. 퇴숙 절차인 체크아웃 업무를 하며, 호텔의 전반적인 정보제공도 한다. 또한 cashier(캐셔) 업무 담당자는 billing(고객계정)을 관리하고, fund(수납금) 관리, exchange(환전) 업무, 귀중품보관 업무를 하며, information 담당자는 고객이 필요로 하는 관광 또는 비즈니스에 관한 정도 등을 제공한다.

(3) Business Center

Business Center(비즈니스 센터)는 상용고객의 비즈니스를 효율적으로 실현할 수 있도록 정보나 도움을 제공한다. 즉, 회의실 대여, 통·번역 서비스, OA(office automation)기기 이용 및 대여, 휴대폰 대여, 팩스 업무,

명함제작, 특급 우편물 취급과 같은 업무를 처리한다. 따라서 비즈니스 센터에 근무하는 직원은 다국적 고객이 이용하는 곳이므로, 비즈니스 고객이 자주 이용하는 컴퓨터 프로그램이나 시설물에 대한 서비스를 정확히 숙지하고 있어야 하며, 외국어는 물론 다방면의 지식이나 정보를 습득하고 있어야 한다.

(4) Operator

Operator(PABX: Private Automatic Branch Exchange, 교환실)는 전화의 송 · 수신 업무를 주로 다루고 있는데, 전화를 이용한 호텔의 내 · 외선을 연결하고, 전화요금 관리와 고객의 국제전화를 관리하고 있다. 물론 세계 거의 모든 나라가 교환실의 도움 없이 쉽게 연결할 수 있지만, 지역 · 국가 간에 통신장애나 문제로 도움이 필요하며, 웨이크 업 콜(wake-up call) 관리와 기록, 고객의 전화 메시지의 접수, 호텔에 대한 정보제공을 주 업무로 하고 있다.

최근에는 고객에게 신속한 서비스를 위해 객실이나 연회장 예약, 룸서비스 주문, 불평접수 등 다양한 고객 불편사항을 직접 접수 · 처리하는 서비스까지 폭넓은 업무를 담당하고 있다.

(5) Executive Floor

Executive Floor(EFL: 귀빈층)는 비즈니스 고객을 위한 객실 층으로, 최근에 와서 많은 호텔에서 차등화 운영되고 있다. EFL은 복잡한 업무에 시달리는 고객을 위해 보다 편안하고 조용하면서 신속한 서비스 제공을 목적으로 하고 있다. EFL의 모든 시설과 집기는 차별화하고 전문화된 1:1 서비스로, 고객들로 하여금 VIP로 느끼게 함으로서 고정고객을 확보하고자 하는 것이다.

무엇보다도 EFL은 외국어 실력이 뛰어난 전담 직원을 배치하여 빠른 C/I과 C/O가 이루어지고, 정확한 정보가 전달되며, 라운지에서는 식음료를 무료로 이용가능하다. 또한 사무기능을 갖춘 회의실, 첨단 OA기기를 갖추고 있음에도 고객들은 무료로 이용할 수 있다는 매력이 있다.

(6) Fitness Center

Fitness Center(피트니스 센터)는 호텔의 부대시설 중 빼놓을 수 없는 것 중 하나이다. 고객들의 여행으로 인한 피로와 스트레스를 풀어줄 수 있는 시설이 피트니스 센터이기 때문이다. 기본적으로 체련장(gym : exercise room), 수영장(swimming pool), 남 · 여 사우나(sauna)를 갖추고 있으며, 골프연습장, 에어로빅, 조깅코스, 테라피, 스쿼시 등의 시설을 갖춘 호텔들이 늘어나고 있다.

이전에는 단순한 체력단련장만 갖추어져 있었지만, 최근에는 건강증진과 여가선용을 위한 시설에 관심이 많으므로 이에 대한 시설을 갖추고, 멤버십으로 운영되고 있는 곳이 대부분이다. 운영방식도 회원제로 운영되는 곳은 회원과 객실 손님만 입장가능하고, 일반인은 입장이 불가능하다. 반면에 일반 피트니스 센터는 객실손님의 경우는 무료입장이지만 일반인은 일정 금액을 지불해야 한다.

3) 하우스키핑 부문의 직무분석

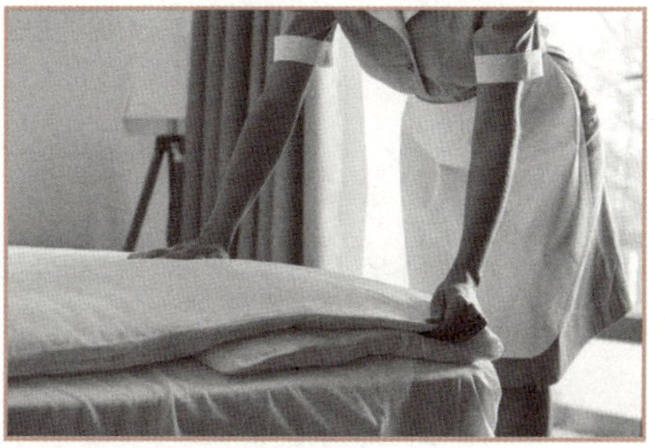

Housekeeping(하우스키핑)은 객실과 호텔건물 전체를 관리 · 유지하는 부서이다. 고객들에게 항상 청결함, 안락함, 안전함을 제공해야 하는 책임이 있으며, 고객들의 생명과 재산을 지키는 일도 그 중 하나이다. 즉, 하우스키핑은 호텔의 주상품인 객실상품의 생산하는 부서이다. 뿐만 아니라, 호텔 내 · 외부의 시설물을 관리하고, 레스토랑, 회의실, 현관, 복도, 연회장, 주방 등의 청결을 책임지고 있다. 따라서 호텔의 규모와 호텔이 추구하는 서비스 방향에 따라 조직이 조금씩 다르게 구성될 수도 있다.

일반적으로 하우스키핑은 크게 오피스 부문(office section)과 플로어 부문(floor section) 및 퍼블릭 부문(public area section)으로 나눌 수 있다.

(1) 오피스 부문

하우스키핑 오피스(office)에는 housekeeping manager, assistant housekeeping manager, secretary(비서)와 order taker(오더 테이커), mini bar(미니바) 담당자가 근무를 하는 사무실이라 할 수 있다. 하우스키핑 비서의 경우 하우스키핑의 서무 및 일반사항을 담당하며, 매니저의 업무보조를 돕는다.

그러나 order taker는 종사원들이나 객실 손님들로부터 각종 전화 오더(order)나 불평(complaint)을 접수받아 각 담당자에게 연락을 취하여 신속하게 처리될 수 있도록 정리하고, 분실물(lost & found)을 접수하고 찾아주는 업무를 담당한다. 또한 업무협조를 위하여 프런트 데스크와 상시 연락을 취하고, 사무실 업무 및 일반사항을 담당하며, 항상 고객의 입장에서 업무가 원활하게 해결되도록 호텔 전반에 대한 종합적인 업무지식을 갖추어야 한다.

미니바(mini bar) 담당자는 객실 내의 식음료와 기타 소모품(amenity)을 관리하는 업무를 담당하는 직원으로, 미니바 체크와 매출의 실적 비교가 주 업무다. 또한 판매가 감소하는 아이템에 대해서는 신상품 개발을 위한 검토를 하고, 미니바의 적정수량 확보를 위해 재고관리(inventory)를 매달 실시한다.

(2) 플로어 부문

하우스키핑 부문 중에서 객실이 있는 층을 관리하고, 유지를 담당하는 곳을 floor section(플로어 부문)이라고 하는데, 객실상품을 만드는 현장이라 할 수 있다. 즉, 객실정비와 욕실청소, 객실상황 보고와 고객의 분실물 보고, 객실 소모품 확인 및 보충, 세탁물 수거 등을 주 업무로 한다.

객실상품은 각 호텔 하우스키핑의 매뉴얼(manual)의 기준에 입각하여 국제적 수준의 객실청소 및 정비를 하여 최상의 객실상품을 고객에게 제공한다. 또한 전기용품, 카펫, 가구 등을 비롯한 객실 내 모든 시설물은 객실 층을 담당하고 있는 플로어의 직원인 룸 어텐던트(객실정비원: room attendant : room maid)와 플로어 수퍼바이저(floor supervisor)가 책임을 진다. 그러기 위해서는 객실 전반에 걸친 기본적인 정보를 숙지하고 있어야 하며, 상황발생 시보다 신속한 서비스가 이루어지기 위한 보고체계를 갖추어야 한다. 룸 어텐던트(room attendant)는 룸 메이드(room maid)라고도 한다.

(3) 퍼블릭 부문

퍼블릭 에어리어 부문(public area section : 공공구역)은 호텔의 공공구역 전반을 의미하며, 객실청소 이상의 점검과 청결을 유지하여 항상 정리되고 깨끗한 상태를 유지시킴으로서 호텔의 격(level)을 한 단계 올리는 역할을 담당하는 부서이다.

Public Area Cleaner(공공지역 정비원)는 고객이 사용하는 호텔의 내 · 외부의 모든 공공구역 즉, 호텔외곽인 정원 및 주변 환경, 로비, 화장실, 직원숙소, 사무실 등의 청소 및 광택작업의 모든 구역을 전담하며, 항상 깨끗하고 쾌적한 호텔의 이미지를 격상시키는 업무를 담당한다.

먼 곳에 있는 나의 집

이 표현은 세계 최초의 7성급 호텔인 이탈리아 밀라노의 '타운하우스 갤러리아'가 표방하고 있는 가치다. 즉, 지구 어느 곳에서 온 고객이든 내 집에 있는 것처럼 편하게 모시겠다는 '타운하우스 갤러리아' 만의 서비스이다.

밀라노의 번화가인 '발레리아 엠마누엘레' 거리, 스칼라 극장 옆에 위치한 타운하우스 갤러리아는 7성급 호텔이라고 하지만 세심하게 살피지 않으면 찾기 어렵다. 왜냐하면 정문에서 약 50m 안으로 걸어 들어가야 건물 외벽에 그려진 '별 7개' 를 볼 수 있기 때문이다.

그리고 건물로 들어가려면 외부에서 엘리베이터를 타야 하는데, 연미복 차림의 집사가 엘리베이터 안으로 안내하며, 숫자판에 비밀번호를 입력해야만 엘리베이터가 움직인다. 2층 프런트 데스크 뒤 벽면에 붙어 있는 삼성전자 로고가 들어간 42인치 플라스마 디스플레이 패널(PDP) TV를 볼 수 있다. 삼성은 이 호텔에 PDP TV뿐 아니라, LCD TV, 휴대전화, 프린터 등 총 280대의 디지털 기기를 공급했다고 한다. 호텔 홍보팀장인 엘리자 달 보스코(여) 씨는 각종 디지털 기기는 1년마다 최신 제품으로 교체한다고 하였는데, 이 호텔의 유일한 한국인 집사인 김혜란(여) 씨는 고객이 원하는 것은 무엇이든 객실에 제공한다며, 고객이 원한다면 객실에 피아노도 설치해 드릴 수 있다고 했다. 호텔 측에 삼성전자 제품을 선택한 이유를 물었더니, 관리자 보스코 씨의 대답은 호텔의 격에 적합한 전자제품을 바로 "삼성" 브랜드라고 간단히 대답했다. 그리고 객실출입은 열쇠나 보안 카드가 없는 대신 Personal Code(개인번호)를 사용해 출입할 수 있다고 한다.

7성급 호텔이라 믿기지 않을 만큼 단지 25개의 객실을 보유한 이 호텔은 돛단배의 돛 모양을 한 아랍에미리트 두바이의 7성 호텔 '버즈 알 아랍' 의 웅장하고 화려한 시설과 달리 최고의 서비스로 7성급 호텔의 명예를 안았다고 호텔관리자는 설명했다.

서비스에 따라 최하 700유로(약 91만 원)에서 최대 1만 유로(약 1300만 원)까지 천차만별이다.

제2부

호텔 현관 서비스 부문

호텔 객실 관리

Hotel Front Office Management

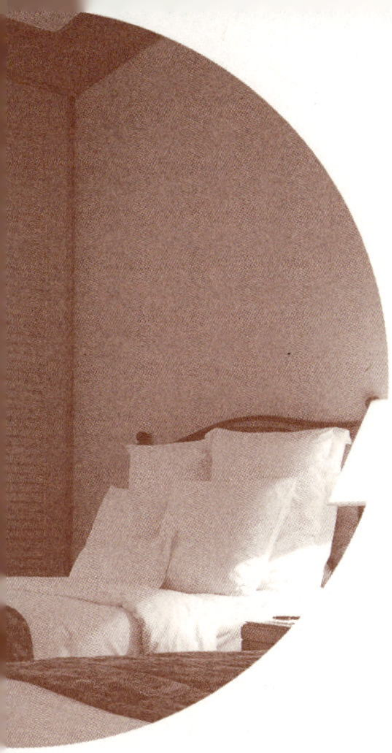

제1장

호텔 현관의 개요

현관(front)은 맨 앞부분, 앞면, 표면, 전방, 최일선이라고 하는 뜻을 갖고 있는데, 호텔에서의 현관은 같은 맥락으로 볼 때 호텔을 방문한 고객을 가장 먼저 접할 수 있는 현관부서(front of the house)라 말한다. 즉, 호텔 현관에 위치한 도어 데스크, 벨 데스크, 컨시어지, 프런트 데스크와 같은 부서로 로비를 중심으로 현관에 배치된 부서이다.

그러므로 현관이라는 부서는 많은 고객을 만날 수 있는 부서인데, 객실부 소속이라고 객실에 투숙하는 고객에게 서비스가 제공되는 것이 아니라, 모든 방문객을 대상으로 접점 서비스를 하므로 호텔을 대표하는 기능을 가진 부서라고 하겠다. 즉, 호텔을 방문하는 모든 고객을 대상으로 서비스를 제공하는 중추적인 역할을 하는 곳이라 하겠다.

1절 ◎ 호텔 현관의 역할

일반적으로 현관부서(front of the house)하면 유니폼 서비스를 뜻하는 것으로 도어 데스크, 벨 데스크, 컨시어지, 프런트 데스크와 같이 대고객 서비스에 있어 중추적인 역할을 하는 부서이다. 호텔에 도착한 고객을 최초로 맞이하고, 최후로 환송하는 곳인 도어 데스크는 호텔과 고객을 연결시켜주는 위치에 놓여 있다. 한편으로는 고객의 편의와 서비스를 위한 대외적인 업무까지 맡고 있어, 호텔경영의 중추신경이라 할 정도로 현관의 중요성을 강조하고 있다.

현관은 호텔을 방문한 모든 고객에게 모든 정보를 제공하여 주는 부서이기도 하다. 따라서 현관에서의 친절과 예의는 고객에게 만족감을 고취시켜 줄 수 있지만, 반대로 현관에서의 실수와 지연 또는 무분별한 서비스는 호텔 전체에 나쁜 이미지로 영향을 줄 것이다. 호텔 현관에서의 좋은 인상은 고객이 방문하고 체류하는 동안 친절과 예의, 매너, 분위기를 제공한다면 체류하고 있는 동안이나 떠난 이후에도 훌륭한 호텔이라는 좋은 이미지가 오랫동안 남을 것이다. 그리하여 현관 서비스는 호텔의 이미지에 영향을 미칠 뿐만 아니라, 호텔상품 판매에 영향을 미치며, 호텔수입의 원천적인 역할을 한다고 하겠다. 그러므로 현관업무의 중요성은 더 이상 강조할 필요가 없다.

2절 ◎ 호텔 현관의 기능과 업무내용

현관에서 제공되는 직원들의 예의와 친절 그리고 정확한 직무를 수행하는 직원들의 서비스는 호텔의 분위기 조성, 주위환경에 도움을 주어, 고객과 호텔의 관계가 밀접하게 형성된다. 어떻게 보면 현관에서의 안내, 정보제공 등이 단순한 서비스라고 생각되고, 즉석에서 매출발생이 되지 않기 때문에 중요한 업무라 생각되지 않을 수도 있지만, 고객과 직접적으로 대면서비스가 이루어지는 현관업무의 기능은 객실판매뿐만 아니라 식음료매출의 촉진과 부대시설의 이용효과에 상관관계가 있을 수 있다. 그리고 현관 서비스하면 숙박 또는 객실부문만을 생각하기 쉬운데, 실제로 현관업무는 객실에 투숙하는 고객에게만 서비스가 제공되는 것이 아니라, 호텔을 이용하는 전체고객을 대상으로 호텔을 대표하여 중개역할 기능을 담당하는 곳이라 하겠다.

따라서 앞에서 설명한 바와 같이, 현관의 기능은 호텔 전반적인 업무의 경영 특성상 매우 중요한 부서라고 하겠다. 이러한 연관업무를 정리하면 다음과 같이 분류할 수 있다.

1 호텔 현관의 기능

기본적인 호텔 현관의 기능으로서는 숙박을 하고자 하는 고객에게 객실 예약 및 등록업무를 위한 적절한 안내 서비스를 제공하고, 고객이 필요로 하는 호텔의 내·외적인 신속·정확한 각종 정보제공, 통신관련 업무 서비스 제공이 있는데, 고객과 호텔 현관 부문의 중요기능을 살펴보면 다음과 같다.

1) 현관은 방문객과 투숙객은 물론, 여러 가지 문의를 하는 모든 고객과 관계가 있기 때문에 호텔과 고객과의 커뮤니케이션을 중계하는 기능이 있다.

2) 현관은 객실상품 판매와 관련된 서비스를 제공하는 업무 외에, 방문객 빈도수에 따라 영업장의 바쁜 정도를 측정할 수 있기 때문에 각종 통계자료와 정보 등을 산출하고 작성하는 기능을 한다.

3) 객실을 투숙하는 고객은 객실만 이용하는 것이 아니라 투숙객의 이용에 따라 연회장, 식음료 업장, 세미나, 부대시설을 이용하게 되며 더 나아가 각종 모임에 참여자로 방문할 수도 있고 또는 주체자로 연관을 맺어 다수의 고객이 호텔을 방문할 수 있는 기회를 만들 수 있기 때문에 현관은 객실을 판매함에 있어 타 부서와 협조를 해야 하는 기능이 있다.

4) 현관은 투숙했던 고객의 history(호텔이용 실적) 즉, 고객에 대한 호텔 이용정보, 신상정보 등을 기록 · 보관하고, 고객의 욕구를 파악하여 향후 완벽한 서비스를 제공하는 기능을 한다. 근래에 와서는 컴퓨터를 이용하여 고객관리가 이루어지고 있다.

2 호텔 현관의 업무내용

호텔 현관의 기능에서 살펴본 바와 같이 그 서비스 수준의 여하에 따라 호텔의 이미지나 매출, 재방문에도 영향력이 크게 미친다고 하였다. 이는 현관서비스에 따라 호텔 인상에 중요한 작용을 미치는 것은 물론, 이용 후에도 깊은 인상을 가질 수 있기 때문이다.

따라서 호텔 현관 업무내용의 수준에 따라 고객에게 미치는 영향은 다르게 나타날 것이다. 친절하고 예의 바른 직원 서비스와 현관의 분위기는 고객에게 좋은 인상과 안정감을 주어, 호텔기업의 목표에 달성할 수 있지만, 현관부문의 단독 서비스로 대고객에 대한 서비스가 만족하는 것은 아니고, 관련부서와의 기능적이고 통합적인 운영에 의하여 그 활성화가 이루어지는 것이다. 따라서 현관업무와 관련된 내용을 살펴보면 다음과 같다.

1) 호텔을 방문하거나 객실투숙 예정 고객을 안내한다. 물론, 차량소유자에게는 주차 또는 valet(대리주차) 서비스를 제공한다.

2) 호텔에 대한 정보뿐만 아니라, 관광, 차량, 쇼핑, 행사, 공연 등 각종 정보에 대한 안내를 제공한다.

3) 호텔 내 부대시설의 영업장에 대한 안내를 통하여 고객이 원하는 레스토랑, 연회장을 원만하게 이용할 수 있도록 안내한다.

4) 호텔에는 다국적 고객이 투숙할 뿐만 아니라, 다양한 목적으로 호텔을 이용하다 보니 고객에게 전달할 내용물 또한 많고 다양하다. 하지만 이 모든 내용은 중요하게 처리되어야 하기 때문에 전달과 처리업무가 정확해야 한다.

5) 호텔에서는 고객을 위해 최선의 노력을 한다고 하지만, 모든 서비스에 만족하는 것은 아니다. 따라서 이에 대한 불평과 불만 등을 상담하고, 해결하는 업무를 한다.

6) 호텔 현관에 도착한 고객은 현관직원에게 다양한 질문과 도움을 청한다. 하지만 현관에 근무하는 직원이 모든 것을 해결해 줄 수는 없다. 이러한 경우에는 조리부, 객실관리부, 식음료부와 같은 타 부서에게 업무를 협조를 요청하거나 부탁하여 고객의 요구사항을 해결해 주는 업무도 하게 된다.

호텔 객실 서비스의 진화

서울 시내 5성급 호텔들은 나름대로 개성 있는 객실 만들기를 하고 있다. 기존의 천편일률적인 객실을 차별화하여 충성고객을 확보하고자 하는 뜻이 깊다. 밀레니엄 서울힐튼의 경우는 일반 객실을 스위트 룸으로 개조하였고, 스위트 룸은 로열 스위트로 하면서 내부에 계단이 있는 복층구조를 하고 있다.

호텔 개조 작업에 가장 큰 공을 들이고 있는 곳은 롯데호텔 서울이다. 1000억 원 가량의 투자비를 들여 대대적인 객실 탈바꿈 작업을 진행, 1차로 본관 29층부터 34층까지 74개 객실을 개조했다. 눈에 띄는 특징은 호텔 객실 인테리어 분야에서 최고로 평가받고 있는 회사로, 층별로 SOM, Wilson & Associates, HBA, Babey Moulton 등 서로 다른 디자인 회사를 이용하여 다양한 분위기를 연출하고자 하였다. SOM의 경우는 객실에 전면 유리를 사용하는 등 단순하면서도 공간 활용을 최대화한 게 특징이고, Wilson & Associates는 전체적으로 현대적인 느낌의 디자인에 다양한 스타일의 가구와 소품을 활용해 부티크 호텔을 연상시킨다고 설명했다. HBA의 경우는 하얀색 벽면과 기하학적인 무늬의 카펫이 조화를 이룬 객실은 실용성과 고급스러움을 겸비했다는 것이 회사 측의 자평이다. 한편 Babey Moulton는 동양적인 느낌의 디자인을 강조했다.

웨스틴 조선호텔은 2006년 말부터 '웨스틴 워크아웃 룸' 두 개를 운영하고 있다. 장시간의 비행과 바쁜 스케줄로 건강관리가 어려운 비즈니스 고객들을 위해 호텔이 변하고 있다. 이제는 호텔 객실 내에 자신의 사무실을 갖는 것뿐만 아니라 피트니스 센터를 갖는 시대다. 웨스틴 조선호텔의 대표이사인 이석구 사장은 오는 8월 1일 일부 객실을 새로운 개념의 객실 '웨스틴 워크아웃 룸'으로 바꾸어 선보인다. 워크아웃 룸은 세계적인 호텔 체인인 웨스틴호텔 & 리조트사가 고객이 언제든지 편하게 운동을 할 수 있도록 일부 객실에 최신식 러닝머신 혹은 스피닝 기구 등을 완비해 새롭게 디자인한 객실을 선보인다. 웨스틴 워크아웃 룸은 고객이 객실을 나설 필요 없이 편하게 피트니스 운동을 할 수 있도록 객실에는 러닝머신 혹은 실내용 자전거가 설치되어 있고, 덤벨, 요가 매트 등 워크아웃 제품이 준비되어 있어 혼자서도 얼마든지 다양한 운동을 할 수 있다. 아울러 필라테스 요가, 스피닝 DVD, 워크아웃 관련 잡지와 책 등이 비치되어 있어 DVD나 잡지를 보며 운동할 수 있다. 미니바에는 게토레이와 에너지바와 같은 기능성 제품도 갖출 예정이다.

임피리얼 팰리스 호텔의 복층 스위트 룸은 친구나 선후배, 직장 동료와 파티를 할 수 있게 고안해 낸 국내 유일이 객실이다. 2층엔 타입별로 각각 자쿠지 욕조, 슈퍼 킹 사이즈 침대, 서재 등이 있으며 1층에는 63인치 PDP TV를 갖춘 작은 거실이 마련돼 있다. 한쪽 벽면을 대형 통유리창으로 만들어 놓은 것도 특징이다.

쉐라톤 그랜드 워커힐은 커플 룸, 패밀리 룸, 레이디스 룸 등 세 가지의 다른 콘셉트를 갖고 있는 '스토리 룸'을 운영하고 있다. 패밀리 룸엔 아기와 산책을 즐길 수 있도록 스토케의 유모차와 아기 담요도 비치해 놓았다.

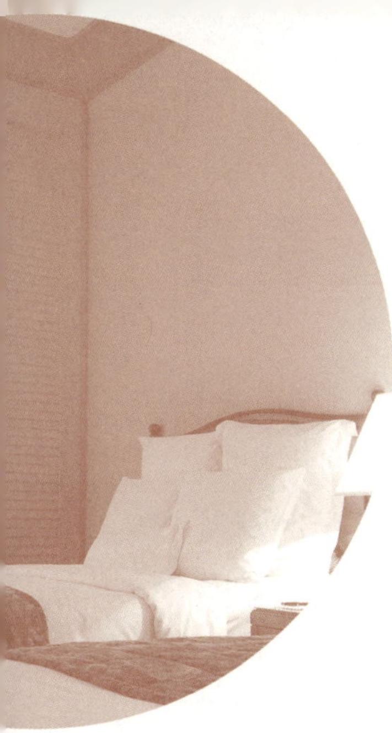

제2장

Door Desk

호텔은 다국적이면서 다양한 사회계층의 고객이 호텔의 정문을 통해 출입하는 곳이므로 이곳에 근무하는 직원의 서비스에 따라 호텔에 미치는 영향은 크다고 할 수 있다. 그러므로 호텔 정문에 근무하는 door desk 직원들은 친절하면서도 예의 바르고 공손한 태도로 고객의 요구에 적극적으로 대응해야 할 필요가 있다.

그림 2-1 **Door Desk 전경**

1절 ◎ Door Desk의 일반적 개요

호텔을 방문하는 고객은 현관에 도착하면 정문에서 가장 먼저 영접을 받게 되는 곳이 도어 데스크인데, 이때 느끼는 첫인상은 기억에 오래 남는다. 만약에 예의 바른 서비스를 받는다면 호텔의 긍정적 이미지 형성에 큰 영향을 미칠 것이며, 오래도록 기억에 남을 것이다. 따라서 도어 데스크에 근무하는 최일선 직원인 door man은 고객을 맞이하는 최초의 호텔 직원임과 동시에, 최후로 환송하는 업무를 담당하기 때문에 절도 있는 행동을 보여 주어야 하는 호텔의 얼굴이라 할 수 있다. 투철한 직업의식을 갖고 편안한 서비스를 제공해야 하며, 항상 고객입장에서 배려하는 마음으로 서비스를 해야 한다.

또한 door man은 근무하고 있는 주위 환경에도 신경을 써야 하는데, 현관 차량정리, 주차 안내, 차량호출, 택시의 수배, 시내 안내, 현관주위 청결유지 등의 기본업무가 호텔을 상징하는 중요한 업무이므로 친절하면서도 예의 바른 태도가 요구된다.

2절 ◎ Door Desk의 주요업무

Door Desk에 근무하는 door man은 호텔 현관에 위치하여 고객의 영접과 현관 앞 교통질서와 주차관리, 대리주차 등을 주 업무로 하고 있다. 또한 bell man과 함께 현관에서 대고객 영접서비스 업무를 담당하고 있기 때문에, 호텔의 첫 이미지에 커다란 영향을 미친다고 하겠다. 다음은 door desk의 주요업무를 정리한 것이다.

1 영접

현관에 근무하는 도어맨은 자동차가 들어오면 차량이 정지할 위치를 수신호로 알려준 다음 차량이 정지하게 되면 자동차 문을 열어준다. 이때 고객의 머리가 자동차 천장에

닫지 않도록 보호하며, 정중한 환영인사를 한다. 그리고 고객이 소지한 가벼운 소지품이라도 수하물을 받고, 개수가 많으면 벨맨을 호출하여 도움을 청한다. 특히 자동차를 이동시키기 전에 고객의 수하물이나 휴대폰, 손지갑 등 소지품을 확인하며, 택시나 공항버스 등에서 수하물을 내릴 때는 더욱 신경을 써서 고객의 짐인지와 개수를 확인해야 하는데, 가끔은 같은 크기나 종류, 색상으로 다른 고객의 짐을 갖고 내리는 실수가 일어나기 때문이다.

호텔을 방문하는 고객을 영접함에 있어서는 일반고객과 숙박객, 단체객으로 나누어 볼 수 있는데 다음과 같다.

1) 일반고객

투숙 이외의 고객, 즉 컨벤션, 전시회, 회의, 연회, 식사 등의 행사로 방문하는 고객을 일반이용객이라고 부른다. 이용객 중에서 단골이나 VIP고객이 많으므로 고객의 성함, 직함, 차량번호 등을 기억하여 고객에게 친근감이 느낄 수 있게 불러주는 것도 하나의 서비스라 하겠다. 연회나 회의의 시작 전 · 후에는 현관이 혼잡하므로 현관 앞 주차시간을 최소화하여 신속한 처리가 될 수 있도록 한다.

2) 숙박고객

정문 앞에 대기하는 door man은 호텔에 도착하는 고객의 승 · 하차를 도와주고, 가벼운 손가방이라도 고객의 소지품을 받아주며, bell man에게 고객의 도착을 알려준다. 고객은 승용차, 택시, 공항버스 등을 이용하는 경우가 많으므로 자동차 안을 다시 확인하여 고객의 분실물(예를 들면 휴대폰, 지갑, 작은 손가방, 쇼핑백 등) 이상 유무를 확인한다. 짐을 bell man에게 인계할 때에도 가방 숫자와 특이사항을 재확인한다. 인계할 bell man이 안 보일 경우에는 고객을 lobby로 안내하여 그 곳에서 bell man에게 인계한다.

3) 단체고객

단체의 경우는 대형버스가 대부분이므로 호텔 현관에 정차는 다른 차량출입에 지장이 생기므로 호텔 도착시간을 가이드와 벨 캡틴 간에 미리 연락을 취하게 한다. 이때 벨 캡틴은 사전에 도어 데스크 캡틴에게 도착시간을 알려 주는데 door desk에서는 단체고객을 태운 버스가 현관 쪽으로 들어오게 되면 즉시 벨 데스크에 연락한다. bell man이 단체고객의 수하물을 취급하고 있을 때 door man은 신속히 다른 차량과의 출입에 지장이 없도록 유도한다.

2 현관질서

호텔 현관은 불특정 다수의 고객이 이용하는 공공장소로 door man은 현관 정문의 주변에 장시간 혼잡해 있거나 장애물 방치를 해서도 안 된다. 현관 앞 택시정류장에도 한·두 대 정도만 대기할 수 있도록 해야 방문하는 차량 소통이 원활하게 소통될 수 있다. 또한 잡상인, 걸인 등 호텔의 격과 품위를 손상시키는 사람의 출입을 통제하여야 한다.

3 근무위치

현관 정문에 근무하는 door man은 근무위치를 무단이탈하거나 장시간 자리를 비워서는 안 된다. 도어맨은 누가 보아도 알아볼 수 있으므로, 항상 근무자가 근무위치에 있음을 인식시킬 필요가 있다. 하지만 부득이하게 자리를 이탈할 때에는 교대근무를 하거나 다른 직원에게 업무를 부탁하고 자리를 떠나야 한다.

4 주차관리

호텔 현관에는 어떤 차량이라도 장시간 주차해서는 안 된다. 현관 앞 도로는 일반도로와 달리 좁기 때문에 장시간 주차는 현관 앞 주차질서에 방해가 되며, 후속 진입차량 장애로 불편이 초래되므로 신속하게 정리하여야 한다. 특히 결혼식, 대형 연회, 디너쇼, 컨벤션 등으로 일시에 많은 차량이 붐빌 때에는 주차 안내를 별도로 배치하거나 현관직원을 충원하는 등 사전에 계획을 세워 차량소통이 원활하게 진행되도록 부서 간에 협조를 청한다.

5 주차대행 서비스(Valet Parking Service)

Valet Parking Service도 door desk 업무 중 하나다. 최근에는 호텔이용객 중 차량을 이용한 고객이 많기 때문에, 예전과 달리 주차장도 항상 붐비기 마련이다. 이로 인한 고객의 불평 증가는 호텔에도 악영향을 미칠 수 있기 때문에, 호텔에서는 valet parking service라고 하는 주차대행서비스로 고객의 편의를 도모하고자 노력하고 있다. 하지만 가끔은 고객과 valet parking 직원 간에 마찰이 생기는데, 다음과 같은 사항에 주의를 해야 한다.

1) 차량 인수

고객이 valet parking을 의뢰하면 밝은 표정으로 인사를 한 후, 자동차 열쇠 보관증(tag)을 발부해 주고, 차량의 외부상태를 확인한 후 차량 내 귀중품 유무를 확인한다. 차량에 대한 이상이 있을 때에는 고객에게 확인을 시킨 후 차량을 인수하여 주차서비스를 해야 한다. tag에는 주차시간, 주차위치, 차량번호, 인수자 이름 등을 기록하여 자동차 열쇠와 함께 door desk에 인계하여 보관토록 한다.

2) 차량 인계

항상 정중한 인사를 해야 하며, 고객에게 받은 tag를 확인한 후 신속하게 차량을 이동시켜 고객 앞에 차량을 인계한 후 환송한다. 중요한 것은 고객에게 차량인계 시 차량 내 · 외부에 이상이 없는지를 확인시켜 주어야 한다.

6 정보제공

고객이 행사에 대한 문의가 있으면 행사장소와 시간에 대한 자세한 내용에 대하여 알려야 한다. 따라서 도어맨은 당일 행사에 예정된 행사표(daily function sheet) 내용을 시간대별로 숙지하고 있어야 될 뿐만 아니라 호텔 주변의 공공장소, 쇼핑, 극장, 공연장, 교회나 성당, 시내 지리 등 관광이나 비즈니스와 관련된 문의를 설명하기 위해서는 많은 노력이 요구된다.

7 분실물 처리

분실물은 door desk 주변에서 발견되기도 하지만, 대부분 고객이 타고 온 택시나 버스 등에서 가방, 휴대폰, 귀중품 등의 물품이 습득된다. 이러한 습득물은 자체 log book(업무 인수인계 일지)에 기록한 후 도어 데스크에서 보관하는 것이 아니라 lost & found(분실물 센터)에 신고하고 내용물을 lost & found에 보관해야만 한다.

8 환송

Door Desk의 업무 중 호텔을 이용한 고객 환송은 매우 중요하다. 호텔 내에서 아무리 좋은 서비스를 받고, 모든 것에 만족한 고객이라도 호텔을 떠날 때 접하게 되는 door man의 서비스가 좋지 않다거나 불만족스럽다면 호텔 내의 모든 서비스는 물거품이 되기 때문이다. 따라서 호텔을 떠나는 모든 고객에게 깊은 인상이 남도록 하는 짧은 시간의 환송이 중요한데 고객에 따라 차별화할 필요가 있다.

1) 일반고객

평상 시 일반고객에게는 최고의 서비스를 한다 해도 국제회의나 연회 등 대형행사가 끝난 후에는 현관 앞이 일시적으로 혼잡해지게 되면 소홀히 대할 수 있는데, 이와 같은 행동은 절대적으로 안 되며, 호텔의 격을 떨어뜨릴 수 있다. 따라서 이러한 혼잡한 상황을 간단하게 설명하고, 승용차를 호출하거나 valet에 맡긴 차량을 인도한다.

2) 숙박고객

숙박고객이 호텔을 떠날 때에는 어떠한 교통편을 이용할지 문의를 한다. 승용차가 있을 수 있지만 그렇지 않을 경우 택시 또는 셔틀버스로 유도한다. 만약에 택시를 이용하게 되면 운전기사에게 방향과 목적지를 알려주어 고객이 가고자 하는 목적지에 도착할 수 있도록 한다. 장기투숙객인 경우는 고객의 여행용 짐이 많을 수 있으므로 이때에는 bell man의 협조하에 짐을 차에 싣고, 고객에게 짐의 숫자를 확인하여 준 후 환송인사를 한다.

3) 단체고객

단체의 경우는 버스를 이용하는 경우가 많으므로, 현관에 장시간 주차를 하게 되면 다른 차량의 출입에 지장이 생기게 된다. 그러므로 버스가 현관에 정차하는 시간을 최소화하기 위하여 고객들이 출발준비가 된 상태에서 현관에 주차할 수 있도록 한다. 또한 단체고객의 수하물이 많을 수 있으므로 가능한 벨맨의 도움을 받아서라도 빨리 처리하여 다른 차량출입에 지장이 없도록 유도한다.

George Bolt와 Waldorf Astoria Hotel

비바람이 몰아치고 낙엽 떨어지는 가을저녁 늦은 밤, 미국 필라델피아의 외곽에 위치한 작은 호텔에 노부부가 투숙을 위해 들어왔습니다. 이들 부부는 시간이 많이 늦었고 예약도 하지 않았는데 혹시 방이 있느냐고 프런트 데스크 직원에게 물었습니다. 그 호텔 직원은 우리 호텔에는 객실이 없다며, 노부부를 위해 다른 호텔에 객실이 있는지 물어보기 위해 여러 번 전화를 했습니다. 하지만 주위에는 어느 호텔에도 남은 객실은 없었습니다.

직원은 잠시 고민하는 듯하더니 노부부에게 말하기를 "판매할 수 있는 객실은 없습니다만 이처럼 비도 내리고 바람도 부니 차마 나가시라고 하기가 그러네요. 누추하지만 제가 사용하고 있는 객실이 있으니 좀 주무시고 가시면 안 될까요?"라고 말했습니다. 처음에 노부부는 사양했지만 그 직원의 호의가 고맙기도 하고, 차마 거절할 수 없어서 직원의 방에서 하룻밤을 보냈습니다.

다음날 아침 호텔을 나오면서 노부부는 객실료의 3배를 지불하려고 했지만 호텔 직원은 호텔 객실이 아니었기 때문에 극구 사양을 했습니다. 노신사는 어제 저녁 도움을 준 호텔 직원에게 "당신은 미국에서 제일 가는 호텔 경영자가 되어야 할 분 같군요."라고 칭찬과 감사의 말로 고마움을 표현했다고 합니다.

그리고 2년이 지난 후, 그 직원은 한통의 편지를 받았는데, 발신인은 몇 년 전 자신의 숙소에 하루 저녁 머물고 갔던 노신사였습니다. 봉투를 열어보니 속에는 자신을 방문해 달라고 하는 편지와 뉴욕행 왕복 비행기 표가 들어 있었습니다. 호텔 직원은 얼마 후 뉴욕을 방문하게 되었는데, 노신사는 뉴욕에 도착한 그를 데리고 중심가로 갔습니다. 노신사는 중심가에 여러 개의 빌딩 중 대리석으로 만든 궁전 같은 건물 하나를 가리키며 말했습니다. "이 건물은 호텔인데 당신을 위해 당신이 경영하도록 내가 지은 호텔입니다."

그 호텔이 바로 유명한 Waldorf Astoria Hotel입니다. 그리고 그 노신사는 바로 호텔 주인인 "William Waldorf Astoria"였습니다. 그 직원의 이름은 세계 굴지의 호텔체인을 이룩한 "George Bolt"였습니다. 진심에서 우러나오는 서비스는 이렇게 세상을 바꿀 수도 있습니다.

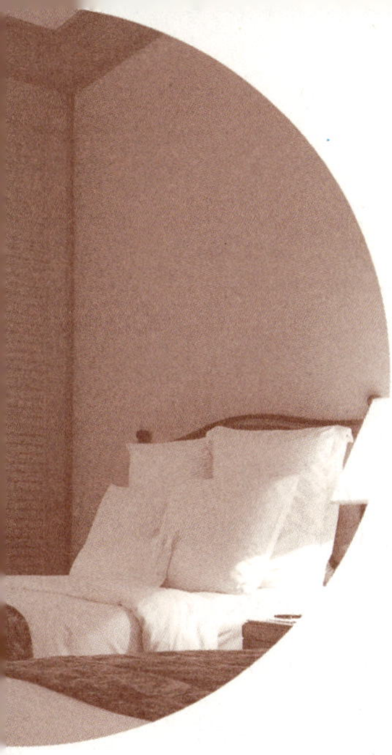

제3장

Bell Desk

Bell Desk는 프런트 데스크와 마주보거나 잘 보이는 곳에 위치해 있는 것만 봐도, 그만큼 프런트 데스크와 업무적으로 가깝다는 것을 알 수 있다. 일반적으로 객실안내가 bell desk 업무 중 가장 중요한 업무로 생각할 수도 있지만, 그보다도 많은 일을 수행하고 있다. 또한 고객과 직접적으로 만나 행동과 마음으로 서비스를 해야 하기 때문에 bell desk 직원의 행동 하나하나가 호텔 상품이라 해도 과언이 아니다. 그러므로 호텔 로비에 근무하는 직원들은 신속하고, 친절하면서도 예의 바른 태도로 고객의 요구에 적극적으로 대응해야 할 것이다.

1절 ◎ Bell Desk의 일반적 개요

Bell Desk는 호텔 lobby(로비)에 위치해 있으며, 호텔을 방문한 고객의 눈에 가장 잘 띄는 곳에 있다. 또한 프런트 데스크와 접해있어 연관된 일을 한다고 보면 될 것이다. 때로는 손님이 호텔에 도착하면 도어 데스크의 협조를 받고 손님 수하물을 인계받아 처리하기도 하지만, bell desk의 가장 핵심적인 업무는 door man으로부터 받은 check in 예정 고객의 수하물을 고객과 함께 front desk에 안내하고 등록하는데 불편이 없도록 하며, 등록 후에는 프런트 클럭(front clerk)으로부터 받은 객실 키를 받아 객실까지 안내를 담당하는 역할이다.

그림 2-2 Bell Desk 전경

Bell Desk에 근무하는 bell man이란 용어는 최근에 bell attendant(벨 어텐던트)라는 용어로 쓰이기도 하는데, 1829년 근대호텔의 시조인 미국 보스톤에 있는 The Tremont

House라고 하는 호텔에서 처음 도입되었다고 한다. bell man의 유래는 프런트 데스크 클럭이 등록이 끝나면 고객을 객실로 안내하도록 벨맨을 부를 때 사용하던 프런트 데스크 위에 있는 벨(bell)을 쳐서 알린데서 유래되었다고 한다.

Bell Desk에 근무하는 bell man의 주요업무는 고객을 객실까지 안내하는 것뿐만 아니라, 고객의 짐을 운반(delivery & pick up)하거나 수하물을 보관(stork)하는 일, 객실변경(room change), 페이징 서비스(paging service), 신문배달, 정보제공, 메시지 전달, 차량수배 등 다양한 업무를 수행한다. 이와 같은 다양한 일을 처리하기 위해서는 신속하고 정확함은 물론, 조직적으로 서비스가 제공되기 위해서는 호텔 내 · 외의 모든 정보를 숙지하고 있어야 한다. 또한 당일 check in과 check out 예정인 객실 수를 파악하여 이에 대한 마음의 대비가 되어 있어야 하며, 각종 행사 진행 상태를 파악하고 있어야 한다. 고객의 안내 요청이 있을 시는 질문받은 부문에서 모퉁이까지 안내하며, 고객이 짐을 갖고 있을 때는 의향을 물어보고 도와준다.

Bell Desk에서 사용하는 카트(cart)나 왜건(wagon)은 업무를 함에 있어 매일 사용하는 것으로 매우 중요한 도구이다. 따라서 매일 닦아 청결하게 보관해야 하고, 바퀴가 있어 로비나 객실복도 이동 시 소음이 발생되지 않도록 고객의 안전사고에 유의해야 한다.

고객의 수하물을 운반할 때는 손상이 되지 않도록 주의해야 한다. 무겁거나 네모난 옷가방 등 파손 위험이 크므로 각별히 신경을 써야 한다. 또한 수하물과 함께 이동 시는 고객의 신체나 건물 벽면에 부딪히지 않도록 조심해야 한다.

2절 Bell Desk의 주요 업무

1 Check-in Service

현관 입구에서 밖을 향해 대기하고 있는 벨맨은 고객이 도착하면 밖으로 나가 정중히 환영인사를 한다. 그리고 고객의 짐을 확인한 후(작은 것까지도) 수량과 특이사항을 재확인하고 front desk로 안내한다.

1) 개인고객(FIT)

(1) 현관에서 Front Desk까지

현관 입구에서 대기하고 있던 벨맨은 고객이 도착하면 신속히 영접 인사를 하고, 고객의 짐을 확인한다. 차량을 이용한 고객이 차에 놓고 내린 물건이 없는지 재확인하고 front desk로 안내한다.

짐이 있는 고객은 짐의 양에 따라 wagon이나 cart를 이용하되 깨지는 물건이 있을 수 있으므로 조심스럽게 다루어야 하며, 다시 한번 고객에게 짐의 개수를 확인한다. 그리고 짐과 함께 고객을 프런트 데스크로 안내한다. 등록카드를 작성하는 동안 고객 뒤에서 짐을 놓고 기다리며, 짐에 baggage tag를 부착하고 등록절차가 끝날 때까지 대기한다.

(2) Front Desk에서 객실까지

등록절차가 끝나면 room clerk으로부터 room key가 들어있는 key holder를 받아 고객 앞에서 객실번호를 말한 뒤 엘리베이터 방향을 가리키며 안내한다. 키 홀더 겉에는 고객의 성함이 적혀 있으므로 이름을 불러 주면 좀 더 친밀감을 느낄 수 있다. elevator를 기다리는 동안 어색함을 없애기 위하여 날씨나 여행에 대한 통상적인 질문을 할 수도 있다. 호텔 내의 부대시설을 안내하는 것도 하나의 방법이다. 그러나 종교나 인종에 대한 대화는 피하는 것이 좋다.

elevator를 탑승할 때는 고객이 먼저 타게 하고 벨맨은 입구에서 벽을 등 쪽으로 대고 기다리며, 내릴 때도 고객이 먼저 내린다. 이때에 elevator 문이 닫히지 않도록 하여야 한다. elevator에서 내린 후 객실방향으로 가면서 객실의 위치와 비상구의 위치를 설명하며 객실까지 안내한다.

(3) 객실 내에서

일반적으로 객실 앞에 도착하면 입구문 앞에 붙어있는 객실번호와 손님 번호가 맞는지 확인한 후, bell을 2번 정도 눌러 객실 안에 아무도 없음을 확인한 다음, 문을 열고 고객을 먼저 입실토록 한다. 그러나 야간에는 벨맨이 먼저 입실하여 객실의 이상유무를 확인한 후 고객을 안내하여야 한다. 객실에 들어가면 커튼을 열고, 조명, TV, 온도조절 등 각종 시설물 작동방법을 알려준다.

처음 온 고객이라도 손님이 상세히 문의하지 않는 한 객실 내의 모든 시설물에 대하여 하나하나 자세히 설명할 필요는 없다. 너무 오래 객실 내에 머무르면 오해를 받을 수도 있기 때문이다. 자주 방문하는 고객에게 많은 설명은 역효과가 날 수 있으므로 주의하여야 한다.

그림 2-3 Baggage Stand

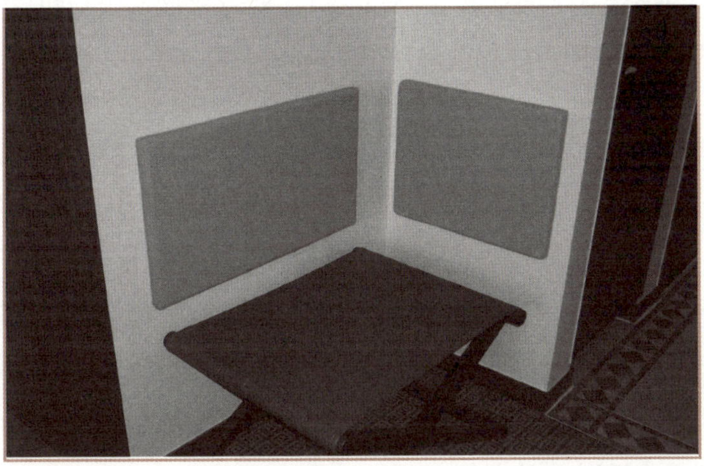

2) 단체고객

호텔마다 적용범위가 다르기는 하지만, 대체로 단체고객은 10명 이상을 말하며, 단체를 위한 별도의 group desk(그룹 데스크)에서 check in을 한다. 단체의 경우는 짐이 많으므로 주의해야 한다. 짐은 고객의 수가 적을 경우에는 고객과 함께 도착하지만, 고객의 수가 많을 경우에는 화물차를 이용하기도 한다.

단체고객이 도착하면 차에서 짐을 내려서 wagon이나 cart에 나누어 싣고 group desk로 이동한 후, 짐의 개수를 확인하여 인솔자나 가이드에게 확인시킨 후 서명을 받아 놓는다. check-in하는 동안 baggage tag를 부착한 후 짐이 정리되면 단체명단에 기록된 성명과 짐에 붙어 있는 name tag와 대조하면서 baggage tag에 객실번호를 기입한다. 객실번호 기입이 끝나면 층별로 구분하여 객실로 전달한다. 이상이 없이 전달되면 group check-in slip을 bell captain에게 제출하고, 배달된 짐의 수량이 일치하지 않을 경우에는 재확인하여 총 개수와 배달된 개수가 일치하도록 한다.

3) VIP 고객

VIP 고객이 check-in할 때에는 당직 지배인이나 GRO 또는 front office manager가 안내하며, 고객의 수하물은 concierge나 bell captain이 한다. wagon이나 cart를 사용 시에는 직원 엘리베이터를 이용하는 것이 원칙이나 경우에 따라서는 고객 엘리베이터를 이용하기도 한다.

2 Check-out Service

Check-out이란 고객이 퇴숙을 목적으로 객실을 비우고, room key를 프런트 데스크에 반환과 동시에 객실료, 식음료 사용분, 세탁비, 룸서비스 등 지불 관계를 모두 끝낸 것을 말한다. 벨 데스크에서는 check out하는 고객 모두에게 같은 서비스를 하지만 조금은 다르게 다음과 같이 응대할 수 있다.

1) 개인고객

객실 또는 프런트 데스크, 서비스 센터 등으로부터 전화를 받거나 또는 직접 고객으로부터 baggage down 요청이 있으면 bell captain은 bell man에게 전달하고, bell man은 짐의 개수를 확인한 후 cart 또는 wagon을 선택하여 객실로 올라가 짐을 내린다. 손님이 객실에 있으면 짐의 개수를 고객과 확인하고, 고객이 빠뜨리기 쉬운 옷장, 서랍, 냉장고 등을 점검한 후 로비로 짐을 내린다. 이때 짐표(Baggage tag)는 일련번호가 같은 2장이 있는데, 그 중 한 장은 고객에게 주고, 다른 한 장은 고객의 짐에 부착하여 check room(창고)에 보관한다.

고객을 front cashier에게 안내하고 곧 출발하는 고객은 현관 밖으로 안내하며 짐을 싣는 것을 도우며 환송인사를 한다.

2) 단체고객

단체의 경우는 인솔자나 안내원으로부터 사전에 baggage down 요청시간을 받으면, 벨 캡틴은 인원을 구성한 후 각 객실 안 또는 앞에 있는 짐의 수량을 기록하고, 신속히 운반하여 로비의 일정한 장소에 비치하고 인솔자나 안내원에게 확인해 준다. 고객이 직접 baggage를 가지고 올 경우는 한 곳에 모아 놓고 안내판에 단체명, 짐의 개수를 적고 baggage net(그물)로 씌워 놓는다. 버스나 화물자동차가 도착하면 인솔자나 안내원에게 짐의 확인을 받아 실어 주고 전송한다.

3) VIP 고객

VIP인 경우는 출발시간을 미리 확인하여 대기한다. 짐의 pick-up 시간이 되면 당직 지배인은 front cashier에게 체크아웃 준비를 하게 하고, 벨맨이 객실 앞에서 대기하다 baggage down을 하면 승용차를 현관 앞에 대기시키고 짐을 싣는다.

3 수하물 보관

호텔을 방문한 고객이나 투숙객의 짐 보관을 요청하면 장기보관과 일시적 보관으로 구분하여 보관한다. 장기보관은 1박 이상, 단기는 당일 찾아가는 것으로 분류하고 있다.

짐을 보관할 때는 baggage tag를 사용하는데, 2장으로 되어 있어 한 장은 짐에 부착하고, 다른 한 장은 고객에게 전달한 후 baggage check list에 기록한다. 짐이 2개 이상

일 경우에는 짐마다 tag를 부착하고 baggage string 또는 baggage net를 사용하여 다른 손님의 짐과 섞이지 않도록 한다.

그림 2-4 Baggage Tag

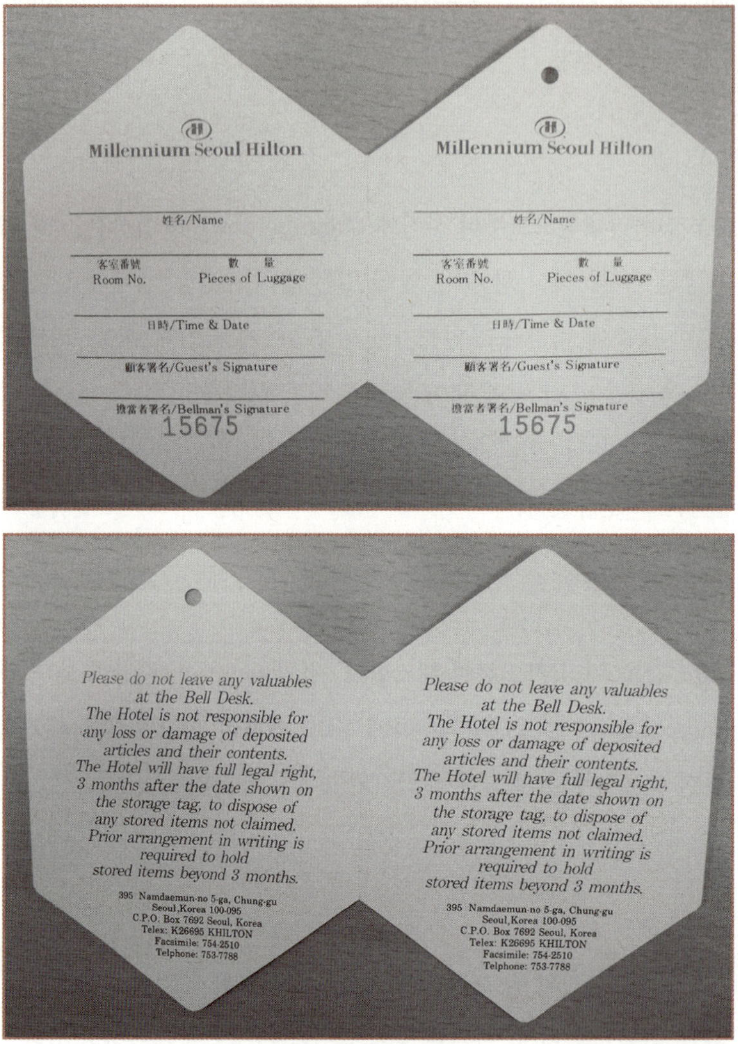

수하물의 보관은 원칙적으로 투숙객에 한해서이지만, 일반 방문객이 맡기는 경우도 있다. 맡긴 수하물을 보관할 때도 벨 데스크 주위는 공간이 좁기 때문에 24시간 이상 맡

기는 것은 baggage store room에 보관하고, 잠시 또는 24시간 이내로 보관하는 것은 편의상 check room이 있는 벨 데스크 안이나 주위에 보관하고, baggage check list에 기록한다.

특히, 수하물 보관 시에는 가방이나 상자 속에 확인할 수 없는 다양한 물품이 있기 때문에 주의와 규칙을 지키지 않으면 악취가 나거나 화재가 발생할 수도 있다.

1) 악취가 나는 물건, 부패 가능한 물질, 인화성 물질, 귀중품 등은 보관할 수 없다. 음식의 경우는 냉장고나 냉동고에 보관해야 하고, 귀중품은 프런트 금고에 별도로 보관 요청해야 한다.

2) 파손되기 쉬운 물건 등이 수하물 속에 있는지 확인해야 하며, 필요 시에는 fragile (파손주의) tag를 붙이고 별도로 보관한다.

3) 수하물 보관 요청을 받을 때는 baggage check list에 정확히 기입한 후, baggage tag 2장 중 1장은 보관증으로 고객에게 준다.

4) 보관물품을 고객이 찾으러 왔을 때에는 보관증으로 주었던 tag를 받아서 확인하고, 다시 한번 맡겼던 손님인지 아닌지를 확인한 후 물품을 내어 준다.

5) 고객이 보관증으로 받았던 tag를 분실했을 경우에는 신분증(여권 및 주민등록증), 연락처 등을 확인하여 기록을 남긴 후 찾아준다.

4 Paging Service

Paging Service(페이징 서비스)는 고객의 요청으로 로비지역에 있는 고객을 찾거나 메시지를 전달해 주는 서비스이다. 찾고자 하는 고객의 성명, 성별, 연령 등 인상착의를 접수하면 paging board에 고객 성명 full name을 정자로 크게 쓰되, 객실번호와 함께 기록하지는 않는다.

paging board에는 종이 달려 있는데, 인상착의를 생각하며 이 종을 흔들고, 로비를 다니면서 찾는 손님을 찾아주는 방법인데, 종소리가 너무 크면 소음으로 들릴 수 있으므로 가까이에 있는 손님만 들릴 정도로 적당히 흔들면 된다. 로비에 손님이 많지 않을 경우 bell man이 직접 고객의 이름을 부르면서 로비를 다니기도 한다. 요즈음은 실내 방송으로 고객을 호출하거나 LED 전구를 이용한 페이징 서비스를 하는 경우도 있다.

5 Delivery Service

Delivery Service(전달 서비스)는 투숙객이나 투숙예정 고객이 외부고객에게 전달하거나 외부고객이 투숙객 또는 투숙예정 고객에게 전달할 수하물을 요청받아 물품을 전달하는 업무를 말한다. 이때 투숙객이나 투숙예정 고객이 외부고객에게 전달할 물건을 벨데스크에서 전해주는 서비스를 "Will call for service"라고도 한다.

벨 데스크는 의뢰인이나 수취인이 서로 볼 수 없는 상황에서 전해주어야 하는 일이기 때문에 이름이나 연락처 등 상세한 기록이 남아 있어야 한다. 완벽한 서비스를 하기 위해서는 다음과 같은 규정을 지켜야 한다.

1) 어떤 물건이라도 의뢰인이나 수취인의 성명, 날짜, 시간, 연락처, 내용물을 기록해 놓는다. 그렇지 않으면 중간에 문제가 발생하였을 경우 전달결과를 전해줄 수 없기 때문이다.

2) 외부에서 숙박고객 앞으로 배달된 물건(꽃, 과일, 선물상자 등)은 벨 데스크뿐만 아니라 front desk에도 알린다. 이유는 여러 가지 상황에 따라 객실변경이 발생할 수도 있기 때문이다.

3) 고객이 객실에 있을 때에는 물건을 전달한 즉시 직접 고객으로부터 서명을 받고 전달한다. 그러나 고객이 없을 경우에는 front clerk에 알려 수하물이 있다는 메시지를 넣은 후 고객이 돌아온 후에 전달한다.

4) 전달되는 모든 물건은 log book에 기록되어야 하며, 처리결과가 서류로 남아 있어야 한다.

6 객실 변경 업무

객실 변경은 고객의 요구나 호텔의 사정에 의해 고객에게 양해를 구하고 다른 객실로 옮기는 것을 말한다. 객실 변경은 손님이 객실에 있는 경우(재실)와 외출 중인 경우가 있는데, 상황에 따라 조심스럽게 다루어져야 한다. 그리고 객실 변경 이후에는 객실 번호, 변경 담당자, 시간, 품목 등을 상세히 기록하여 차후 문제가 생길 것에 대비해야 하며, 특이 사항은 기록을 하되 상사에게 보고해야 한다.

1) 재실 중인 경우

손님이 투숙 중인 객실 변경은 사전에 손님과의 약속이 이루어진 상태이기 때문에 약속 시간에 맞춰 갈 수도 있다. 하지만 일반적으로 프런트 데스크로부터 연락을 받으면 옮겨 갈 객실 키와 왜건을 가지고 객실로 올라가 손님의 수하물을 옮기면 된다. 손님이 객실에 있는 경우에도 옷장, 금고, 서랍, 욕실, 책상 위, tea table 등을 세심하게 점검하여 빠진 물건이 없도록 한다. 특히 책상이나 테이블 위에 있는 메모지, 세면대 위의 휴지 등도 무심코 버리는 일이 없도록 한다. 또한 쓰레기통이라 하더라도 버리는 물건인지 손님께 재확인할 필요가 있다.

2) 외출 중인 경우

손님이 관광 또는 업무상 객실 내 부재 중인 경우의 객실 변경은 사전에 수하물 패킹(packing)이 되어 있어야 객실 변경이 가능하다는 것을 손님에게 알린다. 그렇지 않으면 객실에 손님이 있을 때와 달리, 부재 중 객실 변경은 오해가 생길 수 있기 때문이다. 이때도 옷장, 금고, 서랍, 욕실, 책상 위, tea table 등을 세심하게 점검하여 빠진 물건이 없도록 한다.

특히, 손님이 사용하던 메모지나 욕실 세면대 위의 휴지도 세심히 살펴볼 필요가 있다. 가끔은 손님이 사용하던 귀거리, 목거리 등 귀금속을 휴지에 싸놓는 경우도 있기 때문에 손님이 재실 중일 때의 객실 변경보다 더 신경을 써야 한다. 또한 쓰레기통도 함부로 버려서는 안 된다.

7 Pick-up Service

Pick-up 서비스란 공항이나 역, 터미널 또는 근무 중인 회사 등에 나가서 고객을 영접하고 안내하여 호텔에 투숙시키거나 모시고 오는 서비스이다. 이 pick-up 서비스 업무는 예약된 고객의 요청에 의하여 이루어지는 경우와 VIP의 도착시간에 호텔에서 자발적으로 서비스하는 경우도 있다. 대부분의 5성급 호텔에서는 공항 근무자를 별도로 배치하여 호텔 리무진을 예약한 경우나 호텔 VIP인 경우 pick up을 하여 호텔로 안내한다. 그러나 대부분은 예약이 없는 고객일지라도 호텔로 고객을 유치 및 홍보 측면인 판매촉진의 수단으로 교통 편의 도착시간에 맞추어 정기적인 호텔버스 등을 대기하였다가 고객을 호텔로 안내하는 업무를 경쟁적으로 하고 있다.

8 국기게양

대부분의 모든 호텔에서는 연중 내내 만국기를 게양한다. 호텔에 따라 다르기는 하지만, 모든 나라 국기를 달 수 없으므로 방문객 수가 많은 국가의 기를 게양하기도 한다. 또한 태극기, 호텔 기, 귀빈국적 기를 게양하기도 하는데, 귀빈이 자주 방문하는 5성급 호텔에서의 벨 데스크에는 만국기가 준비되어 있어야 한다.

9 셔틀버스 관리

셔틀버스(shuttle bus)는 호텔을 이용하는 고객에게 편의를 제공하고자 버스 또는 승합차와 같은 차량을 제공하는 호텔 서비스를 말한다. 호텔에서는 고객들이 자주 가는 곳 모두에 셔틀버스(shuttle bus)를 배차할 수 없다. 하지만 서울에 있는 5성급 호텔의 경우

이태원, 남대문, 동대문, 명동, 광화문 주위 등 주요관광지에 셔틀버스가 배정되어 있으며, 일정 금액을 지불하기는 하나 김포공항이나 인천공항의 경우는 KAL Limousine이라고 하는 정기운행 버스가 운행되고 있다.

이외에도 상용 고객이 많은 비즈니스 호텔의 경우에는 아침 출근 시간과 저녁 퇴근 시간에 맞추어 오피스 빌딩이 많은 여의도, 광화문, 강남 등에 셔틀버스가 배정되어 있다. 또한 마케팅 차원에서 자사의 호텔 고객이 자주 방문하는 지역에는 무료 셔틀버스를 운영하는 경우도 있다. 따라서 벨 데스크에 근무하는 직원들은 모든 셔틀버스 시간표를 숙지하여 정확한 시간에 셔틀버스 이용에 차질이 없도록 해야 할 것이다.

3절 벨 데스크 직원의 업무

1 현관 지배인

일반적으로 대형 호텔에서는 현관 지배인이 현관지역을 모두 담당하고 있지만, 비즈니스호텔 이하 소규모 호텔에서는 현관 지배인(front service manager)을 두지 않고, bell captain이 관장하도록 하기도 한다. 현관 지배인의 주요 업무내용은 다음과 같다.

1) 부하 직원을 감독한다. 자기의 지휘와 감독하에 있는 벨 캡틴, 벨맨, 도어맨, car jockey(주차요원), 엘리베이터 안내원 등의 근무상황을 주기적으로 체크하고 감독한다.

2) 임시수하물 예치나 정돈상태를 확인하고, check room의 정리 · 정돈 감독 및 점검한다.

3) 호텔 현관의 청결 관리와 로비 주위의 이상 유무를 확인한다.

4) 벨 데스크에서 사용하는 각종 카트, 비품, 만국기 등의 기물대장과 이상이 없는지 확인한다.

5) 외부로부터 투숙 중인 고객에게 전달되기 위해 반입된 수하물과 대장의 기록사항을 검사하며, 그 외의 모든 수하물이 신속하고 정확히 고객에게 전달되었는지의 여부를 수시로 파악한다.

6) 호텔은 다국적 고객뿐만 아니라 특별한 목적 없이 출입을 하는 고객이 많으므로 모든 고객에 대한 동향 파악 등도 현관 지배인의 업무이다.

2 벨 캡틴

호텔의 bell desk는 2교대 혹은 3교대의 근무조로 편성되어 고객만족이라는 목표 아래 24시간 서비스의 촉진을 도모하고 있다. 각 근무 조에는 조장이라고 할 수 있는 bell captain이 있어서 현관 지배인의 업무를 대행하면서 지시받아 모든 업무를 처리하고 있다. 벨 캡틴(bell captain)의 업무는 현관 지배인과의 업무와 중복되는 면도 있지만, 다음과 같은 업무를 한다.

1) 현관 지배인 부재 시 모든 업무를 대행한다.

2) 부하직원의 근무 스케줄을 작성하고, 업무와 기본교육을 실시하며, 위생상태 등을 점검하여 업무를 하는데 차질이 없도록 한다.

3) Bell Man, Door Man, Car Jockey 등의 근무상태를 확인 및 감독한다.

4) 로비와 현관 등 담당지역의 청소 및 정리정돈 상태를 확인한다.

3 벨맨

벨맨(bell man)은 근무하는 장소가 주로 로비이며, 기본업무는 고객을 객실까지 안내 또는 고객의 짐을 객실까지 운반하거나 보관하는 서비스를 하고, 공공장소인 로비지역을 관리한다. 그리고 메시지 또는 신문전달, paging service, room change, 차량수배 등의 업무를 수행한다. 근무 중 업무에 대한 자세한 사항은 다음과 같다.

1) 전날 객실점유율과 당일 객실예약률에 대한 현황을 숙지하고 있어야 한다. 객실판매 현황은 업무량과 관계가 있기 때문이다.

2) 당일 연회행사와 진행시간, 예상 참석인원을 숙지하고 있어야 한다. 근무장소가 로비인 만큼 마음에 준비가 필요하기 때문이다.

3) 로비 내 정해진 위치에서 밝은 표정과 태도를 갖추고 대기(stand by)하며, 호텔 방문고객에게는 미소와 함께 인사를 한다.

4) 고객의 문의나 안내요청 시에는 로비에서부터 고객이 방문하고자 하는 장소 또는 코너부분까지 안내한다.

5) 고객이 짐을 가지고 있으면 고객의 의향을 묻고서 들어준다. 이때 고객의 수하물은 wagon이나 cart를 사용하여 운반하게 된다. 수하물을 신중히 다루어야 하며, 여행용 가방과 같이 크고 단단한 것을 먼저 싣고, 무리하게 많이 또는 높이 싣지 말아야 한다. 서류가방이나 귀중품, 술이 들어간 쇼핑백과 같이 파손되기 쉬운 것은 고객이 직접 들고 가도록 유도한다. 의류와 같은 물건은 고리를 이용한다.

6) wagon이나 cart를 이용하여 물건을 이동할 시에는 다른 고객이 다치지 않도록 조심해야 하며, 객실 복도 등을 지나갈 때는 벽과 약 10cm 가량 거리를 두어서 부딪치지 않도록 주의한다.

7) 호텔로비는 호텔의 이미지와 직결되는 장소이므로 항상 정리 · 정돈되어 있어야 하고, 청결해야 하므로 수시로 점검하고 이상이 발견되면 해당부서에 통보하여 신속히 처리하도록 하되 다음과 같은 사항을 확인하면 된다.

❶ 로비에 비치된 소파의 청결 상태나 정 위치를 확인한다.

❷ 로비바닥에 구두 자국이나 얼룩 및 오물 등이 있으면 담당부서에 연락하여 처리할 수 있도록 한다.

❸ 로비천장, 소파 옆 테이블 램프 및 기타 조명 등 이상 유무를 확인한다.

❹ 공중전화 및 구내전화 이상 유무를 확인하고, 전화 부스 내에 메모지나 볼펜이 비치되어 있는지 확인한다.

❺ 호텔 홍보물이나 브로슈어(brochure), 관광지 책자 등의 비치대를 수시로 정리 정돈한다.

❻ 엘리베이터의 작동상태와 전원, 냉난방 상태, 청결 등을 점검한다.

❼ 호텔 출입문은 많은 고객이 이용하므로 현관유리에 손자국이 나거나 더럽혀져 있는지를 점검한다.

8) 호텔로비는 공공장소인 만큼 다른 고객들에게 불편을 주지 않게 하기 위해서는 질서유지를 위한 점검을 해야 되는데 다음과 같은 사항들이 발생되면 즉시 조치를 취해야 한다. 하지만 상황을 살펴가며 하되 매니저에게 보고한다.

❶ 복장이나 언행이 다른 손님에게 혐오감을 주는 고객

❷ 잠옷이나 슬리퍼를 착용하고 로비로 내려오는 고객

❸ 로비 소파에서 잠을 자는 고객

❹ 로비 소파 테이블에서 냄새나는 음식을 취식하는 고객

❺ 정신질환자 또는 전염병환자로 의심되는 고객

❻ 동물을 데리고 들어오는 고객

❼ 어린이들이 뛰어 다니며 소란을 피우는 행위

❽ 로비에서 상행위를 하는 경우

〈서울 웨스틴 조선호텔〉의 역사

웨스틴 조선호텔은 1914년 일제 강점기부터 현재에 이르기까지 100여 년의 역사를 함께 해온 국내 대표 호텔 중 하나이다. 개관 후 국빈, 외국 인사들이 투숙하는 영빈관 역할을 도맡아 하며 한국의 정치, 경제, 사교의 중심 역할을 해온 조선호텔의 역사를 되돌아보고자 한다.

웨스틴 조선호텔은 본격적인 서양식 호텔로 1914년 10월 10일 서울 소공동에 신축됐다. 당시 조선호텔은 독일 건축 회사가 설계한 4층짜리 북유럽 양식의 화려한 건축물로 루이 16세 식의 응접실, 다이닝 룸, 귀빈 접대실, 콘서트 홀 등을 갖추며, 최고급 서양 물건들을 도입했다. 이후 조선호텔은 국빈들을 모시는 유일한 장소로 거듭났다.

1945년 해방 이후에는 정치의 산실로 맥아더 장군, 하지 장군이 이끄는 미군의 사령부, 이승만 박사와 서재필 박사의 집무실을 대신해 왔다. 이후 1950년 6.25전쟁과 격변기를 지나 조선호텔은 아이젠하워 미 대통령이 투숙하는 등 국빈과 국제회의 장소로 선정되며 명성을 쌓았다.

1967년 한국관광공사와 아메리칸 에어라인이 합작투자로 조선호텔 건설계약을 체결하고, 박정희 대통령의 지시 아래 1970년 20층 현대식 건물로 재공사가 이뤄지면서, 제2 조선호텔로 거듭났다. 외국인 투자자도 아메리칸 에어라인에서 웨스틴호텔로 바뀌면서 웨스틴 조선호텔로 개칭했다.

1983년에는 삼성그룹이 인수하면서 내부적인 변화가 있었고, 1991년에는 삼성그룹에서 독립한 신세계그룹이 웨스틴 조선호텔의 지분 100%를 소유하게 됐고, 이후 베이커리 데이앤데이를 개점하며 사업 확대에 나섰다.

호텔 객실 관리

Hotel Front Office Management

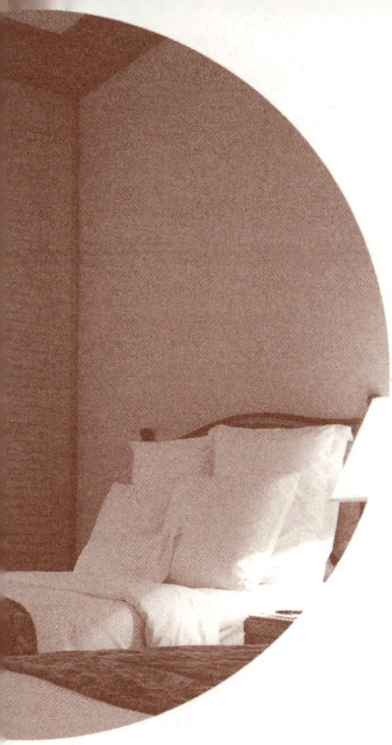

제4장

Concierge

Concierge(컨시어지)는 프랑스에서 유래된 말로 중세시대 성을 지키며 촛불을 들고 성을 안내하는 사람인 "르콩트 데 시에르지"(le comte des cierges: 촛불 관리자)에서 유래되었다는 설이 있지만 확실하진 않으며, 어떤 이론에는 라틴어의 노예를 의미하는 "conservus"에서 유래되었다고도 한다. 기원이 어떻든 지난 100년 동안 컨시어지는 호텔 로비에 그들의 카운터(책상)가 별도로 되어 있으며, 유니폼을 입은 호텔 직원으로 근무를 하고 있지만 안내원, room clerk, cashier로부터 분리되어 호텔에서 고객이 필요로 하는 정보를 제공하는 전문인이라는 것이다.

이처럼 호텔직원 중 한 사람을 뜻하기도 하지만, 호텔에서 부서를 설명할 때에는 부서를 지칭할 때 컨시어지라고 부르기도 한다.

그림 2-5 호텔 컨시어지

1절 Concierge의 일반적 개요

서비스를 제공하는 기업 중 호텔기업은 관광이나 비즈니스, 식사, 연회를 위해 방문하는 모든 다국적 고객에게 최상의 서비스 제공하고, 고객만족이라는 목표를 실현시키기 위한 대표적인 기업이다. 이러한 서비스의 중심에 있고 호텔을 구성하고 있는 여러 부서 중 하나로 컨시어지(concierge)가 있다. 컨시어지는 호텔을 방문하는 모든 고객에게 위법이 되지 않는 범위 내에서 고객이 원하는 다양한 서비스를 제공하는 호텔 직원인 것이다.

호텔이 서비스기업인 만큼 호텔 내에서도 서비스를 제공하는 다양한 부서에 직원들이 있다. 하지만 이 중에서도 컨시어지는 서비스 꽃이라 불릴 정도로 서비스 정신이 강하며 자부심을 갖고 업무에 임하는 호텔직원이며, 로비에 위치한 하나의 부서로 2가지 의미를 내포하고 있다.

우리나라의 5성급 호텔에는 대부분 컨시어지 부서가 있으며, 전문적인 컨시어지가 24시간 근무하고 있어 대고객서비스를 강화하고 있다. 하지만 소규모 호텔에서는 벨 데스크만 운영되면서 컨시어지 역할의 일부분만 수행하고 있다. 컨시어지는 호텔 내·외의 안내 업무를 하기 때문에 호텔 현관에 들어오면 눈에 가장 잘 띄는 현관 근처 또는 프런트 데스크 근처에 별도로 컨시어지 데스크가 있다. 컨시어지는 사전적 의미를 살펴보면 문지기, 수위, 관리인이라는 뜻이 있으며, 유럽에서는 고객서비스를 총괄하는 의미로 concierge라고 부르며, 미국에서는 GRO(Guest Relation Officer) 또는 CRO(Customer Relation Officer)라고 부르기도 한다.

19세기 호텔산업이 발달하면서 고객을 접하고 객실열쇠를 관리하는 업무를 담당했던 사람이 컨시어지이다. 그래서 지금도 몇몇 5성급 호텔에서는 컨시어지 유니폼에 황금색 열쇠모양의 배지를 달고 있는 것을 볼 수 있는데, 이것이 세계 컨시어지협회에서 수여한 최고의 컨시어지에게 부여되는 국제적인 인증배지이다. 이 황금열쇠 배지를 프랑스어로 "les clefs d'or"(레끌레도어)라고 하고, 영어로는 "golden key"(골든 키)라고 한다. 세계 컨시어지 협회는 1년에 한 번씩 각국을 순회하며 개최되는데, 글로벌 시대에 맞게 호텔을 방문하는 모든 고객의 욕구를 충족시켜 주고, 호텔을 대표하는 민간외교사절이라는 자부심을 갖고 업무에 임하고 있다.

2절 ◎ Concierge의 주요 업무

Concierge의 업무 영역은 호텔에 따라 차이가 있지만 고객이 필요로 하는 정보를 제공하고, 고객이 해결하고자 하는 일들을 법적인 범위 안에서 해결하고자 한다. 컨시어지의 주 업무는 VIP 영접 및 환송, 수하물 관리, 교통안내, 쇼핑안내, 관광 스케줄이나 공연예약, 음식소개, 항공권 예약 또는 구매, 기차표 예약, 운동경기 입장권 구매 등 고객이 어려움을 호소하는 모든 일들을 신속히 해결하며 때로는 개인 비서역할까지 한다.

이처럼 고객에게 차별화하여 고부가가치 서비스를 제공하는 업무를 수행한다. 또한 업무 영역이 매우 넓어, 광범위한 네트워크를 구축하여 정보를 제공하고, 다른 호텔의 정보나 고객이 자주 문의하는 정보는 사전에 숙지하여 고객이 요구 즉시 답변해 주는 노력이 요구된다. 특히 고객의 불평에 대해서는 신속하게 대처하여, 불평고객이 재방문할 수 있도록 고객만족을 창출하는 업무를 담당하고 있다.

컨시어지는 데스크는 하루 24시간 3교대로 근무하고 있다. 언제든지 고객이 원하는 모든 것을 해결하는 컨시어지 서비스는 호텔 이미지에도 영향을 미칠 수 있기 때문에 다양한 외국어 회화실력을 갖추고 있어야 하며, 항상 깔끔한 외모와 새로운 마음가짐으로 업무에 임한다.

또한 당일 VIP 일정에 대한 계획을 확인하고 정해진 객실도 미리 체크하게 되는데 고객이 최대한 편안히 쉴 수 있도록 맞춤서비스를 하는 것도 본연의 업무이다. 완벽한 서비스를 위해 공항 근무자와 수시로 연락을 취하며, 호텔 도착예정 시간을 예측하여 투숙예정 객실을 확인하여 놓는다. 객실 청결은 물론이고, 전원, 욕실, 실내온도, 고객이 선호하는 과일이나 음료, 신문 등 보이지 않는 서비스까지 제공한다.

고객에게 신속하고 정확한 서비스를 제공하기 위해서는 호텔의 모든 부서와 원만한 대인관계 유지가 요구되며, 일반적인 정보뿐만 아니라 호텔 내 각 부서의 특징적인 업무와 영업장에 대한 업무시간, 시설, 특별행사 등에 대하여 숙지하고 있어야 한다. 그리고 컨시어지를 방문하는 고객에게는 필요로 하는 도움을 해결하고자 하는 열정을 보여주는 것도 중요하므로 적극적인 자세가 요구된다. 좀 더 세분화된 컨시어지 업무를 보면 다음과 같다.

1 VIP 고객의 영접과 환송

호텔 명성이 있기까지는 VIP 고객에 대한 철저한 서비스가 준비되어야 하고, 정중하면서도 격식 있는 업그레이드된 서비스가 이루어져야만 된다. 또한 VIP 고객이 편안히 쉴 수 있도록 안락하고 선호하는 취향까지 확인하는 서비스가 이루어져야 한다. VIP 고객의 경우는 예약을 하기 전 또는 투숙하기 전에 객실 상태와 환경이 어떠한지 확인하는 순서를 거치게 되는데 공항에서의 서비스, 호텔 내에서의 서비스 등 조화가 이루어져야 고객은 만족할 것이다. 따라서 다음과 같은 서비스를 생각해 볼 수 있다.

1) VIP list를 확인하면 공항에 근무하는 직원(airport representative)에게 항공편을 알려주고, 탑승자 확인을 하게 한 후 공항 도착시간에 맞게 대기하도록 한다.

2) 호텔에서는 객실 상태를 점검하게 된다. 즉, 청소상태, 냉 · 난방, 과일, 초콜릿, 신문과 최근 발행된 잡지, 등록카드를 준비한다. 때로는 등록카드를 공항 리무진 편에 보내기도 하는데, 고객은 공항에서 간단한 서명만으로 등록을 대신할 수 있다.

3) 호텔의 컨시어지 매니저는 공항에 근무하는 airport rep과 차량번호, 운전기사 이름과 전화번호를 다시 한번 알려주고, 공항에서 출발하게 되면 출발시간과 도착 예정시간을 door man에게 알려준다.

4) 호텔에 도착하면 환영인사를 하고 객실로 안내를 한다.

5) 객실에서는 등록카드에 서명을 받는 것으로 등록을 대신할 수도 있다. 그리고 객실 내에서 사용하게 되는 시설물에 대하여 간단히 설명을 한다.

6) 고객이 등록한 원장을 정리한 후 컴퓨터에 입력하고, VIP에 대한 사항을 관련된 부서나 업장에 알려주어 차후 고객이 업장 이용 시 최고의 서비스가 제공될 수 있도록 한다.

2 차량수배 및 배차관리

컨시어지에서는 일반고객이 차량을 원할 경우에는 호텔과 계약된 렌터카 또는 다른 교통수단을 안내하여 택일할 수 있도록 한다. VIP인 경우는 호텔에서 준비한 리무진을 수배하여 배차하는 경우가 대부분이다. 차량은 대개 30여 분 전에 도착할 수 있도록 하고 차량의 청결, 기사의 복장 등 상태를 먼저 점검한다.

그림 2-6 **렌터카 예약대장**

kt 금호 렌터카

차량대여 계약서 (TRANSPORTATION VOUCHER)

Voucher No.	

Booking Date :

Guest Copy

거래처명 Company		탑승자 passenger's name		객실번호 Room No.	
임차인(대금결제자, 대행자,탑승자) Lessee(payer, proxy, passenger)	① 외국인 ② 장애인 ③ 65세이상인자 ④ 국가 또는 지방자치단체 ⑤장기임차법인 (foreigner/the diasbled/over 65years old/nation or local autonomous entity/long time hire goveement)				
운행일시 Date & Time		임차인 Lessee		항공편 Flight No.	
운행형태 Rental Type		사용시간 Used time	시간 hour	출발지 Departure		도착지 Destination	
결재방법 Payment		차량번호 Vehicle No.		기사명 Driver Name	
대여요금 Rental Charge		비고 Remarks			
toll Fee: Parking: driver's meal: Others:		※ Guest Signature		Hotel Clerk Hertz Clerk	

※ 상기 임차인은 주민등록 등본, 여권 등 증빙서류를 제출해야 함.
※ KT금호렌터카의 기사포함대여 계약서 기타 세부사항은 당사 대여약관에 준하기로 함.
This voucher can be replaced as Rental Agreement and complies with the terms and conditions of the Rental Agreement

Hertz MGR.

주행내역(DRIVEN DETAILS)

출발 (OUT)			도착 (IN)			비고 Remarks
출발지 Departure	시간 Time	출발 Km Dep. Km	도착지 Arrival	시간 Time	도착 Km Arr. Km	

배차시간 : 시 분	종료시간 : 시 분	총주행시간 : 시 분
출발Km : Km	도착Km : Km	총주행 Km : Km

kt 금호 렌터카

3 고객의 수하물 처리 및 메시지 전달

호텔에 도착한 고객의 수하물이나 우편물, 메시지는 고객에 따라 달리 취급을 해야 한다. 투숙하고 있는 고객의 경우는 짐을 직접 전달하거나 객실에 넣어드릴 수 있지만, 투숙예정 고객의 짐은 보관하였다가 투숙 시 전달한다. 이때에는 고객에게 전달할 수하물 등이 있음을 프런트 데스크에 전하여 컴퓨터에 입력시키도록 하고, 전달에 실수가 없도록 한다. 그리고 check out한 고객에게는 고객의 다음 여행지로 보내주거나 아니면 고객과 직접 통화하여 처리 방법을 강구한다. 이러한 방법으로 해결이 안 되는 경우는 배달되어 온 회사로 재반송하도록 한다.

특히 여권이나 항공권일 경우는 고객의 다음 일정에도 영향을 미칠 수 있기 때문에 최선을 다하여 처리한다. 때로는 음식이 배달되어 오는 경우도 있는데 음식을 접수할 때는 온실보관인지, 냉장 또는 냉동보관인지 정확히 확인하여 상하지 않도록 해야 한다.

이러한 다양한 처리 과정에서 신속하지 않거나 부정확한 처신은 심각한 문제를 발생시킬 수도 있고, 고객으로부터 호텔의 신뢰를 잃을 수 있기 때문에 세심한 주의를 요한다.

4 정보제공

호텔 모든 부서와 직원은 고객이 원하는 모든 정보를 제공하지만 컨시어지는 고객들이 원하는 정확한 맞춤 정보를 제공하는 호텔직원이라 하겠다. 타 지역에서 비즈니스하는 외국인에게 업무와 관련된 정보를 제공하고, 여행객들이 가고 싶어 하는 정보를 제공한다. 즉 고궁, 종교, 판문점, 레스토랑, 교통, 쇼핑, 문화, 스포츠 등 시간, 비용, 거리, 예약여부 등 관광 관련정보를 상세히 설명한다.

관광관련해서는 호텔 홍보자료, 여행사 브로슈어(brochure), 관광안내서, 신문, 잡지 등을 잘 볼 수 있도록 비치해 놓는다. 최근에는 다국적 관광객이 늘고 있으므로 영어, 일어, 중국어 등 여러 나라 언어의 안내서로 준비해 놓아야 한다. 또한 수시로 변화하는 환경을 정확하게 안내하기 위해서는 인터넷을 이용한 정보 수집을 하고, 정기적인 업데이트가 이루어져야 한다.

5 고객 불평 · 불만 처리

고객 불평 · 불만에 대한 연구를 보면 고객들은 호텔 이용 시 호텔 시설물 또는 직원들로부터 받은 불평이나 불만을 제3자에게 이야기하는 경우가 만족할 때보다 7배 많다고 한다. 따라서 불평 · 불만을 처리하는 컨시어지는 원만하게 처리할 수 있는 능력을 키워야 한다.

특히 호텔을 이용하는 고객은 지속적으로 새롭고 변화된 서비스를 요구하기 때문에 호텔에서 보면 고객욕구를 먼저 파악하는 것이 중요하다. 그리고 고객이 불평하는 요인들을 능숙하고 신속하게 처리하는 것은 불평고객을 충성고객으로 전환시키는 요인이라고도 하겠다.

고객 불평사례를 보면 직원에 대한 것, 시설물에 대한 것, 서비스에 대한 것으로 나누어 생각해 볼 수 있다.

1) 호텔 직원에 대한 불평으로는 고객의 질문에 성의 없이 대답하는 것, 고객을 기다리게 해 놓고 아무 반응이 없는 경우

2) 시설물에 대한 불평으로는 주차장, 엘리베이터, 객실 냉 · 난방, 객실에서 소음, TV, 레스토랑 등

3) 서비스에 대한 불평으로는 대리주차, 객실청소 미비, 음식의 이물질, 수하물 처리, 전화예절 등

그림 2-7 고객만족도 설문지

Millennium Seoul Hilton

"We really want to hear from you."
"お客様の率直なご意見をお聞かせ下さい。"

Your Name
お名前(楷書でご記入下さい) ______________________

Date of Arrival
ご到着日 ______________ Date of Departure
出国日 ______________

Room No.
お部屋番号 ______________________

Home Address
ご住所 ______________________

City
首都府県 __________ State
区市郡 __________ Country
町村 __________

Business Address
お勤め先のご住所 ______________________

City
首都府県 __________ State
区市郡 __________ Country
町村 __________

Your Evaluation
お客様の評価

1. Service on arrival and check in:
到着とチェックイン時のサービス:

For example, was it prompt and courteous?
手際よく、親切でしたか?

Very Satisfied 非常に満足だ	Satisfied 満足だ	Neither Satisfied Nor Dissatisfied どちらともいえない	Dissatisfied 不満足だ	Very Dissatisfied 非常に不満足だ
☐	☐	☐	☐	☐

Comments:
その他のご意見 ______________________

2. Your Room:
お部屋:

For example, did you find it clean and comfortable?
清潔で快適だと思われましたか?

Very Satisfied 非常に満足だ	Satisfied 満足だ	Neither Satisfied Nor Dissatisfied どちらともいえない	Dissatisfied 不満足だ	Very Dissatisfied 非常に不満足だ
☐	☐	☐	☐	☐

Comments:
その他のご意見 ______________________

3. **Restaurants and Bars:**
レストランとバー

	Very Satisfied 非常に満足だ	Satisfied 満足だ	Neither Satisfied Nor Dissatisfied どちらともいえない	Dissatisfied 不満足だ	Very Dissatisfied 非常に不満足だ
Orangerie Buffet Restaurant バイキングレストラン'オランジェリー'	☐	☐	☐	☐	☐
The Seasons French Restaurant フレンチレストラン'シーズンズ'	☐	☐	☐	☐	☐
Palm Court Lounge 'パームコート'ラウンジ	☐	☐	☐	☐	☐
The Oak Room Bar バー'オークルーム'	☐	☐	☐	☐	☐
Il Ponte Italian Restaurant イタリアレストラン'イル・ポンテ'	☐	☐	☐	☐	☐
Taipan Chinese Restaurant 中華レストラン'タイパン'	☐	☐	☐	☐	☐
Genji Japanese Restaurant 日本レストラン'源氏'	☐	☐	☐	☐	☐
Cilantro Californian Restaurant カリフォルニアレストラン'シェラントロ'	☐	☐	☐	☐	☐
Cilantro Deli Delicatessen デリカテッセン'シェラントロ・デリー'	☐	☐	☐	☐	☐
Pharaoh's Nightclub ナイトクラブ & ディスコ'ファラオ'	☐	☐	☐	☐	☐
Room Service ルームサービス	☐	☐	☐	☐	☐

Comments:
その他のご意見 ______________________________

4. **Telephone Service:**
電話及びメッセージサービス

For example: the efficiency of message taking?

Very Satisfied 非常に満足だ	Satisfied 満足だ	Neither Satisfied Nor Dissatisfied どちらともいえない	Dissatisfied 不満足だ	Very Dissatisfied 非常に不満足だ
☐	☐	☐	☐	☐

Comments:
その他のご意見 ______________________________

5. **In-Hotel Service:**
ホテル内サービス

For example: Safety, security, shops, etc.
ビジネスセンター、商店、警備

Very Satisfied 非常に満足だ	Satisfied 満足だ	Neither Satisfied Nor Dissatisfied どちらともいえない	Dissatisfied 不満足だ	Very Dissatisfied 非常に不満足だ
☐	☐	☐	☐	☐

Comments:
その他のご意見 ______________________________

6. **Service from Employees:**
従業員のサービス

How well did we respond to your needs?
(例: お客様のご要望に応えられたかどうか)

Very Satisfied 非常に満足だ	Satisfied 満足だ	Neither Satisfied Nor Dissatisfied どちらともいえない	Dissatisfied 不満足だ	Very Dissatisfied 非常に不満足だ
☐	☐	☐	☐	☐

Comments:
その他のご意見 ______________________________

7. **Meetings and Banquets:**
会合ならびに宴会:

	Very Satisfied 非常に満足だ	Satisfied 満足だ	Neither Satisfied Nor Dissatisfied どちらともいえない	Dissatisfied 不満足だ	Very Dissatisfied 非常に不満足だ
	☐	☐	☐	☐	☐

Comments:
その他のご意見 ______________________________

8. **The Health Club and Fitness Centre**
フィットネスセンター(ヘルスクラブ)

	Very Satisfied 非常に満足だ	Satisfied 満足だ	Neither Satisfied Nor Dissatisfied どちらともいえない	Dissatisfied 不満足だ	Very Dissatisfied 非常に不満足だ
	☐	☐	☐	☐	☐

Comments:
その他のご意見 ______________________________

9. **Laundry / Valet**
ランドリー / ボーイ:

	Very Satisfied 非常に満足だ	Satisfied 満足だ	Neither Satisfied Nor Dissatisfied どちらともいえない	Dissatisfied 不満足だ	Very Dissatisfied 非常に不満足だ
	☐	☐	☐	☐	☐

Comments:
その他のご意見 ______________________________

10. **Service at Check Out:**
チェックアウト時のサービス:

	Very Satisfied 非常に満足だ	Satisfied 満足だ	Neither Satisfied Nor Dissatisfied どちらともいえない	Dissatisfied 不満足だ	Very Dissatisfied 非常に不満足だ
	☐	☐	☐	☐	☐

Comments:
その他のご意見 ______________________________

11. **Your Reservation**
予約:

How did you choose hotel accomodation for your trip?
どのように予約されましたか?

- ☐ Directly to this hotel?
  直接ホテルに
- ☐ Through Hilton Reservations Worldwide?
  ヒルトンの国際予約サービスを通じて
- ☐ Through a travel agency?
  旅行代理店を通じて
- ☐ Through an airline?
  航空会社を通じて
- ☐ Through your company or organization?
  皆様の会社や組織を通じて

12. The purpose of this visit was:
ご訪韓の目的は

- ☐ Business
  ビジネス
- ☐ Pleasure
  観光
- ☐ Both
  ビジネスと観光を兼ねて
- ☐ Neither (Please specify: ______________________________)

13. If you were to return to this location, would you stay at this hotel?
もう一度訪韓する場合、当ホテルを利用するおつもりですか?

- ☐ Yes
  はい
- ☐ No
  いいえ

Why:
その理由は ______________________________

14. Would you recommend this hotel to others?
当ホテルを他の人に勧めたいとお思いですか?

- ☐ Yes
  はい
- ☐ No
  いいえ

Why:
その理由は ______________________________

15. Do you have any other suggestions or comments which would help us make your next visit more enjoyable?
当ホテルをより快適なホテルにするためのよい提案がございましたら、
何でも結構ですからご記入下さい。

____
____
____
____
____

16. Employee of the Month
今月の優秀従業員は?

We believe that all of our 1,000 personnel contribute in many different ways to your overall enjoyment of our hotel. Is there any particular employee that you have met during your stay with us, who deserves a special recognition or has truly demonstrated an exceptional service standard in taking care of you?
私ども約1000名の従業員一同は皆様の快適なホテルライフの為に様々なかたちでサービスに当たらせていただいております。
皆様がホテルに滞在されている間、もし特別にお目にとまった従業員、またはサービスの模範となる従業員がございましたらどうぞご記入下さいませ。

Name
氏 名 ______________________________

Department
部 署 ______________________________

6 응급환자 처리

호텔에서는 응급환자가 자주 발생한다. 다른 나라를 여행하는 고객일 수도 있지만 직원의 경우 근무 중에도 조리부서나 시설부서에서도 발생한다. 이러한 상황에 대비하여 간단한 상비약을 구비하여 조치를 취하기도 한다. 물론 호텔마다 다르기는 하지만 주중에는 의사나 간호사가 근무하는 호텔도 있어 응급처리를 하는 과정에서 컨시어지는 중간 역할을 하게 된다.

하지만 컨시어지는 중대한 환자가 발생할 경우는 호텔 내에서 해결할 수 없기 때문에 119에 연락을 취하여 가장 가까운 대형병원으로 이송하여 신속한 응급처치가 되도록 역할을 해야 하는 경우도 발생한다. 이러한 경우에 일어나는 문제는 병원과 환자 간의 의사소통, 지불관계 등으로 컨시어지가 동승할 수밖에 없는 경우가 생기게 된다.

컨시어지는 대부분 3교대로 근무를 하기 때문에 근무 중 발생되었던 모든 일들을 log book에 기록해야 한다. 모든 기록은 다음 근무자가 차후 일을 일관성 있게 처리하기 위해서이며, 인계받은 컨시어지 또한 진행과정을 기록으로 남겨야 한다.

7 공공지역 관리

Public Area(공공지역)은 호텔 방문객이 가장 많이 이용하는 곳이고, 컨시어지는 호텔 현관에 위치해 있다. 이는 호텔을 이용하면서 고객의 불편한 점, 어려운 점을 해결해 주기 위한 목적에 있다고 할 수 있다. 공공지역에 대한 관리는 호텔입구에 있는 현관 즉, 회전문, 자동문, 엘리베이터, 에스컬레이터, 계단 등에서 일어날 수 있는 안전사고에 대한 예방조치라고 하겠다.

또한 호텔 로비에는 여러 개의 생화가 꽂꽂이 되어 있기도 하고, 다양한 화분을 놓아두기도 하였는데, 항상 신선한 상태로 유지되어 있어야 한다. 이상이 발견되면 꽃방에 연락하여 교체하도록 조치를 취해야 한다. 그리고 로비 배경음악(back ground music)의 음질과 음량을 체크하여 이상 시에는 음향실에 연락을 하여 조절할 수 있도록 한다.

3절 ◎ Airport Service

최고급 서비스를 지향하고 있는 5성급 호텔 중 일부 호텔에서는 친절하고 완벽한 서비스를 제공하기 위하여 공항에서부터 서비스를 제공하고 있다. 즉 공항에서의 서비스는 공항에 도착하면 호텔에 도착하기 전 맞이하는 호텔 서비스의 시작이라는 의미도 있지만, 호텔에서 제공하던 서비스를 공항까지 연장하여 최종 마무리하고자 하는 환송 서비스라는 의미도 내포되어 있다. 이처럼 호텔에 도착해야만 받는 서비스를 공항에서도 환영과 환송을 모두 받을 수 있기 때문에 고객입장에서는 만족하지 않을 수 없는데, 이러한 완전한 서비스를 하는 직원을 airport representative(Airport Rep)라고 한다. 이처럼 'Airport Rep'이라고 하는 직원들은 호텔로 출·퇴근하는 것이 아니라, 공항으로 출·퇴근하는 직원을 말한다.

대부분의 사람들이 이국이나 다른 지역에 도착하면 다소 두려운 생각을 갖게 마련이다. 이러할 때 본인이 가고자 하는 회사나 투숙하고자 하는 호텔 직원이 접근하여 안내와 도움을 준다면 안심을 할 수도 있다. 또한 고객의 관심사나 일반적인 정보제공과 함께 안내를 하게 된다면 고객은 보다 더 안정감과 편안함을 느낄 것이다. 게다가 airport rep과 같은 공항에 상주하는 호텔 직원들은 자사 고객들의 욕구를 해결하고, 다양한 일들을 원만하게 해결하기 위해서는 항공사 직원이나 공항에 주재하는 관계기관들과 원만한 관계를 유지할 필요가 있다. 그래야만 유사시 문제를 해결할 수 있는 교두보를 확보할 수 있기 때문이다.

뿐만 아니라, 공항에 근무하는 호텔 직원과 공항에 상주하는 항공사 직원과의 원만한 관계 유지는 호텔의 매출과 이미지에도 영향을 미칠 수 있다. 어떻게 보면 세일즈맨의 역할도 한다고 할 수 있는데, 이는 호텔의 airport rep과 공항에 근무하는 항공사 직원과의 상호관계에 의해서 lay over와 같은 고객을 확보할 수도 있기 때문이다.

Airport Representative의 주요업무는 VIP 고객의 영접과 환송, 자사 호텔고객의 전반적인 안내 및 교통편의 제공, 호텔객실의 판매와 유치 등을 담당한다.

표 2-1 공항 영접 및 환송의 흐름도

공항 영접	공항 환송
VIP List 접수 및 Welcome Paper 작성	Check-out VIP 정보접수 (비행기 편명, 시간, 차량번호)
↓	↓
비행기 편명, 도착시간, 탑승유무 확인	해당 항공사 사전 확인
↓	↓
VIP 차량 확인 및 Escort, 행선지 파악	도착시간 전 출국장 대기
↓	↓
비행기 도착	차량 도착
↓	↓
입국장 Gate 앞에서 Welcome Paper 들고 Stand By	VIP 고객 영접
↓	↓
VIP 고객 영접	수하물 확인 및 항공사 카운터 안내
↓	↓
수하물 확인 및 차량으로 안내	탑승수속 대행 및 출국장 안내
↓	↓
환송	환송
↓	↓
VIP 차량번호 및 출발시간, Escort 탑승 여부를 호텔에 통보	출발 여부를 호텔에 통보
↓	↓
상황종료	상황종료

Concierge 서비스

해외여행객은 급격하게 늘었지만 실제로 호텔 서비스를 제대로 이용할 줄 아는 사람은 그리 많지 않다. front desk와 concierge조차 구분하지 못하는 사람이 많다. 고급 호텔에는 대개 컨시어지(concierge) 서비스를 운영한다.

컨시어지는 옛날 유럽의 고성에서 촛불을 관리하는 사람 또는 문지기란 뜻에서 나왔다는 유래도 있다. 하지만 지금은 의미가 바뀌어 호텔에서 고객이 불편함이나 궁금한 점을 해결해주는 호텔 직원이라는 의미가 크다고 할 수 있다. 때로는 호텔 주변 식당 추천, 여행코스 상담이나 예약, 공연장 티켓 예약 등은 물론 항공권 예약도 확인해준다. 컨시어지를 영어권 호텔에서는 Guest Relations Officer(GRO)라고도 하는데 담당하는 일은 다음과 같은 사례로 생각해 볼 수 있다.

상용으로 서울에 왔다고 가정해 볼 때, 낮에는 회사 업무를 보고 저녁 시간에 난타공연을 보고 싶은데 극장은 어디에 위치해 있고 교통편, 공연시간, 좌석예약은 가능한지 등에 대한 정보를 잘 모른다. 게다가 표를 살 시간도 없다면 어떻게 하면 될까? 답은 간단하다. 호텔 컨시어지에 부탁하는 것이 가장 빠른 방법이다.

Airport Representative 서비스

모든 호텔이 대고객서비스에 대해서는 최선을 다하지만, 그 중 호텔 내에서가 아닌 호텔 외부에서 대고객서비스를 하는 특별한 호텔업무 하나를 소개하고자 한다. 서울 남대문 가까이에 위치한 밀레니엄 서울 힐튼호텔은 고객과의 대면 접촉을 기반으로 한 공항에서부터 진심 어린 서비스를 중시한다. 그러므로 객실을 예약한 고객이 인천 또는 김포 국제공항에 도착하는 순간부터 호텔 직원의 영접을 받게 되는 'Express Check in Service'와 'One Stop Service'를 받는다. 공항에 도착하는 객실 예약고객은 공항에 상주하는 airport representative(호텔 직원)의 안내를 받아 호텔에 도착한 뒤 프런트 데스크에서 기다릴 필요 없이 객실에서 서명만으로도 등록이 가능하다.

또한 호텔까지 택시를 이용하는 고객의 경우에는 공항 상주 직원인 호텔 공항 직원이 택시기사에게 목적지를 직접 알려주는 한편, 고객에겐 예상 택시비용을 알려줌으로써 바가지 요금을 쓰지 않도록 도와준다. 공항에서 고객을 맞이하는 호텔 직원이 파악한 고객의 외모와 취향, 예약상황, 멤버십 여부 등을 호텔의 각 담당부서가 실시간으로 공유함으로 진정한 고객 맞춤형 서비스를 실현하는 것이다.

고객의 항공기 도착시간을 확인한 후 공항 출구에서 기다리고 있다가 고객을 정중하게 영접한 후 사진을 찍어 호텔로 전송해 준다. 이때 전송된 사진을 컨시어지나 당직에서 받아볼 수 있다. 그리고 벨맨이나 도어맨, 프런트 직원들이 인지하여 고객의 얼굴을 알아보고 이름을 불러주는 서비스를 제공한다. 이러한 서비스는 고객 감동을 통한 재방문 고객을 많이 유치하고자 하는 대고객서비스의 일환이다.

밀레니엄 서울호텔의 특별한 서비스 중 하나는 공항에서 투숙고객에게 객실키를 주는 one stop service를 도입했다. 이 서비스는 체크인 수속을 호텔에서 하지 않고 공항에서 하기 때문에 우리나라에 도착하자마자 호텔로 오지 않고, 곧바로 업무를 보러 가고자 하는 고객들에게 유용하다. 공항에 상주하는 호텔 직원은 고객의 체크인을 돕고 짐을 호텔로 보낸다. 이러한 특화된 서비스는 비즈니스 고객들의 편의를 돕는 장점을 지니고 있다.

제3부

호텔 프런트 오피스 부문

호텔 객실 관리

Hotel Front Office Management

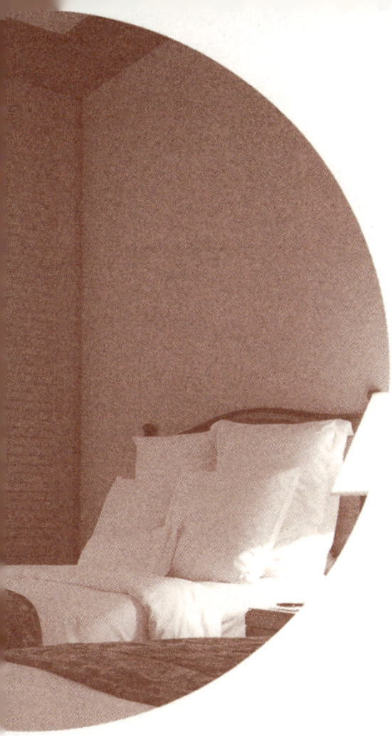

제1장

Room Reservation

1절 ◎ 객실예약의 일반적 개요

객실상품은 타 상품과 달리 예약을 거치지 않고는 거의 판매가 불가능한 상품이다. 그러므로 객실판매를 위한 객실예약(room reservation)은 호텔과 고객 간의 숙박시설 이용에 대한 상호약속이라 하겠다. 즉, 객실예약은 호텔을 이용하고자 하는 고객이 실제로 투숙하기 전까지 직접, 여행사, 통신 등을 통해서 예약을 하는 것을 말하는데, 호텔 측면에서 보면 당일 발생하는 수요만으로는 모든 객실을 판매할 수 없기 때문에 예약판매를 통해 최대의 수익을 올리기 위한 것이라 하겠다. 또한 고객 측면에서 보면 숙박하고자 하는 날짜에 정확한 객실을 확보(guarantee)하기 위해서 사전예약을 하는 것이다.

호텔은 연중무휴로 운영되기 때문에 지속적인 영업을 위해서는 정확한 예약처리가 필요하다. 객실예약은 주로 전화나 이메일, FAX 등을 통하여 접수되기 때문에 투숙과정에서 불편사항이 발생되지 않도록 접수, 기록, 정리, 보관 등 세심한 주의를 요한다.

호텔경영에서 가장 이상적인 객실판매는 보유하고 있는 객실을 모두 판매하는 것이라 할 수 있다. 객실을 판매하는 요금은 공표요금(rack rate)으로 판매하는 것이 가장 바람직한 것이겠지만, 실질적으로 전액(full charge)을 받는다는 것은 불가능하다고 하겠다. 그러므로 객실예약은 객실판매가를 효율적으로 운영하며 객실 예약률을 최대한 높여 호텔 수입을 극대화하기 위한 판매 전략이라 하겠다. 최근 대부분의 호텔은 객실예약 시스템(CRS: computer reservation system)을 이용하여 객실예약을 관리하고 있는데 FIT와 Group으로 나누어 예약을 관리한다.

그림 3-1 객실예약 시스템

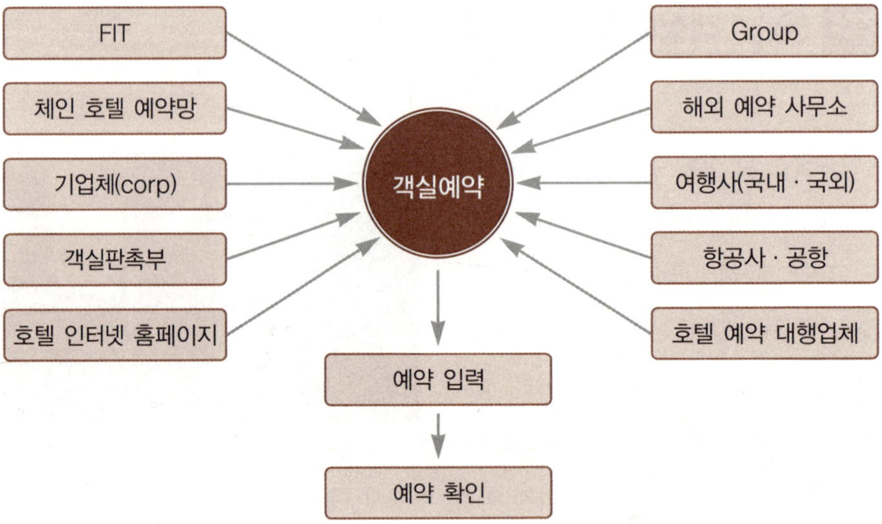

2절 ◎ 객실예약의 주요업무

객실예약은 고객이 요구하는 객실을 접수하고 처리하는 업무를 담당하는 객실부에 속해있는 부서 중 하나이다. 고객이 객실을 원하면 가장 부합되는 가격에 최적의 객실을 제공하고, 최대의 수입을 올리기 위한 노력을 해야 한다. 그러기 위해서는 객실판매를 위한 정확한 정보와 지식, 절차에 대하여 숙지를 해야만 한다.

객실예약은 상품을 보거나 얼굴을 보고 예약하는 것이 아니라, 객실상품에 대한 설명이 매출로 연결되기 때문에 고객을 납득시키기 위한 충분한 능력을 갖추고 있어야 한다. 또한 통신이나 이메일 등을 통한 간접적인 접촉이라 하겠지만 예의 바른 자세로 응대하여야 하며, 예약 담당자들의 능력에 따라 식음료, 연회, 기타 부대시설 등에 영향을 미칠 수 있기 때문에 객실예약은 단순한 객실만 판매하는 것이 아니라 호텔상품을 판매하는 업무라 하겠다. 따라서 객실예약 담당자의 기본자세와 업무내용에 대하여 살펴보면 다음과 같다.

1 객실예약의 기본자세

객실예약 담당자가 업무를 수행하려면 객실상품에 대한 충분하고 정확한 지식을 숙지하고 있어야 하며, 친절한 서비스로 고객을 대한다는 자세와 마인드를 겸해야 한다. 호텔 객실예약은 고객과 호텔 사이에 최초로 거래가 시작되는 것이며, 예약 담당자의 능력에 따라 호텔의 전체 매출액에 커다란 영향을 미치게 되는 것이다.

특히 대부분의 예약이 전화로 이루어지기 때문에 전화벨이 울리면 3번 이내로 가능한 친절하고도 명랑한 목소리로 응대하여야 하며, 정중하고 예의 바른 자세로 임해야 한다. 또한 이메일이나 FAX 등으로도 예약이 많이 이루어지고 있으므로 수시로 확인하여 받은 즉시 답장을 줄 수 있어야 한다.

2 객실예약업무

객실을 이용하고자 하는 고객과 호텔 간에 전화, 이메일, FAX, 직접방문 등을 통하여 객실유형, 객실요금, 이용시설, 기타 지불조건 등을 정하는 절차를 예약이라 한다. 객실 예약 담당자의 역량에 따라 호텔 전체의 매출액에 큰 영향을 미치게 되므로 업무에 임할 때 신중을 기해야 한다.

객실예약 담당자는 객실예약을 주 업무로 하고 있고, 개인예약과 단체예약을 통제한다. 그리고 프런트 오피스의 통계자료를 담당하고, 타 경쟁호텔과의 비교분석을 담당한다. 다음은 객실예약에서 취급하게 되는 주요업무내용인데, 예약 담당자의 능력을 극대화하기 위해서는 사전 숙지사항을 습득하고 있어야 신속하고 정확한 객실예약이 이루어진다.

호텔에 대한 전반적인 정보, 객실의 종류와 판매 가능한 객실 수, 레스토랑의 종류와 영업시간, 메뉴의 종류, 부대시설의 종류와 영업시간, 호텔 주변의 교통편과 관광지, 계약업체와 항공사 간의 계약관계 사항 등 전반적인 사항을 숙지하고 있어야 한다.

1) 객실예약의 주요업무

(1) 객실상황 실태 파악

객실의 구조는 다양하므로, 객실 크기별, 침대 종류별, 객실 위치별, 층별 객실 수 등에 따른 예약상황 실태를 파악하고 있어야 한다.

(2) 객실예약 재확인

고객이 요구하는 날짜와 객실타입, 침대 수 등을 확인한 후 예약을 접수하게 되면 고객이 원하는 사항과 동일한지 재확인을 해야 한다.

(3) 객실예약금 접수

객실예약이 접수되었다 하더라도 호텔 측에서의 정확한 고객유치와 고객 측에서의 객실확보를 확실히 해 두기 위해서는 예약금(deposit)을 접수해 놓거나, 신용카드번호를 받아놓아야 확실한 객실예약이 이루어졌다고 할 수 있다.

(4) 객실변경과 취소

고객의 상황에 따라 예약한 객실이 취소(cancel)될 수도 있고, 투숙예정 날짜가 변경될 수도 있기 때문에 객실점유율 상황에 따라 결정될 수 있다.

(5) 객실예약관련 서류 보관

예약이 접수되면 관련된 서류를 보관해야 한다. 호텔에서는 업무와 관련된 서류는 보통 3년 동안 보관한다.

(6) Over Booking과 Turn Away

객실예약 담당 부서의 최대 목표가 모든 객실을 판매하는 것이기 때문에, 예약취소가 발생하는 것을 예상하여 초과예약(over booking)을 받게 된다. 이에 대한 통제가 안 되면 더 난감한 상황이 발생되어 예약한 고객을 다른 호텔로 안내(turn away)해야 하는 경우가 발생되므로 초과예약에 대한 통제가 있어야 한다.

호텔의 객실예약 담당직원들은 어떤 방법과 수단을 통해서라도 객실의 이용률을 극대화시켜 객실매출을 증진시킬 의무와 책임이 있다. 특히 성수기에는 객실이용률을 100%로 올리기 위하여 필요악인 줄 알면서도 초과예약(over booking)을 한다. 그러나 일정량의 초과예약을 받은 이후에는 예약을 close해야 하며, 저녁시간에는 예약변경, 취소 등으로 상황이 변하므로 자주 check하고 통제해야 한다.

❶ 전체의 객실 수는 여유가 있으나 객실유형별로 객실이 부족할 때

남아 있는 객실을 정중하게 권유하되, 응하지 않을 때는 책임자의 동의를 얻어 통상 10%선에서 초과예약을 시키며, 특히 VIP와 단골고객(repeat guest) 또는 거래회사인 경우에는 가능한 한 원하는 객실을 접수한다.

❷ 전망 좋은 층이나 특정객실을 요구하나 부족할 때

예약상황을 설명한 후 가능한 층이나 객실을 유도하되, 부득이한 경우에는 no show나 cancel로 여유가 있을 수 있으므로 늦은 시간 프런트 데스크로 확인할 것을 유도한다. 단, VIP나 단골고객 등 중요한 고객은 초과예약으로 접수를 받는다.

❸ 전체 객실의 수가 부족일 때

이미 예약이 완료되었음을 말하되 무례한 언어를 사용해서는 안 된다. 객실을 제공하지 못하게 됨을 죄송하게 말하고 다음에 다시 이용할 수 있도록 해야 한다.

❹ 객실예약의 우선순위

객실이 부족할 때는 가장 먼저 VIP, 재방문고객(repeater guest), 거래회사, sales promotion, 기타의 순으로 예약을 접수한다.

(7) 컴퓨터 입력

예약 시 고객과의 대화내용 모두는 즉시 컴퓨터에 입력해야만 예약을 받는 중에 생길 수 있는 오류를 줄일 수 있다.

(8) VIP 예약 시 상위보고

VIP가 예약하게 되면 즉시 상위 책임자에게 보고가 이루어져야 한다. VIP에 대한 서비스는 단순히 객실판매 이상의 호텔 전 부서와도 관련이 있기 때문이다.

(9) 객실예약과 객실판촉 간 업무협조

객실예약 업무는 객실판촉부와 직접적인 관계가 있다. 뿐만 아니라, 해외 연락사무소와도 객실판촉이 주 업무이므로 서로 간 업무협조가 이루어져야 한다.

(10) 객실 점유율 분석

객실예약과 관련된 내용은 호텔 관리자 회의 내용의 중요한 자료가 된다. 따라서 객실예약과 관련된 보고서 자료 작성 역시 객실예약의 주요업무라 할 수 있다.

2) 객실예약담당 직원의 부가적 업무

(1) 호텔상품에 대한 지식

객실상품을 판매하기 위해서는 객실과 관련된 전반적인 정보를 습득하고 있어야 한다. 즉, 객실 형태, 수, 규모, 위치, 객실 내 비품, 실내장식, 할인율, 부가 서비스 등 새롭게 변화하는 객실 내 상황을 숙지해야 한다.

객실을 이용하는 고객은 일반적인 객실내용은 알고 있기 때문에 투숙하고자 하는 호텔의 객실이 타 호텔과 어떠한 차이가 있는지를 더 궁금해 한다. 따라서 변화하는 객실상품에 대하여 수시로 확인하고 변화된 내용을 알고 있어야 한다.

(2) 일반관광에 대한 정보

호텔객실에 숙박하는 고객은 호텔 내부나 주변 환경에 대하여 많은 관심을 갖고 있다. 따라서 호텔 주위의 교통편, 음식점, 공원, 궁궐, 시내중심, 쇼핑센터, 극장, 종교시설, 관광지, 관공소 등에 대하여 숙지하고 있어야 한다.

(3) 정확한 정보 습득

객실예약 부서는 객실에 대하여 얼마만큼 알고 있느냐에 따라서 정확한 설명을 하게 되는데, 이러한 정확한 정보제공은 호텔매출 극대화와도 관계가 있다. 그리고 객실예약의 정확한 처리과정은 객실예약의 매뉴얼에 따라 일관성 있게 처리하는 것이 중요하다. 따라서 객실예약 담당자는 다양한 업무지식 습득으로 신속하고 정확한 정보제공과 서비스가 이루어져야 할 것이다.

(4) 설득력 습득

고객에게 객실에 대한 설명을 할 때는 일방적이거나 강압적인 설명을 하기보다는 고객의 욕구를 충족시킬 수 있는 합리적인 설명이 필요하다. 고객으로 하여금 비싼 객실을 강요에 의해 예약했다는 인상을 갖지 않도록 해야 할 것이다. 그러므로 고객이 예상했던 객실을 예약 느낌이 들도록 설득력 있는 판매 전략을 구사해야 한다. 고객으로 하여금 만족한 객실예약이 이루어지도록 예약업무에 최선을 다해야 할 것이다.

(5) 경쟁호텔 상품분석

고객들은 예약담당자가 알고 있는 것 이외의 것들을 많이 알고 있는 경우가 있다. 객실을 예약하면서 자사의 경쟁호텔과 비교하여 문의를 하게 되면 이에 대한 비교설명을 할 수 있어야 하기 때문이다.

3절 객실예약의 경로

객실예약은 전화, FAX, 이메일, 직접방문 등 다양한 경로로 예약을 하게 되는데, 예약 문의가 들어오면 객실 여유분을 확인한 다음 가능성 있는 객실 수를 판단하게 된다. 예약 접수 시는 신속 · 정확하고 친절한 언행을 사용해야 하며 예약절차에 따라 기록을 한다.

예약이 성립되면 예약번호(reservation number)를 알려주고, 특별한 경우를 제외하고 객실번호를 미리 부여할 필요는 없다. check in 시 호텔사정으로 미리 부여한 객실을 배정하지 못할 경우 고객에게 불쾌감을 초래할 수 있기 때문이다.

1 객실예약 방법

호텔에서의 객실예약을 하는 일반적인 방법에는 통신수단에 의한 방법이 가장 많으며, 객실을 많이 사용하거나 VIP 고객이 투숙하는 경우에는 고객이 직접 방문하여 호텔의 직원과 상담한 후, 호텔의 상품 및 부대시설을 확인하고 직접 계약하는 경우로 구분하여 설명할 수 있겠다.

최근에는 호텔객실 예약을 대행하는 사이트들이 생겨나면서 다양한 경로로 객실예약이 이루어지고 있다. 특히 체인 호텔의 경우는 체인망을 통하여 전 세계 호텔객실을 한눈에 파악할 수도 있는데, 다음과 같은 방법으로 객실예약을 할 수 있다.

1) 전화예약(telephone reservation)

객실예약은 전화에 의한 신청방법으로 가장 많이 이용되는 방법이다. 전화예약은 고객과 직접 통화함으로서 신뢰를 줄 수 있고, 예약신청자에게 가능 여부를 즉시 대답할 수 있다. 하지만 국외인 경우 통신비용이 많이 들고, 의사소통에 문제가 있을 수 있으며, 시차를 감안하여 통화해야 하는 번거로움이 있다.

예약담당자는 대화내용이 기록으로 남는 것이 없으므로 필요사항 및 확인사항을 빠짐없이 기록하고 반복하여 재확인을 해야만 한다. 예약의 재확인(reconfirm)을 원하거나 취소 변경이 있을 때는 반드시 사전에 연락해 줄 것을 당부하여야 한다. 전화예약에는 수신자 부담인 무료전화(toll free)가 있고, 호텔의 대표전화로 하지 않고, 객실예약실로 직접 연결되는 직통전화(direct telephone)가 있다.

2) 이메일 예약

이메일 예약은 컴퓨터를 통한 문서전달 시스템을 컴퓨터 네트워크에서 실현시킨 것이다. 최근에는 인터넷 사용자 간의 전자우편이 보편화되어 전 세계 인터넷 가입자와 우편을 교환할 수 있다. 전자우편을 실행하려면 보내는 사람과 받는 사람의 전자 주소가 필요하다. 전자우편은 거리나 시간에 관계없이 무료로 신속하게 각종 파일을 송수신할 수 있으므로, 개인 간 전달내용의 교환은 물론 국내 혹은 국제 간의 업무 연락, 학술정보 교류 등에 널리 이용되고 있으며 이것을 매체로 이용한 호텔예약 활동도 활발하다.

3) 방문예약

국·내외 VIP가 투숙을 하거나 대규모 행사나 단체(세미나, 컨벤션, 대형그룹, 인센티브 여행)의 행사주관자, 기업 비서, 계약 체결을 위한 여행사직원 등이 호텔의 객실 및 부대시설 등을 사전답사하고, 수용능력, 가격 등을 살펴본 후에 예약을 하는 경우가 이에 속한다. 이에 제반 조건들을 협의하고, 결과를 문서화함으로써 행사에 차질이 없도록 하기 위해 직접 방문예약을 한다. 물론 개인이 장기투숙이나 예약금(deposit) 등의 이유로 직접 방문하여 예약하는 경우도 있다.

4) 여행사 또는 항공사를 통한 예약

여행사(travel agent) 또는 항공사를 통하여 예약이 들어오는 경우를 말한다. 객실예약은 여행사와 호텔이 맺고 있는 계약조건에 의해 요금이나 지불방법 등에 따라 결정된다. 객실예약 담당자는 대리점(agent)으로부터 접수가 되면 예약가능 여부를 확인한 다음 단체예약확인서(group reservation confirmation sheet)를 송부하고, 사본은 예약자가 호텔에 도착할 때까지 보관한다. 이 사본은 예약내용이나 변경이 있을 경우를 대비하여 보관하는 것이다. 여행사나 항공사를 통하여 개별적으로 투숙을 하는 고객은 여행사나 항공사로부터 예약확인서를 소지하고 투숙하게 된다.

5) 예약망을 통한 예약

예약망을 통한 예약은 주로 체인 호텔끼리 상호 중앙예약 시스템(central reservation system)을 이용하여 예약하는 경우를 말한다. 체인본부의 중앙예약 시스템 프로그램을 통하여 세계 각국의 호텔을 예약할 수 있다.

6) 인터넷예약

인터넷(internet)예약은 예약망을 통한 예약 시스템과 비슷하나 예약 전문회사들이 세계적인 예약 통신망을 설치하여, 가입된 호텔의 객실상황을 파악하여 인터넷을 활용하여 직접 예약이 가능하다. 또한 고객우대 프로그램을 연계하여 혜택을 부여받을 수도 있다.

인터넷 예약의 활성화는 인터넷이 대중화되면서 호텔의 접근이 용이하고, 원하는 호텔의 객실을 실시간으로 확인하면서 예약할 수 있다는 장점이 있다. 예를 들면 hotelnjoy, expedia, trivago, agoda, airbnb, 야놀자, 여기어때 등이 있다. 따라서 인터넷을 이용한 객실예약은 계속적으로 증가하고 있다.

2 객실예약의 일반원칙

1) 정확한 기록

예약사항은 예약대장(reservation sleep)에 나와 있는 규정된 내용을 정확히 기록하여야 CXL이나 no show에 대비할 수 있다.

2) VIP는 부서장에 보고

예약자나 투숙 고객이 VIP로 판단되면 가능한 예약책임자가 받도록 하고, 소속부서장에게 보고한다.

3) 예약상황 즉시 답변

예약의 가부결정은 예약신청자에게 즉시 알려 주어야 하며, 객실여유가 없을 때는 대기자 명단에 올려놓는 등에 대한 상황을 알려준다.

4) 객실번호 미지정 원칙

예약접수 시 지정된 객실번호 부여는 안 되는 것을 원칙으로 하지만 VIP나 장기투숙객 등 특별한 고객에게 객실번호가 지정되어 통보되었으면 front desk room clerk에게 필히 알려 주어 객실배정에 혼선을 주지 않도록 해야 한다.

5) 수시로 객실상황 확인

객실예약 사항은 객실경영에 매우 중요하며, 전체 매출에 커다란 영향을 미치므로 최대 판매를 위하여 수시로 판매가능 객실을 재확인하여야 한다.

6) 예약상황 차트화

고객의 예약사항은 즉시 컴퓨터에 저장이 되지만, 예약장부, 예약카드, 예약조정 차트에 기록을 하여 전체 예약담당자가 가시적으로 볼 수 있도록 하여야 한다.

7) 예약의 신축성

객실예약률은 점유율과 관계가 있고, 점유율은 매출과도 관계가 있기 때문에 예약율을 높이기 위해서는 객실 종류별, 크기별로 신축성 있게 관리하여야 한다.

8) 초과예약의 필요성

객실예약률이 높다고 하더라도 항상 예약취소는 발생한다. 따라서 객실점유율을 최대한 높이고, 최고의 매출을 올리기 위해서는 일정한 범위 내에서 초과예약(over booking)을 할 수 있다.

9) No Show나 Cancellation 대처 방안

객실점유율이 높은 상황에서 예약고객이 투숙을 하지 않으면 객실경영에 손실을 입을 수 있기 때문에 가급적이면 예약접수 시 예약금(deposit)을 받도록 유도한다.

4절 객실예약의 접수절차 및 기재사항

객실예약 접수는 고객의 주문에 의한 객실상품을 판매하는 호텔과 객실을 필요로 하는 고객과의 계약행위이며, 예약 시 기재사항은 호텔 이용고객에 대한 일반적인 정보수집이라 할 수 있다.

객실예약의 우선과제는 고객이 요구하는 최적의 객실을 제공하는 것이다. 그러므로 예약담당자는 신속하고 정확한 업무처리를 해야 하며, 고객 불평이 발생되지 않도록 고객 상담에 적극적이어야 한다. 예약접수 시 기재사항은 커다란 차이는 없지만 개인과 그룹으로 나누어 생각해 볼 수 있는데, 일반적인 예약접수 순서는 다음과 같다.

그림 3-2 **객실예약 접수 순서**

1 FIT(개인)예약 절차

그림 3-3 **FIT 예약 슬립**

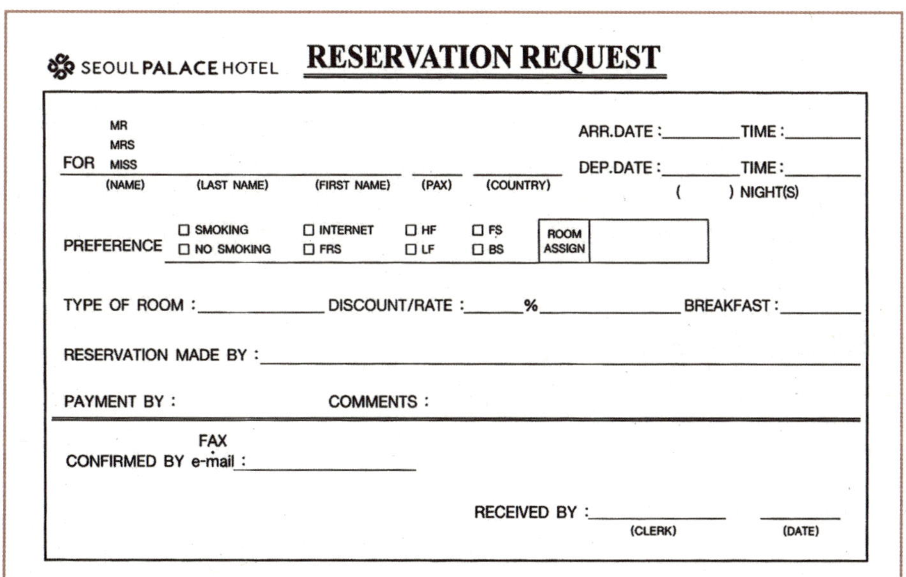

SEOUL PALACE HOTEL

RESERVATION REQUEST

FOR MR / MRS / MISS ______ (NAME) (LAST NAME) (FIRST NAME) (PAX) (COUNTRY)

ARR.DATE :______ TIME :______

DEP.DATE :______ TIME :______

( ) NIGHT(S)

PREFERENCE ☐ SMOKING ☐ NO SMOKING ☐ INTERNET ☐ FRS ☐ HF ☐ LF ☐ FS ☐ BS | ROOM ASSIGN |

TYPE OF ROOM :______ DISCOUNT/RATE :______%______ BREAKFAST :______

RESERVATION MADE BY :______

PAYMENT BY : COMMENTS :

CONFIRMED BY FAX / e-mail :______

RECEIVED BY :______ (CLERK) ______ (DATE)

1) 도착일자 및 도착시간

고객이 호텔에 도착하는 날짜와 공항에 도착하는 시간을 말한다. 날짜를 입력하는 방식은 우리나라에서 사용되고 있는 기준에 따라 연(year), 월(month), 날짜(date), 요일(day) 순으로 입력하면 된다. 특히 도착일자는 예약절차 중 가장 중요하기 때문에 재확인할 필요가 있다.

2) 출발일자

출발일자 또한 도착일과 함께 객실점유율, 요금 등에 영향을 주기 때문에 중요하므로 재확인이 요구되며, 입력하는 연, 월, 일, 요일은 같은 방식으로 입력을 하면 된다.

3) 고객 성명 및 인원수, 국적

고객의 이름을 입력할 때는 가장 먼저 성(last name)을 입력하고, middle name, first name 순으로 입력하되, 불리는 이름이 같아도 철자가 다를 수 있으므로 정확하게 입력해야 차후 혼돈을 막을 수 있다. 그리고 국적과 인원수는 통계자료 목적도 있지만 외사계 보고와도 관계가 있다.

4) 회사명

투숙객에 대한 회사명을 확인하는 이유는 여러 가지가 있겠지만, 고객관리 차원인 마케팅 측면이 가장 크다고 하겠다. 호텔에서는 회사 또는 회사가 위치한 지역에 따라 마케터(marketer)가 다르기 때문에 고객관리 차원에서 회사명은 중요하다. 또한 회사마다 호텔이용 빈도수나 계약에 따라 객실요금이 다르게 적용되기 때문이다.

5) 고객 교통편과 도착시간

고객의 항공편(flight number)과 도착시간을 알면 고객이 항공편 사정으로 늦게 도착하는지, 아니면 no show인지 알 수가 있어, over booking(초과예약) 시 다른 고객에게 객실을 판매할 수도 있기 때문이다.

6) 사용객실 수 확인

먼저 고객이 원하는 객실 수를 확인해야 한다. 객실 여유가 있을 때는 문제가 안 되지만, 객실점유율이 높거나 초과예약 상황이라면 또 다른 일이 생길 수도 있기 때문이다.

7) 객실의 종류

객실의 종류는 일반(normal), 디럭스(deluxe), 커넥팅(connecting), 스위트(suite), 온돌 등 다양하지만 무엇보다도 고객이 요구하는 객실제공을 위해 노력해야 한다. 만약 고객이 원하는 객실 종류가 없다면 유사객실로 유도를 하고, 고객이 지불하고자 하는 가격에 더 큰 객실을 원한다면 상위 매니저에게 승인받고 예약을 받아야 된다.

또한 가끔 생기는 일이기는 하지만 single bed room과 double bed room을 착각하는 경우가 있다. 따라서 one bed인지 two bed인지 재확인을 해야 한다.

8) 객실요금

객실요금에 대해서는 고객이 이해할 수 있도록 정확한 설명이 요구된다. 객실요금을 말하면 고객은 고객이 계산해야 할 요금으로 알 수 있기 때문이다. 하지만 실제로 계산해야 할 요금은 정해진 객실요금에다 봉사료(service charge) 10%를 더하고, 그 금액에 세금(tax) 10%를 더해야 되기 때문에 실지로 고객이 지불해야 되는 금액은 21%가 추가되는 금액으로 설명해야 차후 문제가 일어나지 않는다.

게다가 환율은 매일 다르기 때문에 그러한 부분까지 설명해야 한다. 외국인의 경우는 원화를 미국 달러나 일본 엔으로 설명하기도 하고, 그와 반대로 외국환을 한국환으로 설명하는 경우도 있다.

9) 예약자 성명 및 연락처

지금까지 투숙객에 대한 예약이 완료되면 다음에는 예약자에 대한 이름과 연락처를 받아 놓아야 한다. 물론 투숙객이 직접 예약을 하는 경우도 있지만, 대리 예약을 하는 경우도 있기 때문이다. 예약자의 이름과 연락처는 정확히 기록해야 한다. 이것은 투숙객에 대한 간접적인 보증의 역할도 하는 것이고, no show를 방지하는 차원도 있다고 하겠다.

10) 지불방법

대부분 고객들은 객실을 사용하면서 발생되는 숙박비와 음식비, 미니바 등 기타 비용이 발생되면 개인이 지불하는 것이 일반적이지만 비즈니스 고객인 경우는 관계회사에서 지불하는 경우도 있고, 때에 따라서는 다른 사람이 대신 지불하는 경우도 있다. 또한 숙박비는 거래회사에서 지불하는데, 룸 서비스와 미니바는 본인이 지불하는 경우도 있다. 그 외에도 다양한 지불방법이 있는데 다음과 같은 지불방법이 있다.

표 3-1 **개인고객의 객실료 지불방법**

지불방법	지불범위
본인	투숙하는 고객이 호텔 내에서 발생하는 모든 비용 지불
관계회사	객실료만 지불(room only) 객실료와 조식 포함(room & breakfast) 객실료와 3식 포함(room & meal) 객실료와 선택(room & option) 모든 비용(all bill to corporation)
타인	지불자의 신용카드 앞 · 뒤 복사본과 자필서명 내용 FAX 접수
계좌입금	호텔 대표계좌로 입금하는 경우

11) 부가적 사항

예약에 대한 전반적인 사항이 끝나면 고객이 더 필요로 하는 부가적인 사항이 무엇인지 확인한다. 예를 들면 경치가 좋은 sea side라고 하는 front side 또는 반대방향, 리무진 서비스(limousine service), 꽃, 과일, 가습기나 히터, 깃털 알레르기 손님을 위한 객실 정비, 흡연층 또는 금연층, 객실층의 선택, baby sitter service(아기 돌봄) 등과 관련된 고객이 요구하는 다양한 부가적인 서비스에 대하여 확인한다.

12) 예약날짜 기록

예약을 받은 날짜가 기록돼야 하는 이유는 예약은 되었다 하더라도 투숙객의 사정으로 no show 또는 cancel이 발생하게 되기도 하고, 담당자의 오류 등을 확인하기 위함에 있다.

13) 고객 예약번호 및 담당자 이름 부여

고객이 요구하는 부가적인 사항까지 확인한 후 최종 결정이 되면 예약번호와 담당자 이름을 부여한다. 예약번호는 차후 예약자를 찾을 때 도움을 주며, 담당자 이름 부여는 정확한 예약이 되었다는 신뢰와 서비스 실명제의 의미를 내포하고 있다.

14) 예약확인 및 수정

고객과 통화내용이나 메모를 참고로 예약사항을 재확인하고, 투숙날짜, 인원수, 항공편, 요금관계 등 수정사항이 없는지를 확인한다.

이상은 객실예약을 접수할 때 반드시 필요한 사항으로 빠짐없이 기록해야 하며, 그 밖에도 투숙할 고객이 전에 사용한 적이 있는지, 고객의 이력(guest history)과 계약요금을 적용해야 하는 회사(contracted company)인지, 이중예약(double booking)이 아닌지 확인하고 객실요금(room rate)을 정확히 알려 주어야 한다.

이 업무는 신속하고도 친절하게 진행되어야 하며, 항상 습관적으로 몸에 배어 익숙해지도록 해야 한다.

15) 객실예약 승인

객실에 대한 요금과 할인율을 승인받기 위한 것으로 객실예약 팀장의 승인을 받기 위한 과정이라 하겠다.

2 그룹예약 절차

객실예약에서 그룹이라 함은 호텔마다 다르게 표현할 수 있는데, 일반적으로 10인 이상을 그룹으로 분류하지만 5인 이상을 그룹으로 분류하는 경우도 있다. 객실예약을 받는 과정은 개인예약과 커다란 차이는 없지만, 그룹의 경우 객실사용료에 대한 정산관계 대부분은 여행사 또는 계약회사에서 지급하는 경우가 많으므로 지불관계 방법을 확실히 해 놓을 필요가 있다.

그룹예약 절차는 FIT예약과 동일한 순서에 따라 진행되지만, 그룹으로 진행하다 보니 고객의 요구사항이 전체적으로 같게 진행되는 것도 있고, 그렇지 않은 경우도 있으므로 주의를 해야 한다.

1) 도착일자 및 도착시간

FIT예약과 마찬가지로 그룹예약 시에도 고객이 호텔에 도착하는 날짜와 공항에 도착하는 시간을 말한다. 특히 그룹의 경우 도착일자는 공항 pick up과도 관계가 있어 꼭 재확인할 필요가 있다.

2) 출발일자와 출발시간

출발일자는 객실점유율, 요금, 조식시간 조정 등에 따라 레스토랑 좌석예약과도 관계가 있으므로 재확인이 요구된다.

3) 고객 성명 및 인원수, 국적

고객의 이름은 그룹명단을 미리 받기 때문에 특별한 문제가 되지는 않는다. 하지만 명단과 차이는 없는지, 여권번호 등 연락처의 변경은 없는지 확인을 한다. FIT 방식의 목적과 동일하다.

4) 그룹명

그룹명을 확인하는 이유는 여러 가지가 있겠지만, 같은 회사의 명으로 예약이 들어오는 경우가 있으므로 착오가 생길 수 있다. 또한 고객관리 차원인 그룹담당의 마케팅적인 측면이 크다고 하겠다.

5) 교통편과 도착시간

항공편(flight number)과 도착시간을 알면 객실을 준비하는 과정에서 프런트 데스크(front desk)와 객실관리부(housekeeping)에 편의를 줄 수 있다.

6) 사용객실 수

먼저 고객이 원하는 객실 수과 그룹명단과 변동이 없는지 확인해야 한다. 객실여유가 있을 때는 문제가 안 되지만, 초과예약 상황이라면 또 다른 일이 생길 수도 있기 때문이다.

7) 객실의 종류

그룹이라 같은 종류의 객실을 제공할 수도 있지만, 고객의 요구가 다양하므로 고객이 요구하는 객실제공을 위해 노력해야 한다. 때로는 같은 층에 모든 객실을 요구하는 경우도 있으므로 어려울 때는 사전 양해를 구해야 한다. 그리고 이와 같은 내용을 상위 매니저에게 알려 다른 그룹예약을 받는데 문제가 없도록 해야 한다.

8) 객실요금

처음으로 호텔객실을 이용하는 그룹의 경우는 그룹 마케터 또는 객실예약 팀장과 사전 요금계약의 필요성을 설명한다. 하지만 기존에 호텔을 이용하던 그룹의 경우는 객실요금이 정해져 있으므로, 요금을 확인하는 절차가 필요하다.

때로는 그룹으로 예약은 되어 있지만 학술세미나, 전시회, 컨벤션 등에 참석하는 고객은 객실요금을 손님 개인이 지불하는 경우도 있으므로, 이와 같은 경우는 개인고객 객실요금에 준하는 방식을 취한다.

9) 예약자 성명 및 연락처

기업체인 경우 객실예약을 담당하는 부서가 있고, 여행사인 경우도 수배과라는 부서에서 객실 예약을 하게 되므로 담당자의 이름과 연락처를 기록해 놓으면 된다. 그룹의 경우 예약취소나 no show가 발생되면 호텔입장에서도 큰 손실을 입을 수 있기 때문에 수시로 확인하기 위해서는 필수 사항이라 하겠다.

10) 지불방법

그룹(group) 고객들은 객실을 사용하면서 발생되는 숙박비와 음식비, 미니바 등 기타 비용이 발생하면 그룹마다 다른 방식으로 지불하기 때문에 정확한 지불관계를 확인해야 한다. 따라서 다음과 같은 지불방법을 예시로 볼 수 있다.

표 3-2 **그룹고객의 객실료 지불방법**

지불방법	지불범위	
본인	그룹으로 정해진 객실요금을 투숙하는 고객이 모두 지불	
기업 또는 여행사	객실료만 지불(room only) 객실료와 선택된 항목(room & option)	객실료와 조식 포함(room & breakfast) 모든 비용(all bill to corporation)
타인	계약기업 또는 여행사에서 지불하되, City Ledger(후불계정)로 정산하고, 재정부 여신과(credit office)에서 처리	
계좌입금	호텔 대표계좌로 입금	

11) 부가적 사항

그룹예약은 받을 경우는 객실 수 또는 더블 베드 룸, 트윈 베드 룸의 수와 같은 부분만 확인하면 된다. 부가적인 사항은 투숙객 check in을 하면서 확인하면 되는데, 때로는 허리 디스크 환자나 깃털 알레르기 손님은 별도 언급이 있을 경우에만 특별히 표시하여 놓는다.

그리고 고객 개개인의 부가적 요구사항에 대해서는 등록 시 바로 처리할 수 있도록 조치를 취한다.

12) 예약날짜 기록

예약을 받은 날짜가 기록되어 있어야 no show 또는 cancel, 담당자의 오류 등을 확인할 수 있다.

13) 고객 예약번호 및 담당자 이름 부여

그룹에서 요구하는 부가적인 것까지 확인하게 되면 예약번호와 담당자 이름을 부여한다. 예약번호는 고객이름이 들어간 그룹 전체번호이므로 예약자를 찾을 때 도움을 주며, 호텔 도착 후 모닝콜(morning call) 등 단체로 일을 처리할 때 편리하다. 또한 담당자 이름 부여는 정확한 예약을 재확인하거나 신뢰와 서비스 실명제의 의미를 내포하고 있다.

14) 예약확인 및 수정

예약확인 및 수정은 개별예약 고객을 접수할 때와 큰 차이는 없다. 예약사항을 재확인하고, 투숙날짜, 인원수 등 수정사항이 없는지를 확인한다.

15) 객실예약 승인

그룹인 경우는 객실에 대한 요금과 할인율이 고정된 것이기는 하지만, 승인받기 위한 것으로 객실예약 팀장의 승인을 받는 과정이다.

3 예약의 조정

예약의 접수가 끝나면 예약 통제(reservation control)의 조정업무로 연결된다. 호텔예약은 상품을 사전 주문하는 것이므로 고객의 사정에 따라 결정되기 때문에 예약 중이나 완료 후에도 변경될 수가 있으며, 반대로 호텔의 사정에 따라 변경될 수도 있다.

예약의 조정에 있어서 두 가지 형태의 업무처리방법이 있는데, 첫째는 컴퓨터 시스템(computer system)을 이용한 관리방법이고, 둘째는 예약차트(reservation running count sheet)나 예약 랙(reservation rack)을 이용하는 관리방법 있다. 현재 대부분의 호텔에서는 컴퓨터 시스템을 도입하여 사용하고 있으며, 두 번째 방법은 그리 사용하지 않지만 의식적으로 경쟁률을 유도하기 위한 목적이나 자료 또는 실적을 보여주기 위하여 사용하고 있다.

성수기에도 예약완료 후 갑자기 취소(cancel)하거나 연락 없이 도착하지 않아(no show) 객실판매에 지장을 줄 수도 있다.

또한 객실이 있음에도 특정 객실을 찾거나 특별한 고객의 요구에 의해 초과예약(over booking)이 발생될 수도 있으며, 당일 객실이 부족하여 타 호텔로 고객을 변경(turn away)시킬 수도 있다. 이와 같이 예약되었다 하더라도 투숙하지 않는 경우가 발생되므로 능률적인 예약조정과 철저한 예약확인만이 no show를 해결할 수 있는 방법이다.

1) 예약접수 후 처리

예약카드 기입이 끝나면 전산 시스템에 입력하거나 예약차트에 기록한다. 고객이 요구하는 세부사항을 정확히 입력한 후 예약 slip을 모았다가 매일 근무종료 전 투숙일자별로 file box에 철하여 둔다.

2) 예약취소와 변경처리

(1) 예약취소(cancellation)의 처리

예약취소는 예약을 받을 때 이상으로 처리가 완벽해야 한다. 때로는 예약취소가 완료된 고객이 투숙을 목적으로 방문하는 경우가 발생하기도 한다. 따라서 다음과 같은 순서에 따라 처리를 해야 한다.

❶ 예약취소를 유선, FAX, E-mail 등 어느 방식으로 했는지 기록을 남긴다.

❷ 예약자의 이름을 확인한 후, 취소자의 성명, 취소일시, 취소를 하는 이유, 취소자의 연락처 등을 기록한다. 그리고 연락받은 예약 담당직원 이름으로 서명을 한다.

❸ 예약 slip에 취소표시는 "CANCELLED"라고 표시하거나 "CXL" 등으로 표기하여야 한다.

❹ 전산 시스템 상에도 예약취소의 내용을 입력시킨다.

❺ 취소 처리된 예약 slip은 별도의 예약취소 file에 보관한다.

(2) 최소요금 처리

숙박예정일에 임박하여 예약을 취소하는 경우에는 숙박약관에 정한 바에 따라 소정의 취소요금(위약금, 해약금, cancellation charge)을 청구할 수 있다.

일반예약일 경우 숙박 하루 전 취소는 1일 숙박요금의 20%, 숙박 당일의 취소는 1일 숙박요금의 80%를 청구하게 되어 있으나 차후의 유대관계를 위하여 징수하지 않고 있는 것이 현실이다.

(3) 예약변경 처리

예약의 변경에는 숙박자 성명, 도착일, 출발일, 객실요금, 투숙 인원수, 사용객실 수, 지불조건, 교통편 등을 변경하게 되는데, 예약변경의 절차는 다음과 같다.

❶ 희망하는 조건의 변경가능 여부의 확인

❷ 가능할 경우 전산입력된 기재사항의 변경

❸ 예약 slip 정리

3) 예약거절

객실예약 담당부서에서는 판매 가능한 객실 모두를 최고가의 가격으로 판매하는 것이 최종목표이지만, 다음과 같은 경우에는 예약을 거절할 수 있다.

❶ 객실예약이 over booking되었거나 시설의 고장 등으로 판매 불가능할 때

❷ 호텔들이 공유하는 정보에 의해 불량고객으로 판정될 때

❸ 호텔에게 손해를 입혔던 고객일 때

❹ 지불관계가 불분명하거나 체납액이 많았던 고객일 때

4 선수금

객실을 예약하면서 투숙 전에 객실요금 일부 또는 전부를 고객이 선지불(advance payment)하는 것으로, 성수기나 연휴 등 객실이 부족할 경우 no show를 방지하기 위한 방편으로 예약 담당자가 요구하는 경우가 있다. 또한 고객입장에서는 객실예약을 확실하게 해놓기 위함(guarantee)과 타인의 객실료 지불을 위해서 예약자가 미리 선지불하는 금액을 선수금이라 한다.

1) 예약 담당자 요구에 의한 선수금

이와 같은 경우는 예약자의 숙박을 확실하게 하여 손실을 최소화하기 위함이다. 주로 성수기, 연휴 및 주말, late Check-in하는 단체고객에게 예약선수금을 받고 있다. 단골고객이나 VIP 또는 신원이 확실한 고객에게는 선수금을 요구하지 않으며, 선수금은 통상 1일분의 숙박료 전액을 징수함을 원칙으로 한다.

2) 고객요구에 의한 선수금

고객입장에서는 객실예약 시 객실지정을 확실히 해 놓거나 VIP나 특별한 형태의 객실을 확답(guarantee)받고자 하는 경우와 타인의 객실료를 대신 지불하는 경우가 있다.

3) 선수금 입금표 처리방법

고객이 선수금을 지불하면 예약 담당자는 advance deposit receipt slip(선수금 입금표)을 작성하여야 한다. 4장으로 copy되어 있는 영수증을 1매는 예약과에 보관하고, 2매는 영업회계과에 보관하며, 1매는 고객에게 준다.

4) 예약취소 및 선수금 반환요청

호텔마다 규정은 다르지만 예약을 취소하고 선수금 반환을 요구할 때는 도착 1일 전까지는 전액을 반환하며, 당일 취소 시에는 50%를 반환, 날짜가 지나서 요구할 때에는 거절을 원칙으로 한다. 이때 반환하지 않은 예약금 일부는 재정부에서 miscellaneous income(잡수입)으로 처리한다.

5절 ◎ 객실예약의 분류

일반적으로 호텔객실을 이용하는 고객은 FIT(foreign individual tourist) 고객과 group 고객으로 나눌 수 있는데, 이를 다시 세부시장으로 나누면 다양한 방식으로 구분할 수가 있다. 예약의 형태에 있어서는 개별예약(individual reservation)과 단체예약(group reservation), 기업체예약(corporate opndent), 패키지예약(package reservation), 여행사 예약(travel agent reservation), 해외사무소 예약(overseas office reservation), 특별예약(VIP srevation)으로 나누어지고, 예약접수의 업무처리방법도 달라진다.

1 개인예약

호텔의 객실예약에서 개인예약(FIT reservation)은 한 명의 고객일 수도 있지만, 그룹예약 이외의 모든 예약을 개인예약으로 분류한다. 개인예약은 예약 시 한 사람씩 상대를 해서 예약을 받기 때문에 고객의 기호나 특성 등 다양한 부분을 신경써서 응대해야 한다.

호텔에서 모든 고객에게는 동일한 서비스가 제공된다고 하지만, FIT 고객의 요금은 그룹요금보다 평균 객실가가 높기 때문에 호텔에서는 FIT고객에게 신경쓰지 않을 수 없다. 개인예약을 다시 분류해 생각해 보면 개인 FIT 예약, 재방문고객 예약, 멤버십 예약, 제휴카드 예약으로 분류한다.

2 그룹예약

객실 수가 많은 대형(5성급)호텔이나 컨벤션과 같은 국제회의장을 보유하고 있는 호텔의 경우는 그룹예약으로 객실을 채우는 경우가 많다. 또한 여행사 그룹을 통하여 예약이 이루어지는 경우가 대부분이다. 따라서 인바운드(inbound)를 하는 여행사와의 관계유지가 중요하다.

그룹(group)예약의 경우는 호텔도착 후 단체 이동 시 소음, 엘리베이터 탑승의 불편함, 객실형태, 가격, 식사 등에서 문제점이 발생될 수 있다. 하지만 객실점유율을 높일 수 있다는 장점이 있는 반면, 개인 고객의 유치에 어려움을 겪을 수 있음을 감안하여 일정비율까지만 그룹예약을 받는 경우도 있다. 그룹예약은 거래실적에 따라 할인율 폭이 다르고 차별화된 가격과 혜택사항이 주어진다.

그룹을 관리하는 마케팅 담당자는 거래처 요구를 상위 매니저와 토의를 거친 후, 체결이 이루어지면 내부승인을 거쳐 정해진 객실료로 예약을 체결한다. 그룹예약의 분류는 항공사 승무원(crew) 예약, 여행사 그룹 예약(tour group), 컨벤션(convention) 예약, 박람회(exhibition) 예약, 이벤트(event) 예약 등으로 나누어진다.

일반적으로 그룹(group)예약은 최소 1개월 전 예약이 이루어지며, 여행사의 경우 객실수배 담당자가 전화 및 FAX로 예약한다. 주말 및 주변국가의 연휴가 시작되면 많은 객실을 요구하므로 객실예약 현황에 주의를 기울여야 한다. 특히, 투숙예정자 수, 식사계획, 숙박일수 등에 대한 변경 유무를 확인한다. 예약객실은 개인예약과 달리 일찍 객실배정을 하되 다음 사항에 유의해야 한다.

❶ 그룹예약의 경우는 객실 여유가 충분하더라도 주말 및 주변국 연휴에는 보유객실의 40% 이상 되지 않도록 해야 한다.

❷ 객실이 부족하여 상황이 어려울 때에는 연간 이용률이 많은 단체를 우선 배정한다.

❸ 50실 이상의 많은 객실을 요구 시에는 예약 책임자의 동의를 얻어야 한다.

❹ 예약 시 숙박기간, 단체명과 인원수, 사용객실 수, guide 성명, 지불조건의 확인, 식사예정표, 계산방법(room only, room & breakfast) 등을 확인하여 기록한다.

❺ convention이 있는 그룹의 경우는 연회예약과나 연회판촉부에서 그룹사무실로 사용하기 위한 객실을 요구할 수 있으므로 GM의 결재를 받아 complimentary 또는 특별요금을 적용시킬 수 있으며, 사전에 정확하게 승인을 받아야 한다.

3 여행사예약

얼마 전만 해도 호텔을 이용하는 인바운드(inbound) 여행사의 고객예약이 차지하는 비율은 주로 일본인이었으나 최근에는 중국인으로 바뀌고 있는 실정이다. 여행사의 경우는 호텔객실 이용 시 수배과라고 하는 부서에서 객실을 예약하게 되는데, 투숙 기간 또는 사용객실 수에 따라 객실요금이 차등 적용된다.

여행사 예약이라 하더라도 성 · 비수기에 따라 객실료는 다르게 적용되기도 한다. 비수기에는 정해진 요금을 적용받지만 중국의 쌍십절(10월 10일)과 일본의 오봉절(8월 15일)과 같은 기간에는 예외로 규정하고 있다. 따라서 호텔 객실판촉부서에서는 객실매출에 여행사 예약에 의한 비중이 크기 때문에 일본담당, 중국담당과 같은 별도의 매니저를 두어 관리하고 있다.

4 기업체예약

기업체예약은 비즈니스를 위해 도심을 찾는 상용고객들을 대상으로 예약을 받게 되는데, 상용고객은 일반 그룹이나 여행사 단체와는 다르게 비중을 두고, 중요하게 취급할 고객이라 할 수 있다. 왜냐하면 대부분의 고객이 비즈니스 층(EFL)에 투숙을 하고 있어, 객실단가도 그룹이나 여행사 예약보다 높을 뿐만 아니라, 일에 집중하다보니 예민한 고객이 많아 세심한 서비스가 요구되는 고객들이기 때문이다.

기업체예약은 앞에서 설명한 그룹예약으로 다루어질 수도 있지만, 그룹으로 check in을 하더라도 대부분이 개별예약으로 취급한다.

5 패키지예약

호텔경영은 위치한 곳에 따라 성 · 비수기로 양분되는데, 성수기에는 문제가 없으나 비수기에 호텔의 이미지 향상과 매출의 극대화를 위해 패키지상품을 만들어 판매하고 있다. 패키지는 객실상품과 식음료 또는 호텔시설물 이용 등을 하나의 상품으로 만들어, 예약을 통하여 판매하는 호텔판촉 프로그램 중 하나이다.

객실예약 담당자는 패키지예약 프로그램의 내용도 다양하고, 요금 또한 다르기 때문에 패키지 상품에 대한 정확한 내용을 숙지하고 있어야 한다.

표 3-3 패키지 상품의 종류와 내용

패키지 상품의 종류	내 용
계절 패키지	봄, 여름, 가을, 겨울에 부대시설 무료이용
명절 패키지	설 연휴, 추석 때 전통놀이
테마 패키지	할로윈 축제, 발렌타인 데이
특정일 패키지	어린이 날, 스승의 날, 어버이 날, 크리스마스, 송년
결혼상품 패키지	웨딩, 약혼식 후 객실료 할인 또는 무료제공
식음료 패키지	각국 와인, 독일 또는 칭따오 맥주 축제, 각국 요리
기념일 패키지	입학과 졸업, 돌, 백일, 환갑, 칠순
교양 패키지	요리교실, 테이블 매너, 레이디스 클럽
호텔개관 패키지	호텔개관일을 기념
공연 패키지	음악회, 디너쇼 참가자를 위한 객실료 할인
시네마 패키지	공연이나 극장과 연계한 프로그램
항공 패키지	호텔과 항공사 계약에 의한 할인된 객실 사용
철도 패키지	KTX 이용객을 위한 할인
효도 패키지	부모님을 위한 특별 이벤트

6 특별예약

특별예약은 VIP나 신혼부부와 같이 일반인이 아닌, 특별한 고객을 대상으로 예약을 하는 경우이다. 특별고객 중에는 일정 금액을 호텔에 advance deposit(선수금)해 놓고, 객실이나 식음료를 사용함에 따라 차감해가는 방식으로 호텔을 이용하는 고객도 있다. 그리고 결혼식을 앞둔 유명 연예인을 예약함으로써 호텔 홍보효과를 겨냥한 예약도 있다. 재방문 고객(repeat guest) 중 방문빈도수가 높은 단골 고객의 경우는 특별한 요청을 하지 않아도 선호하는 객실번호를 지정하여 제공하기도 한다. 그리고 완전한 객실정비는 물론 고객이 선호하는 과일, 초콜릿, 꽃, 와인, 소모품(amenity) 등을 무료로 서비스하기도 한다.

7 해외사무소 예약

대도시에 있는 체인호텔의 경우는 해외에 연락사무소(overseas reservation office)를 설치 운영하고 있다. 호텔 마케팅 부서의 일원이며, 자사 인바운드(inbound) 고객을 위한 판촉업무를 담당하며, 외국인의 입장에서 번거로운 예약을 대행한다.

Reservation 관련 불평 사례

① 계약사 직원의 객실가격에 대한 불평

호텔에서는 매년 말쯤에 객실담당 판촉 매니저(sales manager)와 계약사 예약담당자 간에 다음 연도 객실이용 가격에 대한 합의를 하게 된다. 이는 지난 1년 동안 호텔 객실이용 거래실적에 따라 가격설정을 변경하는 작업이라 할 수 있다. 하지만 그 사실을 모르는 대부분의 계약사 직원은 작년에 비해 객실가격이 비싸졌다고 불평하는 경우가 종종 있다. 이러한 경우에는 객실예약을 담당하는 부서에서는 고객이 이해하도록 설명을 해야 한다. 즉 호텔의 객실판촉 담당자와 귀사 예약담당자와 합의된 가격이라고 설명하면 대부분 이를 받아들인다.

② 흡연객실 배정에 대한 불평

객실예약 담당자는 예약업무 시 주의사항이 많은데, 그 중 금연객실(non smoking room) 또는 흡연객실(Smoking Room) 중 어느 객실을 선호하는지 확실하게 물어봐야 한다. 그렇지 않으면 예약 접수 실수로, 투숙 시 고객의 불평으로 이어질 수 있다. 고객이 금연객실을 요청했는데 흡연객실로 배정하여 고객 불평이 접수된 경우에는 프런트 데스크에서 다른 객실로 변경해야 하는 번거로움이 발생한다. 만약 객실이 없을 경우에는 사전에 고객에게 설명이 있어야 하고, 객실관리부로 연락하여 객실 안의 담배 냄새제거를 지시하고, 고객에게 사과의 메시지를 전하는 것을 잊어서는 안 된다.

③ 재확인의 중요성

객실을 예약하는 과정에서 투숙고객은 갓난 아기가 있는 여성고객으로, 투숙기간 중 객실 안에 아기침대(baby crib or baby cot)를 요청하였음에도 준비가 되어 있지 않아 고객이 불평하는 사례이다. 이러한 경우는 객실예약 담당자가 그 기간 동안 아기침대 사용 가능 여부를 객실관리부에 확인하지 않았거나, 프런트 데스크에는 이러한 사실을 객실관리부에 확인하지 않은 경우 발생할 수 있다. 그러므로 객실예약에서는 고객의 요청사항이 있을 경우 관련된 모든 부서와의 확인이 중요하다고 하겠다.

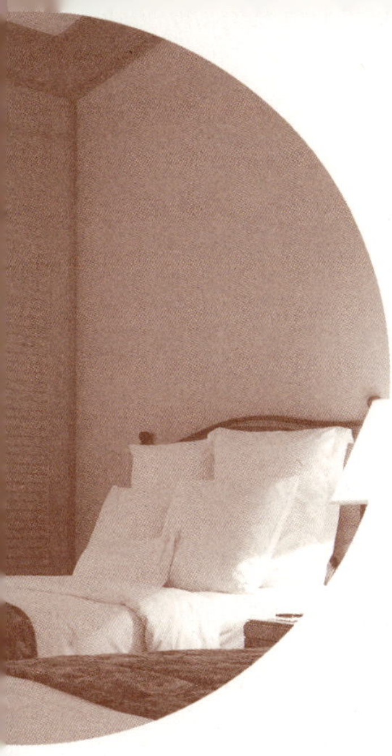

제2장

Front Desk

1절 ◎ 프런트 데스크의 일반적 개요

1 프런트 데스크의 개요

호텔에서 프런트 데스크(front desk)는 “호텔의 얼굴, 호텔의 심장부”라고 할 만큼 중요한 부서이다. 그래서 흔히 고객을 영접하는 곳이라는 의미에서 리셉션 데스크(reception desk)라고도 불린다. 즉, 투숙객뿐만 아니라 호텔을 방문하는 모든 고객에게 영접을 담당하는 부서라고 할 수 있다. 또한 프런트 데스크는 호텔의 중추신경과 같은 역할을 담당하는 부서로 당일 투숙고객에게 객실을 배정하고 판매하는 일과 그 밖에 일반 고객을 대상으로 다양한 정보를 제공하는 서비스를 통하여 호텔의 전반적인 운영이 잘 되도록 하는 업무를 담당하는 곳이기도 하다. 그러므로 고객을 최대한 많이 접하기 위하여 호텔의 현관 가까운 곳에 위치해 있기도 하지만, 최근에 와서는 일반고객과 투숙객을 차별화

한다는 차원에서 프런트 데스크와 로비를 최고층에 배치한 파크 하얏트호텔의 경우도 있다.

그러므로 프런트 데스크 직원들의 능숙한 업무수행은 객실예약의 접수와 영접, 등록 등 고객의 욕구를 파악하여 최대한 충족시키는 객실이 지정되도록 노력해야 할 것이다. 또한 고객의 불평 · 불만을 잘 받아들여 해소시켜 주고, 이를 토대로 호텔운영에 반영시켜 호텔을 발전시키는 데 노력해야 할 것이다. 고객의 불평은 원인이 있기 때문에 발생한 것이므로 가능하면 적극적이면서 성실히 해결하고자 하는 노력이 요구되며, 똑같은 불평이 나오지 않도록 힘써야 할 것이다.

그림 3-4 **프런트 데스크 전경**

2 프런트 데스크의 구성

프런트 데스크에서 담당하는 업무는 다양하지만 일반적으로 크게 3부문으로 구분할 수 있다. 호텔입구에서 가장 가까운 쪽에 있으면서 프런트 데스크를 바라볼 때 왼쪽에 있는 프런트 캐셔(front desk cashier)와 프런트 데스크 가운데 있으면서 객실을 판매하고 등록(registration)하는 부문과 호텔 내 안내와 관광정보를 제공하는 정보(information) 부문으로 나누어져 있다.

그림 3-5 **프런트 데스크의 구성**

프런트 데스크에서는 호텔과 관련된 기본정보를 제공할 뿐만 아니라 타 지역에 있는 호텔을 이용하면서 고객 자신의 집에서 묵고 이용하는 것처럼 느낄 수 있도록 최고의 서비스를 제공해야 한다. 고객입장에서 보면 프런트 데스크는 등록을 하면서 호텔과 직접적인 관계를 맺는 첫 번째 접점일 수도 있기 때문에 호텔의 첫 이미지 향상을 위한 중요한 장소라고 하겠다. 그러므로 프런트 데스크의 대고객 서비스는 항상 세심한 주의를 요하고, 고객이 만족을 느낄 수 있도록 철저한 준비가 있어야겠다. 또한 5성급 호텔의 프런트 데스크는 이용고객이 대부분 외국인이므로, 의사소통을 위한 어학공부에 소홀함이 없어야 되고, 항상 성실한 자세로 근무에 임하여야 한다.

3 프런트 데스크의 기본업무

프런트 데스크의 업무를 보면 가장 기본이면서 중요시되는 것이 예약한 고객의 객실배정 업무이다. 또한 객실예약 담당자가 업무를 끝내면 객실예약을 대신하기도 하며, 일반 고객과 투숙객에 대하여 다양한 정보를 제공하기도 한다. 프런트 데스크 업무 중 하나이지만 객실변경 업무, 룸 키(room key) 관리 업무, 등록과 퇴숙의 절차를 밟는 체크인/아웃(check in & out) 업무, 환전을 담당하는 cashier 업무 등으로 세분화하는데 다음 그림과 같이 나타낼 수 있다.

방문고객의 만족도를 높이기 위해서 프런트 데스크는 업무특성상 호텔 내 모든 부서와 업무와 정보가 연관되어 있어 호텔매출과 경영에 커다란 영향을 미친다고 할 수 있다.

그림 3-6 **프런트 데스크의 기본업무**

2절 Check-in 업무

프런트 데스크에서 check-in 업무를 담당하는 직원을 프런트 클락(front clerk) 또는 룸 클럭(room clerk)이라고도 하는데, check-in 업무는 front desk의 업무 중 주 업무이자 가장 핵심적인 업무로 고객의 등록(registration)을 담당하는 곳이다. check-in이란 숙박의 첫 번째 단계를 말하며, 일정한 지불 조건을 갖추고 투숙을 원하는 고객을 대상으로 고객이 도착하여 등록이 끝난 다음, 호텔 측에 의하여 객실을 제공받는 과정이다. 사전예약에 의한 객실제공을 원칙으로 하지만 예약을 하지 않고 숙박 서비스를 요구하는 고객에게 일정 절차에 따라 객실을 제공하는 업무를 담당하기도 한다.

Check-in 시에는 고객의 편의와 상황에 따라 신속하고도 능동적으로 대처하여야 한다. 또한 매출액의 증진에 유의하여 up selling(판매증대)과 같은 방법으로 객실을 판매하는 기법도 중요하며, 항상 고객의 만족도를 의식하고 업무에 임하여야 하는데, FIT, Group, VIP, Day Use, Layover와 같은 고객의 유형에 따라 다양한 check-in 업무를 수행한다.

Registration Card

등록카드는 규정된 것을 사용하여야 하며, VIP나 단골고객은 사전에 준비된 등록카드를 제시하여 인적사항에 변경된 것은 없는지 확인한 후 서명만 하도록 한다.

① 고객명은 분명하게 기입하여 받는다. 외국인의 경우 성과 이름이 바뀌어 입력하게 되면 고객을 확인하는 과정에서 어려움을 겪을 수 있다.
② Passport Number 또는 주민등록번호를 확인하고, 국적을 반드시 기입하도록 한다.
③ 집 또는 회사 주소는 명확하게 받는데, 이는 고객에게 전달 사항이 있을 때 필요하다.
④ 출발일자는 예약되어 있는 기간과 같은지 재확인한다. 숙박기간이 예약기간보다 짧을 때에는 문제가 없으나 길어질 때는 객실예약 상황을 확인한 후에 가능 여부를 정확히 전달한다.
⑤ 생년월일, 회사명, 직업 등도 기입하도록 하여 마케팅 참고 자료로 사용되도록 한다.
⑥ 금액란에는 예약 당시에 정해진 금액을 기입한다.
⑦ 동일객실에 2인 이상이 투숙할 경우에는 투숙자 모두의 성함과 여권번호를 기록하여야 하며, 때로는 각자 지불할 경우도 있으므로 지불조건을 명시하여야 한다.
⑧ 본인, 회사, 여행사 등 누가 지불할 것인지에 대한 관계를 재확인하여야 한다. 또한 타인이나 회사에서 지불할 경우 객실료만인지, 조식포함인지 등 여러 가지 조건을 확인하며 기록으로 남긴다. 그리고 advance deposit로 되어 있는 경우 얼마의 금액이 선수금으로 접수되어 있다고 확인시켜 주어야 한다.
⑨ 비고란에는 지불에 대한 특이사항, 일행 객실번호 등을 기록한다.
⑩ 등록카드에 이상이 없으면 컴퓨터에 입력하고, 등록카드는 front cashier에 넘겨 check out 시까지 보관한다.

1 FIT 고객의 Check-in 업무

FIT 고객의 Check-in 경우에는 예약객실의 형태, 요구하는 층 및 위치, 지불조건 등의 세심한 주의력으로 작은 실수가 발생되지 않도록 노력하여야 하므로 등록업무 나름대로의 know how를 필요로 한다. 그러기 위해서는 도착일 오전에 예약슬립(reservation slip) 또는 컴퓨터를 통하여 객실정비 상태를 재점검할 필요가 있다. 고객의 도착 시에는 정중하고 예의 바른 인사말을 잊어서는 안 되며, 신속한 체크 인 서비스만이 고객의 만족을 높일 수 있다. Check-in 절차는 도착한 순서에 의해서 질서 있게 진행하되 재방문 고객(repeat guest)이나 VIP 고객일 경우는 좋은 객실을 우선 배정해야 한다. 다음 그림 은 등록카드 양식과 FIT 고객의 Check-in 흐름도이다.

그림 3-7 등록카드 양식

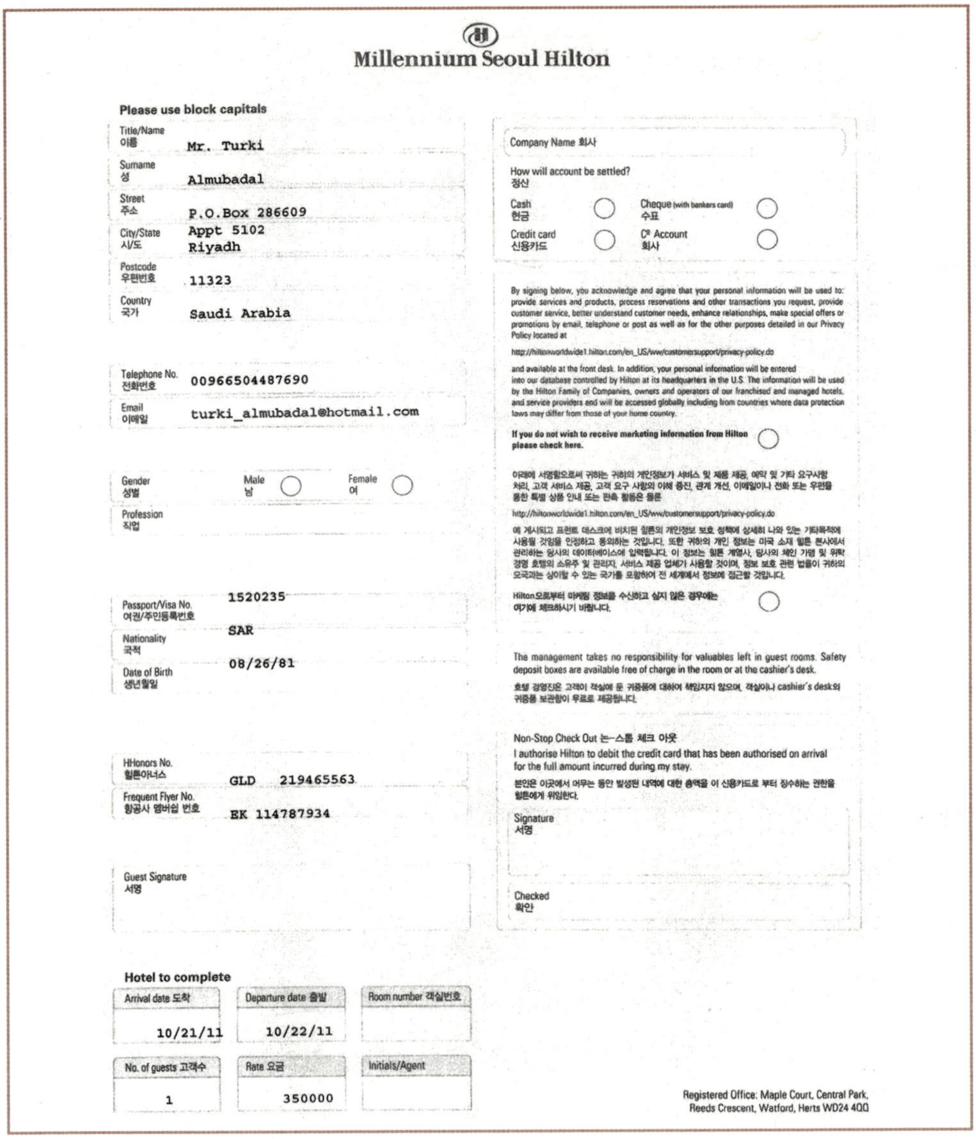

Millennium Seoul Hilton

Please use block capitals

Title/Name 이름	Mr. Turki
Surname 성	Almubadal
Street 주소	P.O.Box 286609
City/State 시/도	Appt 5102 Riyadh
Postcode 우편번호	11323
Country 국가	Saudi Arabia
Telephone No. 전화번호	00966504487690
Email 이메일	turki_almubadal@hotmail.com
Gender 성별	Male 남 ○ Female 여 ○
Profession 직업	
Passport/Visa No. 여권/주민등록번호	1520235
Nationality 국적	SAR
Date of Birth 생년월일	08/26/81
HHonors No. 힐튼아너스	GLD 219465563
Frequent Flyer No. 항공사 멤버쉽 번호	EK 114787934
Guest Signature 서명	

Company Name 회사

How will account be settled?
정산

Cash 현금 ○ Cheque (with bankers card) 수표 ○
Credit card 신용카드 ○ C° Account 회사 ○

By signing below, you acknowledge and agree that your personal information will be used to: provide services and products, process reservations and other transactions you request, provide customer service, better understand customer needs, enhance relationships, make special offers or promotions by email, telephone or post as well as for the other purposes detailed in our Privacy Policy located at

http://hiltonworldwide1.hilton.com/en_US/ww/customersupport/privacy-policy.do

and available at the front desk. In addition, your personal information will be entered into our database controlled by Hilton at its headquarters in the U.S. The information will be used by the Hilton Family of Companies, owners and operators of our franchised and managed hotels, and service providers and will be accessed globally including from countries where data protection laws may differ from those of your home country.

If you do not wish to receive marketing information from Hilton please check here. ○

아래에 서명함으로써 귀하는 귀하의 개인정보가 서비스 및 제품 제공, 예약 및 기타 요구사항 처리, 고객 서비스 제공, 고객 요구 사항의 이해 증진, 관계 개선, 이메일이나 전화 또는 우편을 통한 특별 상품 안내 또는 판촉 활동은 물론

http://hiltonworldwide1.hilton.com/en_US/ww/customersupport/privacy-policy.do

에 게시되고 프런트 데스크에 비치된 힐튼의 개인정보 보호 정책에 상세히 나와 있는 기타목적에 사용될 것임을 인정하고 동의하는 것입니다. 또한 귀하의 개인 정보는 미국 소재 힐튼 본사에서 관리하는 당사의 데이터베이스에 입력됩니다. 이 정보는 힐튼 계열사, 당사의 체인 가맹 및 위탁 경영 호텔의 소유주 및 관리자, 서비스 제공 업체가 사용할 것이며, 정보 보호 관련 법률이 귀하의 모국과는 상이할 수 있는 국가를 포함하여 전 세계에서 정보에 접근할 것입니다.

Hilton으로부터 마케팅 정보를 수신하고 싶지 않은 경우에는 여기에 체크하시기 바랍니다. ○

The management takes no responsibility for valuables left in guest rooms. Safety deposit boxes are available free of charge in the room or at the cashier's desk.

호텔 경영진은 고객이 객실에 둔 귀중품에 대하여 책임지지 않으며, 객실이나 cashier's desk의 귀중품 보관함이 무료로 제공됩니다.

Non-Stop Check Out 논-스톱 체크 아웃

I authorise Hilton to debit the credit card that has been authorised on arrival for the full amount incurred during my stay.

본인은 이곳에서 머무는 동안 발생된 내역에 대한 총액을 이 신용카드로 부터 징수하는 권한을 힐튼에게 위임한다.

Signature 서명

Checked 확인

Hotel to complete

Arrival date 도착	Departure date 출발	Room number 객실번호
10/21/11	10/22/11	

No. of guests 고객수	Rate 요금	Initials/Agent
1	350000	

Registered Office: Maple Court, Central Park, Reeds Crescent, Watford, Herts WD24 4QQ

그림 3-8 FIT 고객의 Check-in 흐름도

고객 영접	벨 데스크 종사원의 안내에 따라 고객이 프런트 데스크로 올 경우 밝은 미소로 인사를 하며 최대한 관심을 보이도록 한다.
예약정보 파악	예약 여부를 물어본 후 컴퓨터(CRT)상으로 고객의 예약상황을 파악한다.
등록카드 작성	예약확인 후 등록카드(registration card)에 고객에 대한 신상을 기록해 달라고 부탁한다. 이때 꼭 서명(sign)을 받아두어야 한다.
객실 배정	고객이 등록카드를 작성하는 동안 프런트 데스크 종사원은 객실정비 유무를 확인한 후 만약 객실정비가 이루어지지 않았을 경우 빨리 다른 객실로 배정하도록 한다.
	가능하다면 프런트 데스크 종사원은 권유판매(up-selling)를 실시하여 객단가(average rate)를 높이도록 유도한다.
	고객이 예약한 객실과 동일하더라도 다시 한번 더 고객이 원하는 객실에 대한 재확인을 실시하여 룸 체인지(room change)를 하는 경우를 줄이도록 한다.
지불조건 확인	고객에게 지불(payment)방법에 대하여 물어본 후 스키퍼(skipper) 방지를 위해 현금을 예치(deposit)하거나 신용카드(credit card)로 지불 시 신용카드로 객실요금을 승인받아 놓는다. 이는 체크아웃 시 승인문제로 인한 불평을 줄일 수 있으며, 또한 신속한 체크아웃 업무를 수행할 수 있다.
객실키 제공	고객에게 객실키를 제공한 후 감사의 말을 전한다.
등록카드 정리	등록카드 내용을 컴퓨터에 입력 및 수정을 한다.

고객 영접 ➡ 예약정보 확인 ➡ 등록카드 작성 ➡ 객실 배정 ➡ 지불조건 확인 ➡ 객실 key 제공 ➡ 식권발행 및 호텔 제반 정보제공 ➡ baggage 객실전달 지시 ➡ 컴퓨터 입력 ➡ 등록카드 정리 후 folio box 보관

1) Walk in Guest

Walk in 고객이란 사전 예약을 하지 않고 호텔을 방문하여 투숙하고자 하는 고객을 말한다. 이러한 고객은 고객응대를 신중히 한다면 향후 단골고객으로 발전할 가능성이 있으며, up selling(판매증대)으로도 유도할 수 있다. 예약되지 않는 상태이므로 프런트 데스크에 비치된 등록카드(registration card)에 인적사항을 상세하게 기록하도록 한다. 등록카드에 기록이 끝나면 서명을 받은 후 front clerk은 등록사항을 재확인하고, 고객이 원하는 객실종류를 확인하기 위하여 컴퓨터의 당일 객실현황을 확인한다.

다음은 지불관계를 명확히 처리해야 하는데, 신용카드로 계산하는 경우는 미리 승인을 받아두면 특별한 문제는 없다. 하지만 현금으로 지불을 원하는 고객인 경우, walk in 고객은 고객에 대한 정보가 없기 때문에 객실요금 이외의 비용이 발생될 것을 감안하여 예치금(deposit & advance pay)을 받아 놓도록 유도한다. 예치금은 호텔정책에 따라 다르기는 하나 거의 객실가격의 2배를 받는다. 객실가격 또한 할인율이 거의 없으며, 일부 호텔에서는 평균 객실요금(average rate)을 높이기 위하여 일정 비율 객실을 walk in 고객에게 배정하기도 한다. 이때 고객이 기분이 상하지 않도록 특별히 주의하여야 한다.

객실료를 지불하고 나면 고객이 원하는 객실을 지정한 후 room key를 제공하며, 호텔 이용에 대하여 감사의 표시를 한다. 간단하게 호텔의 시설 등을 안내한 후 bell man에 의하여 고객이 객실까지 안내하는 동안 front clerk은 고객의 모든 사항을 입력시킴으로서 check-in 과정은 마감된다.

무엇보다도 이때 요구되는 것은 직접 판매이기 때문에 친절과 고도의 세련된 판매기술을 발휘하여 고객의 취향 및 성격을 파악하여 고급객실 혹은 보통객실을 판매할 것인가, 할인은 얼마까지 해드릴 것인가 등을 생각하여 항상 고객을 높여주어 만족한 객실선택을 할 수 있도록 유도해야 한다.

그림 3-9 선수금 바우처 양식

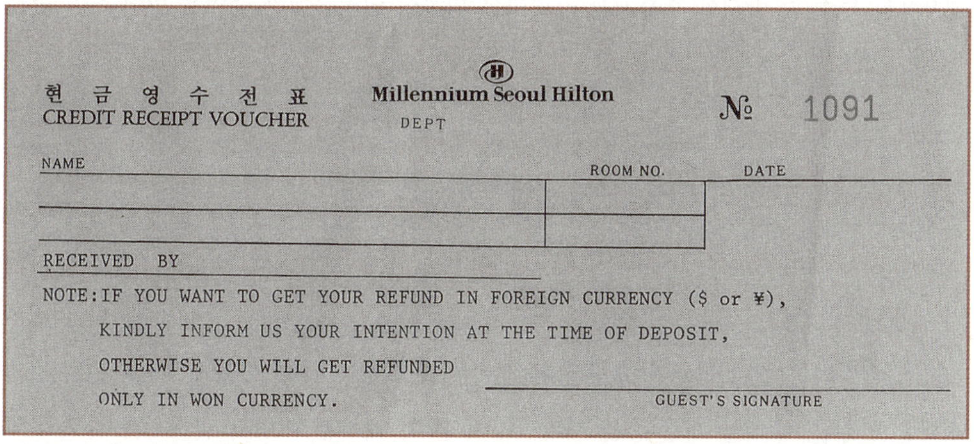

현 금 영 수 전 표
CREDIT RECEIPT VOUCHER

Millennium Seoul Hilton
DEPT

№ 1091

NAME

ROOM NO.

DATE

RECEIVED BY

NOTE: IF YOU WANT TO GET YOUR REFUND IN FOREIGN CURRENCY ($ or ¥),
KINDLY INFORM US YOUR INTENTION AT THE TIME OF DEPOSIT,
OTHERWISE YOU WILL GET REFUNDED
ONLY IN WON CURRENCY.

GUEST'S SIGNATURE

※ 첫 번째 장은 프런트 캐셔용, 두 번째 장은 등록카드에 첨부(attached), 세 번째 장은 고객용임

2) 예약고객

호텔의 객실예약과, 홈페이지, 유선, FAX 등과 같은 예약 라인을 통하여 도착 이전에 이미 예약이 확인된 고객을 말한다. 현관직원의 안내로 front desk에 고객이 도착하면 front clerk은 환대인사와 함께 예약 유 · 무를 확인한 다음, 예약이 확인되면 미리 전산 출력한 등록카드를 고객에게 제시하고 등록을 요구한다.

front clerk은 고객이 도착하기 전에 사전 준비된 registration card를 보고 고객에 대한 특별한 정보를 암기하고 있어야 하며, 단골고객의 경우에는 성함, 직책 및 기호 등을 암기하여 도착과 동시에 고객의 성함을 불러줌으로써 고객으로 하여금 본인을 기억하고 있구나 하는 환심을 갖도록 해야 한다.

호텔객실을 이용한 실적이 있거나 예약 시 성명 및 인적사항이 등록된 고객이라도 객실종류, 투숙기간과 기존 등록카드에 나와 있는 고객정보와 차이가 없는지 만을 다시 한 번 확인시킨 다음, 객실료는 예약 시 얼마임을 정확히 전하고, 등록카드에 서명만으로도 등록과정은 끝난다. 객실료에 대한 설명은 check-out 시 문제가 발생되지 않도록 하기 위해서이다. 현금(cash)으로 지불하는 고객은 재방문 고객(repeat guest)이라도 선수금

(advance pay)을 받는 것이 호텔정책이다. 하지만 지불방법이 신용카드(credit card)인 경우에는 투숙 중 발생할 후불계산의 편리를 위하여 일정금액만 승인을 받아놓고, 카드를 open하도록 유도한다.

2 Group 고객의 Check-in 업무

Group 고객의 check-in은 다수의 고객과 많은 수하물이 함께 도착되기 때문에 로비가 복잡할 수 있다. 그러므로 프런트 데스크 근무자 중 그룹 담당자는 여행사나 기업의 그룹 인솔자와 긴밀한 협조가 요구된다. 신속한 체크인을 위해 호텔에 도착하는 시간과 정확한 인원수, 수하물 개수 등을 재확인하여 한다. 대부분 대형 호텔에서는 별도의 그룹 데스크가 있어 10인 이상이면 그룹 데스크에서 체크인하도록 되어 있다.

프런트 데스크의 그룹 담당자는 신속한 업무처리를 위해 rooming list(그룹별 명단)를 작성하고, 인솔자와 고객의 요구사항을 파악한 후 그 자료를 참고로 객실배정과 무료 식권을 준비해 놓는다. 이러한 준비는 객실배정과 동시에 고객을 바로 객실로 이동하게 하기 때문이다. 특히, 비즈니스 고객이 많은 호텔의 경우 관광객과 달리 업무 등으로 인하여 피곤해 있을 수 있으므로 단체 고객이 이동할 때 소음, 엘리베이터 이용 시 불편함 등은 비즈니스 고객의 재방문 시 꺼림의 요인이 될 수 있기 때문에 사전준비가 필요하다.

그림 3-10 **그룹 체크인 흐름도**

단체고객이 호텔에 도착하면 먼저 여행사 가이드와 함께 이미 예약된 객실 수와 고객 수 및 실제 필요로 하는 객실 수를 확인한 후 객실요금과 식사포함 유무 등 예약조건을 재확인한다.

⬇

가이드의 인솔에 따라 단체고객들이 로비나 일정한 장소에 집결하면 프런트 데스크 종사원은 작은 단체일 경우 프런트 데스크에서 직접 체크인을 받고, 인원이 많은 단체일 경우 그룹 데스크(group desk)로 안내한다.

⬇

예약카드를 확인하여 객실 수와 인원을 확인한 후 객실번호를 알려준다.

⬇

가이드가 단체 리스트(rooming list)를 가지고 왔을 때는 그 리스트에 객실번호를 기입하고, 1부는 가이드에게 전달하며, 1부는 프런트 데스크에 보관한다. 리스트가 없는 경우에는 출입국 카드를 복사해서 단체 리스트 대용으로 사용하기도 한다.

⬇

모든 단체고객의 단체 리스트(rooming list)에는 반드시 여권번호와 생년월일이 기재되어 있는지 확인해야 하며, 만일의 경우를 대비하여 가이드 이름과 전화번호를 꼭 적어 놓는다.

⬇

선불(직불)계약인 여행사의 경우 먼저 신용카드나 현금을 받고 객실키를 가이드에게 넘겨주며, 후불계약인 여행사는 후불 바우처(voucher)를 받아 둔다.

⬇

조식이 포함된 단체일 경우 사전에 발행한 식권의 기재내용과 매수를 확인한 후 가이드에게 재공하며, 만약 예약 시에 누락되었거나 특별한 사정으로 가이드가 조식 쿠폰을 요구할 시 식권을 발행한 후 해당업장에 식사의 종류와 인원 · 시간 등을 통보한다.

⬇

객실 배정이 끝난 후에는 벨 데스크 종사원에게 짐을 객실로 전달하게 하고, 가이드에게 식사장소와 시간 · 위치 그리고 호텔 제반 정보를 설명하여 고객들에게 전달될 수 있도록 한다.

⬇

프런트 데스크 종사원은 컴퓨터상 그룹 체크인시킨 후 단체 리스트(rooming list)에 의거하여 고객의 이름을 컴퓨터에 입력한다.

⬇

단체 전체고객의 In House Report를 출력하여 메인 룸(가이드 객실, 식권에 적혀 있는 객실 등)을 표시하고 레포트 상의 객실 수와 객실요금을 확인한 후 폴리오 박스(folio box)에 넣는다.

그룹 데스크로 안내 ➡ 가이드와 계약조건 확인 ➡ rooming list ➡ room key 제공 ➡ 여권번호 확인 ➡ 가이드 이름과 연락처 확인 ➡ 결재방법 확인(후불 voucher 이용) ➡ 식권발행 및 호텔 제반 정보제공 ➡ baggage 객실전달 지시 ➡ 컴퓨터 입력 ➡ In house report 출력 후 재확인 후 folio box 보관

그룹의 종류를 보면 일반 비즈니스 그룹, 여행사 그룹, 항공사직원 그룹, 기업의 인센티브 그룹, 세미나 또는 컨벤션 참석자 그룹 등 여러 그룹들이 있다. 그룹의 체크인 순서를 보면 대개 다음과 같은 순서에 의해 체크인을 하게 된다. 하지만 세미나 또는 컨벤션 참석자 그룹의 경우 지불관계조건에 따라서 개인지불일 경우 일반 그룹으로 분류하기도 한다.

1) 그룹의 예약확인(confirmation)

그룹예약에 의거 front office manager는 당일 expected arrival group에 관하여 확인한 후 오전에 그룹별 숙박일자, 사용객실의 수와 종류, 투숙 인원수, 도착시간, 이용교통기관, 식사관계, 수하물(baggage) 수, 지불관계, 인솔자 등을 재확인한다. 그리고 그룹 담당자에게 체크인에 효율적으로 대처할 수 있도록 지시 확인한다.

2) 객실배정(room assignment)

객실배정 시 특별한 요청이나 사전에 객실배정이 되었는지의 여부를 파악한다. 일본 및 동남아지역, 내국인단체인 경우 특별한 지정이 없는 한 호텔마다 지정된 그룹 층 또는 동일 층으로 배정을 하거나 객실의 여유가 없을 때는 아래층부터 객실배정을 하는 것이 보통이다. 반면 미국이나 유럽지역 그룹인 경우에는 동일 층이 아니어도 큰 문제는 없으므로, 객실 가격에 따라 층을 달리 배정하는 경우도 있다. 원칙적으로 단체객실배정은 소음, 혼잡 등의 문제가 일어나므로 가능한 한 동일 층 또는 그룹 층으로 배정하는 것이 무난하다.

3) Room Key(card key) 준비

Rooming List에 의거 객실배정이 완료되면 room key holder(키 보관집)에 객실번호, 고객성명을 기입하여 그룹별로 key를 분류하여 준비한다.

4) 식사쿠폰(meal coupon) 준비

대부분의 그룹은 객실가격이나 계약에 의해 식사내용이 사전에 정해지는 경우가 많고, 사전 통보가 없는 경우에는 check in 당일 가이드나 그룹 인솔자에 의해 식사포함 여부를 확인한 다음, 식음료 및 해당부서에 그룹 명부를 1부씩 보내 각 영업장에서 참고하도록 하여야 한다.

그림 3-11 **무료 조식권**

5) 그룹의 도착

그룹이 도착하면 컨시어지(concierge), 당직 지배인(duty manager), room clerk이 group 클럭 역할을 담당하고, 그룹에는 organizer나 tour escort 또는 tour leader가 동행하는 것이 대부분이다.

(1) 일괄 도착

그룹은 일시에 많은 고객이 도착하므로 신속하고 정확하게 진행되어야 한다. 대형 그룹인 경우에는 1층 lobby나 연회장 등 별도 장소에 group desk를 설치하여 일반고객에게 불편이 없도록 만전을 기하여야 한다. 이때 room clerk은 가이드나 인솔자로부터 rooming list를 전달받고 프런트 데스크에서 사전 작성된 rooming list와 동일한지 확인한 다음 key holder와 함께 가이드에게 전달한다. 그리고 호텔의 일반적인 안내, morning call, 아침식사 장소와 시간 등을 주문받고, group information을 작성함과 동시에 컴퓨터에 입력하고, morning call list는 교환실에 보냄과 동시에 그룹 모닝콜 시간을 입력한다. 일시에 많은 고객을 처리해야 하므로 숙달된 동작으로 신속하게 컴퓨터에 입력하지 않으면 room 내 전화나 컴퓨터가 작동되지 않으므로 고객 불평이 발생할 수 있으므로 유의해야 할 것이다.

(2) 개인별 도착

단체가 도착하기 전 먼저 혹은 나중에 개인적으로 도착하여 체크인을 요구하면 local agent(지역 대리점) 또는 가이드나 인솔자 등을 통하여 확인절차 후 동일단체에 합류시킨다. 반면에 확인이 안 되면 사유를 설명하고 고객의 양해를 구한 후 로비나 커피숍 등에서 단체가 도착할 때까지 기다리도록 하며, 단체가 도착할 때 인솔자나 가이드에게 설명을 한 후 함께 체크인시킨다.

6) 소그룹 등록

그룹의 등록은 그룹 인솔자나 가이드 1인만 등록하고, 그룹명단을 접수받아 첨부하면 된다. 소그룹의 경우 명단 준비가 안 되었을 경우에는 도착과 동시에 인솔자 혹은 가이드가 등록카드를 작성(단체명, 고객의 성명, 여권번호 또는 주민등록번호, 체크인/아웃 날짜, 생년월일, 주소, 직업, 연락처 등)하여 제출하도록 한다.

7) Morning Call의 확인

Morning Call은 그룹인솔자나 가이드에 의해 시간이 결정되며, 통상 아침식사 30분 전에 요구되는 경우가 보통이다. morning call list 1부를 교환실에 보내지고, 모닝콜 입력은 그룹 코드로 한 번에 입력할 수 있다.

8) 조식(breakfast)의 확인

그룹에 따라 조식의 내용이 다를 수 있으므로, 식사인원, 식사종류, 시간 등을 식음료부서(F&B)의 책임자에게 이메일 또는 유선으로 통보한다. 때로는 FAX를 통하여 확실하게 하는 경우도 있으며, 변경된 사항은 다시 확인하여 재통보하도록 한다.

9) 가이드의 무료식사권 발행

그룹별 계약에 의해 결정된 가이드 무료식사권 발행은 재정부의 승인에 따라 식사권을 발행하되, 단체명, 사용기간, 식사종류, 가이드 이름 등을 표기하고, 반드시 complementary(무료)를 표시해 주어야 한다.

10) 그룹의 등록사항 확인

그룹의 고객과 관련된 등록이 모두 끝나면 업무 진행상 호텔과 그룹 간의 등록사항과 비상 연락처 등을 확인해야 한다. 즉, 작성된 등록카드는 인솔자 혹은 가이드의 성함, 휴대폰 번호, 비상연락 번호, 객실번호 등을 기입하고, 그룹담당 front clerk 서명, 인원수, 지불방법 및 지불범위, 조식포함 여부 등을 기입 등을 재확인하고, 등록카드와 관련된 메모 등은 front office에 보관한다.

11) 기타 사항

(1) 예정일보다 일찍 투숙 또는 출발(early check in/out)하거나 연장숙박(extension)의 경우 사유를 파악하여 가이드 또는 예약담당자에게 연락을 취하여 확인한 다음, 객실예약 변동에 따른 차액 지급 방법 논의와 객실점유율을 확인하여 객실판매에 차질이 없도록 한다.

(2) 객실종류의 변경 시에 객실요금이 다를 수 있으므로 객실요금과 지불방법(회사 또는 개인 지불 여부, 전액 혹은 차액 등)을 가이드에게 확인한다.

(3) 3인 투숙(triple room)을 원하는 경우에는 extra bed를 투입하기도 하고, sofa bed로 되어 있는 객실은 하우스 키핑에 연락하고 extra charge를 적용한다.

(4) 그룹 대표자나 가이드를 위한 특별대접(complimentary service: 꽃, 과일, 쿠키, 와인, 케이크, 음료 등)을 하고자 할 경우에는 소속부서장이나 당직지배인의 결재를 득한 후에 floor shop, room service, housekeeping 등에 연락을 취하여 이행하도록 한다.

그림 3-12 Paid out Slip

COSMOS HOTEL

Paid-out

RM NO:__________ Guest Name: ______________ Date: ____________

Explanation		
	Amount	
	SVC	
	Tax	
	Total	

Cashier SIGN:__________ Guest SIGN:__________ Approved SIGN:__________

3 VIP 고객의 Check-in 업무

VIP(very important person)란 흔히 '귀빈'을 표현하고 있는데, 호텔에서 VIP에 대한 배려는 격식 있고, 정중한 서비스를 바탕으로 최고의 서비스 제공을 하고자 한다. 그러기 위해서는 철저한 사전 준비가 우선되어야 하며, 일반 고객과 차별화를 두기 위하여 신속한 체크 또한 이루어져야 한다.

VIP 예약이 들어오면 general manager(GM), executive assistant manager (EAM), 객실부, 식음료부 등 영업부서장과 그 밖의 모든 부서장, duty manger, concierge 등에게 전달되어 VIP 고객을 위한 준비를 한다. 물론 체크인 전일부터는 공항에 근무하는 직원(Airport Representative)에게도 전달되며, 공항 직원과 VIP Pick up 리무진 기사는 고객이 공항에 도착 후 호텔로 출발해서부터 호텔 도착 시까지 수시로 상황을 알린다.

호텔에서는 VIP 고객이 현관 도착예정 시간에 맞춰 GM, EAM, Room Division Manager(RDM), Concierge 등이 대기하고 있다가 고객 영접을 하게 되면 프런트 데스크를 들리지 않고 바로 배정된 객실로 안내된다. 등록카드는 미리 고객정보 확인을 통해 준비해 놓고, 객실 안내 후 서명을 받는다. 이처럼 객실 내에서 서명은 고객으로 하여금 본인이 VIP 대접을 받고 있다는 느낌을 받게끔 하기 위한 것이다. 그리고 Romm Division Manager(RDM)은 VIP 고객이 투숙하기 전에 객실정비는 물론 welcome letter, VIP level에 맞게 제공되는 complimentary item(과일, 음료, 초콜릿, 와인 등) 등 고객의 별도 요구사항을 재확인한다.

최근에 5성급 호텔에서는 호텔방문 빈도 수, 투숙기간, 객실요금 등 호텔매출 기여도에 따라 VIP 등급을 VIP 1에서 VIP 6까지 세분화하여 suite room 제공, comp item 등에 차별화를 두고 있다. 또한 주 1회 또는 정기적으로 VIP를 위한 이벤트나 파티를 개최하기도 하며, 호텔의 일관성 있는 서비스 제공을 위해 전 부서가 VIP에 대한 정보를 공유하고 있다.

다음은 VIP 고객을 위한 서비스를 위해 호텔 내에서 실질적으로 실행되고 있는 서비스이다.

1) 고객의 취향을 감안하여 객실지정을 해야 하므로, 일정 수준 이상의 몇 개 객실을 정한 후 상사의 동의를 얻어서 결정한다.

2) 전망이 좋은 객실을 제공하되 계절에 따른 기온을 감안하여 객실을 지정하여야 한다. 그리고 가능하면 EFL로 배정을 하고, 엘리베이터와 가깝거나 먼 객실, 층이 낮은 객실은 피한다.

3) 객실번호가 지정 전이라도 flower, fruits, cake, wine, chocolate 등의 VIP level에 해당하는 complimentary order form을 작성하여 상사에게 제출한다.

4) 객실이 지정되면 housekeeping에 이를 통보하고, 객실상태 점검을 의뢰하고, 문제 있을 시는 투숙하기 전에 해결할 수 있도록 한다. 만약 그때까지 해결이 안 될 시는 다른 객실로 대치한다.

5) 최종 확정된 객실은 housekeeping에 도착시간을 통보하여, 고객이 도착 전에 청결, 냉·난방, 전원, TV, 전화, 욕실, 소모품(amenity), 신문, 잡지 등 객실정비를 완료하도록 하여야 한다.

6) expected arrival VIP list를 작성하고, welcome kit 필요 시는 총지배인 및 관련 부서에 전달한다.

4 Day Use 고객의 Check-in 업무

호텔의 객실경영 특징을 보면 정해진 객실 수를 여러 번 판매하기에는 한계가 있다. 하지만 고정되어 있는 객실 수를 효과적인으로 판매하고, 객실판매의 회전율을 높이기 위해서는 일정금액을 받고 낮 시간을 이용하여 한 번 더 판매하는 방법이 있다. 이와 같은 판매방법을 day use라고 한다.

일반 객실은 12시 이후에 체크인이 시작되어, 대개 오후 6시 이후에는 예약된 고객에게 판매를 해야 되기 때문에, 오전부터 오후 5시까지 판매하는 경우가 대부분이다. 하지만 때로는 좀 더 늦은 시간까지 판매하는 경우도 있다. 이러한 판매방법으로 낮 시간에 비어 있는 객실을 효율적으로 판매함으로써 객실판매 수입을 올림과 동시에 호텔 전체 매출이 상승하는 효과가 발생된다. day use가 발생되는 경우는 다음과 같은 고객들이 사용하고 있다.

1) Late Check-Out 예정 고객

현재 투숙하고 있는 고객이 12시에 체크아웃(check-out)을 해야 하나 업무상 또는 늦은 비행으로 오후시간까지 객실을 사용하고자 할 때 프런트 데스크 매니저의 동의를 얻어 사용하는 경우이다.

2) 호텔행사 참석자

호텔에서 개최되는 세미나나 컨벤션에 참석하고자 하는 방문객이 시간적 여유가 생겨 객실에서 쉬고 싶은 경우이다.

3) 항공사 승무원

항공사 승무원의 경우 비행기 출발시간이 저녁 늦은 시간일 경우, 호텔에서 늦게

check out하는 경우가 발생되는데, 이때 day use charge를 지불하고 늦은 시간에 체크아웃을 하는 경우이다.

4) 예약 없는 방문고객

예약 없이 호텔을 방문하여 낮 시간을 이용하여 객실을 사용하는 고객이다. 때로는 객실예약을 하고 사용하는 경우도 있지만 미미한 수준이다.

5 Lay Over 고객의 Check-in 업무

Lay Over는 주로 항공사에서 사용하는 용어이나, 최근에 와서는 호텔용어로도 사용되고 있다. lay over는 항공기가 기체결함, 천재지변, 기상변화, 환승시간 등 여러 가지 이유로 항공기가 출발할 수 없거나 지연되어 머무를 객실이나 식음료를 요구하는 경우가 발생되는데, 이러한 상황을 lay over라고 한다. 이때 항공사에서는 항공기에 탑승했던 손님들을 위하여 호텔에 객실, 식음료를 요청하게 된다.

항공사에서는 lay over로 발생된 승객을 신속히 처리하기 위하여 호텔에 다양한 것을 요청하게 된다. 예를 들면 승객 수와 같은 객실 수, 공항과 호텔 간의 왕복 교통편, 식사, 약 5분 정도의 국제전화 사용 등을 요청하게 된다.

한편, 호텔에서는 항공사에서 요청한 만큼의 객실유무 확인, 식사장소와 메뉴, 레스토랑과 주방직원 확인, 대형버스 확보 등을 우선적으로 확인한 후, 제공할 식사의 메뉴 등을 확인하기 위하여 식음료 업장에 통보를 한다. 또한 익일아침 출발시간을 항공사에 확인하고, 그 시간에 맞춰 식사제공, 차량을 배차시킨다. 그리고 lay over 승객 모두를 체크아웃시킨 후 객실료, 식음료, 통신료, 차량비 등 관련 영수증을 첨부하여 후불 처리하고 재정부로 넘긴다.

갑자기 발생하는 lay over 승객을 호텔고객으로 확보하고, 확보된 고객을 원활하게 처리하기 위해서는 호텔 내 직원과 공항 직원이 민첩하게 움직여야 되는데, 다음과 같은 순서에 의해 다루어져야 한다.

1) 공항직원의 역할

Lay Over가 발생되었다는 정보를 접하게 된 공항에 근무하는 호텔직원(airport representative)은 얼마만큼 민첩한 행동을 하느냐에 따라 자사의 고객이 되기 때문에 민첩함과 그동안 항공사와의 관계를 통하여 고객확보에 만전을 기한다.

2) 승객에 대한 정확한 파악

항공사로부터 정확한 명단을 FAX나 유선으로 받으면, 객실상황, 차량, 객실요금, 식사비용, 기타 지불관계 등을 확인한다. 승객 수는 차후 전체 사용요금과 직접적 관계가 있으므로 정확한 인원파악이 요구된다.

3) 객실과 식사 준비

항공사와 상위와 같은 협상이 이루어지면 도심에 있는 호텔이라도 2시간 이내에 도착한다. 따라서 프런트 데스크에서는 객실과 룸 키를 준비해 놓아야 하고, 식음료부, 조리부, 하우스키핑 등에 연락을 취하여 빠른 시간 내에 모든 준비가 이루어질 수 있도록 한다. 특히 호텔에 도착한 승객들은 공항에서부터 불만이 있는 고객들로 예민해 있으므로 세심한 배려와 서비스가 제공되어야 할 것이다.

4) 정확하고 빠른 정보제공

항공기 문제로 출국을 못한 승객들은 신경이 민감한 상태이기 때문에 항공사로부터 들어오는 정보는 즉시 객실이나 고객에게 전달되어야 한다. 호텔에서는 항공사의 정보에 따른 출발시간, 차량, 조식장소와 시간 등을 항공사 대신하여 정확하고 빠른 정보를 제공한다. 승객 인원이 많을 때는 항공사 직원이 lay over 고객과 함께 동승하여 신속한 정보를 제공하기도 한다.

3절 Check-Out 업무

예전에 프런트 데스크에 근무하는 직원들은 똑같은 유니폼을 입고 근무해서 모두가 객실부 소속 직원이라고 생각할 수 있었지만 호텔의 운영특성에 맞추어 나누어져 있었다. 하나는 객실부 소속으로 고객의 등록을 받고 정보를 제공하는 프런트 클럭(front clerk)과 둘째는 재정부 영업회계 소속으로 객실료 정산과 환전 등을 담당하는 프런트 캐셔(front cashier: 현관 수납원)로 분리되어 있었다. 하지만, 근래 1990년대 후반 경기 침체와 인건비 상승, 일관성 있는 서비스를 제공한다는 목적에 따라 front clerk과 cashier의 기능을 통합하여 다기능 업무를 수행하고 있다.

그러므로 원활한 업무수행을 위해 체크아웃이 많은 아침시간에는 프런트 데스크 근무자 중 프런트 클럭보다는 캐셔가 많으며, 반대로 체크인이 많은 오후시간에는 프런트 캐셔보다 clerk이 많다.

여기서 check-out이란 고객이 호텔을 이용하면서 객실료, 식음료, 기타 요금을 모두 정산하고 호텔을 떠나는 것을 의미하는 것으로 이를 'check-out'이라고 하며, 고객이 계산관계를 마치고 객실이 비워졌을 때를 check-out이라고 한다. 특별한 경우를 제외하고 지불이 끝나고 key가 프런트 데스크로 돌아 왔을 때, 이것을 check-out이라고 한다. 이처럼 호텔을 떠나는 고객에게 마지막 접점 서비스를 하는 직원이 front cashier이므로, 프런트 캐셔는 자신의 업무도 중요하지만 친절한 서비스도 중요한 업무라고 하겠다. 그러므로 항상 정중하고 신속한 태도로 check-out 절차를 수행함으로써 고객의 편의를 도모하고, 호텔에 대한 좋은 인상을 남길 수 있도록 노력해야 한다.

1 FIT 고객 Check-out 업무

일반적으로 FIT 고객의 check-out은 고객이 투숙 중 사용한 bill의 사용 여부를 확인한 후 사용금액을 정산하고, front cashier에게 key를 반납하는 과정을 말한다. cashier는 check-out하는 과정에서 항상 밝은 미소로 고객을 접해야 한다.

호텔 숙박객의 경우는 객실료뿐만 아니라 객실 미니바를 이용한 품목과 호텔 내 영업장에서 사용하는 모든 bill은 고객의 서명과 동시에 고객의 계정(account)으로 입력(posting)된다. 하지만, 미니바의 경우는 미니바 담당자가 객실 전화기를 이용하여 객실에서 직접 입력을 하게 되면 프런트 고객의 계정에 자동으로 입력(posting)된다.

고객이 체크아웃 의향을 나타내면 프런트 캐셔는 즉시 청구서를 출력하여 고객이 사용한 금액이 정확한지 확인을 한다. 그리고 정산방법을 예치금(advanced deposit)으로 할 것이지, 투숙 당시 신용카드를 프린트(imprint)하여 놓은 것으로 할 것인지 문의한다. 신용카드로 계산할 경우는 사용금액을 기입한 후 서명을 받고, 의뢰한 고객용 영수증을 발급하게 되는데, 영수증에는 total balance가 0원으로 나타나면 정상처리된 것이다. 이 영수증에 고객의 확인 서명을 받은 다음 신용카드 영수증과 호텔사용 내역 영수증을 함께 제공하면 check-out은 정상 처리된 것이다.

만약 고객의 예치금이 있다면 손님이 보는 앞에서 직접 세어보거나 계수기로 2회 이상 확인을 해야 한다. 사용금액을 정산한 후 영수증과 함께 전달하면 된다. 현금(cash)으로 분류되는 우리나라 화폐는 원화, 외화, 여행자수표, 자기앞수표가 있다. 그리고 주의사항으로는 계산이 모두 끝나기 전에는 손님으로부터 받은 현금을 현금서랍에 넣어서는 안 된다. 계산 중 착오가 발생되면 오해의 소지가 생길 수 있다.

그림 3-13 Check-out 절차

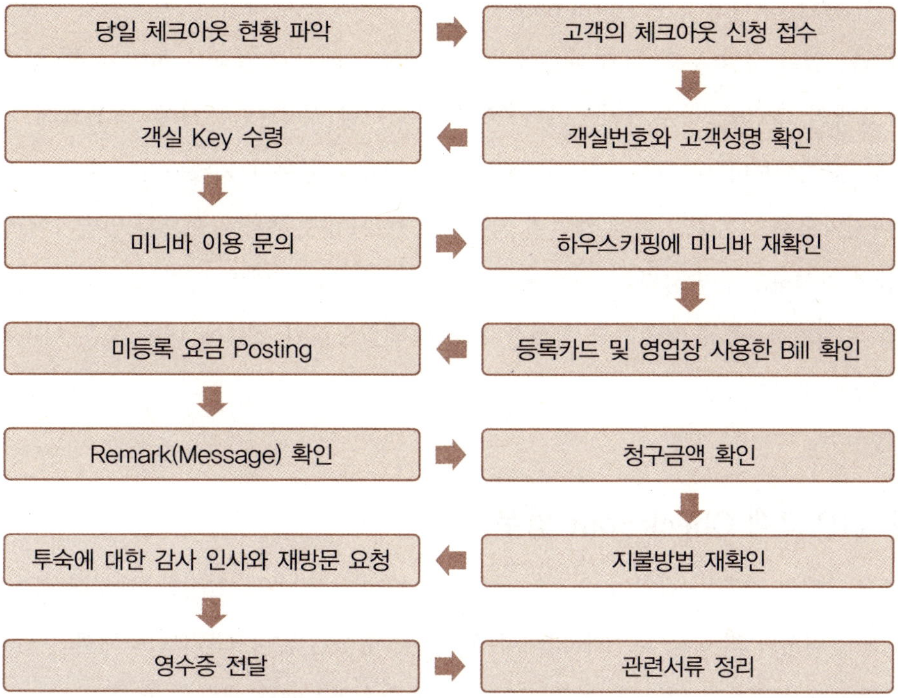

2 Group 고객 Check-out 업무

Group 고객의 check-out도 일반 FIT 고객들과 방법은 거의 동일하지만, group의 경우는 객실료나 부대 영업장에서 발생하는 비용의 지불방법이나 지불조건이 회사나 여행사에 따라 달라질 수 있다. 일반적으로 group의 경우 객실료를 제외한 영업장 이용료, 전화비, 미니바(mine bar), 사우나 이용료 등 부대시설에서의 비용발생은 손님 개인이 지불하는 것이 보통이다.

Group 고객은 일반 FIT와 다르게 많은 인원이 거의 같은 시간에 check-out을 하므로 퇴숙에 시간이 많이 걸린다. 특히 오전 10시 전후에는 일반고객과도 체크아웃하는 시간이 중복되므로, 사전에 그룹별 가이드나 인솔자에게 호텔 출발시간을 확인하여 미리 front cashier에게 연락을 취하여 놓으면 check-out 준비를 해 놓음으로써 시간을 단축시킬 수 있다.

특히 개인계산이 있는 고객의 명단을 작성해 놓고, 금액을 기입하여 놓으면 시간을 절약할 수 있다. 그리고 냉장고(mini bar) 체크시간 지연으로 인하여 고객은 프런트 앞에서 기다리는 일이 생길 수도 있기 때문에 불평 · 불만이 생기지 않도록 하여야 한다. 또한 그룹고객의 명단을 하우스키핑이나 조식 레스토랑 등 관련부서에 배부하게 되면 check-out은 보다 더 수월하게 진행되며, room key 회수가 되었는가도 확인 가능하다. 마지막으로 그룹출발 전에 개인별 지불관계 등 이상 유무를 가이드나 인솔자에게 다시 한번 확인하고 출발시킨다. 그룹으로 호텔을 이용하는 고객은 일반 고객보다 방문빈도 수가 적지만, 항상 정중하고 친절한 자세로 대함으로써 호텔에 대한 좋은 이미지는 계속 남을 것이다.

3 VIP 고객 Check-out 업무

VIP 고객의 경우는 개인이 check-out 수속을 밟는 경우도 있지만, 대부분 check-out 전에 비서나 회사 등 타인에 의해서 정산되는 경우가 많다. 그러므로 고객의 불평이 가끔 초래되는 경우가 있는데, 이유는 고객이 객실에 있음에도 계산을 한 후 마감을 하게 되면 컴퓨터 상으로는 check-out으로 처리가 되어서 공실(vacant room)로 남게 된다.

이때 전화사용 및 인터넷 등 각종 information 서비스를 받을 수 없게 된다. 따라서 고객이 객실 check-out 수속을 마쳤다 하더라도 객실에 손님이 있는지를 확인하여 컴퓨터상에 check-out 정리를 해야 한다. 그렇지 않으면 지금까지 신경써서 제공하던 모든 서비스가 허사로 돌아가게 된다.

해결방법으로는 recheck-in으로 변경한 후에 room clerk은 실제 체크아웃 시간 등을 파악하여 주의 깊게 체크하고, 객실에 key를 두고 가는 경우도 있으므로 이때에는 bell man에게 연락하여 key를 pick-up시키도록 한다.

4 Late Check-out 업무

일반적으로 호텔의 경우 check-out 시간은 정오 12시를 기준으로 한다. 그러나 check-out 시간이 넘어도 체크아웃을 하지 않는 고객이 많으므로, expected departure list(체크아웃 예정 리스트)에 의거 일일이 전화를 하거나 메시지를 넣어 체크아웃 시간을 문의하여야 한다. 이러한 번거로움을 피하기 위하여 체크인할 때 체크아웃 예정시간을 문의하고 컴퓨터에 입력하면 수고를 덜 수가 있다.

하지만 체크아웃 시간을 문의할 때 주의해야 할 점은 고객에게 불쾌감을 주지 않도록 공손한 언어를 사용해야 한다는 것이다. 때로는 당일 check-out 예정인데, 숙박기간을 연장할 경우도 발생되므로 객실가능 여부를 확인한 후에 확답을 주어야 한다.

호텔의 규정상 정오 이후에 check-out하는 경우에는 추가요금(오후 3시까지는 Rack Rate의 30%, 3시부터 6시까지는 Rack Rate의 50%, 오후 6시 이후에는 Full Charge)을 부과하는 것으로 되어 있으나 고객관리 차원에서 오후 3시까지는 무료로 체크아웃 연장을 하고, 오후 6시 이후에는 일정금액을 부과하기도 한다. 하지만 VIP나 EFL, Long Term(장기투숙) 고객의 경우는 예외를 둘 수 있다.

또한 정해진 체크아웃시간이 지나 메시지나 전화를 하였음에도 고객으로부터 아무 연락을 받지 못했을 때는 skipper가 아닌가 조사를 해볼 필요가 있다.

5 후불고객 Check-out 업무

후불로 처리하는 고객은 일반 FIT 고객과 여행사 고객으로 나누어 생각해 볼 수 있다. 먼저 FIT 고객의 경우는 객실료나 호텔 내에서 사용한 금액을 숙박한 고객 본인이 계산하는 것이 아니라, 숙박고객의 회사나 거래처에서 지불(company pay)하는 경우가 많다. 이때는 사용한 내역서를 출력한 다음 고객의 이름, 회사명, 연락처, 서명을 받은 후 이를 재정부 credit office(신용판매부서)로 전달한다. 이때 내역서 내에는 고객이 호텔 내에서 사용했던 모든 영수증이 첨부되어 있어야 한다.

보통 여행사를 통하여 예약한 고객들은 대부분 voucher(여행사에 선불로 계산한 영수증)를 소지하고 투숙하는 경우 있는데, 이러한 고객들을 체크아웃시키면서 여행사와 계약된 금액으로 받아서는 안 된다. 따라서 후불로 처리되는 여행사 고객의 check-out 절차는 객실수, 숙박일수, 식사권 매수 등을 확인한 후 후불 voucher를 작성하고 계산서를 첨부한 후 후불처리(city ledger)하여 재정부 credit office로 넘긴다. 또한 prepayment voucher(사전

그림 3-14 지불 보증 요청서

Sheraton Incheon

Payment Authorization Form [지불 보증 요청서]

Recipient (수　신) : 박상엽 지배인 Ray Park / Catering

Reference(참　조) : ______

1. Guest Name (투숙 고객 성함) : ______

2. Period of Stay (숙박일) : From / / to / / Total nights

3. Confirmation Number (예약번호) : ______

4. I hereby authorize the Sheraton Incheon Hotel to use the following credit card for payment of (choose one of those)
본인은 아래의 신용카드로 호텔에서 발생하게 되는 금액을 결제할 것을 확약합니다. (보기중 선택)

1) Room Charge Only (객실 요금) : KRW ☐
2) Room & Breakfast (객실 및 조식 요금) : ☐
3) All charges (투숙중 발생하는 모든 요금) : ☐
4) Others (기타) : ______

* 상기 요금에는 10% 봉사료와 10% 세금(총 21%)이 가산됩니다.
* The above room rate is subject to 10% service charge & 10% VAT (Total 21%) per night per room.

==

Date(날짜): YY(년) MM(월) DD(일)

Name of Company (회사명) : ______

Address (주　소) : ______

ID Number (주민등록번호) : ______

Name (성　명) : ______

Telephone Number (전화번호) : ______

Dotted Line

* Card Name (신용카드 종류) : ______
* Card Number (신용카드번호) : ______
* Expiration (유효기간) : ______
* Card Holder's Name : ______
(신용카드소지자성명 또는 법인명)
* Card Holder Signature : ______
(신용카드소지자성명 또는 법인명)

Please send this document to Fax#: 032-835-1369
상기 서류는 Fax#: 032-835-1369로 부탁드립니다

지불 송장)를 소지한 고객의 경우는 voucher에 명시된 지불방법(room only or room & meal) 등을 확인하고 check-out시키면 된다. 그리고 그 이외에 발생된 계산서는 고객이 별도로 지불하는 것으로 하면 된다. 법인에서 지불하는 경우도 있는데 세금계산서를 요구할 때는 사업자등록증 사본을 받고 재정부에 계산서 발행을 의뢰하여 처리한다.

장기투숙객의 경우는 신용카드를 imprint하여 놓거나 선불로 지불(Advanced Deposit)하는 경우가 있다. 이러한 고객의 경우는 정기적(주 또는 월 단위)인 정산을 유도해야 한다. imprint의 경우 승인초과되었거나 deposit하여 놓은 금액이 초과하였을 경우도 상사에게 보고하고 중간정산을 유도해야 한다.

4절 ◎ Room Key 관리 업무

Room Key(객실열쇠) 관리의 가장 중요한 목적은 고객이 투숙할 때 고객의 신변안전과 고객의 재산을 보호하는 중요한 역할을 담당하는 것이다. 또한 객실 내의 여러 가지 비품 보호에도 있다고 하겠다. 그러므로 객실열쇠를 고객에게 줄 경우에는 반드시 숙박고객인지를 확인하여야 하며, front desk에 맡겨진 key box에 정확히 보관하여야 한다. 하지만 최근에는 steel key(쇠 열쇠)를 사용하지 않고, key card를 사용하기 때문에 예전과 다르게 key관리를 해야겠지만 key의 중요성은 같다고 하겠다. 다음은 key 종류와 관리에 대한 것이다.

1 Key의 종류 및 특성

1) Master Key

Master Key는 일반 master key와 grand master key로 나누어져 있다. 일반 master key는 모든 객실을 열 수 있지만 grand master key는 전 객실을 열 수 있을

뿐만 아니라, 객실 안에서 한 번 더 잠그는 경우(Double Lock)까지도 열 수 있는 key이다. 그러므로 master key는 이러한 기능을 가진 중요한 key이므로 key관리에 유의하여야 하며, 사용할 시에는 분실이나 사고 등을 예방하기 위하여 당직지배인의 허락을 득한 후 불출대장에 기록을 하고 사용해야 하며, 반납 시에도 시간을 기록하고 서명을 해야 한다.

2) Floor Master Key(Pass Key)

Floor Master Key는 동일층에 있는 객실의 전체를 열 수 있는 master key로 room maid가 객실정비와 정리정돈 시 사용한다. 그리고 room inspector가 객실상태 확인 시 사용한다. 모든 메이드는 자신이 담당할 객실층이 확정되면 housekeeping 사무실에서 key 수령일지에 서명을 한 후 사용할 수 있다. floor master key는 housekeeping에서 관리하도록 되어 있다.

Master Key 사용자는 항상 master key 사용대장에 사용일자, 시간, 사용목적, 서명 등을 기록해야 한다. 사용하는 경우는 다음과 같은 목적에 따라 사용할 수 있다.

① Room Inspector가 객실점검 시 사용한다. inspector는 하루에 일할 수 있는 업무의 양이 한정되어 있고, 할당된 자신의 업무지역에서 객실을 점검할 때 많이 사용한다.

② 객실 층에서 근무를 하다보면 객실손님이 자신의 room key를 객실에 놓고 외출이나 체크아웃을 하는 경우가 있는데, 이때 객실 key를 회수하기 위해서도 사용된다.

③ VIP 고객이 투숙예정일 때 객실에 amenity를 set-up할 경우 또는 고객이 객실에서 요구하는 것들을 전달하는 경우, 손님이 부재 시는 floor master key를 사용하여 전달한다.

④ 고객이나 roommate(동숙자) 중 한명이 객실문 open 요구 시에도 floor master key를 사용한다. 이때 투숙객이나 roommate인지 프런트 데스크나 서비스센터에 확인을 한 다음 객실문을 연다.

3) Guest Room Key

Guest Room Key는 check-in 시 고객에게 전달되며, 객실 입실 시 필요한 key이다. 모든 호텔이 같지는 않지만, 최근에는 객실 이용 시 객실 입구의 key box에 key를 꽂아야 모든 전원의 가동이 가능하다.

2 Lost Key 관리

고객 key는 고객의 부주의로 분실되는 경우가 있으며, 분실 시에는 기록대장에 기록한 후 책임자에게 보고한다. 분실된 객실의 key는 door rock을 교체하여야 되지만, 최근에는 전자 또는 마그네틱 key로 만들어져 있어, door rock set 교체까지는 하지 않더라도 rock set 프로그램을 다시 입력해야 하는 번거로움이 있다. door rock set을 교체하지 않을 경우에는 차후 분실이나 사고의 위험성이 있기 때문이다.

5절 Money Exchange

1 환전 업무

호텔 프런트 데스크의 여러 업무 중 front cashier의 주요업무는 환전 업무라 할 수 있다. 호텔은 특성상 다국적 외국인이 많이 이용하므로 환전 업무가 많을 수 밖에 없는데, money exchange(환전)은 호텔을 이용하는 외국인 고객이 주로 사용하는 외국화폐를 우리나라 현금으로 바꿔주는 업무라 할 수 있다. 호텔의 환전 업무는 국가로부터 환전해도 된다는 환전 업무허가(환전상)를 받아 수행하고 있다.

환전상이라는 제도의 도입은 외국인 여행객의 편의를 주고자 하는데 있다. 또한 외화 유출을 방지하기 위한 수단이기도 하다. 현재 우리나라의 경우 변동환율 제도를 적용하고 있으며, 대부분의 호텔은 1일 1회 환율고시를 원칙으로 하고 있고, 당일 12시에 외환은행에서 발표되는 고시를 기준으로 하고 있다. 만약 고시 이전에 환전을 원하는 고객에게는 전날 고시가를 기준으로 환전해 주고 있다.

Money Exchange Rate(환율)는 외국환거래법 환전관리규정에 의한 외국환에 한하며, 고객으로부터 매입할 때 적용된다. 환전 시 취급 호텔에서 받는 수수료는 전신환매입율의 1/100 이내로 하고, 통화의 크기에 따라 공제한 금액 다르다. 그리고 외국환 매입률은 당일 통화 형태별로 프런트 캐셔 앞에 게시한다. 환전은 현금(cash)와 여행자수표(traveler' s check)로 구분되어 매입하는데, 현금보다 여행자수표의 환율이 높다.

2 환전과 재환전 방법

외국통화는 각국의 각종 현금(cash) 및 여행자수표(traveler' s check)가 포함되고, 환전금액(exchange rate)을 작성하여야 하며, 이때 기재사항은 일자, 객실번호, 성명, 국적, 여권번호, 금액 그리고 현관수납원의 취급자서명을 하여서 사본 1부와 함께 고객에게 환전해 주어야 한다. 주의할 사항은 신속성과 정확성인데, 고객이 외환 및 여행자수표(traveller' s check)를 제시할 경우는 위폐 여부를 확인하여야 하며, 여행자수표는 종류 및 금액을 확인하고, 현장에서 서명을 하도록 하여 본인과 일치하는지를 확인하여야 한다. 당일의 외국환 환율은 정오를 기하여 환율표시판에 게재하여야 한다.

또한 업무를 종료하기 전에는 교환해 준 외국통화를 통화별 현금과 여행자수표로 집계하고 보고서에 정리하여 기입하고 외국환의 통화매입의뢰서와 외국환과 함께 출납에 제출하여야 한다. 환전은 지정양식(외국환매각증명서)을 사용하고 원화로만 가능하다. 만약 국내 여행 중에 남은 우리나라 화폐를 외국화폐로 재환전하고자 할 때는 호텔에서는 불가능하고 공항 또는 외환은행에서만 가능하다. 이때 환전 시 호텔에서 받았던 외국환매입증명서가 있어야 하는데, 이와 같은 방식은 외환거래법에 명시된 외화유출 방지 때문이다.

6절 Night Clerk의 업무

Night Clerk의 업무는 front desk의 room clerk이 담당하던 주간업무의 연장이며, 객실판매는 물론, 주간근무자로부터 미결된 업무를 인계받아 정리 마감하고, 총정리를 하는 것이다. Night Clerk의 근무시간은 3교대를 하는 호텔의 경우 조금씩 다르기는 하지만 밤 11시부터 그 다음날 아침 7시까지이며, 근무시간 내에 front office의 업무사항을 처리하여야 하며, room rack을 기초로 하여 객실판매현황 및 각종 report를 작성하는 업무를 한다.

또한 호텔의 크기에 따라 night clerk의 근무자 수가 다르기는 하지만, 5성급의 경우 1일 3명이 근무하게 되는데, 그 중 1명은 night auditor(야간회계감사)를 담당하게 된다. 따라서 여기에서는 night clerk 업무와 night auditor 업무로 나누어 보기로 한다.

1 Night Clerk의 업무

1) 객실열쇠의 점검

최근에 들어서 많은 호텔에서 card로 된 key를 사용하기 때문에 room key 관리를 크게 다루지는 않지만, 아직도 steel key를 사용하고 호텔의 경우는 객실열쇠의 점검은 중요한 업무 중 하나이다. 따라서 room key를 대조하여 비어 있는 객실(vacant room)과 투숙 중인 객실(occupied room)의 key를 대조하여 key 유 · 무를 파악한다.

2) VIP Check-in 확인

근무가 시작되면 아직 check-in하지 않은 예정고객을 확인하고, 그리고 VIP 고객이 check-in 완료되었는지 확인한다. 또한 투숙 중의 VIP 현황 등을 파악하여 숙지하며 문의가 있을 때 즉시 답변할 수 있어야 한다.

3) Check-in 예정고객 정리

객실의 여유가 있을 때는 투숙예정 고객만 파악하면 되지만, 객실의 여유가 없을 때는

check-in 예정시간이 지난 예약고객의 객실을 정리하여, walk in 고객에게 판매할 수 있도록 준비해 놓아야 한다.

❶ 확인 가능한 고객의 경우에는 예약처에 확인을 해야 하며, 확인이 불가능하거나 예약처가 확실치 않고 확인전화가 없을 경우는 no show로 간주하여 다른 고객에게 객실판매를 할 수 있도록 조치를 취해 놓아야 한다. 그러나 도착예정이 확실한 고객만 별도의 객실을 배정하여 놓고 나머지 객실은 판매한다.

❷ VIP의 경우 인천공항에 내리는 마지막 비행기 승객이 호텔도착 시간을 계산하여, 호텔도착 예정시간까지 기다렸다가 도착하지 않은 경우에는 당직 지배인(duty manager)에 보고한 후에 no show처리하고 판매한다.

❸ Check-in 예정객실에 꽃이나 과일, 와인, 초콜릿 등이 set up되어 있는 경우에 손님이 투숙하지 않으면 room service 또는 housekeeping에 통보하여 철수를 한 후에 판매하도록 한다.

4) 미전달된 Message 정리

고객에게 전달되지 않은 mail이나 message 등을 확인하여 객실로 전달할 수 있도록 bell desk에 넘긴다. 이때 누구한테 전달했는지 받은 사람과 시간 등 처리결과를 기록으로 남긴다. 그리고 아직 check-in하지 않은 고객의 것은 별도로 보관하고, 익일 아침 근무자에게 인계하여 처리할 수 있도록 한다.

5) Sleep Out Room Check

Sleep Out이란 check-in하고 객실에 옷, 가방 등 고객이 사용하던 물건을 그대로 놓고 호텔객실을 사용하지 않은 경우를 말한다. 이러한 고객들을 확인하기 위해서는 housekeeping에서 체크한 리포트를 참고로 컴퓨터와 차이가 있는지를 확인한다. 그리고 자정이 되면 다시 한번 객실을 점검하여 baggage 유 · 무를 확인하고, 상황을 다음 근무자에게 인계한다.

❶ 컴퓨터상으로 고객이 외국인일 경우 짐이나 세면용품 등 소지품이 전혀 없고, 고객이 객실에 들어온 흔적이 전혀 없을 때는 일단 check-out 처리를 한다. 프런트 데스크에서 실수를 할 수 있기 때문이다. 하지만 고객이 내국인일 경우는 check-out 처리를 하면 안 된다. 내국인 중에는 가끔 짐 없이 투숙하는 경우가 있기 때문에 확인이 필요하다.

❷ 고객의 짐은 있으나 고객이 들어오지 않을 때에는 별도의 기록과 표기를 하고, 마감시간 전 다시 확인을 한다. 그때까지 고객이 들어오지 않을 경우에는 계산구분을 확인하여 사전 지불(advance pay)을 했거나 신용카드(credit card)에 서명되어 있으면 숙박고객으로 마감을 하고 다음 근무자에게 인계한다. 하지만 그렇지 않을 경우에는 당직지배인(duty manager)에게 보고하고, 일단 당일판매하지 않은 객실로 처리한 후 익일 다음 근무자에게 인계하고, front office manager에게 보고하여 처리한다.

6) 객실판매현황 및 영업일보 작성

Night Clerk은 영업을 마감하는 자정 0시에 그날의 영업마감을 할 수 있지만, 현실적으로는 그렇지 못하다. 왜냐하면 국제공항이 24시간 운영하다보니 late check-in하는 경우가 종종 발생하기 때문이다. 따라서 공항에 마지막으로 도착하는 항공기가 호텔에 도착하는 예정시간을 고려하여 마감시간을 정하고 정산에 들어간다.

객실판매현황 작성은 객실판매로 발생한 매출을 집계하고, 판매되지 않은 객실을 체크한다. daily room report(당일 객실영업일보)의 작성은 객실판매에 관한 전체를 나타낸 명세서로, 객실부문의 영업 상태를 전반적으로 한눈에 볼 수 있다. 이때 확인할 세부사항은 다음과 같다.

❶ 판매된 모든 객실이 객실종류나 크기에 따라 정상적인 요금이 부과되었는가와 고객과 결정된 요금이 정확히 적용되었는가를 확인한다.

❷ 외국인의 경우 세금을 적용하지 않기 때문에 no tax인 영세율 적용은 되었는가를 확인한다.

❸ 호텔멤버십 요금제와 그룹요금 및 특별요금 등이 적절하게 적용되고 있는가를 확인해야 한다. 그리고 도심에 있는 일반 비즈니스호텔의 경우는 주중이나 주말에도 차이가 없이 적용되는 경우가 대부분이다. 하지만 유원지나 리조트에 위치한 호텔의 경우는 주중 및 주말요금이 다르기 때문에 이에 따른 요금을 확인하여 변경시켜야 한다.

7) 각종 보고서 작성

(1) 객실영업일보

Daily Room Report(당일 객실영업일보)는 객실부문의 영업내용을 보고하는 중요한 자료로 객실판매에 대한 전체의 평가 자료로 이용되고 있다. 이 보고서에는 객실점유율, 객실이용 상황, 마케팅 숙박객 분석, 객실매출 현황 등을 기록하며, 당일의 숙박상황을 과거의 실적과 비교 · 평가할 수 있도록 당월누계(month to date), 전월누계(last month to date), 전년도 동월의 누계(year to date last year) 등의 비교자료로도 기록된다.

(2) Daily Room Sales Report 작성

정일 도착된 VIP list를 작성하고, house use room List 및 익일 도착예정의 VIP list를 서식에 입력한다. 입력내용은 각 부서장이나 관련부서에서는 볼 수 있지만, 동일한 내용을 출력하여 보고한다.

(3) Forecast Report 작성

컴퓨터에 의한 예약현황을 파악하여 forecast report를 작성하되, 주중이나 주말을 예측하고 walk-in guest까지도 예상하여 집계 작성한다.

(4) Competition Report 작성

자사 주위에 경쟁호텔이라 판단되는 5개 호텔 정도를 판매한 객실 수, 객실매출 및 총 판매 매출액도 비교하여 보고한다.

(5) Log Book 작성

그날의 미수금, VIP 명단, 특별한 사항이나 익일의 주요예정사항 또는 전날 해결하지 못한 고객의 특별한 요구 및 불평 등도 기록하여 보고한다.

8) 익일 업무수행 준비

❶ 컴퓨터에서 출력되어 나오는 각종 report를 체크한 후 file로 철하여 보관한다.

❷ 익일 check-in 고객의 등록카드(pre-registration card)를 출력하여 알파벳순으로 정리하여 놓음으로써 프런트 데스크에서 고객등록 시 편의를 도모한다.

❸ 익일 check-out 예정고객의 객실번호별과 알파벳순으로 출력하여 별도로 정리해 놓음으로서 front cashier의 업무를 수월하게 한다.

❹ 야간에 일어난 메시지, 미결된 사항, 주요사항과 고객요구상황(room extension, early departure, room change, room rate change 등) 등 모두를 log book에 기록하여 아침에 근무 교대하는 주간근무자에게 인수 · 인계한다.

2 Night Auditor

호텔의 경영상 특성은 연중무휴 24시간 지속적인 영업을 함에 따라 일정 시점에서 영업부서의 매출을 정산해야 한다. 즉, 객실의 투숙현황과 총 객실판매 금액, 식음료 부서의 판매현황 및 부대영업장의 수입에 대한 확인을 하며, 원장의 각종 요금계산이 정확한지를 감사하는 야간의 주요업무 담당자를 night auditor(야간 회계감사)라고 한다.

Night Auditor는 front cashier와 각 영업자 cashier의 업무에 대하여 능숙하여야 하며, 수입원천의 종류도 잘 알아야 한다. 이 업무의 직위는 다년간 프런트 캐셔 업무를 담당한 주임급 이상의 자격을 갖춘 자라야 업무의 통제도 가능하다. 주요업무의 감사내용은 다음과 같다.

❶ 객실점유율과 객실료의 평균가격, 객실부서에서 발생하는 총 매출(total revenue)을 계산하여 리포트를 작성한 후 각 부서장에게 보고한다.

❷ 호텔 내 모든 영업부서에서 영업이 끝나면 모든 매출전표와 현금을 프런트 데스크로 입금을 하게 되어 있다. 그러면 그 자료를 토대로 영업장별 매출을 포함한 기타 수입 등을 계산하게 된다.

❸ 호텔 영업장 중 가장 늦게 마감을 하는 바(bar) 또는 클럽(club)까지 영업을 종료하게 되면 night auditor는 레스토랑별로 나누어 매출을 계산하고 리포트를 작성한다.

❹ 영업장별 현금매출과 외상매출거래를 계산하고, 당일 발생한 총 매출금액을 결산한다.

7절 Information 업무

Information 업무는 손님과 직접 대면 또는 전화, 이메일, FAX 등으로 행하여지는 모든 정보를 제공하는 업무라 할 수 있다. 호텔의 특성상보다 더 친절하고 정확한 정보를 제공한다는 신뢰를 주기 위해서는 고객에게 호감이 가는 언어를 사용해야 한다. 또한 설득력을 높이기 위해서는 화술이 필요하며, 외국인에 대해서는 고객의 모국어 사용이 요구된다.

그리고 호텔 제반시설 및 이용방법을 숙지하여 예의 바르며, 공손하고 분명한 응답으로 호텔을 처음 방문한 고객이라도 신뢰감과 만족을 느낄 수 있도록 하여야 한다. 따라서 front desk의 information clerk의 업무는 매우 중요하다고 하겠으며, 주된 업무내용은 다음과 같다.

1 호텔내부 안내

호텔을 방문하거나 전화 또는 이메일 등을 이용한 모든 고객의 정보제공을 위하여, 호텔 내의 영업장과 비즈니스 센터와 같은 부대시설, 주차시설, 호텔 내 판매점에 대한 이용안내는 물론, 그 이외의 주변 관광지와 쇼핑안내, 각종 연회 및 전시회안내, 기념품 가게안내, 기업체나 관공서 위치 및 전화번호와 문의 등을 안내하게 되는데 다음과 같은 세부사항이 있다.

❶ 호텔에서 직접 운영하는 각 영업장 위치와 영업시간

❷ 호텔 내 약국, 토산품점, 카지노와 같은 임대업소의 위치와 영업시간

❸ 당일 호텔 내에서 행하여지는 예약사항 및 각종 행사(banquet)에 대한 장소와 시간 안내

❹ 도심이나 주변관광지, 쇼핑센터의 위치, 교통수단과 요금 및 시간표, 무료 셔틀버스 시간표 등

❺ 기타 항공권 예약 및 변경, 렌트카 이용방법과 요금 등

2 투숙객 안내

투숙하고 있는 고객의 정보 제공은 매우 예민한 부분이며, 고객 개인의 사생활 침해와 관련된 사항이므로 쉽게 생각할 사항이 아니다. 따라서 호텔의 고객안내에 대한 매뉴얼에 따라 안내가 이루어져야 하며, 고객이 불평을 초래하지 않는 범위 내에서 안내가 이루어져야 한다.

신속하고 정확한 안내를 위해서는 확실한 인적사항 확인이 우선되어야 한다. 고객의 성함(full name)이 확실하지 않고, 객실번호만 알고 문의해 올 경우에는 안내를 하면 안 된다. 원칙적으로 거절하는 것이 바람직하다. 또한 호텔에서 요구하는 고객의 인적사항을 모두 알고 있다 하더라도 고객의 객실번호를 알려준다든가 객실로 연결시켜 주는 정도는 괜찮지만, 숙박고객이 원치 않는 정보, 고객의 직업이나 동반 투숙객, 고객의 회사정보, 기타 신상에 관한 것 등을 알려주어서는 절대로 안 된다.

투숙객에 대한 문의를 받게 되면, 먼저 찾는 고객이 있는가를 full name을 통하여 확인하고, 객실에 머물고 있는 경우라면 숙박고객의 의사를 물어서 연결시켜 준다. 그러나 업무나 고객의 사적인 일로 호텔에 도착하지 않은 경우는 메시지를 접수받아서 나중에 고객에게 전해주는 방법으로 해결하면 된다.

3 Information 제공 시 유의사항

❶ 투숙객이나 예약자 이름을 확인할 때는 우리나라에서 흔히 표현하는 영문표기가 외국과 다를 수 있으므로 정확한 영문철자 확인이 필요하다.

❷ 외국인 고객의 경우 성과 이름이 혼동하기 쉬우므로 주의하여야 하며, 항상 성으로 먼저 찾으며 같은 성이 많을 경우 이름으로 확인한다. 때로는 동명 2인이 있을 경우에도 있는데, 이러한 경우에는 먼저 check-in 날짜로 확인한 뒤, FIT와 group으로 구분하여 확인하면 찾고자 하는 일행의 이름 등을 확인할 수 있다.

❸ 해외교포인 경우에는 우리나라 이름과 외국이름 두 가지로 사용하는 경우가 많으므로 확인 후에 응답한다. 그러므로 컴퓨터 입력 시 기본적으로는 여권에 있는 이름으로 등록을 하고, 우리나라에서 사용하는 이름이 있다면 그 이름도 등록한다.

❹ 투숙고객 또는 예약자로부터 no information 요청이 있을 때는 신중하게 판단하여 어떠한 일이 있어도 연락처나 다른 인적사항을 알려주어서는 안 된다. 그러므로 먼저 컴퓨터에 no inform을 입력하고, 교환실에도 알려 고객정보가 밖으로 나가는 일이 없도록 한다. 하지만 경찰서나 그 밖에 관공서에서 문의를 하는 경우는 부서장에게 연락을 취하고 그의 지시에 따르면 된다.

8절 ◎ Mail 업무

프런트 데스크에서 mail(우편물) 업무는 우체국에서 하는 업무를 대신 한다고 생각하면 된다. 대부분 우표를 팔며 우편엽서를 많이 취급하지만, 최근에 지속적으로 증가하는 특급 우편물 취급은 프런트 데스트에서 하지 않는다. 그러므로 부피가 작고 간단한 것은 프런트 데스크에서 취급하고, 부피가 크거나 깨지기 쉬운 것 등은 컨시어지나 비즈니스 센터를 통하여 취급하도록 한다.

1 발송우편물

손님이 가지고 온 발송우편물(out going mail)은 front desk의 저울로 무게를 달아서 규정된 요금을 받아 처리하기도 하지만, 호텔에 따라 처리방법이 달라 우표를 건네주고 고객으로 하여금 우표를 붙여서 mail box에 직접 넣도록 하는 경우도 있다.

front desk의 우편물 접수시간은 24시간 가능하며, 우체국에서는 1일 2회~3회 정도 우체국 직원이 직접 회수해 간다. 그렇다고 모든 우편물을 취급하는 것은 아니며, 취급 가능한 우편물은 표준 우편물 및 엽서, 소형 포장한 것으로 육안으로 확인될 수 있는 간단한 책이나 서류, 속달우편 등이 있다. 하지만 폭발의 위험이 있는 것은 절대 취급해서는 안 되며, 등기 우편물 또는 깨지기 쉬운 것, 부피가 큰 소포 등은 고객의 양해를 얻어 우체국을 이용하도록 권유한다.

2 도착우편물

도착우편물(incoming mail)에는 두 종류가 있다. 투숙예정인 고객 앞으로 오는 것과 숙박하고 있는 고객에게 오는 우편물이 있는데, 호텔에 도착한 우편물은 모두 기록으로 남겨야 한다. 그래야만 문제의 소지를 없앨 수 있다. 도착한 우편물은 즉시 분류하여 숙박 고객의 우편물은 벨 데스크를 통하여 객실로 즉시 전달한다. 이때 객실에 Do not

Disturb Card(객실방문금지)가 표시되어 있는 객실인 경우에는 우편물이 있음을 메시지로 알리고 고객으로부터 연락이 오면 전달한다. 또한 객실 내에 고객이 부재 중일 수도 있으므로 우편물 있음을 컴퓨터에 입력시켜 고객에게 확실히 전달될 수 있도록 한다.

호텔 투숙예정인 고객의 우편물인 경우는 등록카드에 우편물 있음 메시지를 붙여 함께 별도 보관하여 두고, 컴퓨터에 입력하여 check-in 시 전달하도록 한다. 이때도 고객의 수령 서명을 받아야 한다.

호텔로 도착한 우편물의 수취인이 투숙하지도 않고, 투숙 예정도 아닌 경우에는 고객 정보를 확인하여 연락을 취한 후 처리하도록 한다. 그럼에도 연락할 방법이 없다면 기록을 남기고 반송 처리하도록 한다.

3 반송될 우편물

❶ 발신인의 주소가 없이 접수된 우편물은 1개월 정도 함께 모았다가 날짜 이름을 기록해 두고, '우체국사고계' 앞으로 보내게 된 동기를 적어서 반송한다.

❷ 발신인 주소가 있는 경우에는 발신인 주소 옆난에 조그만 글씨로 반송하게 된 내용을 메모한 후 반송한다.

❸ 기타 제3국에서 호텔봉투를 사용하여 보낸 우편물이 호텔로 들어 온 우편물일 경우에는 호텔마크를 지우고 메모용지에 내용을 적어 우체국으로 돌려 보낸다.

4 FAX(팩시밀리)

비즈니스 고객에게 FAX 업무는 매우 중요하다. 따라서 비즈니스 고객이 많은 대형호텔의 경우는 비즈니스 센터를 24시간 운영하고 있고, 대부분 FAX 업무의 경우는 비즈니스 센터에서 담당하지만, 비즈니스 센터 영업종료 후 긴급을 요하는 FAX가 접수될 때에는 mail을 담당하는 clerk이 직접 발송하거나 receptionist가 취급을 한다. 때에 따라서는 duty manager가 처리하기도 한다. 그러므로 FAX 업무를 담당하는 clerk은 FAX 발송요령 및 가격을 숙지하여야 한다.

9절 ◎ 프런트 데스크의 기타 업무

1 객실변경(room change)

호텔은 다국적 고객이 365일 24시간 연중무휴로 영업을 하다 보니, 시설상의 문제가 발생하기도 하여 예상하지 못하는 일이 가끔 발생한다. 그러므로 호텔 측 사정으로 객실을 변경하는 일이 생기는가 하면 때로는 호텔도착 후 고객의 요청에 의하여 정해 놓은 객실이 변경되는 경우도 있다.

어떠한 경우이든 고객이 불편하지 않도록 최대한 노력을 해야 하고, 객실의 여유가 있는 한 최대로 고객의 요청에 허락하여야 하며, 호텔의 사정인 경우에는 충분한 설명을 해서 고객에게 동의를 얻어야 한다. 객실요금이 다른 객실로 변경할 경우에는 요금을 고객에게 확인시켜, check-out할 때 요금으로 인한 마찰이 없도록 해야 한다.

객실변경에는 고객이 희망하는 경우, 호텔사정으로 인한 경우, 호텔과 고객 간의 의사소통이 잘못된 경우 등 다음과 같은 여러 가지 요인으로 객실변경을 하게 되면 유의할 사항은 다음과 같다.

1) 고객요청에 의한 변경

❶ 객실요금이 비싸거나 저렴해짐으로써 금액 변경에 대한 설명이 있어야 한다.

❷ room change를 하게 되면 고객의 baggage까지 이동시켜야 되는데, 내용물 분실의 위험이 있으므로 조심스럽게 이동시켜야 한다.

❸ 객실 key card 역시 새로 입력을 해야만 고객의 객실출입에 문제가 없다.

❹ Room Change Slip은 프런트 데스크 업무 중 room change에 대한 하나의 서류작성이라 할 수 있다.

❺ Room Change 이전의 메시지, 우편물, FAX 등을 확인해야 한다.

❻ 모든 서류나 고객의 짐을 새로 배정된 객실로 옮겨 놓았다 하더라도 컴퓨터상의 변경이 완료되어야만 모든 것이 옮겨졌다 할 수 있다.

2) 호텔 측에 의한 변경

객실 내부의 시설 즉, 누수, 전기, 욕실, 카펫 등 다양한 설비관계의 고장 또는 손님이 예약한 동일한 객실을 부득이한 사정으로 제공할 수 없을 때, 객실변경에 대한 협조요청을 구한다. 이때에는 동일한 조건의 객실 또는 그 이상의 등급인 객실을 준비해야 하며, 현재 투숙하고 있는 객실요금보다 비싼 객실로 변경할 경우에는 이전에 사용했던 객실요금과 동일하게 적용시켜야 한다.

3) 약속에 의한 변경

호텔에 투숙한 고객은 check-out할 때까지 같은 객실에 숙박하기를 원한다. 하지만 객실의 여유가 없을 시에는 일정 기간 동일한 객실을 계속 이용할 수 없기 때문에 예약할 때 숙박 도중에 객실을 변경할 조건으로 예약을 하고 숙박하게 된다. 이러한 상황을 객실예약과로부터 통보해 오면 업무일지에 기입하여서 인수 · 인계에 차질이 없도록 하여야 한다. room clerk은 주의하여 고객의 check-in 시 미리 말하고 객실을 배정한다.

4) 고객 부재 중 객실 이동

고객 부재 중 객실변경은 위험한 행동이다. 그럼에도 고객으로부터 객실변경 승낙을 받았을 경우에도 짐이 정돈(packing)이 안 된 상태일 때에는 옮길 수 없으므로, 고객이 돌아온 후에 변경하는 것이 원칙이다. 그러나 부득이한 경우에는 당직지배인 혹은 하우스키핑 지배인의 입회에 따라 객실을 변경하는 경우도 있다.

5) 기타 변경업무

(1) 객실요금

현재 숙박 중인 고객의 객실요금이 변경될 때 발생하는데 check-in 후 할인혜택을 주어야 할 고객으로 판명될 때 상사의 결정에 따라 실시한다. 또한 요금적용이 잘못되었을 때에 실시하며, 패키지 요금(package rate)으로 투숙하였다가 숙박연장으로 인하여 규정된 요금으로 변경되었을 때 업무이다.

(2) 숙박연장(Extension)

Check-out 예정일보다 더 숙박하기를 희망하는 고객의 요청에 의해 발생된다. 특히 숙박 연장 시에는 객실 점유율 또는 예약현황을 확인하고 처리하여야 한다. 연장기간 중에 over booking으로 불가능할 경우에는 가능한 날짜까지만 허락을 하고, 그 이후에는 waiting list에 올려놓고 처리할 수 있도록 한다. 가능하면 현재 투숙 중인 고객에게 우선권을 부여한다.

2 객실조정(room control)

객실조정은 효과적인 객실판매와 보유하고 있는 모든 객실을 최고의 가격으로 판매하기 위함이다. 뿐만 아니라 고객이 요구하는 만족한 객실을 제공하기 위한 노력이라고 하겠다. 따라서 판매 가능한 객실을 정확히 판단하고, 조절하여 고객만족을 극대화하는 것이라 할 수 있다. 그러므로 예약변경, 프런트 데스크 내에서의 객실변경 등 객실이동에 관한 모든 업무가 객실조정 업무에 포함된다.

1) 예약의 점검

Check-in 예정고객의 예약내용에 변경이 없는가를 점검한다. 또한 고객이 호텔에 도착했어도 예약조건에 변경이 있을 경우는 등록카드에 기재되어 있는 내용을 일괄해서 객실예약에도 연락을 해야 한다.

(1) Room No

예약카드에 기재된 객실번호를 옮겨 쓰고, 예약조건이 변경된 것에 관하여도 예약카드의 해당 부분을 정정한다.

(2) 객실 종류의 변경

예약에 의해서 준비된 객실은 twin이었으나 도착한 고객이 부부로 double room이라고 주장하는 경우도 있다. 이러한 경우 객실종류 변경에 대하여는 투숙예정 기간 중 객실예약 상황이 어떠한가를 확인한 후 가 · 부를 결정하여야 한다. 특히 특실(suite room)의 경우에는 예약과에 반드시 확인하여야 한다.

(3) 출발예정일의 변경

객실번호, 객실의 종류, 출발예정일 등의 변경에 따라 출발예정일의 단축되었을 경우는 예약상황을 확인하고 출발일을 조정한다.

(4) No Show

예약고객이 아무 연락 없이 나타나지 않는 경우를 말하는데, 이것은 예약을 취소하는 경우와는 다르게 가끔은 하루 늦게 도착하는 경우도 있다. 따라서 예약자 또는 투숙 예정고객과 연락을 취하여 투숙여부를 확인한다. 통화를 할 수 없거나 확인 불가능할 때는 no show 처리하고, 예약카드에 no show라고 기재한다. 기재한 후에도 예약대장(reservation slip)은 보관한다.

(5) Cancellation

예약 취소(cancellation)는 도착예정일 이전에 연락을 받는 경우와 당일 연락을 받은 경우가 있는데, 연락의 대상이 되는 날짜에 취소를 하면 된다. 이때 중요한 것은 취소한 사람의 연락처 및 성명, 일시와 사유를 기록해 놓아야 한다.

(6) Walk in 및 Daily Pick up

사전 기재되어 있지 않은 등록카드를 작성해서 walk in이라고 표기하고, 당일 예약인 경우에는 당일예약 sheet에 기록하고 컴퓨터에 예약을 입력한다.

(7) 한정된 객실의 예약

장애인 전용객실이나 한실, 특실 등 비교적 객실 수가 적은 객실에 대해서는 정확한 예약통제가 필요하다. 객실 수가 적은 특별객실을 관리하기 위해 예약담당자는 가능한 한 고객에게 충분히 설명을 해서 확실한 확인을 주지 않아야 한다.

특히 객실예약이 어려운 날짜에는 front desk에서 객실배정 시 최선을 다하도록 하겠다고 하며 이해를 얻어야 한다. 해당객실 판매 또는 변경 시에도 이를 참고하여 결정한다.

(8) 예약 Slip의 보관

객실의 지정 및 업무가 종료된 예약 Slip은 전부 다 묶어서 표지에 일자를 쓰고 예약과에 보관한다.

2) 출발예정의 확인

출발예정일은 check-in할 때 확인하고 있으나 고객의 사정으로 숙박기간 동안 또는 출발예정 당일에 변경되는 경우도 있다. 특히 출발일에 임박하여 숙박연장을 희망하는 경우에는 객실조정 및 통제의 어려움이 있으므로 사전에 확인할 필요가 있다. 또 당일에는 사전에 지정된 객실이 사용가능한 객실인지도 확인하여 본다. 단, VIP 및 단체고객의 경우는 예외이다.

예정일이 변경되는 경우 예약 지정객실 등의 상태를 확인하는 것은 물론, 당일의 객실상황을 확인해서 front office 지배인과 상의하여 확정해야 한다.

(1) Early Departure인 경우

출발이 예정보다 빠를 경우 컴퓨터상으로 체재일수를 조정한 후 room rack slip의 check-out 일자를 재조정하여 기입한다. 당일 early out일 경우는 즉시 housekeeping으로 통보하여 판매가능 객실상태를 만든다.

(2) Over Booking인 경우

예약이 초과되어 extension(연장)이 안 될 경우에는 room rack slip에 연장불가의 표시를 해놓고, 근무자들에게 주지시켜 고객에게 전달될 수 있도록 한다. 또한 확인해보고 고객에게 알려주어야 할 경우는 대기자명단(waiting list)을 활용한다. 부득이 연장해 줄 경우에는 다음과 같은 순서에 의해 연장할 수 있도록 한다.

❶ VIP or Suite Guest ❷ Long Team Guest
❸ Repeat Guest ❹ FIT ❺ Group Guest

3) 관련부서와의 연락

(1) Housekeeping

Late Check out하는 객실은 예약이 되어 있다면 말할 나위가 없겠지만, 그러하지 않더라도 housekeeping에 연락하여 항상 판매가능한 객실로 준비되어 있어야 한다. 또한 객실에서 고객이 요구하는 것은 대부분 하우스키핑에서 처리할 수 있으므로 연락을 하면 된다. 혹시 객실 내 시설적인 사항도 하우스키핑에 연락을 하면 하우스키핑 내 근무하는 시설부 직원을 통하여 처리할 수 있다.

(2) Room Service

당일 check-in 예정인 고객의 VIP 등급에 따라 객실에 과일, 와인, 초콜릿 등을 set up할 경우 room service에 연락을 취한다. 이때는 front desk incharge의 서명을 받아 처리한다.

4) No Show와 Cancellation 예방

(1) 원인

No Show는 거의가 예약자 또는 투숙하는 당사자의 계획변경에 의해서 발생되지만, 무관심 내지는 무성의에 의한 경우라고 하겠다. cancellation은 적어도 예약자가 호텔 측에 알려주는 경우가 많다. 또한 거의가 갑작스러운 일이거나 예약자의 사정에 의한 경우이다.

(2) 대책

예약을 접수할 당시에 어떤 변동사항이 있을 때에는 즉시 연락을 호텔 측에게 주도록 하는 의식을 고취시킨다.

❶ 순차적인 예약확인의 횟수를 늘린다.

❷ 예약접수 시 예약자, 연락처, 회사명, 지불관계, 숙박기간, 사용객실 종류 등을 정확히 받아서 예약확인 시 확인하도록 한다.

❸ 일요일이나 공휴일 또는 연휴 시에도 그 전일에 확인을 취하여 예약확인을 못하는 일이 없도록 한다

❹ 늦게 도착하는 항공사 등의 탑승자 명단체크 등으로 no show에 대비한다.

5) Turn Away 처리방법

Turn Away란 사전 예약된 고객에게 호텔 측의 사정에 의하여 객실을 제공하지 못하고, 다른 호텔의 객실을 알선해 주는 것을 말한다. 객실판매를 극대화한다는 취지 아래, 보유객실 수보다 더 많은 객실예약을 받고, 예약고객이 보유객실 수보다 더 많은 고객이 투숙을 하게 되면 부득이 turn away가 발생할 수밖에 없다.

Turn Away는 이상과 같이 호텔 측에 의해 발생할 수도 있지만, 호텔 도착시간이 없고 예약처 및 본인과 확인이 되지 않은 예약으로 18:00가 경과한 경우, 통보된 항공기의 탑승자명단에 없는 경우 turn away 처리를 하게 된다. 이러한 상황에서 호텔에 대한 신용도를 높이기 위하여 다음과 같이 처리한다.

(1) 호텔 측 발생에 의한 처리

❶ 타 호텔 예약을 한다. 이때 타 호텔 예약의 경우는 당 호텔보다 등급이 높거나 동급 이상으로 한다.

❷ 타 호텔로 가는 경우 호텔리무진을 제공하거나 대체할 차량이 없으면 기타 교통편의를 제공한다. 이때 교통비도 자사에서 지불한다.

❸ 1박의 객실료 부담을 당 호텔에서 지불한다.

❹ 고객에게 충분한 설명을 하여 익일 당 호텔로 유치(pick-up service)하도록 한다. 익일 pick up 시에도 교통비를 지불한다.

❺ 총지배인 사과편지를 보낸다.

(2) 고객 측 발생에 의한 처리

❶ 타 호텔예약 및 교통편의를 제공하되, 호텔 측 발생에 의한 turn away 처리와 같은 형식을 취한다.

❷ 본인 희망 시 익일 호텔로 유치한다.

❸ 총지배인 명의로 꽃, 과일 등을 무료로 제공하고 사과 편지를 띄운다.

(3) 처리방법에 따른 비용계산

❶ 교통편 제공은 가능한 호텔 리무진으로 하고, taxi 이용 시에는 선불로 지불한 후 turn away 변상비로 처리

❷ 객실료 지불은 객실팀장의 서명확인 후 후불로 재정부에서 지불한다.

3 메시지 전달

1) 메시지 취급

(1) 외부전화에 의한 숙박객의 연락

전화 메시지란 고객이 전하고자 하는 내용을 기입하거나 메시지 양식에 전하고자 하는 사항에 표시를 하여 메시지용 봉투에 넣어 고객의 room number와 성명을 기입하여 객실에 전달한다. 이와 같은 방법이 일반적이기는 하지만, 최근에는 메시지 접수 즉시 컴퓨터 고객파일에 바로 입력을 한다. 그리고 메시지 있음을 알리는 massage lamp (indicator)를 켜서 고객에게 알린다.

(2) 숙박고객이 방문객에게 연락

숙박고객이 객실 또는 호텔구내 카페테리아나 레스토랑 등에 있다는 것을 방문객에게 알리고자 할 때에는 전하고자 하는 내용을 프런트 데스크 직원에게 알린다. 그러면 직원은 즉시 컴퓨터에 입력을 하고 메시지 램프를 입력하게 되면 프런트 데스크, 컨시어지,

교환실 등 모든 부서에서 확인할 수 있어 방문객이 어디에서나 문의를 하면 바로 확인 가능하다.

(3) 취급 시 유의사항

투숙예정이나 숙박고객인지 확인할 수 없는 경우는 메시지 접수를 할 수 없다. 또한 check-out된 고객에게 전달되는 메시지는 접수는 하되 연락 가능한지를 확인하고, 어려움이 있을 경우는 확실히 전할 수 없음을 표시해야 한다.

그림 3-15 **메시지**

Millennium Seoul Hilton

전 해 드 리 는 말 씀

M E S S A G E

Name:		
Room No:	Date:	Time:

From:	
of:	
Telephone No:	
☐ Telephoned	☐ Will Call Again
☐ Called in Person	☐ Please Call
Message:	
Message taken by:	

2) Will Call for service 취급

투숙객이 외출 또는 check-out하면서 외부고객에게 전달할 목적으로 맡기는 수하물을 말한다.

물건을 접수할 때에는 will call for service 기록대장에 기록하고, 물건에는 별도의 will call for slip을 부착, 보관하며 특히 다음 사항을 유의하여 빠뜨리지 않도록 한다.

❶ 맡기는 투숙객의 객실번호와 성함, 찾아갈 외부고객의 성함과 연락처를 기록하여 놓는다.

❷ 접수한 물건의 품명 및 수량을 확인한다.

❸ 접수하는 물건이 부패가능성이 있거나 파손되기 쉬운 것인지 확인한다.

❹ 차가운 곳에 보관을 요청하는 경우는 냉장보관인지 냉동인지 확실하게 구별하여 저장한다.

❺ 물건을 전달할 때에는 기록대장과 실물이 상이한 점이 없는지 확인한 후에 서명을 받고 전달하며, 담당자의 성함과 시간을 기록한다.

❻ 일정 기간 또는 보관기일이 지났어도 찾아가지 않는 물건은 연락처로 통보하여 찾아가도록 독촉한다.

4 귀중품 보관

호텔에 투숙한 고객들 중에는 현금이나 귀중품이 있기 마련이다. 이 귀중품은 잘 간직하지 않으면 도난 및 분실의 염려가 있으므로 호텔에서는 고객들의 귀중품을 맡기는 곳을 front cashier가 담당하도록 되어 있다.

요즘의 대형 호텔에는 각 객실에 개인용 안전금고(safety box)를 설치함으로써 투숙고객의 귀중품 보관에 최대한의 배려를 하고 있다. 귀중품 보관함 이용은 객실금고를 이용할 수도 있지만, 여권, 현금, 귀중품 등을 프런트 데스크에 보관하는 경우도 있다. 이때 가장 먼저 여권을 확인하고, 보관서류에 고객의 성명 및 일자, 객실번호, 서명을 하여 담당자에게 제출하면 담당자는 귀중품 보관함을 지정하여 열쇠의 번호기입과 서명을 하고 열쇠를 고객에게 전달한다. 보관한 귀중품을 반환 요구할 때에는 보관서류에 확인 서명을 받은 후 열쇠를 받고 금고 통째로 고객에게 전달한다.

고객은 귀중품 보관함을 이용할 때마다 최초에 작성한 신청서 서명을 확인하여야 하며, 열쇠를 소지하고 있다 하더라도 본인이 확인되지 않을 시에는 절대로 응해서는 안 된다.

5 Morning Call

Morning Call의 주 업무 담당은 operator이다. 하지만 프런트 데스크 클럭이 FIT 고객이나 그룹인솔자 또는 가이드에 의해 접수를 받으면 즉시 컴퓨터에 morning call 시간을 입력하고 교환실(operator)이나 서비스 센터에 통보한다. 그리고 morning call list에 기록을 한 다음 1부를 교환실에 보내고, 1부는 프런트 데스크에 보관한다. 그룹의 경우 모닝콜 입력은 그룹 코드로 한 번에 입력할 수 있다.

6 Up Selling(추천 판매)

Front Desk 직원들은 객실에 대한 전반적인 정보를 갖고 객실을 판매하며 다양한 정보를 제공한다. 또한 객실을 배정할 때도 고객으로 하여금 사전에 예약한 금액을 기준으로 고객이 요구하는 객실방향과 타입으로 고객의 욕구를 충족시킨다.

하지만 업무에 적극적이며 유능한 프런트 데스크 직원은 예약한 상태의 객실을 그대로 배정하고 판매하는 것이 아니라 새로운 제안을 통하여 up selling(추천 판매)을 한다. 즉 강요하는 것이 아니라 다양한 객실 정보제공을 통하여 고객 스스로 선택할 수 있게 하는 것이다. 고객이 좀 더 좋은 객실을 선택하게 되면 편안하게 머무를 수 있고, 여러 가지 혜택이 주어진다는 것을 설명함으로써 고객은 만족하고, 호텔에서 볼 때는 객실판매와 수입증가 역할을 하는 것이다.

객실판매에는 3가지 방법이 있는데 첫째는 높은 값에서 낮은 값으로 권하는 방법(top-down suggestion method), 둘째는 낮은 값에서 높은 값(bottom-up suggestion method)으로 권하는 방법, 셋째는 공표가격(tariff) 중 중간가격을 제시하여 선택하게 하는 방법이다. 하지만 프런트 데스크에서 가장 일반적인 up selling 하는 방법은 일반객실(normal room) 예약고객에게 EFL(귀빈층)을 안내하면서 다양한 혜택의 차이점을 제시함으로써 EFL을 선택하게 하는 방법이다. 따라서 고객은 무료조식을 포함한 다양한 혜택을 받을 수 있고, 호텔은 객실수입을 올릴 수 있는 판매 기법이다.

7 Skipper 발생

Skipper란 투숙객이 정당한 절차를 이행하지 않고 호텔을 떠난 고객을 말하며, 지불할 요금을 정상적으로 계산하지 않은 관계로 회사매출에 지장을 초래하는 경우다. 그러므로 사전에 skipper가 발생하지 않도록 제도적인 방법을 강구해야 하며, 부득이 발생할 경우 다음과 같이 처리한다.

1) Skipper 예방책

❶ 예약자에게 투숙 이전에 투숙 여부를 사전 확인함으로써 연락처의 이상 유무를 확인할 수 있고, 고객의 정보도 입수할 수 있도록 한다.

❷ 예약 없이 walk-in 투숙을 원할 경우나 선수금 요구를 거절할 때는 신분증(여권 또는 주민등록증)을 필히 확인한다.

❸ Check-in 시 객실요금과 레스토랑, Mini Bar, 전화요금 등 사용을 예상하여 선수금(advanced deposit)을 지불하도록 하거나 신용카드를 imprint하여 일정 금액 승인을 받아놓고 사전에 서명하도록 한다. 이때 선수금은 호텔마다 다르기는 하지만 객실요금에 2배 이상을 받아놓는 것이 일반적이다.

❹ 본인지불이 아니거나 타인 또는 회사의 지불일 경우 지불 예정자에게 전화로 확인하여 지불예정 확인서를 FAX로 받아놓는다.

❺ 신용카드 사전승인(imprint) 시 분실이나 도난 신고된 것인지 black list를 대조한다.

2) Skipper 처리

❶ 고객의 등록카드에 의하여 전화나 서신을 띄워 신원이 확실한 경우 지불방법 및 지불가능 날짜를 확답받아 credit office(여신과)에 의뢰한다.

❷ 등록카드의 허위기재로 신원파악이 불가능할 때는 front office manager에게 보고하고, general manager(총지배인)의 결재를 받은 후 손비처리한다.

❸ 호텔 매뉴얼을 불이행하면서 선수금을 받아놓지 않았거나 신용카드 선결재를 받아놓지 않은 경우 skipper가 발생하고, 분실 및 도난 카드나 수표사용 시에는 front desk 최초 등록 접수담당자가 책임을 진다.

8 호텔고객의 불평사항 처리

호텔을 이용하는 고객은 본인이 지불한 금액 이상의 서비스를 받기 원한다. 특히 대형 호텔을 방문하는 것일수록 조금이라도 불편함을 느끼면 즉시 불평하는 경우를 볼 수 있다. 그렇다고 그러한 불평을 부정적으로 받아들일 필요도 없다. 역으로 생각하면 고객의 불만 즉, 불평을 말하는 고객은 우리에게 시정을 바라고, 한 번 더 잘할 수 있는 기회를 주는 고마운 고객이라고 할 수 있다. 불평을 표시하는 고객에게 신속하고, 정성껏 처리했을 때 그 고객을 충성고객(loyalty guest)으로 만들 수 있는 기회를 갖게 된다.

1) 고객의 불평 · 불만 대처 요령

❶ 불평을 토로하는 고객은 로비 또는 사람이 많은 공공장소에서 불평사항을 듣는 것이 아니라 당직 지배인실 또는 비즈니스 센터와 같이 조용한 곳으로 안내한다.

❷ 고객이 불평을 표시하면 고객이 말하는 것을 중간에 끊지 말고, 끝까지 고객의 말을 겸손하게 경청한다.

❸ 불평접수자가 기록하는 것을 보여주면 고객은 자기의 주장이 정상 접수되고, 처리되는 구나하는 신뢰를 갖게 된다. 따라서 육하원칙에 의해 log book(접수대장)에 기록한다.

❹ 고객의 불평 · 불만을 손님의 부주의나 책임으로 전가시키면 안 되고, 호텔 책임이 없음을 강조하거나 회피하면서 무마하려는 느낌을 주어서는 안 된다.

❺ 고객으로부터 접수한 불만이 어떻게 진행되고, 어느 단계까지 처리되고 있는지 수시로 알려줌으로써, 고객에게 호텔명성과 신뢰를 높인다.

❻ 고객의 요구에 부응하고 있다는 느낌이 들도록 최대한의 조치를 취하고, 접수자 본인의 힘으로 해결하기 어려울 때는 상급자에게 보고하여 해결할 수 있도록 한다.

2) 불평(Complaint) 처리의 3단계

고객의 불평접수 시에는 불평내용과 관계없이 호텔을 대표하여 정중하게 사과를 해야 한다. 그리고 즉시 불평내용을 조사하여 시정될 수 있도록 조치를 취하여야 하는데, 고객이 만족하지 못하면 상위책임자 또는 경영진에게 보고하여 처리할 수 있도록 한다.

고객의 불평은 호텔 직원에게 직접적으로 불만사항을 표현하는 경우도 있지만, 전화, FAX, 이메일 등 다양한 방법으로 불평을 제기한다. 하지만 여기서는 호텔 직원에게 직접 불평불만을 제기하는데 따른 단계별 대처를 3단계로 나누어 살펴보고자 한다.

(1) 경청

❶ 고객의 불평내용에 관심과 공감을 갖고 경청하며, 선입견을 버리고 메모를 하며 끝까지 듣는다.

❷ 사후 연락이나 고객과의 관계유지를 위하여 객실번호, 이름, 연락처 등을 파악하여 놓는다.

❸ 고객의 불평내용이 잘못되거나 고객이 잘못 알고 있는 것이라도 변명이나 고객의 잘못을 지적하지 않는다.

❹ 고객의 자존심과 의견을 존중한다는 반응을 표시해야 하며, 고객의 이름이나 직함을 자주 사용하여 친밀성을 느끼도록 한다.

(2) 원인분석

❶ 고객의 불만내용이 사소한 것이라도 직원 간, 부서 간 공유를 하여 같은 내용이 재발생되지 않도록 한다.

❷ 고객의 의견을 토대로 주요 원인이 무엇인지 분석한다. 본인이 근무하는 부서와 관련이 없는 불평내용이라 하더라도 요인제공이 될 수 있으므로 원인분석이 필요하다.

(3) 해결책

❶ 처리결과에 따라 호텔의 이미지가 바뀔 수 있기 때문에 해결책을 검토하고 신속하게 대응하여야 한다.

❷ 접수 즉시 처리하되 사안에 따라 처리 가능한 것은 관련부서에 통보하여 처리하고 결과를 고객에게 알린다.

❸ 고객이 원하는 것을 물어보고 자기 권한 내인가를 검토한다. 만약 권한 밖이면 약속을 하지 않으며 상사에게 보고하여 해결방법을 모색한다.

❹ 해결책을 고객에게 제시하고 고객의 반응을 살핀다.

❺ 고객을 만족시킬 수 있는 문제해결과정을 점검하고, 총지배인의 결재를 받아 관련부서에 통보하고 해결조치를 한다.

❻ 총지배인이 고객에게 전화나 이메일 등을 보내 유감을 표시하고, 정중하게 사과의 표현을 한다.

하룻밤 투숙객의 아토피까지 생각해야 5성급 호텔

뭐~ 이런 것까지? 하면서 유난을 떠는 게 아닌가 싶지만, 5성급 호텔이라면 좀 특별한 서비스가 제공되어야 한다고 생각한다. 수년 전부터 우리나라에는 황사, 대기오염, 스모그 등 오염으로 도심에서 생활환경은 그리 좋은 편은 아니다. 그러다보니 실내 환경에 민감하거나 천식과 알레르기 질환을 앓는 이들이 증가하자 5성급 호텔들이 프리미엄 청정 객실을 내놓고 있다.

국내 최초로 알레르기 친화 객실을 선보인 곳은 서울 신도림에 위치한 Sheraton D-Cube City Hotel이다. 2012년 11월 호텔 40층의 19개 전 객실을 pureroom(퓨어룸)으로 꾸몄다. 2주간 이들 객실에 대해 특수 멸균 작업을 진행, 현미경으로 들여다봐도 깨끗할 정도로 박테리아와 바이러스를 98~100% 제거했다고 한다. 쉐라톤 디 큐브시티 호텔 관계자는 "면역력이 약한 어린 자녀들과 함께 오는 가족들에게 인기"라며 "최근에는 황사철이라 비염, 알레르기에 민감한 고객 중심으로 주목을 받고 있다"고 설명했다. 물론 어린아이만 이러한 현상을 겪는 건 아니다. 최근에는 어른에게도 이러한 현상이 많이 발생한다.

호텔업계에 따르면 그랜드 하얏트 서울은 12층 내 객실을 '퓨어룸'으로 새롭게 마련했다. 총 38개로 퓨어룸으로 꾸며진 객실은 최첨단 실내 공기 청정 시스템을 통해 가구와 이불은 물론 객실 벽면에 이르기까지 모든 접촉 표면을 완벽한 살균 상태로 유지한다. 또한 모든 매트리스 및 베개에는 미세먼지나 진드기를 예방할 수 있는 항균 커버가 사용된다. 이 밖에도 그랜드 힐튼 서울에서는 같은 유형의 일반 객실 요금에 3만 원만 더 내면 퓨어룸을 이용할 수 있도록 했고, 2012년 12월에 개관한 콘래드 힐튼 서울은 퓨어룸에 곰팡이, 포자, 집먼지, 진드기가 살 수 없도록 처리한 카펫과 항균 침대 매트리스를 사용하고 있으며, JW 메리어트 호텔에서도 이러한 객실이 준비되어 있다.

제3장

Executive Floor Lounge

1절 ◎ Executive Floor Lounge의 일반적 개요

비즈니스 고객을 위한 호텔을 표현함에 있어, Executive Floor Lounge(EFL)는 프런트 오피스 부문에서 빼놓을 수 없는 부서로서 비즈니스를 위해 숙박하는 고객들을 위한 전용층이라고 할 수 있다. 1980년대 이후 우리나라는 아시아 지역 국제 비즈니스의 중심국으로 주목받고 있으면서, 많은 다국적 고객이 비즈니스를 위해 방문하고 있다.

시대가 변하면서 비즈니스를 위해 호텔을 방문하는 고객의 욕구도 다양화되고, 개별화되었다. 이러한 고객들은 대체로 단기체류보다 장기체류를 하는 투숙객들로서 이들을 통한 구전의 홍보는 호텔의 평판에 큰 영향을 미쳤다고 할 수 있다. 따라서 5성급 호텔에서는 이들 비즈니스 고객들을 유치하기 위하여 이른바 executive floor lounge(EFL)라고 하는 비즈니스 층을 운영하여 그들만을 위한 특별한 서비스를 제공하고 있다.

현재는 하얏트 리젠시에서 그랜드 하얏트로 등급이 바뀌었지만, 1980년도에 우리나라 최초로 하얏트 리젠시서울에서 리젠시 클럽이라는 이름으로 4개 층을 운영하였으며, 이후 1985년에 밀레니엄 서울힐튼 호텔과 신라호텔이, 1987년에는 롯데호텔이 EFL을 운영하기 시작했다. 그 후 우리나라의 경우 모든 5성급 호텔들이 EFL을 운영하고 있으며, 지속적으로 객실 수와 층을 늘리고 있는 실정이다.

EFL은 '호텔 내의 호텔' 또는 '귀빈층'이라고 불리며, 항공기의 비즈니스 클래스(business class)와 비슷한 등급의 호텔객실로 이해될 수 있다. 그리고 호텔마다 다르게 부르기는 하지만 'Business Floor', 'Executive Guest Floor', 'Hotel Club', 'Club Lounge' 등으로 불리고 있다. 호텔의 경영관점에서 비즈니스 여행자는 해외 잦은 출장, 바쁜 스케줄, 복잡한 업무에 시달리는 현대 비즈니스맨들을 위해 보다 신속하고, 정확하며 차별화된 서비스 제공을 위해 담당 서비스 직원들을 배정 근무시키고 있다. 이들 담당 직원들은 비서업무, 통역, 타 호텔예약, 라운지 운영, express check-in과 check-out, meeting room 제공 등 세심한 서비스를 제공하고자 한다.

그림 3-16 Executive Floor Desk

호텔의 시설 및 서비스는 고객의 다양한 요구나 욕구에 부응하도록 하는데 아무런 불편이 없는 모든 서비스를 제공해야 한다. 이러한 기본개념을 바탕으로 executive floor lounge의 목표는 EFL을 이용하는 비즈니스 고객 또는 여행자들에게 필요한 서비스를 집중적으로 제공함을 목표로 구성된 특별층이라고 할 수 있다. 현대 비즈니스 고객들을 위하여 보다 편리하고 안락한 객실과 부대시설 및 식음료 서비스를 제공하여 일반객실과 차별화된 최고급의 서비스를 제공하는 특별한 층을 의미한다.

우리나라 5성급 호텔의 객실이용 고객은 대부분 외래 관광객(in bound)이고, 이들의 구성은 Group과 FIT 고객으로 나누어지는데, EFL의 경우 group보다는 FIT 고객 점유율이 점차 증가하고 있어 이들 FIT 고객 시장관리가 중요한 마케팅전략으로 조명되고 있다. 이러한 EFL의 운영상의 특징을 살펴보면, 일반객실보다 가격이 높게 책정되어 있으며, 요금은 호텔 특유의 서비스 차별화 전략의 차원에서 시작된 부서이기 때문에 호텔마다 조금씩 차이가 있지만, 휴식과 업무를 병행할 수 있도록 라운지(lounge)와 회의실(meeting room)을 무료로 이용할 수 있고, 개인비서 역할을 하는 종사원들이 항상 대기하고 있다. 이곳에서 근무하는 종사원들을 플로어 매니저(floor manager) 또는 컨시어지(concierge)라고 부르기도 하는 호텔들도 있다. 몇몇 호텔에서는 executive floor lounge에서 식음료를 서브하는 종사원을 버틀러(butler)라고도 한다.

EFL은 본질적으로 고객층의 특수성으로 인하여 객실의 디자인과 배치 면에서 일반객실과는 다른 독특한 특성을 가지고 있다. 비즈니스 여행자를 중심으로 경영하므로 고객의 요구와 업무의 편의성을 동시에 고려하여야 한다. 이는 궁극적으로 호텔의 수익증대라는 경영 정책적 맥락에서 상품과 서비스가 제공될 수 있어야 함을 의미한다. 따라서 호텔의 EFL은 경영 정책적 관점과 고객만족의 관점에서 운영하는 특별한 층으로 최고급 호텔시설과 인적서비스를 제공함으로써 고객이 호텔 밖에서 서비스를 받을 필요가 없을 만큼 철저한 서비스를 제공하고 있다.

2절 EFL의 역할과 운영방침

1 EFL의 역할

일반적으로 EFL은 성수기와 비수기에 상관없이 가장 고정적이고 변동없는 객실점유율을 보이고 있으며, 일반관광객에 비해 상대적으로 소비활동에서 경제적인 부담을 적게 느끼는 비즈니스 고객이 대부분이라 할 수 있다. 그러므로 EFL의 판매 전략은 호텔 경영 수익의 실현과 성장이라는 측면에서 매우 중요한 역할을 담당하고 있다고 할 수 있다.

EFL은 일반객실을 이용하는 고객과는 차별화된 VIP 서비스를 제공하는데, EFL은 보통객실보다 인테리어 가구 등을 고급스럽게 꾸민다. EFL의 가장 큰 특징 중의 하나는 수십 명이 수용할 수 있는 전용 라운지(lounge)가 있다는 것이다. lounge에는 국내 · 외의 정기간행물과 신문, TV 등이 비치되어 각종 정보를 접할 수 있을 뿐만 아니라, EFL 고객전용 라운지는 일반고객(normal guest)들이 이용하지 못하기 때문에 혼잡하지 않고 비즈니스 미팅도 할 수 있도록 꾸며져 있다.

더욱이 전용 라운지에서 호텔 내의 일반 레스토랑에 가지 않더라도 아침식사, 음료, 칵테일 등을 무료로 제공받을 수 있다. 그리고 조식으로는 커피, 차, 음료가 제공되는데, 해피 아워(happy hour) 동안 칵테일, 주류 등이 무료로 서비스된다. 뿐만 아니라, 호텔의 피트니스 센터(fitness center)를 무료로 이용할 수 있는 특혜가 주어진다. 또한 일반 객실층에 투숙하는 고객이 EFL 이용하는 것을 제한하기 위하여 EFL 고객만을 위한 엘리베이터 카드를 제공하여 일반층 고객과의 차별화를 두고 있다.

그림 3-17 Executive Floor Lounge

2 EFL의 운영방침

Executive Floor의 제반 여건은 일반객실과 큰 차이를 보이고 있는데, executive floor 고객의 대부분은 전문직이나 관리직 종사자이고, 상용고객이 많으므로 일반관광객에 비해 예민한 고객이 많다고 할 수 있다. 그러므로 EFL 고객은 일반 관광객들로부터 별도의 장소에서 휴식을 취하고 업무를 처리할 수 있는 공간이 필요하며, 주변의 사람들로부터 존경과 인정을 받기를 원하는 고객들이 많다. 그리고 일반객실 고객들보다 호텔 이용경험이 많고, 비교적 수준이 높아 요구사항은 많다고 할 수 있다. 하지만 호텔 경영에서는 매우 중요한 고객이므로 EFL의 고정고객 확보를 위한 이익창출의 기본적인 운영방침은 다음과 같은 측면에서 생각해 볼 수 있다.

그림 3-18 EFL의 운영방침

1) 장기적 관점

호텔경영에서 효율적인 객실운영을 하기 위해서는 EFL을 어떻게 관리하고, 운영하느냐에 달려 있다. 따라서 EFL의 객실 수 증가는 단기적인 이익창출에 목표를 둔 것은 아니며, 보다 거시적이고 장기적인 관점에서 부가가치를 창출하는 호텔 내에서 하나의 상품화된 단위로써 존재한다.

2) 편의시설 확보

투숙하는 EFL 고객을 위해 보다 나은 서비스를 제공하기 위한 각종 편의시설을 확보개발하고자 한다. 전용 board room, lounge, 안락한 소파와 인테리어 등 다양한 시설을 넓혀가고 있는 실정이다.

3) 이미지 향상

EFL을 이용하는 고객의 증가와 서비스 만족은 단순히 객실만족으로 끝나는 것이 아니다. 증가하는 비즈니스 고객의 만족은 일반고객보다 장기 투숙하면서 EFL lounge, 연회장, 레스토랑 등 부대시설 업장의 이용을 증가시키는 긍정적인 효과는 전사적 차원에서 호텔 이미지 향상에 기여한다.

4) 차별화된 서비스

EFL을 이용하는 고객을 위해서 보다 개인화(personalized)와 차별화(discriminated)된 서비스를 제공한다. 즉, EFL에 근무하는 직원은 대고객 서비스를 1:1로 하는 것을 원칙으로 하고 있으며, 일반객실 고객과 차별화 서비스를 통하여 식음료 서비스, 다림질, 간단한 통역, FAX 등 다양한 무료 서비스를 제공하고 있다.

3절 EFL의 업무내용

EFL 직원은 VIP 고객을 응대한다는 자부심과 호텔리어의 책임감을 갖고 고객의 편의제공은 물론, 가족과 같은 친근감 있는 분위기를 만들어 줄 수 있도록 노력하여야 한다. 고객 개개인에 대한 세심한 서비스는 특성상 EFL의 모든 분위기를 조성한다는 점에서 여직원이 근무하는데 적합하다고 할 수 있다. 또한 외국어 실력과 호텔 내의 다른 부서에서 근무한 경험이 많거나 프런트 데스크에 다년간 근무한 사람들이 대부분이다. 이처럼 역할을 혼자서 수행하기 위해서는 주요업무 내용을 숙지하고 숙련된 호텔리어가 될 수 있도록 노력하여야 한다.

EFL에 근무하면서 식음료 서브를 담당하는 직원을 버틀러(butler)라고 하는데, 버틀러 서비스(butler service)는 섬세하고, 정성 어린 서비스가 제공되어야 한다. butler는 호텔 서비스의 한 가지로, 호텔에 따라 운용되는 내용이 조금씩 다르다. 현재 호텔에서 고객에게 운영 및 제공되고 있는 서비스를 살펴보면 다음과 같으며, EFL 직원은 고객에게 다음과 같은 사항들에 대하여 서비스 및 정보를 제공한다.

표 3-4 EFL의 Room과 Lounge 서비스

Executive Room	Executive Lounge
- 피트니스 센터 무료 이용	- 신속한 Check-in/out
- 초고속 인터넷 무료	- 무료 조식 뷔페제공
- Wi-Fi 무료	- Board Room 무료 이용(1일 2시간)
- 신문 무료	- 복사/ 프린터 무료
- 60여 개 채널의 다국어 위성방송	- Happy Hour 서비스
- 생수 무료 제공	- 무료 신문과 잡지 제공
- 다림질 서비스	- Daytime Snack 서비스
- Shoe Cleaning 서비스	- 인터넷 무료

1 Check-in & out 서비스

고객이 호텔에 도착하면 프런트 데스크를 거치지 않고, 바로 EFL로 안내되어 별도의 데스크가 설치되어 있는 전용 라운지에서 빠르고 편리한 체크인 서비스를 받을 수 있으며, 체크아웃 시에는 라운지에서 커피나 차 등을 즐기면서 여유 있게 체크아웃을 할 수 있다.

체크인(check-in) 시에는 프런트 데스크(front desk)나 벨 데스크(bell desk)로부터 전화로 고객의 도착을 통보받으면 바로 등록카드, 볼펜, 환영편지(welcome letter), room key를 준비하여 테이블 위에 놓고, 고객이 도착할 엘리베이터 앞에서 환영준비를 한다. 고객의 이름을 미리 암기하여 밝은 얼굴로 고객의 성함을 불러주면서 고객을 맞이한다.

2 Information & Reservation 서비스

Executive Floor 고객의 요구가 있을 시에는 관광 안내(information) 및 호텔, 비행기, 레스토랑, 극장, 공연장 등 각종 예약과 확인 그리고 변경과 취소 등을 대행하며, 다양한 쇼핑과 관광정보를 제공한다. 특히 관광예약 문의 시 오전, 오후, 전일 관광에 관심이 있는지, 호텔 내에 비치되어 있는 브로슈어를 보여주며 안내한다. 고객이 원하는 관광의 종류를 확인한 후 즉시 여행사에 연락한 후 고객에 pick-up 시간을 알려준다. 또한 log book에 객실번호, 고객의 성함과 인원수, 시간, 여행사 이름, pick up 시간 등을 기록하여 다음 근무자가 알 수 있도록 연계된 서비스를 한다.

3 Lounge 서비스

Lounge 서비스는 보통 오전 6시경부터 오후 10시까지 서비스가 이루어지고 있으며, 제공되고 있는 서비스는 모두 무료이다. 라운지에서 제공되는 아침식사는 무료이며, lounge에 근무하는 직원은 수시로 부족한 음식이나 음료 등을 주방과 협조하여 보충하여야 한다. 그리고 레인지의 화력상태를 수시로 확인하여 서비스에 차질이 없도록 해야 한다.

오전 10시 정도에 조식제공이 끝나면 다음 서비스를 위해, 조식을 위해 세팅(setting) 되어진 기물을 수거하여 정리하고, 사용으로 부족한 기물들을 채워 넣은 후, 점심과 저녁(lunch & dinner) 시간에 제공될 스낵류 서비스에 필요한 기물을 세팅한다.

Lounge 직원들은 근무 중에는 수시로 라운지 내를 체크하고, 스낵류 및 커피와 차(tea) 등이 충분한지 확인하고, 부족 시에는 보충하여 고객이 언제든지 이용할 수 있게 하여야 한다. 낮 시간에는 커피나 차, 음료, 과일, 쿠키, 초콜릿 등을 제공하며, 저녁 happy hour 동안에 여러 종류의 술과 음료(soft drink), 칵테일(cocktail), 마른 안주와 스낵류 등을 bar wagon에 세트업(set-up)하여 고객에게 제공한다. 이러한 서비스는 EFL 라운지 내에서만 이용가능하고, 객실로 갖고 가는 서비스는 절대 불가능하다.

보통 오후 6시부터 8시경 사이에는 happy hour라고 하는 프로그램이 있으며, 와인, 맥주, 위스키, 칵테일 및 간단한 스낵류를 제공하는 서비스를 실시한다. happy hour 시간이 끝나면 bar wagon을 철수하여 각종 음료와 주류를 원위치하고, 당일 사용된 식음료에 대한 재고조사(inventory)를 실시한다. 서울시내 5성급 호텔의 EFL 운영방법은 호텔에 따라 조금씩 다르지만 운영에 있어서는 서로 비슷하다고 할 수 있다.

4 Message 서비스

대부분의 EFL에 투숙하는 고객들은 프런트 데스크를 들리지 않고, 바로 EFL 라운지로 올라와 check-in을 하거나 라운지를 이용한다. 그러기 때문에 프런트 데스크에 메시지(message)를 남겨 놓으면 번거로움이 발생될 수 있고, 즉시 전달되지 않을 수 있다. 따라서 EFL에 메시지를 남기게 되면 즉시 전달받을 수 있다.

5 Conference Room 서비스

EFL의 특별한 장점 중 하나는 비즈니스상 환담을 나누거나 회의를 하고자 할 때 작은 회의실(conference room)이 일정 시간 동안 무료로 제공된다는 것이다. 비즈니스 센터의 회의실은 일반고객들이 일정금액을 지불하고 사용하지만, EFL 회의실은 EFL 고객만이 사용할 수 있는 회의실이다.

회의실 안에는 회의용 테이블과 의자, 각종 사무용 기기와 컴퓨터는 물론 FAX, 복사기 등이 구비되어 있다. 그리고 PC(personal computer)를 이용한 영업회의에 사용할 수 있는 beam project, 화상통화 시설 같은 각종 기기 등도 구비하여 비즈니스 고객이 개인 업무를 보는데 불편하지 않도록 편익을 제공한다.

6 FAX 서비스

대부분 EFL 객실에는 개별번호가 부여된 팩스(복사 또는 프린터 겸용)가 설치되어 있어 고객이 직접 팩스를 송 · 수신이 가능하도록 되어 있다. 하지만 사용법에 어려움이 있거나 직원에게 직접 서비스를 원할 때는 도움을 제공한다.

7 Shoeshine 서비스

호텔에서 제공하는 구두닦이(shoeshine) 서비스는 무료 서비스와 유료 서비스로 제공되는 것이 있는데, 고객이 특별한 구두닦이를 부탁하지 않는 한, 무료 서비스를 원칙으로 한다. EFL 직원이 근무 중 고객이 구두닦이를 요구하면 언제든 서비스가 되지만, 요구하지 않아도 구두 바스켓(shoes basket)에 구두를 넣어 현관문 앞에 놓아두면 다음날 아침에 닦인 구두를 신을 수 있다. 최근에는 슈즈 박스(shoes box) 안에 구두를 넣어 두면 야간에 구두를 수거(pick-up)하여 오전 6시 이전에 구두를 신을 수 있게 서비스를 제공한다.

8 Publication 서비스

EFL에는 당일 발행되는 신문이나 정기 간행물이 준비되어 있다. 출판물(publication)에는 국내에서 출판되는 한글과 영문판뿐만 아니라, 해외에서 발행되는 아사히(朝日), 니혼게이자이(日本經濟), USA Today, Wall Street Journal과 같은 일간지와 영문 Newsweek지 등이 새롭게 제공된다.

9 Fitness Center 안내 서비스

대부분의 호텔들이 부대시설로 되어 있는 체력단련장(gim), 사우나(sauna), 수영장과 같은 피트니스 센터(fitness center)는 회원제로 운영을 하고 있어, 외부 일반인은 입장이 안 되는 경우가 많다. 객실에 투숙 중인 고객이라 하더라도 사우나는 유료로 이용하게 하고 있으나 EFL 고객의 경우 이러한 피트니스 센터 내의 시설물 중 일부를 제외한 대부분의 시설을 무료로 이용할 수 있다.

4절 ◎ 5성급 호텔의 EFL 서비스 비교

앞서 언급한 바와 같이 EFL에서는 신속한 체크인과 체크아웃 서비스, 조식 무료제공, 관광안내 및 예약, 회의실 무료제공, 피트니스 센터 무료이용, 슈사인 서비스, happy hour 무료이용, 식음료 서비스, 귀빈층만을 위한 엘리베이터 키 시스템, 체크아웃 시간연장 등 비즈니스 고객들을 위한 서비스를 대부분 5성급 호텔에서 공통적으로 제공하고 있으며, 몇몇 호텔에서는 클럽서고에 있는 책들과 CD 무료제공 서비스, 핸드폰 렌탈 서비스, 공항과 호텔 간의 교통편 제공 서비스, 무료 다림질 서비스, 고객이름이 인쇄된 문구류 제공 서비스, 일간신문 배달 서비스 등 호텔마다 차별화된 executive floor 서비스를 제공하고 있다

이처럼 EFL 고객들에게 제공되는 각종 서비스는 호텔마다 조금씩 차이는 있으나 호텔이 추구하는 서비스의 고급화는 지속적으로 발전될 것이다. 다음은 서울시내 일부 5성급 호텔의 EFL에서 제공되는 서비스를 비교 분석한 것이다.

표 3-5 5성급 호텔의 EFL 서비스 비교

호텔	EFL명	서비스 내용
밀레니엄 서울힐튼	Club Lounge	• 2곳의 Lounge 운영(19층과 21층) • 귀빈층 전담직원 특별 서비스(귀빈층 고객 전용 회의실 2시간 무료) • 초고속 양방향 인터넷 설치 • 신속한 체크인과 체크아웃 • 아침식사 무료제공 • 오전 6시~11시까지 스낵, 드링크, 카나페 제공 • Check-out 5시까지 연장 • 객실 내 휴대폰 사용료 50% 할인 • 시내 통화료 25% 할인 • 복사 등 비즈니스 센터 20% 할인 • 헬스클럽 입장 무료, 사우나 50% 할인 • 고유번호가 부여된 휴대폰 제공 • 비즈니스 센터 24시간 서비스 • Check-in 당일 무료 다림질 서비스 • Slim PC를 이용한 인터넷 이용 • 구두닦이 서비스 • Up Grade된 객실용품
그랜드 하얏트	Grand Club	• 6개 층으로 구성 • EFL 고객을 위한 엘리베이터 열쇠 제공 • 조식 무료 제공 • EFL 전담 Concierge 직원 근무 • 관광정보, 통역, 항공권 확인 등 비즈니스 도움 • Happy Hour 운영 • 회의실 2시간 무료 이용 • 클럽 올림퍼스 내 체육관 무료 이용 • 실내 · 외 수영장과 사우나 무료 이용 • 서고에 있는 책과 CD 무료 이용
조선	Executive Floor	• 2곳의 전용Lounge 운영(9층과 17층) • 900개 코일이 받쳐주는 매트리스 • 거위 털 이불과 베개 제공 • 천상과 같은 Heavenly Bed 제공 • 무료 조식 제공 • Happy Hour 운영 • 그룹 당 비즈니스 센터 2시간 무료 • 주간지, 경제신문, 책 등 열람 • 비서업무를 포함한 컨시어지 이용 • 객실 내 팩스 • 귀빈층 고객을 위한 엘리베이터 키 카드 제공 • 피트니스 센터, 사우나 무료 이용 • 생수 무료 제공 • 외국신문 선택 구독 • Up Grade된 객실요품 제공 • 구두닦기 무료
롯데호텔 서울	Club Lounge	• 라운지 내 인터넷, 프린터 무료 사용 • 무료 조식 제공 • EFL 전용 Check-in/out 서비스 • 호텔 레스토랑 20% 할인 • 회의실 2시간 무료 • 14세 이상 이용 • 정장 한 벌 무료 다림질 • 피트니스 센터 무료 입장 • 생수 2병씩 무료 제공

호텔	EFL 명	서비스 내용
르메르디앙 서울	Club Lounge	• 다국어 구사하는 컨시어지 서비스 • 하루 5차례 식음료 서비스 • 안락한 회의실 구비 • 초고속 인터넷 서비스 • 클럽 라운지 2시간 무료 이용 • 동대문과 이태원 무료 셔틀버스 운행 • 최고급 목욕용품 제공 • 도착 당일 한해 다림질 2개 무료 • 고객성함 인쇄한 문구류 및 명함 제공 • 사우나, 수영장, 피트니스 센터 이용 • 1일 2병 생수 제공
워커힐	Sheraton Club	• 신속한 Check-in/out 서비스 • 버틀러 서비스 • Health 무료 이용 • Happy Hour 운영 • 공항 Shuttle Bus 무료 운행 • 조식 무료 제공 • 신문 제공 • Turndown Service • 사전 예약 시 회의실 무료 이용
신라	Business Floor	• 국내 · 외 유명 신문과 잡지류 비치 • 안락한 쇼파와 개인 응접실 • 외국어 능통한 Floor Manager 상주 • 항공편 예약 및 변경 서비스 • 통역 및 비서역할 담당 • 신속한 Check-in/out 서비스 • 웨이터와 바텐더 인력 배치 • 1일 1병 생수 무료 제공 • 객실 내 금고 • 조식 무료 제공 • Happy Hour 운영 • 비즈니스 센터 미팅룸 1일 2시간 무료 • Wireless 인터넷 검색
그랜드 인터컨티넨탈	Club Lounge	• 프런트 데스크 업무까지 원스톱 서비스 • 흡연실과 금연실로 구분 • Beam Project 등 최신 회의장비 구비 • 무선 인터넷 가능 • 별도의 회의실 구비 • 비행기 예약 및 확인 서비스 • 공연 안내 및 예약 • 꽃 배달 서비스 • 무료 구두광택 서비스 • 룸 서비스를 통한 아침식사 제공 • Happy Hour 운영 • 조리장의 음식 서비스 • 하루 한번 무료 다림질 • 사우나 포함한 피트니스 클럽 무료 이용 • 비즈니스 센터 회의실 2시간 무료 • 휴대폰 무료 대여 • 개인금고 제공
그랜드 앰배서더	Ambassador Club Floor	• 무료 아침 뷔페 제공 • Happy Hour 무료 Cocktail 제공 • 개인 Check-in/out • Check-out 시간 연장 • Shoeshine 서비스 • 금연층 별도 운영 • Web Site을 통해 예약 시 20% 할인 • 쇼핑센터와 시내 무료 셔틀버스 운행 • 회의실 1시간 무료

GRO 서비스

GRO(Guest Relations Officer)라고 하는 호텔리어는 객실부서 내의 호텔고객을 관리하는 직업군 중에 하나이다. 호텔에 따라서는 호텔 귀빈층에 근무하면서 VIP객실 이용 고객의 편의와 서비스를 담당하기도 한다. GRO는 고객을 위해 다양한 서비스를 하지만 가장 중요하다고 할 수 있는 것은 VIP 고객의 에스코트이다. 이때도 단순한 안내만 하는 것이 아니라 마음을 먼저 읽고 행동으로 옮기는 게 진정한 서비스이다. 고객이 요청하면 이미 늦은 것이다.

이러한 사례도 있다. 투숙하는 고객이 커다란 여행용 가방(Suitcase)을 가지고 있었는데, 객실로 이동할 때 바퀴에 문제가 있었는지 중심을 잘 잡지 못하고 덜컹거리는 것을 볼 수 있었다. 이러한 경우 고객에게 먼저 다가서서 "수리해 드릴까요?"라고 제의를 하여 수리한 다음 고객에게 전달할 수도 있다. 고객이 가방을 고쳐달라는 요구는 없었지만 알아서 가방 바퀴를 고쳐 놓은 것이다. 이런 서비스를 받은 고객은 여행용 가방이 고장 나서 새로 사야 하나 생각 중에 호텔직원의 제의에 다시 사용할 수 있게 되어 감동을 받았다는 말과 함께 고맙다는 말을 아끼지 않았다. 이러한 경우는 서비스 마인드를 충분히 느끼게 해주는 대목이다. GRO 직원을 선별할 때도 서비스의 기본정신인 배려심이 내재돼 있는지를 먼저 평가할 필요가 있다.

5성급 호텔에 근무하다 보면 다방면의 VIP 고객을 접할 기회가 있는데, 이같은 프로정신은 세계 유명인들을 영접할 때 고스란히 빛을 발한다. 정상회의에서는 대통령과 수상 그리고 총리 등을 영접할 기회가 있고, 월드컵이 있을 때 접했던 호나우드 또는 피구, 세계적인 농구선수 마이클 조던, 콘서트를 개최했던 머라이어 캐리, 케니지 등 유명 인사를 직접 접할 기회가 있다. 이러한 모든 유명인을 만날 수 있는 것은 호텔리어 자신에게는 영광이면서, 호텔 GRO가 아니면 평생 만나지 못할 귀빈들이라 이 직업에 대한 자긍심을 가질 수 있겠다.

호텔을 찾는 대부분의 VIP 고객들은 시설 이용에 만족보다는 호텔리어의 서비스를 만족하기에 재방문을 하는 것이다. 그렇기 때문에 호텔의 GRO 역할의 중요성은 점차 커지고 있다. 호텔리어로서 더 발전하기 위해서는 자기 관리도 철저하고, 항상 최상의 컨디션을 유지하는 것이 GRO 서비스를 가장 잘할 수 있는 지름길이기 때문이다.

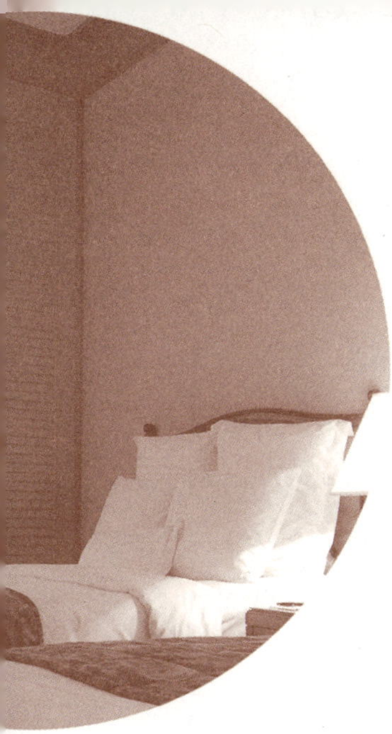

제4장

Business Center

1절 ◎ Business Center의 일반적 개요

우리나라의 국제교역이 세계 10위권으로 성장한 만큼 세계적인 경제대국으로 성장하였다. 그만큼 In Bound 상용고객이 늘어남에 따라 호텔을 이용하는 고객도 지속적으로 증가 추세를 보이고 있고, 호텔 서비스도 다양화되고 전문화되고 있다. 이 가운데 가장 큰 변화는 비즈니스 고객이 요구하는 호텔의 시설과 서비스에 대한 대응이다. 즉 비즈니스 고객의 욕구 충족을 위한 호텔의 다양한 서비스 중 언제든지 업무를 처리할 수 있는 비즈니스 센터(business center)의 설치와 운영이라고 하겠다.

비즈니스 센터는 모든 고객을 대상으로 하지만 무엇보다도 상용고객의 업무편의를 도모하고, 효율적이고 원활한 비즈니스를 위한 제반설비와 최신장비 그리고 서비스를 함께 제공하는 부서이다. 또한 비즈니스 고객뿐만 아니라 일반고객들에게도 각종 정보 제

공이나 예약 등의 업무도 하고 있어 비즈니스 센터는 호텔의 필수적인 부서라고 할 수 있다. 그러므로 호텔을 방문하는 모든 고객을 대상으로 하여야 하기 때문에, 비즈니스 센터는 대부분 로비에 위치해 있다. 비즈니스 센터의 업무는 그룹을 대상으로 하기보다는 고객과 개별적인 업무가 이루어지므로 서비스에 만전을 기해야 함은 물론, 이용고객에게 편의를 제공하는데 차질이 없도록 하여야 한다.

비즈니스 센터에 근무하는 직원은 모든 고객을 대상으로 해야 하기 때문에 호텔의 시설이나 서비스를 정확히 숙지하고, 다방면의 지식을 습득하고 있어야 한다. 또한 국제적인 매너와 투철한 서비스 마인드를 소유한 직원이어야 한다. 비즈니스 센터는 상용고객을 대상으로 고객에게 다양한 정보제공과 수준 높은 서비스를 제공함으로써, 호텔의 이미지 제고와 판매증진 및 호텔홍보에 기여할 수 있는 부서라 할 수 있다.

2절 Business Center의 서비스 업무

Business Center는 상용고객이 업무상 가장 많이 사용하는 PC, FAX, beam project, copy, 회의실 등의 시설과 장비를 갖추고, 고객이 비즈니스를 수행하는데 있어 필요한 업무를 담당하고 있다. 따라서 고객이 24시간 언제든지 이용하기 편리한 1층에 위치하여 다양한 서비스를 제공하고 있다.

비즈니스 센터에서 제공하는 다양한 서비스 요금은 요금표에 의해 bill을 작성하여, room charge(객실요금에 포함)하거나 현금으로 받는다. 입금된 매출은 1일 영업보고를 작성한 후 업무 마감 시 front cashier(프런트 캐셔)로 입금시킨다. 그리고 비즈니스 센터의 규모는 호텔의 규모 또는 호텔이용 고객의 분류에 따라 다르지만, 일반적으로 다음과 같은 업무를 취급한다.

1 FAX 서비스 업무

FAX의 송 · 수신은 상용고객이 가장 많이 요청하는 업무 중의 하나로 고객이 FAX를 보내고자 할 때나 받고자 할 때는 다음과 같은 사항에 유의해야 한다.

1) 송신 팩스

송신 팩스(outgoing fax)는 투숙 중이거나 호텔을 방문한 고객이 외부로 송신하는 팩스를 말한다. 이때 고객으로부터 받은 Fax용지를 셀 때는 겉용지를 포함한 전체 매수가 포함되어야 하고, 고객의 객실번호와 상대방의 팩스번호를 받아 곧바로 보내어 송신확인서(confirmation paper)를 확인한다. 그리고 팩스의 원본과 송신확인서를 outgoing 봉투에 넣어 객실번호와 고객성함을 기입하고 front desk로 전달한다.

송신결과가 error일 경우 재송신해야 되지만, 정상적으로 송신된 것을 확인한 후에는 송신시간과 국가(지역)를 확인하고 요금을 부과한다. 만약 고객이 기록한 팩스번호가 틀려 오류가 발생하거나 계속적으로 통화 중일 경우에는 고객에게 연락하여 조치를 취한다.

2) 수신 팩스

수신 팩스(incoming fax)는 외부로부터 수신된 팩스를 말하며, 받은 즉시 수신 팩스 장부(fax file)에 반드시 날짜, 시간, 객실번호, 성명과 전체 페이지 수 및 보낸 사람의 팩스번호 등을 기재한다. 그리고 벨맨을 통하여 전달할 수 있도록 하며, 배달한 벨맨의 이름과 시간을 기입하고, 당일 체크아웃 예정인 고객의 팩스는 긴급(urgent)으로 처리하며, 가급적 빠르게 전달할 수 있도록 노력을 한다.

또한 투숙객 이외의 고객 앞으로 수신된 팩스(incoming fax)가 도착했을 시에는 별도의 장부에 기록을 하고, 발신번호로 재송신한 후 원본은 비즈니스 센터에 일정 기간 보관한다.

2 Copy 서비스 업무

Copy 서비스 업무는 고객들의 원활한 비즈니스를 위해 정해진 일정 요금을 받고 복사(copy) 서비스를 제공하는 것을 말한다. 비즈니스 센터에는 다양한 서비스를 위한 최신장비를 갖추고 있어, 최고의 복사 서비스 제공을 위해 노력하고 있다. 또한 고객들의 문서를 출력할 수 있는 최신 프린터기와 제본기, 분쇄기 등을 갖추고 있다.

복사종류는 흑백, 컬러, OHP 등이 있고, 복사용지의 크기는 A3, A4, B4, B5 등이 있으므로 용지크기를 고객에게 확인한 다음, 단면 또는 양면복사인지를 다시 한번 정확히 확인하여야 한다.

3 Flight Ticket 서비스 업무

Flight Ticket(항공권) 서비스 업무는 고객의 항공이용과 관련된 예약 및 변경사항 처리를 돕는 업무로 고객의 입장에서는 매우 중요하고 민감한 사항이다. 따라서 신속하고 정확하면서 책임 있는 서비스를 해야 한다. 왜냐하면 호텔에 투숙하는 대부분의 고객은 비행기를 이용하여 여행을 하고 있기 때문에 교통수단인 항공관련 업무는 매우 중요하다고 하겠다.

호텔을 이용하는 고객들 대부분은 자국을 출발할 때 왕복 항공기 티켓을 소지하고 있기는 하지만, 일부 고객은 편도 항공권을 소지한 고객도 있다. 모든 여행객은 일정을 마치고 본국으로 귀국을 할 때는 소지한 flight ticket이 이상은 없는지 다시 한번 확인을 해야만 한다. 또한 여행계획상 일정이 변경되면 예약된 항공권도 변경을 해야 한다. 그리고 자국 출발 시 편도 항공권을 구입한 고객은 여행국 출발 시 본국으로 가는 항공권 구입은 필수이다. 이러한 경우 고객 스스로 모든 것을 처리할 수 있지만, 일정이 바쁜 고객을 대신하여 호텔 비즈니스 센터에서는 항공권 관련 업무를 대행하는 서비스를 다음과 같이 처리한다.

1) 예약확인

여행을 마치고 출국해야 하는 모든 고객은 출발하기 하루나 이틀 전에 자신이 예약한 비행기가 이상 없이 출발할 수 있는지 예약확인(flight confirmation)이 필요하다. 그러므로 호텔을 이용하는 모든 외국인 고객은 항공기 예약확인을 해야 되기 때문에 예약확인과 같은 업무가 많을 수밖에 없다. 그러다보니 항공권 분실우려도 생길 수 있어 티켓 원본을 보관하고 있으면 절대로 안 되며, 예약확인 요청을 받으면 항공권을 copy를 해놓고 원본은 고객에게 즉시 돌려준다. 그리고 비즈니스 센터 직원은 다음과 같은 순서로 처리(handling)한다.

❶ 고객의 영문이름(full name, spelling), 객실번호, 예약날짜, 항공기 번호와 시간(flight no & Departure time), 좌석 등급, 출발지와 도착지 등을 정확하게 파악한 후 해당 항공사로 전화를 걸어 예약확인을 한다. 항공권상에 PNR(항공사 예약번호)이 기재되어 있을 경우 그 번호만으로 재확인이 가능하다. 만약 항공사의 업무시간 이외에 예약확인의 접수 시에는 항공권을 복사한 후 고객에게 원본을 준 후 다음날 항공사 업무시간에 연락하여 예약확인을 한다.

❷ 예약확인이 끝난 후에는 반드시 예약 재확인번호를 받아서 고객에게 재확인이 되었음과 동시에 PNR 번호도 함께 알려준다. 만약 고객과 연락이 되지 않을 때는 예약내용을 메시지로 보내야 한다.

❸ 1등석(first class)은 좌석지정 예약도 가능하므로 고객이 원할 경우는 예약확인과 함께 한다.

❹ 기내식 요청은 어느 좌석에도 적용되므로 예약 재확인 시 함께 요청을 하면 된다. 12개월 미만의 유아를 동반하는 경우 영아식(infant meal)은 액상분유 또는 아기용 주스가 제공되며, 12~24개월 미만인 경우의 유아식(baby meal)은 이유식과 아기용 주스가 제공된다. 그리고 아동식(child meal)으로는 햄버거, 오므라이스, 스파게티, 샌드위치, 돈가스, 김밥 등이 제공된다. 또한 회교도, 유대교, 힌두교, 채식주의자일 경우에는 특별식으로 요청하여야 한다.

❺ 예약 재확인이 끝나면 로그 북(log book)에 시간과 내용을 기록한 후 다음과 같은 내용의 메시지를 객실로 전달한다.

표 3-6 Flight Conformation Sample

FLIGHT CONFIRMATION (Room No) 2121 MR. YOUNG KI PARK 23/JUN KE 701 ICN 0910 TO 23/JUN 11:25 NRT 1125 PNR: AB0123

❻ 요즈음은 웹사이트를 통하여 사전 좌석을 배정받을 수 있다. 에어 프랑스의 일반석 사전배정은 90일 전부터 48시간 전까지 가능하고, JAL의 경우는 출발 3일 전부터 1시간 전까지 자신이 탑승할 비행기 중 좌석을 보고 확인할 수 있기 때문에 특별한 경우를 제외한 재확인(reconfirmation)이 필요 없다. 하지만 단체고객의 경우 대한항공과 아시아나 항공은 일일이 확인할 경우 시간이 많이 걸리므로 해당 항공사에 명단을 팩스로 보내면 항공사로부터 FAX 또는 유선으로 예약확인의 상황을 통보받을 수 있다.

2) 항공권 변경

항공권 변경(flight change)은 모든 항공권이 변경 가능한 것은 아니다. 그러므로 먼저 항공권을 복사하여 해당 항공사에 FAX를 보내어 변경이 가능한 티켓인지를 확인한다. 대부분의 항공사에서는 인센티브 티켓(incentive ticket)이나 여행사 등이 단체로 구입한 티켓 등은 항공권 변경이 안 되는 경우가 많기 때문이다.

따라서 변경하고 싶은 날짜와 좌석이 있는지의 여부를 체크한 후 가능한 경우라면 변경을 하며, PNR 번호를 받아서 고객에게 알린 후 로그 북(log book)에 기재한다. 특히 여정을 변경하고자 할 때는 티켓(ticket)상의 ENDORSEMENT란을 반드시 먼저 체크하고 항공사에 연락하여야 한다. 호텔에 근무하는 모든 직원들은 각 영업장에서 근무하기 전에 반드시 Log Book을 읽고 서명하며, 이를 숙지한 후 업무를 시작한다.

표 3-7 Flight Change Sample

FLIGHT CHANGE
(Room No) 2121 MR. YOUNG KI PARK
23/JUN KE 701 ICN 0910 TO 23/JUN 11:25 NRT 1125 TO
24/JUN KE 701 ICN 0910 TO 24/JUN 11:25 NRT 1125
PNR: CD345

3) 항공권 예약

항공권 예약(flight reservation)은 탑승하고자 하는 고객이 주로 이용하는 항공사가 있는지 확인하고, 여행일자, 출발지, 도착지, 시간, 성명(full name)은 성과 이름을 확인한 후 항공사에 예약을 한다. 당일 예약일 경우에는 재확인(reconfirmation)까지 함께 하고 예약번호를 받는데, 이 경우에는 예약번호와 재확인번호가 같을 수도 있다.

항공사들은 빠른 서비스와 편리성을 향상시켜 항공권을 예약하게 되면 일정한 기한 내에 가까운 여행사나 항공사의 지점을 찾아가 항공권을 구입하여야 했지만, 최근에는 전자 티켓이라고 하는 'e-Ticket'과 같은 서비스 제도를 도입하여, 고객이 예약을 하고 공항에서 예약번호와 여권만 제시하면 탑승권을 즉시 받을 수 있는 서비스가 일반화되고 있다. 뿐만 아니라, 여행일정 변경도 전화 한 통으로 간단하게 바꿀 수 있는 서비스를 제공하고 있다. 하지만 호텔 비즈니스 센터에서는 고객의 편안함과 완벽한 서비스를 제공한다는 목표 아래 모든 고객의 항공권 예약 서비스를 제공하고 있다.

4 Reservation 서비스 업무

1) 투어 예약

고객이 관광관련 예약(tour reservation)을 문의할 시는 컴퓨터 내 관광관련 자료를 토대로 설명할 수도 있고, 호텔 내에 구비 중인 브로슈어(brochure)를 보여주고 간단히 설명할 수도 있다. 고객이 예약을 원할 때 관광을 원하는 날짜와 시간대, 관광의 종류, 인원 등을 파악하여 해당 여행사에 전화를 걸어 예약한다. 그리고 고객에게 여행사 가이드로부터 픽업(pick-up)시간과 장소, 비용과 지불방법 등을 알린 후, 로그 북(log book)에 객실번호, 인원, 여행사 이름 등 제반기록을 남겨 다음 근무자에게 인수인계한다.

투어요금은 투어하는 시간에 따라 다르지만, 그 비용을 비즈니스 센터에서 받으면 안된다. 직접 고객이 신용카드나 현금으로 여행사 가이드에게 지불하도록 권한다. 일부 호텔에서는 여행사로부터 알선 수수료(commission)를 받아 잡수입(miscellaneous income)으로 하여 프런트 데스크에 입금시키기도 한다. 이러한 비즈니스 센터의 관광관련 업무는 executive floor 또는 concierge 직원의 서비스 업무와 동일하다.

2) 렌터카 예약

렌터카(rent a car)를 예약하고자 하는 고객은 우선, 우리나라에서 사용할 수 있는 국제운전면허증을 갖고 있는지 확인을 한다. 그리고 호텔에 렌터카 대리점이 있는 경우도 있지만 없다 하더라도 국제적으로 브랜드가 있는 AVIS 또는 Hertz와 같은 렌터카 회사에 전화를 걸어 고객이 원하는 차종이나 차량이 있는지를 확인한 후 가격을 알려 준다. 고객이 예약을 원할 시에는 차량인도 장소를 받아서 고객에 알려 준다. 그리고 계약과 관련된 부수적인 사항 즉, 보험관계, 급유관계, 차량상태, 차량에 대한 구조와 조작 방법 등을 설명하여 고객이 편안한 안전운행이 될 수 있도록 도움을 주어야 한다.

3) 공연 및 행사 예약

공연이라고 하면 국악과 같은 전통 공연과 현대적이며 창작적인 공연이 있을 수 있고, 행사는 다양한 이벤트성 행사가 있다. 보통 관광객은 난타와 같은 공연이 가장 일반적으로 보는 공연이기는 하지만, 대학로에는 많은 극장에서 서로 다른 주제로 매일 색다른 공연을 하고 있다. 한국적인 면을 보여주는 대표적인 공연장소로는 한국의 집(Korea House)이나 일반 식당에서 식사와 무용을 곁들인 행사를 볼 수 있으므로, 공연 또는 행사 등의 정보를 갖고 있어야 고객이 요구하는 다양한 장르를 안내하고 예약을 대행할 수 있다.

예약 시에는 고객이 보고자 하는 장르 파악이 우선시되어야 하고, 공연이나 행사를 찾아 시간과 장소 및 공연가격 등을 설명한다. 그리고 교통편 공연장 주위의 쇼핑장소, 특징 있는 장소 등을 함께 안내한다.

5 Rental 서비스 업무

1) 회의실 대여 서비스

비즈니스 고객이 많은 호텔에서의 비즈니스 센터는 내 · 외부 비즈니스 고객들이 관계자들과 회의를 개최하거나 업무를 위해 회의실(meeting room)을 임대하는 경우가 늘어나고 있다. 특히 비즈니스 센터를 이용하는 고객은 일반 연회장을 대여하여 회의를 하는 고객과 많이 다르다고 할 수 있다. 적게는 2인부터 10명 이내인 경우가 대부분이므로 세심하고 정확한 서비스가 이루어져야 한다.

따라서 비즈니스 센터는 소규모 회의실에 회의나 기타업무에 필요한 장비를 설치하여 고객에게 대여해 주고 있고, 이에 필요한 컴퓨터, OHP, Beam Project, Video 등 관련 장비를 대여해 주며, 임대요금(rental charge)의 종류는 시간당(pre hour), 반일(half day), 종일(all day)을 기준으로 부과하되 호텔마다 다르기는 하지만 최소한 2시간을 기준으로 요금을 부과한다. 때에 따라서는 회의실 사용 중 식음료를 주문하는 경우에는 room service에 연락하여 고객의 편의를 제공한다. 그리고 회의실은 예약제로 운영하고 있으며, 항상 정돈된 상태로 청결을 유지하도록 한다.

2) 컴퓨터 대여 서비스

컴퓨터(computer) 대여 서비스는 인터넷(internet) 사용을 목적으로 하는 고객과 문서 작성 사용을 목적으로 하는 고객으로 분류할 수 있다. 인터넷(internet) 사용을 목적으로 하는 고객에게는 인터넷을 할 수 있는 컴퓨터를 일정 시간 대여하는 것으로, 비즈니스 센터 내에 보유한 한글, 일어, 영어, 중국어 버전의 컴퓨터를 사용하면 된다. 또한 문서 작성 사용을 목적으로 하는 고객 역시 마찬가지로, 비즈니스 센터 내에 보유한 컴퓨터를 사용하는 것으로 고객의 업무에 도움을 주는 서비스이다.

컴퓨터 사용요금(charge)은 대여(rental)시간과 사용하는 장소에 따라 다르게 적용하는데, 보통 비즈니스 센터 내에서 인터넷을 사용하는 고객들과 노트북을 소유하는 고객으로 구분할 수 있다. 대부분의 5성급 호텔들은 고객들이 가지고 다니는 노트북을 이용하여 객실뿐만 아니라 호텔 내 영업장에서 무선(wireless) 인터넷 서비스를 제공받고 있다. 랜카드(lan card)가 내장되어 있지 않는 노트북을 갖고 있는 고객은 랜카드를 비즈니스 센터에서 빌려야지만 무선 인터넷 서비스를 이용할 수 있다.

3) 휴대폰 대여 서비스

휴대폰(cellular phone & mobile phone) 대여 서비스는 호텔객실에 투숙하지 않는 일반 고객들에게 임대용 휴대폰을 빌려주는 서비스로서 렌탈(rental) 계약서를 작성한 후 렌탈 요금, 사용방법 등을 설명한 후 휴대폰을 제공한다. 고객이 대여한 전화를 반납하는 경우에는 가입회사에 연락하여 전화요금과 렌탈 요금을 확인한 후 고객에게 요금을 청구한다.

하지만, 객실 투숙객의 경우 대부분 5성급 호텔들은 객실 내에 휴대폰이 비치되어 있으므로 언제든지 사용가능하다. 이러한 경우 휴대전화를 휴대한 것만으로는 대여요금을 지불하지 않고, 휴대전화를 사용한 경우에만 자동으로 고객의 room charge에 합산시키는 호텔도 있다.

6 Mail 서비스 업무

1) 우표관리

호텔에서 우편물 서비스는 프런트 데스크에서 처리하는 것이 일반적이다. 그리고 우체국에서 우편물을 접수 발송하는 것이 원칙이다. 하지만 고객의 편리를 위해서 호텔 내의 비즈니스 센터에서 우표를 별도로 판매하는 곳도 있다. 이는 객실 내에 비치된 엽서(post card)나 편지 등의 발송을 위해 고객들의 편의와 서비스 차원에서 우표를 판매한다. 그리고 등기우편의 경우는 호텔에서 취급하지 않으므로 주의하여야 한다. 근무교대를 하기 전에 남은 우표와 판매금액을 확인하여 정확히 인수인계한다.

2) 특급 우편물 취급

특급 우편물(courier mail) 취급은 고객이 서류나 화물, 특수 우편물 등을 빠르게 배달하기를 원할 경우 DHL, FEDERAL EXPRESS(FedEx), UPS, EMS와 연계하여 취급한다. 특급 우편물은 접수하는 즉시 무게를 확인한 후 취급업체에 연락하여 가져가도록 하고, 고객에게는 발송요금을 받아 두었다가 업체직원에게 전달한다.

이때 고객이 보내고자 하는 서류나 화물의 내용물을 확인하고, 발송이 불가능한 물건(현금, 귀금속, 폭발물, 유류, 깨지기 쉬운 물건 등)인지 확인하고 포장(packing)하며, 고객이 원하는 업체가 있으면 해당업체에 연락하도록 한다.

취급방법에서 일반 서류와 샘플(sample)인 경우 다르게 취급을 한다. 일반일 경우는 신청서를 받아 기재하면 된다. 다만 수신자 전화번호가 있는지 확인을 요한다. 하지만 샘플인 경우는 신청서, 사유서, invoice(송장)를 기재하고 추가로 복사여권이 필요하다.

7 기타 서비스 업무

1) 통역과 번역 서비스

고객의 효과적인 업무진행을 위해 간단한 통역(interpretation)과 번역(translation) 서비스를 제공한다. 하지만 대부분 이러한 전문용어 통·번역 서비스는 전문 서비스 업체에 의뢰하며, 수수료(commission)를 받아 호텔규정에 따라 입금한다.

2) 명함제작 서비스

고객이 비즈니스를 하기 위해서 필요함에 있어 부족한 명함(business card)을 제작하는 것과 별도로 현지 언어로 번역된 명함을 주문 제작하는 것이다. 고객이 명함을 갖고 있는 경우는 먼저 명함을 복사하여 인쇄소로 보낼 때 매수, 완성날짜, 가격을 알아본 후 고객이 원하는 시간에 배달하도록 한다. 하지만, 고객이 명함이 없고 새로운 형식의 명함을 의뢰할 경우 고객이 요구하는 양식을 알아본 후, 고객의 요청에 따라 새로운 형식에 맞게 만든 다음, 고객의 요구대로 디자인이나 인쇄가 잘 되었는지 확인하고 인쇄소로 FAX를 보내거나 연락하여 처리한다.

3) Typing 서비스

비즈니스 센터의 직원이 되기 위한 첫 번째 조건은 타이핑과 문서 작성이 아닌가 할 정도로 타이핑과 같은 일을 많이 한다. 요즈음은 MS Office와 관련된 프로그램을 많이 이용하기 때문에 편해졌다고 하지만 아직도 고객으로부터 의뢰를 받기도 한다.

4) 이용현황 작성 및 입금

당일 비즈니스 센터를 이용한 고객들에 대한 통계가 필요하다. 이는 업무 효율을 높이기 위하여 인원배치 등에도 이용된다고 할 수 있다. 그러므로 이용현황 작성 시에는 성명, 객실번호, 서비스내역 이용시간대별, 요일별, 국적별 등의 통계자료를 기록한다.

또한 이용고객들은 투숙고객과 외부고객으로 구분하여 기록한다. 그리고 비즈니스 센터는 각종 서비스를 제공하고 고객의 편의를 도모하면서 호텔수익의 일부분을 담당한다. 따라서 당일 발생된 매출에 대한 내역을 작성하여 프런트 캐셔(front cashier)에 입금하여야 한다.

Global Traveler

글로벌 트래블러는 미국에 본사를 둔 여행 전문 월간지로 고급 비즈니스 여행객을 타깃으로 하며 ABC 발행부수가 10만 7,000부에 달한다. 글로벌 트래블러는 매년 호텔, 항공사, 도시, 신용카드, 면세점 등을 대상으로 70여 개 카테고리에서 독자투표에 의해 각 부문 최고를 가리며, 올해는 2만 8,000명 이상의 독자가 투표에 참여했다.

롯데호텔 서울은 세계적 여행전문지인 미국 글로벌 트래블러(Global Traveler)로부터 '2012년 대한민국 최고의 호텔'로 지난 12일 선정됐다. 2위는 파크 하얏트 서울, 3위는 W 서울 워커힐, 4위는 서울 웨스틴 조선, 5위는 그랜드 하얏트 서울, 신라호텔은 8위에 랭크됐다.

롯데호텔 서울이 '2012년 대한민국 최고의 호텔'로 선정된 데에는 리노베이션(Renovation)한 세련된 객실과 최첨단 시설, 그리고 한국의 정(情)이 묻어나는 차별화된 서비스가 주효했다는 평가다. 1979년 개관한 롯데호텔 서울은 본관(38층)과 신관(35층)에 총 1,120실을 운영 중이며, 미슐랭 3스타 셰프 레스토랑인 '피에르 가니에르 서울'과 명품 한식당 '무궁화', 국내 유일의 여성전용층인 '레이디스 플로어' 등 역시 해외 비즈니스 투숙객들에게 호평을 이끌어냈다.

미국 LA 베버리힐즈에서 열린 글로벌 트래블러 어워드 시상식에 참석한 롯데호텔의 김현식 마케팅 부문장은 "미주지역 최고의 여행전문지인 글로벌 트래블러가 롯데호텔 서울을 대한민국 1등 호텔로 뽑아줘 감격스럽다"며 "33년 5성급 호텔 운영의 노하우를 잘 살려 고객의 상상을 뛰어넘는 더 높은 수준의 서비스로 보답하겠다"고 수상소감을 밝혔다.

한편, 롯데호텔 서울은 이 밖에도 올해 해외 유력 언론으로부터 국내 최고의 호텔로 잇따라 인정받았다. 지난 9월에는 비즈니스 트래블러로부터 2010~2012 3년 연속 '서울 최고의 호텔'로 뽑혔고, 10월에는 TTG Asia로부터 역시 2010~2012 3년 연속 '서울 최고의 호텔', 11월에는 콘데 나스트 트래블러로부터 '한일 톱10 호텔'로 선정됐다. 또한 롯데호텔 서울의 서비스를 그대로 옮겨놓은 롯데호텔 모스크바가 11월에 콘데 나스트 트래블러로부터 '러시아 최고의 호텔'로도 뽑혀 해외무대에서 롯데호텔의 서비스가 소위 '통'한다는 평가가 뒤따르고 있다. 롯데호텔 서울과 함께, 글로벌 트래블러 어워드 시상식에 이름을 올린 국내 기업으로 하얏트 리젠시 인천이 '베스트 에어포트 호텔'에 이름을 올렸다.

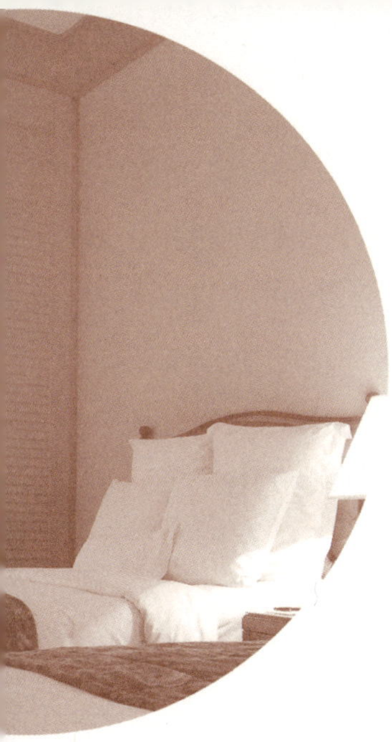

제5장

Fitness Center

1절 ◎ Fitness Center의 일반적 개요

현대사회의 근로구조가 주5일제로 전환되면서 자유 시간이 늘어나고, 생활여건 또한 좋아져 사람들은 건강에 대한 관심이 어느 때보다도 높다. 그러므로 긴장완화와 기분전환을 위한 사회적인 활동과 능력을 위하여 자발적으로 소비하는 것이 지배적이다. 건강에 관심 있는 사람들은 건강한 삶과 장수를 함께 누리기 위해 훌륭한 시설과 장비, 고급 서비스를 제공해주는 곳을 찾아다닌다. 그러한 것 중 한 곳이 호텔의 피트니스 센터(fitness center)라고 할 수 있으며, 고객들의 스트레스와 피로를 풀어 줄 수 있는 호텔의 부대시설이다.

이전의 피트니스 센터는 단순히 체력단련에 중점을 두었지만, 최근에는 건강 증진뿐만 아니라 여가시간 증대에 따른 여가선용과 사교목적 등을 위한 웰빙(well being) 공간으로 인식되고 있다.

피트니스 센터는 법률적으로 1989년 체육시설 설치 이용에 관한 법률과 시행령에서 실내수영장을 포함한 2종 이상의 체육시설(골프장, 체련장, 에어로빅장 등)을 동일인이 한 장소에 설치하여, 하나의 단위체육시설로 경영하는 업으로 규정하고 있다. 이러한 측면에서 볼 때 호텔의 피트니스 센터는 회원과 호텔 투숙객에게 건강과 레크리에이션 시설을 제공하여 건강증진과 복지향상을 도모하는 역할을 한다. 뿐만 아니라, 호텔의 마케팅 측면에서 보면 고정고객의 확보와 호텔홍보 및 수익증대와 같은 역할도 한다.

2절 ◎ Fitness Center의 구성

호텔의 피트니스 센터(fitness center) 시설은 호텔의 규모나 투자 여건에 따라 각각 다르지만, 기본적으로 체력단련장(gymnasium : gym & exercise room), 수영장, 테라피(therapy), 사우나(sauna) 등을 갖추고 있다. 그 외에도 골프장, 라켓볼, 에어로빅, 암벽 등반시설 등 다양한 시설을 갖추고 있는 곳도 있다. 피트니스 센터는 각각의 호텔 특성 및 여건 등을 고려하여 운영하고 있다.

몇몇 호텔에서는 개인 트레이너(personal trainer)가 상주하면서 건강상담은 물론, 체지방 검사와 같은 정밀 신체검사, 운동부하 검사 등 종합 체력검진 결과를 토대로 고객 개개인의 체력에 맞는 운동 프로그램을 만들어 개인 스케줄에 맞추어 지도한다. 이러한 피트니스 센터는 직원도 많고, 관리하는 면적도 넓어서 별도의 부서로 운영하기도 한다. 그러나 최근에는 많은 호텔이 부서가 통합되면서 객실부 소속으로 운영되고 있다.

1 체력단련장

체력단련장(gymnasium) 또는 체련장(exercise room)은 건강하면서도 균형 잡힌 몸매와 강한 체력을 갖기 위한 장소로, 일련의 운동할 수 있는 공간이며 최첨단장비와 시설을 갖추어 종합적인 운동을 할 수 있는 곳이다.

이곳에는 런닝머신(running machine)과 같은 유산소 운동장비와 다양한 기능의 첨단 운동기구들이 설치되어 있다. 또한 전문 트레이너(personal trainer)가 운동을 통하여 얻을 수 있는 효과 등을 이해하기 쉽게 설명하며, 초보자에게는 체형에 맞는 운동 프로그램을 설정하여 개개인의 특성에 맞는 운동 프로그램을 추천해 준다. 그리고 체력측정 및 운동기구의 이용 시 정확한 동작과 사용법을 알려 준다.

그림 3-19 **체력단련장 전경**

2 골프장

몇 년 전만해도 사치품으로 여겨졌던 골프가 최근에 와서는 대중화되면서 호텔에서도 골프연습장의 설치가 일반화되었다. 5성급 호텔의 경우 대부분 실내 골프(indoor golf) 연습장을 운영하고 있으며, 일부 호텔에서는 실외 골프(outdoor golf) 연습장을 설치 · 운영하는 곳도 있다.

실내 골프장의 경우 최신식 골프공 자동 서빙기와 골프클럽을 보관할 수 있는 락커 룸(locker room)과 휴게실 등이 갖추어져 있으며, 골프장 내에는 전문코치(pro)가 회원들의 골프기술을 가르쳐주고 올바른 자세를 잡아 준다. 그리고 컴퓨터 시스템을 이용한 최첨단 스크린 골프 설치가 일반화되어 있으며, 일부 호텔에서는 퍼블릭 코스(public course)인 9홀(hole) 또한 정규 코스(regular course)인 18홀의 실외 골프장을 함께 운영하기도 한다.

그림 3-20 골프 연습장 전경

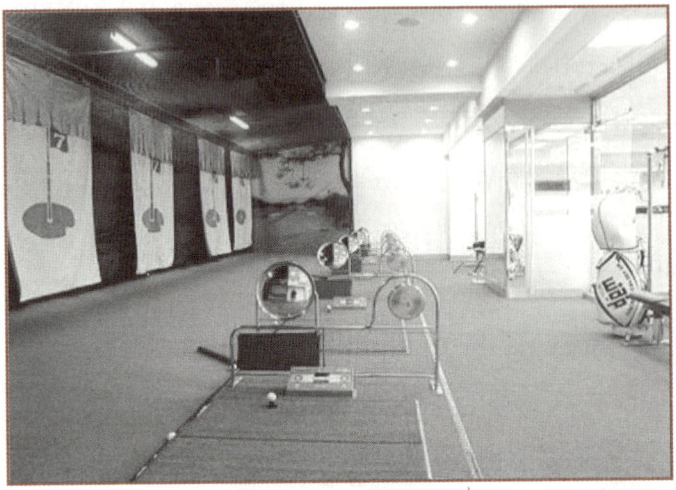

3 수영장

스포츠 활동 중 대표적인 운동인 수영은 누구나 할 수 있는 가장 기본적이며, 전신운동에 적합한 운동이다. 또한 심폐기능을 활발히 하여 체내 유산소 순환을 촉진시키고, 지구력과 신체적 기능을 강화하는 운동이다. 이렇게 몸에 가장 좋다고 할 수 있는 운동을 하기 위해서는 수영장(swimming pool)이라고 하는 시설을 갖추어야 하는데, 많은 시설비와 운영관리비가 소요되는 단점은 있다. 하지만 대형 호텔에서는 대부분 수영장을 운영하고 있는데 호텔의 서비스 이미지와도 관계가 있기 때문이라 할 수 있다.

신체에 가장 적합한 수영장 수온을 유지하기 위해서는 보통 27~29℃ 정도로 유지하여야 하며, 수질 또한 중요한데 수소이온 농도는 6.8~7.3ph, 잔류 염소량은 0.2~0.4 ppm을 유지하며, 자동정수를 위한 여과기와 오존살균처리시설을 갖추고 있다. 또한 자연채광이 들어와야 하며, 실내 수영장의 경우 자동 온도조절이 가능하도록 되어 있다.

우리나라의 경우 야외 수영장은 여름철에만 운영할 수밖에 없으며, 다수의 선 덱(sun deck) 시설을 갖추고 있어야 한다. 예전의 수영장하면 여름에만 이용 가능한 시설물로 여겨져 왔으나 근래에 와서는 겨울철에도 아이스링크로 운영되기도 한다. 이와 같은 운영방식은 호텔 마케팅 차원에서도 효과가 크다고 할 수 있다. 특히 수영은 신체에 가장 이상적인 운동이라고는 하지만 사고위험이 내포된 운동이다. 따라서 수영장에 근무하는 직원은 항상 주위를 주시하고 잘 보이는 곳에서 안전을 위해 최선을 다하여야 한다.

그림 3-21 **수영장 전경**

4 사우나

사우나(sauna)는 혈액의 흐름을 증가시키고, 몸의 피로를 풀어준다고 하여 사람들이 가장 선호하는 곳 중 하나이다. 따라서 호텔에서는 국민위생 및 건강증진을 도모하는 업장으로 운동시설과 함께 부대시설로 운영을 하고 있다. 사우나를 운영하기 위해서는 법으로 규정하는 규칙을 이행하여야 하는데, 공중목욕탕 법에는 일반 목욕장과 특수 목욕장 및 수영장으로 구분하고 있는데, 호텔의 사우나(sauna)는 현행 공중목욕탕법상 특수 목욕장의 한증탕에 속한다.

사우나 시설은 목욕을 할 수 있는 탕 하나만으로 운영 가능하지만, 사우나를 이용하는 고객은 목욕과 편안한 휴식을 취하러 왔기 때문에 다양한 시설을 갖추어야 한다. 즉, 온탕(warm bath)과 냉탕(cold bath), 샤워 부스(shower booth), 휴게실과 수면실을 갖추고 있어야 한다. 그리고 건식과 습식 사우나를 즐길 수 있는 80~100℃ 정도의 사우나 독(sauna dock)을 갖추고 있다. 그 밖에 부대시설로는 개인사물함, 휴게실, 수면실, 이 · 미용실, 화장품이 구비된 파우더 룸 등을 갖추고 있다.

5 테라피

테라피(therapy)는 건강관리의 한 방법으로, 물의 다양한 물리적 · 화학적 성질을 이용하여 건강을 관리하는 시스템이다. 이는 스트레스로 인한 질병예방 및 치료방법으로 이미 오래전 유럽 등 선진국들부터 보급된 건강관리 방법이다. 현재 서울시내에 소재한 일부 5성급 호텔 피트니스 클럽 내에 최첨단 장비와 전문가인 테라피스트(therapist)에 의해 테라피가 운영되고 있다.

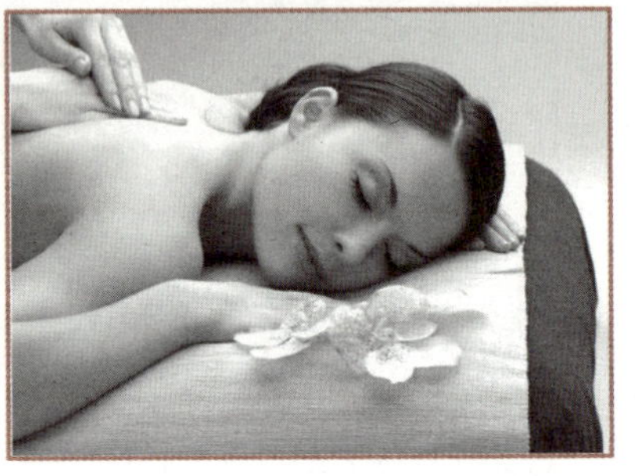

3절 ◎ Fitness Center의 운영방식

호텔의 피트니스 센터는 경영방침에 따라 다양한 방식으로 운영을 하고 있는데, 피트니스 멤버(member)로 가입하고자 할 때는 일정 금액의 보증금과 연회비를 지불하고 나면 정회원으로 가입할 수 있다. 이후 카드를 발급받게 되면 휴회나 탈퇴가 되지만, 양도 등을 할 경우는 정해진 피트니스 센터 규정에 따른 비율에 따라 보증금 중 일부를 환원받지 못할 수도 있다. 회원관리는 호텔규정에 따르지만 일부 5성급 호텔 피트니스 클럽 회원권 관리는 회원권 거래소를 통하여 기존회원의 회원권을 구입하는 방식으로 되어 있다.

피트니스 센터의 회원권은 상장된 기업의 주식과 같은 방식으로 거래되는데, 경제 원리에 따라 회원권 가격이 정해진다고 할 수 있다. 즉, 인지도가 높고, 유명인사가 많은 피트니스 센터나 시설, 접근성 등 다양한 요인에 의해 거래 가격이 정해지기 때문이다.

피트니스 센터의 수익은 대부분 회원이 납부하는 입회비와 연회비 수입에서 발생하는데, 평생회원을 중심으로 운영하는 대부분 호텔에서는 연회비와 보증금 등으로 이자수익으로 발생되며, 단기회원은 월 회비에서 발생된다. 그리고 부수적으로 발생되는 수익은 양도에 의한 명의변경 수수료, 식음료 매출, 강습 또는 레슨비(lesson), 사물함 대여료, 동반객 입장료, 이 · 미용실 임대료, 세면도구 판매 등에서 수익이 발생한다.

피트니스 센터 운영은 경영형태에 따라 멤버십(membership) 제도, 퍼블릭(public) 제도, 세미 퍼블릭(semi public) 제도가 있으며, 호텔은 일반적으로 멤버십 제도와 세미 퍼블릭 제도를 중심으로 운영되고 있다.

1 멤버십 제도

5성급 호텔의 대부분 피트니스 센터는 멤버십 제도로 운영되고 있다. 회원제인 멤버십은 시설을 다수가 공동으로 소유하는 형식의 '공유제 방식'과 발행하는 주식 증권을 취득함으로써 회원권을 취득하는 '주식회원제', 입회금, 예탁금을 지불함으로써 회원권을 취득하는 '예탁금제'가 있다. 회원권의 종류는 개인회원, 부부회원, 가족회원, 법인회원 등으로 구분할 수 있다.

1) 공유제 방식

공유제 방식은 피트니스 센터의 설비 및 시설을 회원이 공유하는 방식을 말하며, 소유권 이전 방식 또는 오너 시스템 방식이라고도 한다. 이 운영방식의 장 · 단점은 다음과 같다.

❶ 회원이 호텔에 대한 신뢰가 높다.

❷ 안정적으로 재산보존을 할 수 있다.

❸ 매출에 따른 수익의 파악이 용이하다.

❹ 재산 증식의 가치가 있다.

❺ 회원권 판매가 용이하다.

❻ 법적 규제가 까다롭다.

❼ 영업정책을 수행함에 있어 어려움이 있다.

2) 예탁금제 방식

예탁금 제도는 입회금과 예탁금을 지불함으로써 피트니스 센터 시설을 이용할 수 있는 방식을 말하며, 이용권 판매 방식이라고도 한다. 이 운영방식의 장·단점은 다음과 같다.

❶ 호텔의 자산이 증가한다.

❷ 회원가입에 자격의 제한을 둘 수 있다.

❸ 공유제 방식보다 회원권 가격이 저렴하다.

❹ 영업정책 변화에 커다란 제약이 없다.

❺ 법적 규제가 약하여 운영하기에는 용이하다.

❻ 여유자금이 필요하다.

2 퍼블릭 제도

Fitness Center의 퍼블릭(public) 제도는 이용자격에 제한을 두지 않으며, 누구나 일정금액을 지불하면 자유롭게 이용할 수 있는 형태로 운영되는 제도이다. 이러한 형태로 운영하는 대부분의 호텔에서는 투숙객에 한해서는 특별한 제한을 두지 않고 자유롭게 이용할 수 있다. 하지만 일반 고객은 입장료를 지불해야 한다.

3 세미 퍼블릭 제도

Fitness Center의 세미 퍼블릭(semi public) 제도는 예탁금 또는 입회비를 지불하고 이용하는 멤버십 제도 방식과 이용할 때마다 요금을 지불하고 일반 이용객들과 공용으로 이용하는 퍼블릭 제도의 혼합운영 제도이다. 이러한 형태로 운영하는 호텔에서는 경영방침에 따라 2가지 제도를 생각해 볼 수 있다.

하나는 투숙객의 경우 할인된 입장료를 지불하고 입장하는 방식과 다른 하나는 호텔에서 무료입장권을 발급받아 특별한 제한을 두지 않고 입장 가능하여 자유롭게 이용할 수 있는 방식이다. 하지만 외부 고객은 입장료를 지불해야 한다.

4절 Fitness Center의 회원관리

피트니스 센터의 회원가입은 호텔에서 무한정 받게 되면 여유자금이 늘어나 운영이 용이할 수 있다. 하지만 회원가입 인원은 피트니스 센터의 면적과 시설에 비례하여 관할 지역으로부터 승인을 받아야 된다.

회원가입은 고객이 자진 가입하는 경우, 지인의 추천으로 가입하는 경우, 회원을 담당하는 마케팅 부서의 추천에 따라 가입하는 경우가 있다. 가입은 대체로 3단계의 과정을 거치게 된다. 첫째는 고객과 전화 상담을 하고, 둘째는 고객이 호텔을 방문하고, 셋째는 시설 견학 후 회원가입을 하는 경우가 있는데, 다음과 같은 관리방법이 있다.

1 회원가입 신청서 작성

회원가입 신청서 작성은 호텔과 고객 간의 피트니스 이용 약관에 대한 계약서이다. 따라서 서명에 앞서 약관에 대한 세부적인 설명과 고객의 문의에 정확한 응답과 시설 이용에 관한 다양한 정보를 제공하여야 한다. 다음은 피트니스 센터의 회원가입 신청서 견본이다.

그림 3-22 피트니스 센터 회원가입 신청서

Millennium Seoul Hilton

힐튼 이그제큐티브 헬스클럽 회원 가입 신청서

1. 가입자 인적사항

성 명(국문) ____________________

(영문) ____________________

자택주소 ____________________

____

전화번호 ____________________

생년월일 ____________________

주민등록번호 ____________________

결혼여부 미혼 □ 기혼 □ 결혼기념일 ____________

4. 가족회원

배우자성명 (국문) ____________________

(영문) ____________________

생년월일 ____________ (음 · 양)

주민등록번호 ____________________

자녀성명 1. ____________ 생년월일 1. ____________

2. ____________ 2. ____________

3. ____________ 3. ____________

4. ____________ 4. ____________

2. 가입자 직장명세

회 사 명 ____________________

회사주소 ____________________

전화번호 ____________ 팩스번호 ____________

직 위 ____________________

3. 회원종류 (한가지에 표시하십시요.)

개인회원 □ 가족회원 □ 법인회원 □

** 가족회원으로 등록할 경우 주민등록등본을 첨부하십시요.*

** 법인회원은 한 직장의 2인 이상의 직원으로 구성됩니다.*

5. 우편물 발송처 수신처 (한가지에 표시하십시요.)

자택 □ 회사 □

6. 회원서약

본인은 힐튼 이그제큐티브 헬스클럽회원으로 가입함에 있어 클럽 규정을 충분히 양지하고 이를 준수할 것임을 서약합니다. 상기 신청서 기재내용은 사실과 상위 없으며 이로써 이그제큐티브 헬스클럽회원가입을 신청합니다. 본 신청서에 대해 이그제큐티브 헬스클럽은 임의로 회원가입을 사절할 수 있습니다.

서명 ____________________

서명일자 ____________________

** 가입신청시 최근에 찍은 증명판 사진(2.5×3cm) 4매 첨부요망.*

2 회계업무 처리와 회원권 발급

회원가입 신청서 작성이 완료되면 입회금을 받게 된다. 입금된 가입비는 재정부서로 입금시켜 정상적인 회계처리를 하고, 영수증을 발급한 후 피트니스 회원번호를 부여한다. 그리고 회원권이 발급되면 즉시 피트니스 센터를 이용할 수 있다.

3 회원관리

회원권 발급이 완료되면 피트니스 센터 이용방법에 대한 설명을 하면서, 센터 전체를 안내(tour)한다. 신규 회원은 내부 구조를 잘 모르기 때문에 사소한 곳이라도 자세한 설명이 필요하다. 즉, 사물함, 탈의실, 욕실, 휴게실, 화장실, 세면실, 다른 운동시설로 이동하는 통로 등 전반적인 설명이 필요하다.

4 신규 회원 소개

처음으로 입회한 신규 회원은 분위기가 어색하기 때문에 피트니스 센터 팀장은 다양한 운동시설들에 대한 설명과 각각의 수영, 헬스(health), 골프, 체련장, 에어로빅, 사우나 등 담당 직원에게 소개를 한다. 뿐만 아니라 자사 호텔을 처음 이용하는 신규 회원이라면 호텔에 대한 전반적인 영업장과 시설물 소개가 있어야 어색함 없이 친근감을 갖고 호텔을 이용하게 될 것이다.

5절 Fitness Center 직원의 업무

Fitness Center 내에서는 예상치 못한 안전사고가 발생되므로 피트니스 센터 직원은 고객의 안전이 우선이라는 직업관이 있어야 한다. 그러므로 직원이 원활한 업무수행과 고객의 안전을 위해서는 갖추어야 할 여러 가지 요건이 있겠지만, 그 중에서도 고객을 위한 서비스 마인드를 갖고 접객 업무를 수행하는데 역점을 두어야 한다.

따라서 서비스 정신을 겸비한 피트니스 센터 직원이 되기 위해서는 올바른 정신과 행동이 일치해야 하며, 담당 업무의 효율성을 높이기 위한 노력이 요구된다. 또한 고객에게 밝고 상냥하고 미소 띤 표정으로 먼저 인사하며, 회원의 얼굴을 기억하도록 노력하고, 고객에게는 겸손한 태도로 정확한 용어와 적절한 화법으로 대화한다. 그리고 항상 고객이 잘 보이는 곳에서 대기하되, 복장은 항상 깨끗이 하고 단정히 하며, 고객안전이 최우선이라는 마음가짐으로 고객을 접해야 한다.

1 기본적 업무

1) 고객안전이 우선

❶ 헬스기구(health machine)의 청결과 정리정돈

❷ 고객에게 기구사용법 안내와 설명

❸ 피트니스 센터 내 시설물 관리 철저

❹ 수영장에는 Life Guard(안전요원) 상시 배치

❺ 수질, 수온, 잔류염소량, 수온이온농도 유지

❻ 분실물(Lost & Found) 관리 철저

2) 고객만족에 최선

❶ 항상 고객을 위해 다가서는 자세

❷ 고객 앞에서 불평 금지

❸ 고객의 실수에 웃지 말 것

❹ 근무 중 동료들과 사담 금지

❺ 정기적인 서비스 교육

3) 효율적인 근무시간 배정

❶ 고객을 우선하는 직원들의 근무시간

❷ 업무 효율화를 위한 월간 스케줄 작성

4) 점검 및 각종 리포트 관리

❶ 피트니스 센터 내 안전과 위생에 대한 리포트 관리

❷ 수영, 골프, 체력단련장 등 센터 내 각 Section 점검

❸ Locker Room Key 관리

❹ Safety Deposit Box 관리

❺ Lost & Found 관리 ❻ 대여품목 관리

❼ 일일 및 월말 결산결과 ❽ 행정감독에 대한 각종 서류관리

5) 보고 시스템 확립

❶ 피트니스 센터 내 운동 중 발생할 수 있는 안전사고 발생 시 보고

❷ 피트니스 센터 내 수영장 또는 사우나 등에 발생하는 긴급사고 시 보고

❸ 도난 사고 시 보고

6) 환경위생

❶ 고객의 건강이 최우선이라는 생각

❷ 수질환경보존법(수온 27~29℃, 잔류염소량 0.2~0.4ppm, 수온이온농도 0.2~0.4ph)을 준수

❸ 피트니스 센터 내 공공장소의 환경위생 감시

7) 회원유치

❶ 회원유치에 만전 ❷ 회원접수 및 이탈방지 관리

❸ 스피닝(spinning), 요가, 스텝(step) 등 새로운 프로그램 개발

❹ 회원들 간 동호회 유치를 통하여 고정고객 확보

❺ 경품제시 등 회원유치

2 회원관리 및 예약업무

호텔의 피트니스 센터는 대부분 회원제로 운영을 하는데, 일정 기간 정해진 회원제도 있지만 5성급 호텔의 경우는 평생회원제로 운영을 하는 경우가 대부분이다. 그러다 보니 비회원인 일반 외부 방문객은 입장을 할 수 없다. 물론 General Manager의 특별 고객이나 판촉 또는 홍보를 위한 초대권 소지자는 예외로 할 수 있다.

피트니스 센터의 회원관리는 우선 개인이나 부부 또는 법인을 대상으로 회원가입신청서를 작성한 후 일정한 보증금을 납부하게 되면 정식 회원이 되며, 회원카드를 발급받는다. 이후 사물함을 배정하고 회원들에게 피트니스 센터에 대한 전반적인 안내 등과 같은 업무를 수행한다.

예약업무는 고객이 계획하고 있는 생각을 실행할 수 있도록 직원이 부수적인 설명을 추가하여 피트니스 회원이 되도록 약속을 하는 것이다. 그러므로 예약담당자는 고객의 요구사항을 정확히 인지하여 고객이 납득하는 명확한 설명이 있어야 하며, 효율적인 서비스로 고객에게 만족을 줄 수 있도록 최선을 다하여야 한다.

표 3-8 5성급 호텔의 피트니스 센터의 시설과 특징

호텔명(피트니스 센터 명)	시설과 특징
밀레니엄 서울 힐튼 (이즈제큐티브 헬스 클럽)	회원제로 운영되고 566평의 규모로 2층에는 피트니스 센터 입구와 인포메이션, 남 · 여 사우나, 휴게실, 이발소와 미용실, 3층에는 수영장, 체련장, 에어로빅, 골프연습장 등의 시설을 갖추고 있다. 그리고 회원들의 체력과 체성분 측정 등을 정확하게 조사한 뒤 알맞은 운동 프로그램을 작성하여 3개월 주기로 운동능력을 향상시키고 있으며, 회원이 전문적으로 관리를 원할 시 수영과 골프, 근력운동 등 개인별 맞춤형 프로그램(personal training)을 통하여 1:1 서비스를 하고 있다. 또한 회원관리를 위해 월1회 정기 골프대회와 등산을 통하여 회원들 간에 친선을 도모하고 있다.
그랜드 하얏트 서울 (클럽 올림퍼스)	회원제로 운영되고 있고, 계절에 따른 이벤트를 통해 회원 간의 친목을 도모하고 있으며, 스팀, 드라이 사우나를 갖춘 남 · 여 사우나, 최신식 운동 및 특정기구가 있는 체육과 에어로빅 룸, 실내 · 외 수영장, 어린이수영장, 3개의 테니스 코트, 2개의 스쿼시 코트, 겨울철 아이스 스케이팅 링크가 있다. 실외 수영장(out door swimming pool)은 여름에는 일반 수영장으로 개장을 하지만 겨울에는 아이스링크로 운영되고 있다.
웨스틴 조선 (시티 애스테틱 클럽)	회원제로 운영되며, 객실고객에 한하여 이용가능하다. 체련장, 에어로빅, 수영장, 스튜디오, 실내 수영장, 스파 & 사우나 등을 갖추고 있다. 고객 개개인의 건강상태를 점검하여 운동 프로그램을 처방하는 체련장과 최첨단 운동기구를 전문 트레이너의 지도하에 도심을 내려다 보며 즐길 수 있다. 실내 수영장은 국제규격(25m×7.5m)으로 되어 있으며, 습식과 건식 사우나와 냉 · 온탕 자쿠지(jacuzi bath), 파우더 룸(power room)과 휴게실을 구비하고 있으며, 여성전용 전신마사지를 제공한다.

호텔명(피트니스 센터 명)	시설과 특징
그랜드 인터컨티넨탈 호텔 (메트로폴리탄 피트니스 클럽)	세계적 권위의 헬스전문가인 '클라크 헤치'가 개발한 헬스 프로그램과 최신운동시설, 과학적인 전문지도, 컴퓨터에 의한 회원건강관리 시스템을 통해 1:1 Personal Trainer가 개인체력관리를 하고 있다. 이곳에는 인체공학적 첨단 헬스기구들과 선탠 룸, 남 · 여 사우나, 남 · 여 휴게실과 수면실, 마사지실, 회원전용 비즈니스 룸을 갖추고 있다. 또한 25m 길이의 국제규격 실내 수영장과 에어로빅 연습실 및 10타석 골프장을 이용할 수 있다.
JW메리어트 (마르퀴스 더말 스파 & 피트니스 클럽)	회원제로 운영되며, 국내 최초로 태양광 실내전달 시스템을 도입하여 인체에 유익한 자연광만을 실내로 끌어와 사계절 내내 선탠(suntan)을 즐길 수 있게 했다. 지하 600m에서 용출되는 최상의 온천수가 공급되며, 지하 2층에서 지하 4층까지 무려 4,200여 평의 초대형 시설을 갖추고 있다. 여기에는 150여 대가 넘는 유명 체련기구가 배치된 국내 최대의 404평 체련장, 온천수영장, 미용과 건강 그리고 치료를 위한 마르퀴스 테라피, 일본에서 직접 설계 · 시공한 히노끼탕과 한국 전통의 황토방 사우나, 22개 타석의 골프연습장, 국내 호텔 유일의 암벽등반시설(높이12m) 등의 시설을 갖추고 있다. 이 밖에도 스쿼시, 체력측정실, 에어로빅 룸, 다목적체육관, 레스토랑 및 멤버십 바, 수면실, 미팅 룸, 미용실 등 다양한 시설을 갖추고 있다.
코엑스 인터컨티넨탈 호텔 (코스모폴리탄 피트니스 클럽)	3층 전체를 이용하여 모든 회원에게 전문 Personal Trainer(개인 트레이너)가 직접 프로그램을 제공하며, 골퍼들을 위한 레슨, 요가, 스트레칭, 모던 · 라틴스포츠 댄스, 에어로빅 등을 진행한다. 또한 간호사가 상주해 있어 회원의 혈당과 혈압 및 콜레스테롤 수치를 측정해 주고, 개인별 체성분 분석 및 운동처방이 가능하다. 프로 골퍼가 상주하여 레슨을 받을 수 있는 실내 골프연습장과 25m 실내 수영장, 건식 · 습식 사우나와 스파, 냉 · 온탕, 이용실과 미용실, 마사지 서비스, 바와 레스토랑 등 편의시설이 갖추어져 있다.
임피리얼 팰리스 (피트니스 클럽)	Gymnasium, 오리엔탈 스파, 야외 수영장, 인도어 골프 레인지 등을 갖추고 있다. 야외 수영장의 경우 인공수목이 수영장 전체를 둘러싸고 있어, 그늘 속에서 여유로운 휴식을 취하며 지중해에 온 듯한 느낌을 받을 수 있고, 골프 레인지는 9타석 규모에 30야드 이상의 비거리를 확보하고 있으며, 12개의 최고급 스파 룸을 갖추고 있다.
신라호텔 서울 (신라 피트니스 클럽)	1,000여 평이 넘는 실내 규모를 자랑하며, 야외 수영장과 65종의 운동기구를 갖춘 체육관, 에어로빅, 조깅코스, 골프장, 사우나, 길이 25m와 넓이 8m의 풀이 있는 실내 수영장을 갖추고 있다. 다이어트 행사, 골프대회, 의료세미나 등 정기적인 이벤트를 기획 · 운동하고 있다.

※ 서비스 내용은 변경될 수 있음

피트니스 센터

서울 여의도에 위치한 콘래드 서울(Conrad Seoul) 호텔이 최고급 스마트 럭셔리 피트니스 클럽인 '펄스 8'(Pulse 8)의 개장에 맞춰 특별 창립 회원을 모집했다. '펄스8'은 서울 여의도 IFC 서울(서울국제금융센터)에 국내 최초의 '힐튼 월드와이드'(Hilton Worldwide)의 최상급 럭셔리 브랜드 '콘래드 서울' 호텔 내 피트니스 클럽이다. 8층과 9층에 걸쳐 체육관, 수영장, 골프 드리이빙 레인지, 사우나, 스파 등 최첨단 장비를 갖춘 최고급 시설로 되어 있다.

'펄스 8'은 고층에 위치한 피트니스 클럽으로 시원하게 트인 조망권을 자랑한다. 총 3300제곱미터(1,000평)의 넓은 공간 안에는 280여 종의 최첨단 기구를 구비한 체육시설과 25미터 길이의 실내 수영장을 같은 층에 배치하여 이용의 편의성을 극대화했다. 특히 체육관과 실내 수영장은 천장과 유리창을 통해 풍부한 자연 태양광이 들어오게 되어 있어 야외에서 운동을 하는 것과 같은 실감을 느끼기에 충분하다. 현대적이고 고급스러운 은행나무를 모티브로 동양 사상의 근본인 음양 조화와 건강에 대한 배려의 콘셉트가 자연스럽게 녹아있다는 것.

한편, '펄스 8'은 회원들의 쾌적한 클럽 이용을 위해 한정된 수의 회원을 모집한 것으로 전해졌다. 피트니스 센터 관계자에 의하면 "한국의 월가로 상징되는 여의도 지역의 새로운 비즈니스 중심이 될 IFC 서울(서울국제금융센터)에 오픈할 콘래드 서울 호텔의 피트니스 클럽 '펄스 8'(Pulse 8)은 럭셔리 호텔의 위상에 맞는 최고의 시설과 첨단 장비를 갖추고 회원들에게 최상의 서비스를 제공한다고 한다.

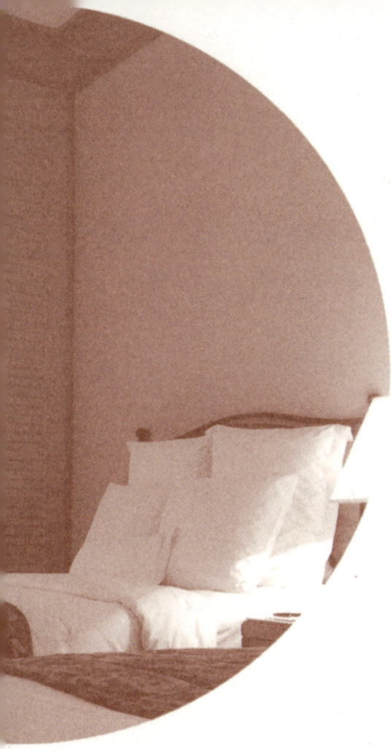

제6장

PBX(Operator)

1절 ◎ 교환실의 일반적 개요

교환실(PBX: Private Branch Exchange)은 전화 교환실(telephone operator), 스위치보드(switch bored) 또는 오퍼레이터(operator)라고 할 정도로 다양하게 불린다. 최근에 와서는 많은 호텔들이 원스톱 서비스(one stop service)를 추구하기 때문에 모든 것을 도와준다는 의미에서 서비스 센터(service center)로 부서명을 바꾼 호텔도 있다. 이곳에서 근무하는 직원들은 다국적 고객을 대상으로 하기 때문에 상당 수준의 외국어 실력을 갖추고 있어야 하는데, 호텔의 보이지 않는 얼굴이라고도 하겠다. 게다가 고객은 목소리를 듣고 호텔의 인상을 결정한다고도 한다. 따라서 교환

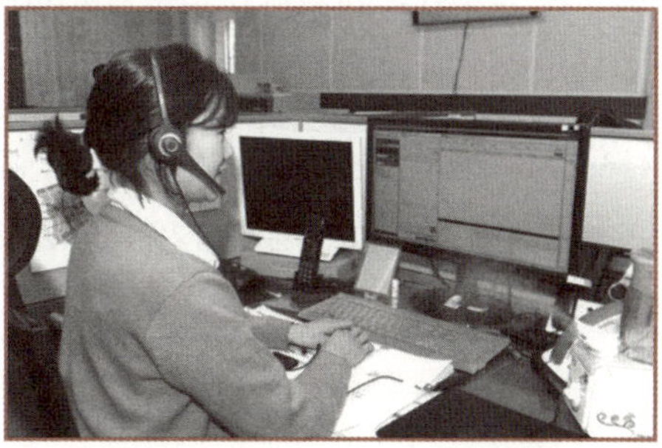

실이야말로 호텔의 통신매개체로써 안내센터이자, 호텔의 심장부로 호텔 내 중요한 부서라고 할 수 있다.

교환실은 객실부 소속으로서 객실부장 아래 교환실장이 업무를 관장하며, 호텔 내·외의 의사전달의 중심이 되고, 365일 24시간 모든 전화의 송·수신업무를 처리하고 있다. 즉, 단순한 전화 교환업무에서 고객정보 센터로 변신하여 호텔 내·외부와의 연결 및 통화하려는 사람과의 매개역할을 하는 부서이다.

2절 ◎ 교환실의 서비스 업무

1 원스톱 서비스(one stop service) 업무

최근 호텔들은 날로 심화되는 서비스 경쟁에서 살아남기 위하여 많은 노력을 기울이고 있다. 이러한 노력들 중의 하나가 바로 고객입장에서 생각하는 고객 위주의 경영기법이라 할 수 있다. 얼마 전까지는 우리 모두가 느끼는 것이지만 기업에 전화문의를 하게 되면 수신자는 본인 담당이 아니라며 다른 부서로 여러 번 돌리기도 하고, 때로는 기다리게 하는 경우도 많았다. 그렇다고 문의사항 모두가 해결되지도 않았던 일을 누구나 한번쯤은 경험이 있을 것이다. 이러한 문제점을 해결하기 위하여 호텔기업에서는 프런트 데스크, 하우스키핑, 판촉, 룸 서비스, 벨 데스크, 예약실, 비즈니스 센터 등 영업 관련부서에서 간단히 처리할 업무들을 하나의 부서(교환실)에서 통합 서비스를 하기 시작했다.

원스톱 서비스(one stop service)야말로 고객은 빠른 서비스라고 만족하고, 호텔기업의 업무는 효율적으로 증가시킴으로써, 고객과 호텔 모두가 만족함으로써 생긴 새로운 형태의 대고객서비스라고 할 수 있다. 일명, 익스프레스서비스(express service)라고도 하는데, 고객들이 요구사항을 기다림 없이 신속·정확하게 처리하는 것이 최우선이다.

호텔의 모든 수신전화를 하나로 통합하여 보다 빠른 서비스를 제공하기 위한 것이 원스톱서비스(one stop service)의 핵심인 것이다.

과거에는 호텔교환하면 것이 단순히 전화만을 연결하는 것이 교환업무의 전부라고 생각하지만, 현재는 다기능을 보유한 직종으로 변신하고 있다. 뿐만 아니라, 서비스 익스프레스(service express) 기능으로서 호텔의 전반적인 모든 업무를 수행하는 직종으로 변모하고 있다. 이러한 변화는 거의 모든 호텔에서 일어나고 있으며, 고객으로부터 걸려온 전화는 한 번에 모든 서비스를 제공받을 수 있는 호텔의 중요부서로 부각되고 있다.

2 세일즈맨으로서의 서비스 업무

교환실 업무는 수많은 다국적 고객을 전화음성으로 만나게 되고, 고객 역시 직원의 얼굴을 볼 수 없고 음성으로만 업무가 이루어지기 때문에 교환원의 음성과 안내하는 정도에 따라 호텔의 이미지가 다르게 느껴질 수도 있다. 즉 교환실 서비스에 따라 호텔의 서비스 질이 크게 좌우된다고 할 수 있으므로 교환실의 명랑하고 정확한 고객에 대한 응답은 고급스러운 호텔 서비스로 전달될 수 있다. 이처럼 고객과 호텔의 첫 대면은 전화와 통화한 목소리부터 시작되기 때문에 전화의 중요성은 점차 커지고 있으며, 단순한 교환서비스보다 적극적인 세일즈맨 정신으로 고객유치에 노력하고 있다.

호텔 이미지에 큰 영향을 미친다고 할 수 있는 교환원들은 프로다운 서비스 정신(service mind)을 갖고 근무하는 자세가 필요하다. 왜냐하면 호텔은 브랜드 가치, 마케팅, 광고 등을 통해 고객을 유치하기도 하지만, 반대로 교환실 직원이 고객의 문의에 명확하지 않거나 소홀하게 답했을 경우 고객은 다른 호텔로 관심을 빼앗길 수 있기 때문이다. 여러 상황이 있을 수 있지만 호텔을 찾지 않을 수도 있기 때문에 교환실 서비스는 어떤 면에서 접점 서비스 이상 중요한 세일즈맨으로서의 서비스 업무라고 할 수 있다.

3절 교환실의 세부업무

객실부에 소속된 교환실 직원은 연중무휴 한정된 공간에서 근무하다 보니 다른 영업장에 비하여 피곤이 빨리 올 수도 있어 본인도 모르게 언어나 의사전달에 실수를 범할 수 있다. 따라서 항상 쾌적한 환경 내에서 최고 수준의 예의 바른 존경어와 정확하고 부드러운 화법을 구사할 수 있도록 신경을 써야 한다.

외국어 능력은 물론이고 국제인으로서의 매너와 신속 · 정확한 각종 안내, 고객의 모든 문의에 즉시 대답할 수 있는 능력을 겸비하고 있어야 한다. 그리고 본연의 업무인 전화교환 업무, 웨이크 업 콜(wake up call), 국제전화 업무, 상품안내, 고객 문의에 대한 안내업무까지 다양한 일들을 처리해야 하므로 일반 상식은 물론 다양한 호텔상품에 대한 지식까지 겸비해야 한다. 좀 더 세부적인 서비스는 다음과 같다.

1 호텔의 전반적인 안내

단순한 전화교환 업무에서 종합안내 서비스 기능을 수행하는 부서로 비중이 커지면서 교환실 업무의 서비스 역할이 점차 확대되고 있다. 호텔 교환업무는 고객의 요청에 의한 응대와 일반 호텔안내로 구분할 수 있다. 고객들은 호텔 내부의 레스토랑, 헬스클럽, 연회장, 비즈니스 센터, 베이커리, 프런트 데스크, 여행 동반자 객실번호 문의뿐만 아니라 호텔 주변의 지하철 역, 식당이나 회사, 관공서, 재래시장이나 백화점, 극장, 공연장, 면세점, 궁궐, 관광지 등 고객이 궁금한 일상정보를 문의하기도 한다. 대부분 인터넷을 이용하여 최신의 정보를 얻기도 하지만, 호텔교환을 이용할 경우에는 정확한 위치와 전화번호, 약도는 물론 그 이상의 정보까지 자세하게 얻을 수 있기 때문이다.

따라서 정확하고 신속한 안내 서비스가 곧 호텔경쟁력이라는 개념 아래, 호텔 내의 영업장이나 가게(shop)의 위치와 영업시간 이외에 상품들, 로타리 클럽(rotary club)의 요일별 행사시간, 비즈니스 센터 이용가능 시간과 어떠한 서비스가 제공되는지, EFL 라운지 메뉴와 운영시간, 호텔 멤버십 카드의 종류와 내용, 패키지(package) 상품, 사우나(sauna)

및 이 · 미용실 영업시간과 요금, 마사지(massage) 요금과 시간 등을 숙지하고 있어야 한다. 변경된 사항을 수시로 확인하여 정보를 업데이트해 놓고 암기하고 있어야 한다.

2 당일 호텔 내 행사안내

교환실 직원은 호텔 내의 각종 행사나 이벤트 등의 시간, 참여인원, 행사 주관사, 행사장소 등을 항상 숙지하고 있어야 도움을 줄 수 있다. 특히 연회행사 안내의 경우 호텔이 위치한 이외의 지역에서 방문하는 경우 지하철 출구번호 등 다양한 문의에 준비를 하고 있어야 한다.

3 호텔의 위치안내

버스 터미널 또는 기차역, 공항에 도착한 고객이 숙박예정이거나 연회행사 참여를 목적으로 호텔의 위치를 문의하면 찾기 쉽고, 이해가 빠르면서 안전한 교통수단을 안내해야 한다. 공항의 경우 서울에 소재한 대부분의 5성급 호텔은 리무진 버스 이용을 권유하기도 하며, 택시 또는 호텔 리무진(limousine)을 안내하기도 한다. 승용차를 이용하는 내국인들은 많은 차에 내비게이션(navigation) 시스템이 장착되어 있어 예전과 다르게 위치 문의는 적은 편이다. 반면 대중교통 중 지하철 이용객이 많으므로 정확한 지하철 출구번호를 이용한 위치안내를 하면 된다.

4 호텔 내 · 외부의 전화처리 업무

최근 호텔의 교환 시스템은 교환을 거치지 않고 연결하는 자동연결 시스템을 적용하고 있다. 하지만 교환실 업무의 특성상 쌍방 간의 전화를 연결하는 업무가 가장 많다고 할 수 있다. 따라서 교환실에 입사한 초년생의 경우는 구내전화번호 암기와 외부로 연결하는 전화번호 중 통화 빈도수가 많은 것부터 암기하는 일이 될 것이다. 그것은 원활한 업무를 수행하기 위해서인데, 전화연결 비율을 보면 아무래도 거는 전화보다는 받는 전화업무의 비중이 훨씬 클 것이다.

교환실 직원은 하루 24시간 근무 중에 구내전화와 국내전화, 국제전화 등을 받거나 연결하는 통신 업무를 취급하고 있으며, 고객의 객실번호 요청 시에는 고객의 이름으로 객실번호를 찾아 정확한 성명을 확인한 후 연결해 준다. 만약 투숙객의 이름이나 객실번호로도 확인이 안 될 때는 프런트 데스크로 전화를 연결한다. 이때 고객의 불편을 초래할 수 있기 때문에 전화를 돌린다는 것을 정중하게 알려준 후 프런트 데스크에도 이러한 상황을 전하고 연결하도록 한다.

투숙객 중에는 업무상 또는 사적으로 전화연결을 원하지 않거나(no call) 투숙하고 있는 것 자체를 알리지 않는 것(no inform)을 요구하는 고객도 있으므로 절대로 주의를 요한다.

5 Morning Call 서비스

교환원의 중요한 업무 중의 하나가 모닝 콜(morning call) 서비스인데, 이를 웨이크 업 콜(wake up call) 이라고도 한다. 최근에는 객실 내 나이트 테이블(night table)에 시간을 입력하면 자동으로 신호가 울리는 컨트롤(control) 조절 장치가 있어, 투숙객 자신이 직접 모닝콜을 입력할 수 있음에도 불구하고, 교환을 통해 모닝콜을 신청하는 경우가 많다. 그 이유는 고객이 몰라서 부탁하는 경우도 있지만, 확실한 서비스를 받을 수 있기 때문에 교환원에게 부탁을 하는 것이므로 보다 더 책임감을 갖고 업무에 임하여야 한다.

때로는 모닝콜 서비스를 소홀히 취급했거나 모닝콜 시간 입력실수, 컴퓨터 오작동 등으로 인하여 모닝콜 서비스가 되지 않은 경우도 있다. 이때 고객의 호텔 출발이 늦어져 비즈니스 약속에 늦는 경우도 발생하고, 기차나 비행기 탑승 시간이 늦어 탑승을 못하는 경우도 발생된다. 이러한 경우 호텔의 이미지 손상은 물론, 물질적 변상을 해야 하는 상황이 발생하기도 한다. 그러므로 교환실 직원은 모든 모닝콜을 컴퓨터에 의존하는 것은 한계가 있음을 인식하고 있어야 한다.

모닝콜 서비스의 종류에는 개인(FIT)과 단체(Group)로 나눌 수 있다. 개인고객의 경우는 프런트 데스크 클럭, EFL 또는 고객으로부터 직접 신청을 받은 것으로, 객실번호와 시간을 확인하고 재확인하여 기록을 남기며, 국적도 확인해 한국어, 영어, 일본어 등으로 표시하여 고객이 사용하는 언어에 맞게 모닝콜이 될 수 있도록 해야 한다.

단체고객의 경우는 주로 투어 가이드 또는 여행사 직원이 프런트 데스크 그룹담당 직원에 신청하면, 그룹 객실번호(rooming list)와 시간이 기재된 리스트(group list)를 프런트에 보관하고, 1부는 교환실로 보낸다. 이를 토대로 정해진 시간에 모닝콜을 할 수 있도록 컴퓨터에 입력시키는데 그룹의 경우는 고객 개개인을 일일이 입력시키는 것이 아니라 그룹코드를 입력하면 한 번에 모닝콜을 처리할 수가 있다. 반면에 컴퓨터에 입력되었다 하더라도 재확인하는 것이 무엇보다 중요하다. 모닝콜이 들어갔음에도 고객이 수신을 하지 않을 경우에는 수신하지 않은 신호가 교환실로 다시 들어옴으로써 다른 직원을 보내서라도 꼭 확인을 해야 한다.

6 연결 서비스

객실 내에서는 국내전화(domestic call), 국제전화(international call)를 할 경우에는 특별한 경우가 없는 한 외부에 나가는 특정 번호(예; 9)를 먼저 누른 후 고객이 직접전화를 걸면 불편함 없이 연결된다. 하지만 그룹이나 연령이 많은 특별한 고객, 언어문제로 의사소통이 안 되는 고객인 경우 고객의 요구에 의해 교환실 직원이 직접 연결 서비스(handling service)를 해준다.

모든 전화는 사용 시 자동으로 포스팅(posting)되지만, 교환실 직원이 연결시켜주는 서비스는 전화요금 외에 별도요금(handling charge)을 청구한다. 그리고 원활한 서비스를 위해 자주 이용하는 국가코드나 지역번호, 시차 등은 숙지하고 있어야 한다.

7 비서업무 서비스

비서와 같은 서비스 업무는 호텔의 경우 많은 부서에서 하고 있는데, 교환실에서의 비서업무도 타 부서와 중복되는 부분이 있다. 예를 들면 투숙객들을 위한 메시지 접수와 전달, 고객을 대신한 연락 대행 업무를 제공하며, 외국어 소통이 불가능한 고객을 위해서는 간단한 통역 서비스도 해 주고 있다.

8 비상연락망 서비스

호텔 내 객실이나 레스토랑 또는 공공장소에서 환자가 발생되거나 화재발생, 도난, 강도, 상해, 홍수, 지진 등 호텔의 비상사태가 발생하면 교환실에서는 신속한 처리를 위하여 관련자에게 비상연락 매뉴얼(emergency procedure manual)에 따라 적절한 절차를 취한다.

이때는 환자안전 사고 보고체계가 확립되어야 한다. 보고체계의 원칙은 호텔마다 약간 상이할 수 있으나 일반적 원칙은 다음과 같다.

❶ 당직 지배인에게 보고(119 우선)
❷ 부서장에게 보고
❸ 안전담당자에게 보고
❹ 해당기관에 보고
❺ 비상시 고객 대피방송실시 등

4절 교환실 직원의 직무자세

교환실은 단순 전화교환 업무만 취급하는 것이 아니라 호텔의 one stop service를 담당하며, 모든 업무를 처리해야 하는 중요한 핵심부서라고 할 수 있다. 또한 음성으로 서비스하는 직업이므로 항상 명랑 · 쾌활해야 하며, 깨끗한 목소리를 가진 여성 직원이어야 할 것이다. 그리고 고객과 통화 시 개인의 사적 감정을 절대 노출해서는 안 된다. 또한 고객의 불평발생 시 그 원인과 과정을 자세히 상사에게 보고하고, 불평발생 시간, 과정, 내용 등을 Log Book에 기록하여 해결방안을 찾아보고, 같은 불평이 재발생되지 않도록 노력해야 할 것이다.

호텔에 근무하는 것 자체가 international service person이므로, 호텔 수준에 맞는 교양과 인격을 갖춰야 함은 기본이고, 목소리만으로 고객과 응대하기 때문에 표준어를 사용하여야 할 것이다. 무엇보다 고객에 대한 서비스 맨으로서의 마음가짐과 품위가 중요하며, 접하는 대상 고객이 외국인이므로 에티켓을 지켜야 하고, 영어나 일어, 중국어 등 외국어를 습득하여야 업무를 수행함에 있어 문제가 없을 것이다.

Morning Call로 인한 불평사례

Morning Call은 객실이용 고객이 아침에 일어나기 위해 교환실에 깨워줄 것을 부탁하는 것인데, 출근하거나 여행, 기차시간 맞추기, 체크아웃 등을 하는 경우 요청을 한다. 이때 정확한 시간에 모닝콜이 이루어져야 한다. 하지만 다음과 같은 불평사례가 있다.

고객은 예약한 날보다 하루 일찍 체크아웃할 예정으로, 고객이 직접 프런트 데스크로 연락하면서 다음날 아침 5:00에 morning call 요청을 하였다. 다음 날 고객이 8:00시경 눈을 떠보니 벌써 비행기가 떠나 버린 늦은 시간이었으며, 중요한 회의에 참석하여야 하는데 어떻게 하느냐고 강하게 불평하였다. 확인결과 프런트 데스크에서는 곧바로 morning call 시간을 교환실로 연락했다고 하나, 교환실에서는 받은 적이 없다고 하였다. 이러한 경우는 부서 간 커뮤니케이션이 잘 안 된 경우이다.

하지만 중요한 것은 호텔 종사원의 실수라는 것은 명백한 사실임을 의심할 여지가 없다. 즉시 가능한 항공기를 수배한 후 수십만 원의 추가비용을 호텔에서 지급하고 고객이 탑승할 수 있도록 하였으며, 호텔의 이미지를 실추시킨 경우가 발생하였다.

직원들의 작은 실수가 몇 만 달러의 비즈니스 비용까지 물어줄 뻔한 사례로, 이와 같은 경우가 재발생되지 않도록 재교육이 절실히 요구된다.

호텔 객실 관리

Hotel Front Office Management

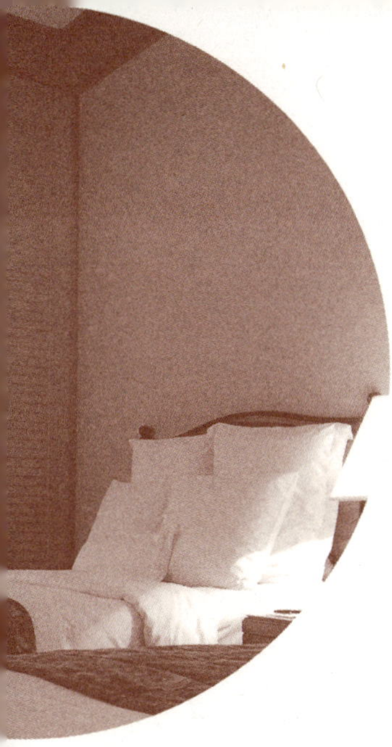

제7장

Duty Desk

1절 Duty Desk의 일반적 개요

Duty Desk는 당직 지배인실이라고 불리는 곳으로 당직 지배인이 근무하는 곳이다. 호텔기업은 많은 부서에서 24시간 영업이 이루어지고 있으므로, 다양한 상황이 발생하는데 그에 따른 대 고객서비스에 대한 책임과 권한을 일정 부분 총지배인으로부터 부여받고 있다. 따라서 당직 지배인은 고객과 서비스 인카운터(encounter)에 있는 종사원의 중재역할을 하는 것으로 객실부에 소속은 되어 있지만 총지배인의 직속 하에 소속된 경우도 있다.

당직지배인은 당직 매뉴얼에 따라 업무를 수행하며 호텔 임원이나 부서장 부재 시, 특히 야간에 그들의 업무를 대행하는 역할을 한다. 또한 호텔을 방문하는 모든 고객을 대상으로 고객 관련 업무처리, 제안사항이나 불평사항 접수 및 처리, 호텔재산 보호 및 고

객과 직원의 안전 관리를 수행한다. 그리고 업무지침에 의한 직무를 수행하는 호텔경영의 관리자로서 호텔 운영상 전반적인 행정 및 관리의 미흡한 점을 지적하고 개선시키기 위하여 지속적인 노력을 도모하는 역할을 한다.

2절 ◎ Duty Desk의 업무내용

1 VIP 영접 및 환송 업무

1) 영접

❶ Front Desk의 Reception에서 객실을 배정하면 VIP의 객실번호를 숙지하고 객실 청소 상태, 온도, 환영편지(welcome letter), 신문과 잡지, 과일과 와인 등이 준비되어 있는지 확인하고, 현관에서는 레드 카펫, 방명록, 꽃다발 등 이상 유무를 확인한다.

❷ 먼저 공항에서 VIP고객을 pick up하게 되는 차량 번호를 공항 지배인(airport representative)에게 알려주고 수시로 통화하여 비행기 탑승 여부를 확인한다. 고객이 공항 도착 이후 호텔을 향해 출발을 하게 되면 즉시 총지배인과 객실부장에게 호텔 도착 예정 시간 및 차량번호를 보고한다.

❸ VIP 도착 예정 시간 30분 전에 Concierge 또는 Bell Captain에게 객실 key 봉투와 등록 카드를 사전 준비시키고 엘리베이터를 점검한 후 엘리베이터 앞에 대기하도록 한다.

❹ Door Captain에게도 도착 예정시간을 알려 도착 10분 전부터는 현관 앞에 근무위치를 확립시키고, VIP 차량이 현관 정면에 도착할 수 있도록 차량 소통 등을 점검한다.

❺ 고객이 도착하면 객실로 안내하고, 객실 내부에 대한 간단한 설명을 한다.

⑥ 고객이 입실 후 5분 정도의 일정 시간이 지나면 객실에 전화를 걸어 필요한 사항은 없는지 확인한다.

⑦ 모든 부서에 VIP관련 사항을 전달하여, 고객이 호텔을 이용하는데 불편이 없도록 한다.

2) 환송

❶ 고객이 투숙 시 확인했던 출발 시간을 재확인하고 차량 배차와 기사복장, 차량청결 상태를 점검한다.

❷ 출발 10분 전에 baggage down이 있는지 확인하고, 전용 엘리베이터를 고객 객실 층에 대기시킨다.

❸ 고객이 나오면 엘리베이터로 안내를 하고 불편함은 없었는지 관심을 표한다.

❹ 고객이 객실에서 나오면 즉시 house keeping에 연락하여 분실물 등은 없는지 확인시키고, 이상유무를 당직 지배인에게 알린다.

❺ 고객이 현관에 도착하면 정산을 확인하고, 준비된 차량에 탑승할 수 있도록 현관으로 안내한 후 정중한 인사를 한다.

❻ 차량이 출발하게 되면 공항직원에게 출발 시간과 차량번호, 운전기사 연락처를 알려주어 고객이 공항에서도 불편 없이 항공기를 탑승할 수 있도록 한다.

2 고객 불평 접수 및 처리

당직 지배인은 호텔을 방문한 모든 고객의 불평은 내용에 관계없이 접수를 하며, 고객과의 대화를 통해서 호텔 서비스의 문제점, 불편한 점 등 의견을 찾아내어 경영진에게 보고한다. 그리고 고객의 불평이 접수되면 회사를 대표하여 사과를 하고 동시에 불평내용을 최대한 빨리 시정할 수 있도록 신속한 조치를 취하여야 한다. 그럼에도 당직 지배인이 조치한 것에 고객이 만족하지 못하면 상위 책임자에게 보고하여 신속한 해결을 하도록 하여야 한다.

또한 불평이 발생한 시점부터 발생장소와 원인, 처리과정, 결과에 이르기까지 모든 내용을 log book에 기록하여 모든 부서장이 알 수 있도록 한다. 이것은 차후에 동일한 불평이 발생되지 않도록 하기 위함이다. 다음은 고객 불평처리 과정을 나누어 설명한 것이다.

1) 듣기

❶ 불평 내용에 대하여 공감을 가지고 끝까지 경청한다.

❷ 고객이 많은 공공장소일 때는 분리된 장소로 안내한다.

❸ 불평을 토로하는 중에 변명이나 고객의 잘못을 지적하지 않는다.

❹ 발생상황과 인적 사항(연락처, 이름, 객실번호 등)을 메모한다.

❺ 고객의 의견을 존중한다는 표현이나 언어를 사용하고, 고객의 직책이나 이름을 사용한다.

2) 처리과정

❶ 처리 결과에 따라 회사 이미지에 악영향을 미칠 수 있으므로 신속하게 대응한다.

❷ 접수 즉시 처리가 가능한 것은 관련 부서에 통보하고 그 결과를 고객에게 알린다.

❸ 고객이 요구하는 것을 확인한 후 보상 가능한 선택 안을 제시하고, 권한 밖의 일은 약속하지 않는다.

❹ 문제 해결 진행과정을 고객에게 알리어 기다리지 않도록 한다.

❺ 진행상황 전체를 log book 또는 보고서 형식으로 작성하여 부서장에게 보고하고, 총지배인의 결재를 받아 관련 부서에 통보한다.

3) 원인분석 및 해결책

❶ 발생 원인을 분석하여 대책을 검토한다.

❷ 총지배인 또는 당직 지배인은 호텔에 대한 관심에 감사편지를 보내거나 전화 또는 e-mail로 유감을 표시한다.

3 KEY 관리 업무

일반적으로 객실 key는 프런트 데스크, 하우스키핑에서 많이 사용하지만, 당직 지배인이 사용하는 목적은 grand master key 및 각종 emergency key 등을 보관, 취급하며 긴급 상황에 신속히 대처하여 인명과 재산을 보호하는데 목적이 있다. Grand Master Key를 사용할 때는 grand master key 사용 일지에 기록하여야 한다.

다음은 각종 key의 종류 및 관리자에 대한 내용으로 고객용 열쇠(guest key)의 한번 사용할 수 있는 1회용 key(one-shot key)는 front desk manager가 관리하며, 객실청소 담당 key(room maid key)는 housekeeping manager가 관리한다. 그리고 비상 key(emergency key)는 duty manager가 관리하며, grand master key는 general manager, duty manager가 관리한다.

4 냉 · 난방 관리 업무

호텔 내의 냉 · 난방 작동은 시설팀에서 관리하지만, 당직 지배인은 일기예보 및 급변하는 기후에 유의하여 호텔 내 적정온도 유지 및 에너지 관리를 통하여 원가절감에 힘써야 한다. 이를 위하여 시설과 관련한 다양한 특징에 대하여 정확히 숙지하고 있어야 한다.

❶ 정부에서 권장하고 있는 적정온도를 유지하며, 객실 및 각 영업장의 온도를 점검하여 적정 온도를 유지한다.

❷ 각 업장의 영업시간을 확인하여, 해당 시간 외의 시간에는 불필요한 에너지의 낭비를 막기 위하여 최저온도를 유지한다.

❸ 냉 · 난방 운영 상황을 판단할 수 있는 상황체제를 유지해야 한다.

❹ 불필요한 전등 및 elevator 사용 횟수를 감소시켜도 되는 심야시간에는 당직 지배인의 판단 하에 관련시설 부서에 협조를 구하여 제반 조치를 취한다.

5 쾌적한 환경 유지 · 관리 업무

호텔은 항상 쾌적하고 안락한 분위기 속에서 방문하는 모든 고객에게 물적 · 인적 서비스가 이루어질 수 있어야 한다. 따라서 호텔을 이용하는 고객이라도 타 고객에게 불쾌감을 유발시키는 고객에 대하여는 이를 묵인하여서는 안 되며, 이를 시정하도록 요구하여야 하며, 불응할 때는 정중하고 단호한 조치를 취하여야 한다.

6 공공지역 점검 업무

호텔로비와 같은 공공지역은 호텔의 얼굴이라 할 정도로 중요한 지역이다. 그러므로 당직 지배인은 로비 및 공공지역을 항상 깨끗하고 정돈된 분위기가 유지될 수 있도록 관리가 이루어져야 한다. 주요 점검 장소는 로비 전 지역으로 로비 바닥, 로비 소파, 공중화장실, 현관문, 엘리베이터, 공중전화와 구내전화, 샹들리에와 전등 등 전반적으로 청결에 중점을 두어 점검을 하되, 필요 시에는 하우스키핑 또는 담당자에게 연락하여 처리한다.

7 정보와 기밀유지 업무

호텔 내에서 행하여지는 국빈 행사나 새로운 정보에 대해서는 정확한 사항을 파악하여 최고 경영진에 보고하며 총지배인의 지시에 따라 맡은 바 직무에 능동적으로 임하도록 노력해야 한다. 그리고 기밀이 호텔 밖으로 나가지 않도록 하여야 한다. 또한 호텔 내 화재나 인재사고와 같은 호텔경영에 예민한 사건은 기밀이 유지되어야 하며, 총지배인의 허락 없이는 어떠한 경우라도 호텔에 대한 문제점이 신문이나 지상파 등에 기사화되지 않도록 하여야 한다.

제4부

호텔 하우스키핑 부문

호텔 객실 관리

Hotel Front Office Management

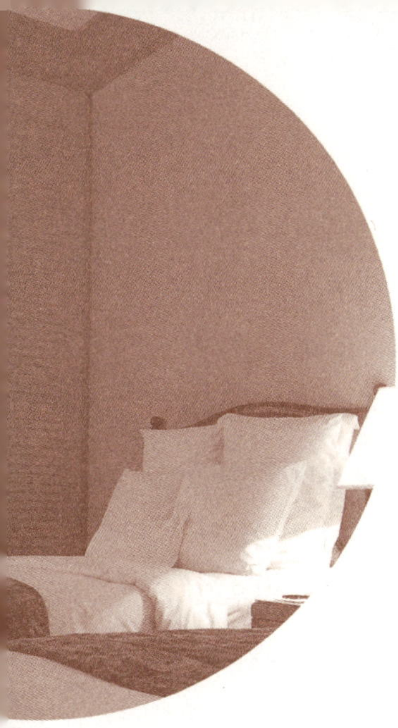

제1장

하우스키핑 업무

1절 하우스키핑의 일반적 개요

1 Housekeeping의 정의

하우스키핑(housekeeping)이란 사전적 의미로"The Housekeeping of the House"라고 되어 있는데, 이는 '가사', '가정', 즉, "집을 수리하고 관리하는 일"이라고 정의할 수 있으며, 오늘날에는 호텔이나 대규모 건물 등의 재산과 시설물을 관리 · 유지하고, 안전과 청결을 담당하는 관리부서로서의 의미로 쓰이고 있다.

일반적으로 호텔이라고 하면 떠오르는 이미지가 친절한 서비스와 청결, 안락한 분위기라고 생각을 한다. 따라서 호텔에 투숙하는 고객들의 마음속에는 항상 "내가 투숙하는 호텔도 깨끗하고, 안락한 분위기가 있겠지"라고 생각을 한다. 그렇게 기대치가 높은 만큼 고가의 객실료를 지불하더라도 깨끗한 객실이 제공되면 만족을 하는 것이다. 그러나

객실에 먼지가 많다던가, 침대 위에 머리카락이 보인다든가 하여 완벽하지 못한 객실에 투숙을 하게 되면 호텔의 객실상품으로서의 가치를 잃을 뿐만 아니라, 호텔 전체에 대한 부정적인 영향을 미쳐 호텔 수익에 막대한 지장을 초래할 수 있다.

고객이 호텔을 선택하는 데 있어 가장 중요하게 고려하는 사항 중의 하나는 청결함과 쾌적한 분위기라고 할 수 있으며, 이에 대한 욕구를 충족시켜 주는 부서가 바로 하우스키핑 부서이다. 따라서 호텔 하우스키핑은 좋은 호텔이라고 하는 이미지를 상승시킬 뿐만 아니라, 고객들의 재구매 의도에 영향을 미친다고 할 수 있다.

호텔에서 하우스키핑 부서는 '객실정비' 또는 '객실관리' 라고 불리며, 객실의 청소와 객실시설 및 관리뿐만 아니라 호텔 내의 식음료업장, 공공장소, 로비, 화장실, 회의실, 복도, 연회장, 현관, 주방, 호텔주변, 주차장, 정원과 조경과 같은 공공시설 등 호텔 전반을 관리한다고 보면 된다. 또한 객실용 린넨(linen)류, 레스토랑 또는 연회장에서 사용하는 린넨, 호텔 직원들의 유니폼을 보급하고 수선, 고객의 세탁물 서비스에 이르기까지 호텔의 모든 지역에 하우스키핑의 손길이 닿지 않는 곳이 없을 정도로 많은 업무를 담당하고 있는 부서가 하우스키핑이라고 할 수 있다.

2 Housekeeping의 역할

Hotel을 일반 제조업인 공장에 비유하면 호텔기업의 여러 부서 중 하우스키핑은 객실상품을 생산하는 부서라고 할 수 있다. 한편 객실판촉은 객실상품 판매를 위한 홍보부서이고, 객실예약과 프런트 데스크는 객실상품을 판매하는 부서이다. 그러므로 좋은 상품을 생산해서 효과적으로 판매하려면 이 부서들이 유기적으로 항상 긴밀한 협조가 필요하다. 이러한 객실판매를 위한 조직에서 하우스키핑의 역할을 요약해 보면, 호텔 최고의 객실상품을 만들기 위한 역할 담당이지만, 객실상품을 생산하는 것만으로 하우스키핑의 역할을 다하는 것은 아니기 때문이다.

왜냐하면 객실상품의 가치를 높이기 위해서는 다른 부서의 상품가치가 고평가됨으로써 객실상품의 판매가 증가되고, 객실점유율 또한 높아지기 때문이다. 따라서 하우스키핑은 객실상품의 생산뿐만 아니라 식음료상품을 판매하기 위한 레스토랑과 연회장 등 주변시설물에 청결과 관리의 역할도 호텔 브랜드 가치가 상승하는데 상관관계가 있다고 하겠다. 즉, 호텔상품을 객실과 식음료(F&B) 외에 외형적 상품가치도 호텔 방문을 유치하는데 중요한 역할을 하는 것이다. 따라서 하우스키핑은 호텔건물, 영업장, 부대시설, 호텔주변 환경 등 호텔 내 · 외부시설을 유지 · 관리하여 호텔의 외형적 상품가치를 상승시키는 역할도 한다.

그림 4-1 **하우스키핑의 역할**

3 Housekeeping의 기능

하우스키핑 부서는 단순히 청소하는 부서 즉, 객실에서 청소를 하는 부서 또는 로비(lobby) 등 공공지역을 청소하는 부서라고 알고 있는 사람들이 많다. 하지만 하우스키핑이라는 부서를 들여다보면 호텔 모든 부서를 관리하는 부서 즉, 호텔에서 가장 큰 부서라고 해도 틀림이 없다. 따라서 부서가 큰 만큼 기능 또한 다양하고, 광범위하다고 하겠다.

하우스키핑은 호텔이라고 하는 공간 속에서 발생되는 각종 일들을 신속하게 처리하고 관리함으로써 고객에게 쾌적하고 안락한 휴식처가 될 수 있도록 하는 기능을 갖고 있다. 부서도 가장 큰 만큼 많은 인원과 장비를 운영

하므로 이에 대한 경비절감과 재산 시설물을 항상 완벽한 상태로 유지될 수 있도록 관리하여 호텔의 경쟁력을 확보하는 중요한 임무를 맡고 있다.

호텔이 증가하면서 동종업계 간의 경쟁력을 확보하고, 경쟁우위를 점하기 위해서는 호텔 전체를 관리하는 하우스키핑 기능을 최고수준으로 높여야 할 필요성이 있다. 그러므로 기능을 최고수준으로 달성하기 위해서는 지속적인 교육과 훈련이 요구되는데, 하우스키핑에 장기 근속한 숙련된 기능을 소유한 직원이 있다 하더라도 호텔 고객 만족도를 일정 수준까지 높이기 위해서는 다양한 항목들을 모두 만족시켜야 한다. 즉, 객실 내의 침대상태와 시트(sheet), 가구류 정리정돈, 객실 냉난방상태, 청소상태, 각종 전등 및 전열기구, 전화기의 청결과 작동 상태, TV 작동, 미니바와 냉장고, 각종 안내문 및 인쇄물 상태, 욕실청결 상태, 카펫 청결, 옷장, 금고 등 이외에도 많은 부분들을 매일 점검해야 할 뿐만 아니라, 공공장소 부대시설 등의 청소 및 관리도 하우스키핑의 기능이라 할 수 있다.

4 Housekeeping의 중요성

다양하면서 크고 작은 객실에 담긴 하우스키핑의 정성과 청결하면서 잘 정돈된 고급 시설물의 유지는 고객으로 하여금 그 호텔을 오래도록 기억에 남을 수 있게 할 것이다. 또한 그들은 반드시 재방문하고 싶어할 것이다. 그럼으로써 그 호텔은 새로운 고객들이 증가할 것이고, 재방문 고객과 충성 고객으로 인하여 더 확고한 부동고객이 창출하게 될 것이다. 그러기 위해서는 직원들로 하여금 객실청소라는 단순한 측면에서 탈피하여 최고급의 객실상품을 생산한다는 마음가짐으로 업무에 임하도록 동기부여가 있어야 할 것이다. 또한 하우스키핑에 근무하는 직원들에게 자신들이 맡고 있는 일이 얼마나 중요한지를 인지시키기 위한 방안으로 지속적인 교육과 훈련을 통하여 보다 차원 높은 객실상품을 생산할 수 있는 능력을 키워야 한다.

객실을 판매하기 위하여 객실예약, 객실판촉, 프런트 데스크에서 많은 노력을 한다 해도 호텔 전체 건물과 객실정비를 담당하고 있는 하우스키핑에서 질 좋은 상품을 만들어 내지 못한다면 낮은 객실점유율과 낮은 객실 평균단가로 인하여 경영난을 피할 길 없을 것이다. 게다가 부서별로 볼 때 인건비와 소모품과 관련된 비용 등을 가장 많이 사용하는 하우스키핑은 서서히 호텔을 파멸로 몰아넣을 것이다. 그만큼 하우스키핑의 관리업무는 중요하다고 하겠다.

따라서 객실상품의 생산성이나 품질을 높이기 위해서 하우스키핑 책임자는 일과표에 의한 일간, 주간, 월간, 연간 청소계획표를 작성하여 업무를 지시 감독하여야 할 것이다. 다시 말해서 호텔의 가장 큰 영업장인 객실을 상품으로 준비함에 있어서 완전한 객실상품을 만들기 위해서는 하우스키핑과 연관된 기계 · 영선분야와도 업무의 흐름을 정확하게 파악하고 있어야 한다. 이는 곧 막대한 고정자산의 올바른 관리이며, 고부가가치가 있는 객실의 상품들을 합리적으로 운영할 수 있게 하여 주는 것이다. 이처럼 하우스키핑 관리는 호텔을 효율적으로 경영할 수 있도록 세심한 부분까지 담당하는 조직력을 갖춘 중요한 부서라고 할 수 있다.

2절 Housekeeping의 조직과 직무

1 Housekeeping의 조직

호텔 하우스키핑의 조직은 직무를 조직적으로 수행하고, 구성원의 능력을 최대한 활용하여 객실상품의 생산효과를 극대화시키기 위한 조직이다. 즉, 하우스키핑의 구성은 경영목표달성에 부합되는 효율적인 객실관리의 운영목표를 설정하도록 하여야 하고, 설정한 목표를 달성하기 위한 관계부서와의 협조를 원활하게 할 수 있어야 한다.

하우스키핑의 조직은 호텔의 규모나 경영방침에 따라 차이가 있기는 하나 그림에서 보여주는 것처럼 하우스키핑의 조직은 Executive Housekeeper(객실관리부장)를 중심으로 Housekeeping Manger와 Laundry Manager로 나누어진다. 즉, 하나는 행정담당과 청소담당 부문이고, 다른 하나는 세탁을 담당하는 부문이다. 행정담당은 Housekeeping Office에서 부서장의 비서업무와 office 업무, order taker를 담당하는 직을 말한다. 청소담당은 층별 감독자와 객실 관리자, 공공장소 관리자, 식음료 영업부서 관리자로 세분화할 수 있다. 이 중에는 레스토랑, 연회장, 객실 등 공공장소에 깔려 있는 카펫 관리자를 별도로 두기도 한다. 공공장소를 담당하는 관리자는 청소뿐만 아니라, 호텔에 비치되어 있는 꽃, 화분, 조경 등의 관리를 맡아서 하기도 한다. 둘째는 세탁 업무를 담당하는 직을 말하며, 세분화하면 일반 물세탁(laundry), 기름세탁(dry cleaning), 세탁물 수거, 세탁물 분배, 다림질(iron) 부문으로 나누어진다.

호텔에 따라서는 린넨(linen) 업무를 분리시켜 행정과 청소, 린넨, 세탁업무로 조직을 편성하기도 한다. 이는 호텔의 경영방침에 따라 조직의 형태가 약간 차이는 있지만, 하우스키핑에 대한 본연의 업무가 달라지는 것은 아니다. 다만 조직의 분류됨에 따라 각각의 세분화된 outlet(분과)의 책임자가 별도로 있고, 강조되는 업무의 내용이 다를 뿐이다.

그림 4-2 하우스키핑의 조직

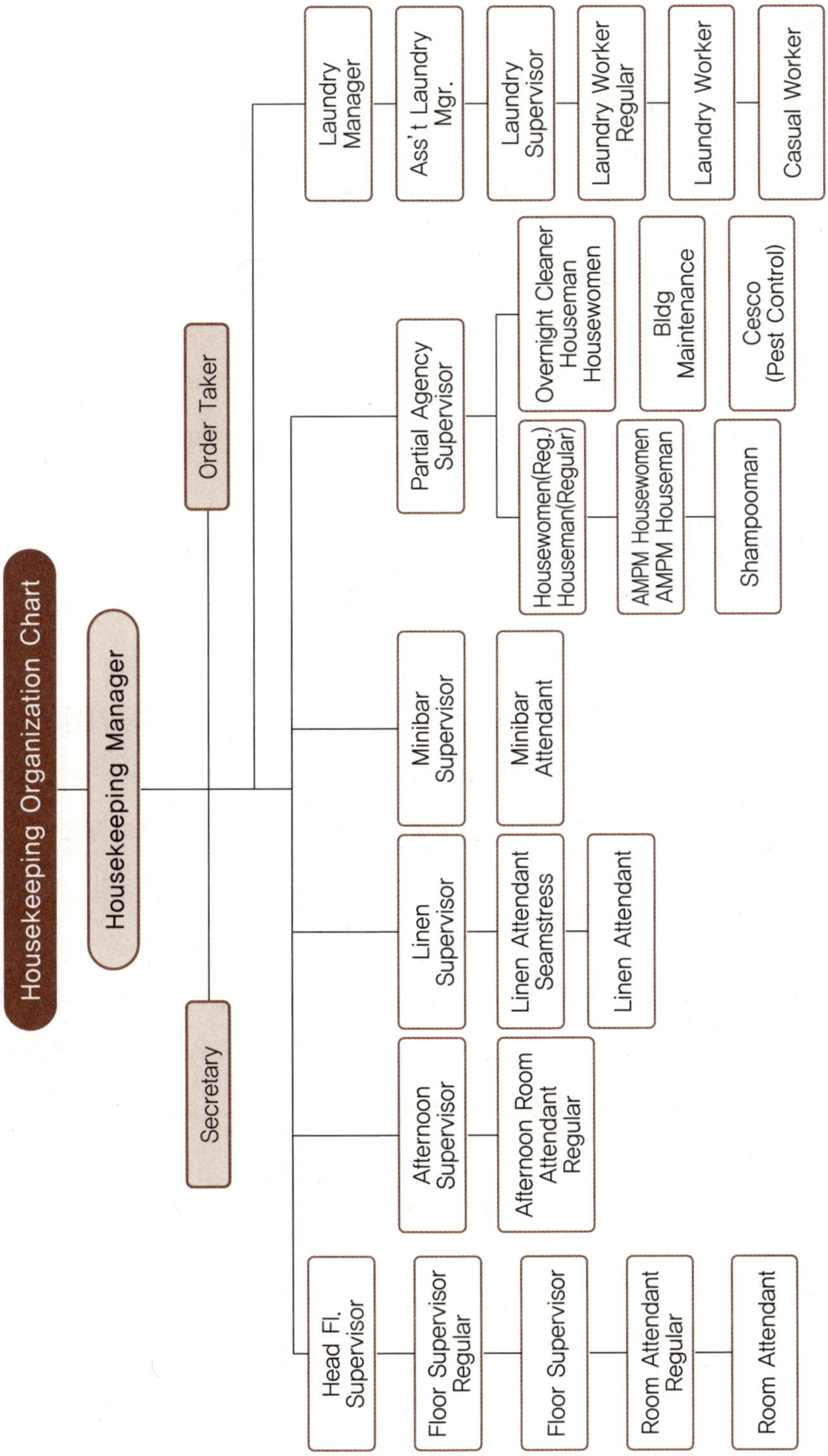

2 Housekeeping의 직무

1) Executive Housekeeper

하우스키핑의 책임자를 Executive Housekeeper(객실관리부장) 또는 하우스키핑 지배인(housekeeping manager)라고 부르는데, 고객의 생명보호와 호텔의 재산을 관리하는 사람이다. 그리고 호텔이 수립한 정책이나 기준에 따라 하우스키핑의 전반적인 운영을 총괄적으로 책임지며, 업무의 효율적인 발전이 가능할 수 있도록 노력을 한다. 뿐만 아니라 호텔의 제반 방침에 따라 하우스키핑의 기본업무인 객실정비와 유지관리에 중점을 두어, 호텔 재산을 보호하고 긴급사태에 대비하여, 건물의 구조와 관리방법도 숙지하고 있어야 한다.

객실분야에 다한 연구와 검토를 통하여 하우스키핑의 업무가 최고의 수준으로 유지될 수 있도록 업무수립 계획과 수행에 따른 업무배정, 종사원들의 채용과 업무감독, 훈련 및 교육을 담당한다.

하우스키핑은 관리하는 지역도 호텔 전체라고 할 수 있으므로 그만큼 직원도 많다. 따라서 비용 역시 호텔 내 부서 중 가장 많이 들어가 소모품 · 비품 · 물품 · 장비 등의 관리 및 운영경비의 절감 등을 신경쓰지 않으면 안 된다. 그리고 타 부서와의 협조, 아웃소싱 업체관리, 정기적인 재고조사(inventory) 실시, 귀빈실(VIP room) 사전점검, 직원에 대한 종합적인 인사관리 등 다양한 업무를 수행한다.

경영에서 생산과 판매는 기업 존속의 기본적인 과제이며, 이에 대한 역할 수행이 필요하기 때문에, executive housekeeper는 호텔조직 전반에 대하여 알고 있어야 하며, 원가관리에 대한 지식과 서비스 기업의 마케팅에 대한 포괄적인 지식을 갖고 있어야 한다.

표 4-1 Exceutive Housekeeper의 직무

관리	직무
업무 관리	- 호텔 전역(객실, 공공지역, 건물외곽 등) 청결 유지 - 장 · 단기 계획 수립 - 보수에 대한 신속한 처리 - 객실 열쇠 관리 - 습득물 처리 - 고객안전시설 관리
원가 관리	- 호텔 재산 관리 - 예산 및 비용 관리 - 비용계산 및 집행 관리 - 일반 용품 및 장비 관리 - 린넨 및 소모품 구매
인력 관리	- 직원 채용 및 교육 - 직원의 후생 · 복지 관리 - 직무교육 담당

2) Order Taker

오더 테이커(order taker)는 호텔 직원들이나 객실고객들로부터 오는 각종 전화주문(order)을 접수 · 처리하거나 불평(complaint)을 접수받아 처리하는 것도 있지만, 호텔의 전체적인 정보를 고객에게 제공하는 것도 포함되기 때문에 호텔의 전 부서로부터의 영업과 관련된 정보를 수집하여 고객에게 필요한 정보를 제공하는 일도 담당한다.

오더 테이커(order taker)의 중요한 업무 중에 하나는 호텔객실, 고객 세탁물, 시설부의 영선, 전 영업장, 로비, 호텔 주변, 호텔건물 외곽, 주차장, 조경 등 호텔의 모든 부분에서 오더를 받고, 해결에 대한 주문을 내리기 때문에 정확한 업무에 대한 지식과 호텔 정보를 토대로 신속하게 대응하여야 한다. 그리고 각 담당자에게 연락을 취함에 있어서도 오더별 처리가 신속하게 진행될 수 있도록 정리하고, 하우스키핑 부서의 행정업무 및 일반사항을 담당하며, 항상 고객의 입장에서 오더를 받거나 내린 업무가 원만하게 해결될 수 있도록 종합적인 업무지식을 갖추어야 한다.

서비스 익스프레스(service express)를 추진하는 호텔의 경우 고객이나 여러 부서에서 오는 오더를 하나의 부서에서 통합하여 접수받아 객실관리와 관련된 오더를 하우스키핑에 통보하여 처리하는데, 대부분의 호텔은 고객이 직접 객실관리 부서에 오더를 하게 된다. 오더 테이커(order taker)는 크게 오더 접수 및 처리 그리고 각종 전표와 리포트(report) 정리 등 행정적인 업무를 담당하며 일반적인 업무를 살펴보면 다음과 같다.

(1) Order 접수 및 처리

❶ 개인 호출기(pager or beeper) 사용법을 숙지하여 모든 하우스키핑 직원들과 신속한 업무연결이 이루어지도록 한다.

❷ 고객으로부터 접수받은 각종 불평(complaint)을 신속한 조치가 이루어질 수 있도록 한다.

❸ 고객과 객실관련 종사원 및 public area(공공장소)로부터 접수받은 모든 order를 order list에 순서대로 기록하되 오더받은 시간을 기입한다. 이후 각각 업무에 해당하는 담당직원에게 오더를 전달한 후 그 결과를 반드시 확인한다.

❹ 객실고객이나 룸 메이드로부터 laundry service 오더를 접수받아 기록대장에 기록한 후 즉시 세탁실 직원에게 알려 준다.

❺ 당일 처리하지 못한 각종 오더는 처리할 부서별로 분류하여 미결처리하며, 모든 오더가 해결될 때까지 계속해서 정리하도록 한다. 모든 업무는 일반 행정업무보다 고객의 요청이나 요구사항이 먼저 선행되어야 한다.

(2) Slip와 Report 정리

고객으로부터 접수받은 각종 오더를 처리하는 것이 주된 업무이지만, 각종 작업지시 전표(slip), 부수적으로 행정적인 리포트(report) 정리업무, 문구류와 같은 소모품 청구, 각종 재고조사 관련업무, 린넨 관련업무, 각종 키 관련업무, 보고서 작성업무 등 다양한 업무를 수행한다.

❶ 각종 키(floor master key, mini bar key, store key 등)와 개인 호출기(beeper) 등의 반납사항을 확인 점검한다.

❷ 룸 메이드 리포트(room maid report)와 객실 점검보고서(daily rooming report)를 취합하여 하우스키핑 부서장에게 보고한다.

❸ Linen과 관련된 전표를 정리하여 린넨으로 보낸다.

❹ 각 층에서 보내 온 작업 전표(slip)를 정리하고, 날짜별로 일괄 보관한다.

❺ 월말보고서를 작성하여 하우스키핑 부서장에게 제출한다.

3) Room Inspector

Room Inspector는 플로어 슈퍼바이저(floor supervisor)라고도 하며, 객실 점검자 또는 객실 점검원을 뜻하는 말로, 객실청소가 끝난 객실을 프런트 데스크에서 판매하기 전 최종 점검을 하는 것이 주 업무이다. 보통 수년간의 풍부한 룸 어텐던트 경력을 가지고 있으며, room maid의 객실청소 상태, 소모품 비치 상태, 객실기능 상태를 점검해야 하기 때문에 룸 메이드 이상의 청소 방법을 알고 있어야 한다.

또한 객실의 청결유지와 관리를 위해 룸 어텐던트의 업무 전반에 걸친 교육과 지도를 통해 객실정비가 완벽한 상태로 유지될 수 있도록 관리 · 운영하는 책임이 있으므로 업무수행에 있어 세심한 점검을 요한다.

표 4-2 **객실 점검표**

Standard Achievement of Room Attendant

Date : ______ | Supervisor:

	Room Maid									
	Room No.									
(1) Entrance										
1.Door frame,threshold and room number/cleaning	*1*									
2.Door knob/cleaning & operation	*1*									
3.Both sides of door/cleaning	*1*									
4.Ceiling light bulb/lighting status	*1*									
(2) Closet area										
5.Door frame/cleaning	*1*									
6.Hanger rod & closet shelf/cleaning	*1*									
7.Men'sHangers(6)Ladie'shanger(3) laundry bags/standard set-up	*1*									
8.Bathrobe & yukata/good shape	*1*									
9.Safety box/cleaning and operation	*1*									
10.Slippers/standard set-up	*1*									
11.Stain on the wall paper & carpet cleaning	*1*									
(3) Minibar										
12.Minibar mirror/cleaning	*1*									
13.Glasses/cleaning	*1*									
14.Light bulb/lighting status	*1*									
15.Kettle & Ice bucket/cleaning	*2*									
16.Inside of refrigerator/cleaning	*3*									
(4) Bed room										
17.Ceiling/crack and painting	*1*									
18.Wall paper/stain check	*2*									
19.Carpet/cleaning	*3*									
20.Baggage rack/good condition and cleaning	*1*									
21.TV/operation	*2*									
22.TV cabinet/cleaning	*2*									
23.Desk and chair/good condition	*2*									
24.Lamp shades and bulbs/cleaning and operation	*1*									
25.Desk mirror/cleaning	*1*									
26.Desk holder & stationery/standard set-up	*2*									
27.Fax machine & phone/cleaning & operation	*1*									
28.Magazines,ash tray,match & Tent card/standard set-up	*1*									
29.Waste bin/cleaning and condition	*1*									
30.Drapery & sheer curtain/cleaning & good shape	*1*									
31.Window and chassis/cleaning	*2*									
32.Long stand lamp shades/cleaning and lighting	*1*									
33.Sofa/good condition	*1*									
34.Tea table/good condition	*1*									
35.Air conditioner unit grill/cleaning and condition	*2*									
36.Wall picture/cleaning and condition	*1*									

37.Head board/cleaning and condition	1									
38.Night table lamp & shades/cleaning and lighting status	1									
39.Green card/standard make-up	1									
40.Benalla/operation	2									
41.Telephone/cleaning and operation	1									
42.Memo pad, ballpen, tent card/standard set-up	1									
43.Table drawers/cleaning & flash lighting	1									
44.Bed spread & duvet cover/cleaning & good shape	3									
45.Bed skirt/cleaning and good shape	3									
46.Under the bed/cleaning	2									

excel-fl.super/c-point

(5) Bath room

47.Door frame/stain check and cleaning	1									
48.Lighting bulb and switch/cleaning and operation	1									
49.Wall outlet/cleaning	1									
50.Mirror/cleaning	1									
51.Telephone/cleaning and condition	1									
52.Hair dryer & bag/condition and operation	1									
53.Amenities tray/standard set-up	1									
54.Tissue/check the quantity	1									
55.Tumbler tray and glass/cleaning	1									
56.Wash basin/cleaning and condition	1									
57.Facet and taps/cleaning	1									
58.Soap dish/cleaning and standard set-up	1									
59.Shaving mirror/cleaning & condition	1									
60.Towels/standard set-up	1									
61.Toilet tank/cleaning	1									
62.Toilet bowl/cleaning and condition	2									
63.Bath tub/cleaning and condition	1									
64.Tiles and marble/cleaning & condition	2									
65.Shower bar & curtain/cleaning and check a spot	2									
66.Shower head and taps/cleaning and condition	2									
67.Ceiling vent/cleaning	3									
68.Garbage can/cleaning	1									
69.Scale/cleaning and condition	1									
(6) Equipment										
70 Vacuum cleaner/check a condition	2									
71. Maid wagon/standard set-up	3									
(7) Others										
73. Public Area	2									
Total Point										

Score	Advise
96 ~ 100	Excellent
90 ~ 95	Good
89 ~ 0	Poor = Need Training

Appraiser's Comment :

excel-fl.super/c-point

4) Room Attendant

Room Attendant는 룸 메이드(room maid)라고도 하며, 하우스키핑의 핵심 업무인 객실상품을 만드는 중요한 구성원으로, 국제적 수준의 객실청소 및 정비를 전문적으로 담당하여 항상 최고의 청결과 안락함을 고객에게 제공한다. 그리고 투숙객에게 인적 서비스를 제공하고, 고객의 편의를 도모하는 일을 수행한다. 룸 어텐던트(room attendant)는 객실 및 욕실 청소 · 정비, 객실상황보고와 고객의 분실물 습득 · 보고, 객실소모품 확인 및 보충, 세탁물 수거 등을 주 업무로 한다.

객실정비에 따른 인적서비스 제공과 그 밖의 서비스 제공으로 인하여 객실출입이 가장 많은 호텔 직원이라 할 수 있다. 따라서 객실구조는 물론 객실 내 사용하는 비품, 용품 사용법, 비품 재고파악 등에 대하여 정확히 알고 있어야 하며, 직무는 다음과 같다.

❶ Lost & Found(분실물) 유무 확인 후 분실물이 발견되면 하우스키핑 사무실에 연락
❷ 고객의 객실사용 여부 보고서 작성
❸ Mini Bar 사용에 따른 내용물 공급
❹ 담당 층에서 수령한 master key 관리
❺ Check-out 객실 내 금고 상태 확인
❻ 객실 내 전원 및 전등 확인
❼ 객실 복도 청결 및 소화기 확인
❽ 고객이 요구하는 용품 전달
❾ 하우스키핑 사무실에서 요구한 객실 점검
❿ Out of Order Room(고장 객실) 확인
⓫ Extra Bed or Baby Cot 설치
⓬ 욕실 내 amenity 확인 및 보충
⓭ 카펫 청결상태 확인
⓮ 정기적인 linen inventory(린넨 재고조사)
⓯ 냉 · 난방 이상 유무 확인

5) House Man or Utility Man

House Man or Utility Man은 order taker로부터 접수되는 각종(miscellaneous) order 중 room maid가 자체적으로 처리할 수 없거나 감당하기 어려운 힘든 업무를 분류하여 신속한 업무가 진행되도록 도움을 주는 일을 한다. 즉, 룸 어텐던트의 업무를 보조하는 역할과 고객 서비스를 원활하게 수행할 수 있도록 직 · 간접적으로 지원하는 업무를 담당한다. 또한 고객의 불편을 최소화하고, 객실상품의 질적 유지를 가능하게 하는 업무를 담당한다.

상황에 따라 메이드 카(maid car or attendant wagon)의 물품보급, 엑스트라 베드(extra bed) 및 유아용 침대(baby crib)의 투입 · 관리, 린넨류의 공급 및 세탁물 수거 운반 등 린넨실(linen) 업무를 보조하기도 한다.

6) Mini Bar

최근에는 mini bar(미니바)의 매출이 많이 늘어나고 있는데, mini bar는 객실 내의 소형 냉장고에 간단한 음료, 주류, 안주류 그리고 면도기, 칫솔과 같은 세면용품, 스낵 등을 갖추어 진열하고, 후불형식으로 고객이 스스로 이용하는 서비스이다. 고객들이 객실 내에서 음료를 마시고, 각종 용품 등이 필요할 때는 직접 이용할 수 있다. 물론 룸 서비스(room service)에 직접 주문하여 마실 수 있지만, 주문하는 번거로움, 기다림, 프라이버시 침해, 봉사료(service charge) 등에 대한 부담감을 느낄 수 있다. 하지만 미니바의 경우 고객이 원하는 식음료를 시간에 구애받지 않고 언제든지 이용할 수 있어 고객들이 이용하고 있다.

미니바 담당자는 객실 내에 식음료와 기타 어메니티(amenity) 용품을 관리하는 업무를 담당하는 직원으로서, 객실의 미니바(mini bar) 업무를 관장하며, 미니바 체크와 매출의 실적 비교, 선호도를 분석하여 신상품개발을 검토하고, 미니바의 적정 수량관리와 재고관리(inventory) 등 미니바 매출 등 전반적인 업무를 감독한다.

미니바의 근본적인 운영목적은 호텔의 매출을 올릴 수 있기 때문이다. 호텔에 따라 미니바를 룸서비스에서 관리하기도 하지만, 대부분의 호텔들은 효율적인 업무와 관리를 위하여 하우스키핑에서 운영을 한다. 이는 미니바 매출은 식음료(F&B) 부서에 속하지만, 객실 내에 설치된 관계로 미니바관리가 효율적이기 때문에 하우스키핑에서 담당한다. 5성급 호텔에서는 미니바 상품의 판매가격이 상당히 비싸서 고객들로부터 가끔 불평을 받기도 하지만 영업이익 측면에서는 매우 높다고 할 수 있다.

미니바를 관리함에 있어 주의하여야 할 것은 주류, 음료, 안주류는 유효기간이 지나기 전에 교체하여야 하고, 최소한 6개월마다 고객의 욕구에 맞는 품목으로 재조정하여야 하며, 항상 새로운 품목(items)을 꾸준히 개발하여야 한다. 또한 매출결과를 분석하여 판매가 상승하는 품목은 비치(set-up)량을 늘리거나 판매가 줄어드는 품목은 적절한 시기에 철수하거나 재고(stock)량을 줄인다. 요즘에는 미니바의 품목도 다양하고, 독특하게 진열(display)하여 고객의 구매력을 증가시키고 있다. 그러나 미니바를 사용한 고객들 중 일부는 이용사실을 부인하기도 하여 손실처리할 수밖에 없는 경우가 있다. 이런 경우 로스트(lost) 처리하는데, 손실을 최소화하기 위하여 체크아웃 즉시 미니바를 확인하여 front desk cashier에게 알려 주어 객실요금과 함께 계산이 가능토록 하여야 한다.

호텔에 따라서는 고객들의 미니바 사용 여부 확인을 위하여 냉장고 내에 센서를 설치하여 자동으로 컴퓨터에 입력되도록 하는 시스템을 운영하기도 한다. 하지만 고객과의 많은 오해 소지로 호텔의 이미지를 약화시키는 경우가 많아 직원이 직접 체크를 하고 있다. 미니바는 매월 영업실적과 재고조사를 하여 그 결과를 경영진에 보고한다.

3절 ◎ 하우스키핑과 관련 부서와의 관계

하우스키핑(Housekeeping)은 호텔 객실이나 레스토랑과 같은 영업장만 관리하는 것이 아니라, 호텔 건물 내·외 전체를 관리하기 때문에 호텔 내 모든 부서와 관련이 있다고 하겠다. 특히 하우스키핑과 프런트 오피스와는 객실상품을 만들고 판매하는 관계가 있기 때문에 전체 부서 중 가장 밀접한 관계가 있다고 하겠다. 또한 하우스키핑과 식음료부서와도 관계가 있다고 할 수 있는데 세탁실에서는 식음료 영업장에서 사용하는 린넨류뿐만 아니라 레스토랑, 연회장 등 모든 청소를 하우스키핑에서 관리를 하고 있다. 게다가 영업장의 카펫 관련 관리까지 하고 있다.

그리고 하우스키핑과 시설부와의 관계에서는 객실관리와 공공장소 관리를 위해서 전기, 건축, 기계 등 시설 관련 전반적인 문제점을 의뢰하지 않을 수 없는 것이 현실이다. 이에 하우스키핑은 관리하는 범위가 넓기 때문에 모든 부서와 상관관계가 있다고 하겠다. 이에 대한 내용을 간단히 살펴보면 다음과 같다.

1 하우스키핑과 프런트 오피스

하우스키핑(Housekeeping)과 프런트 오피스(Front Office Department)는 다른 부서보다 가장 밀접한 관계가 있다. 객실관련 상황과 고객서비스와 관련한 모든 정보를 즉시 서로 교환해야 하기 때문이다. 두 부서 간에 상호 커뮤니케이션이 제대로 이루어지지 않으면 객실판매에 큰 장애를 가져오고 객실정비가 제대로 이루어지지 않아 고객에게도 큰 불편을 끼쳐 불만을 사게 된다. 그리고 이러한 결과는 당연히 매출과 연결될 것이다.

프런트 오피스(Front Office)에서 투숙률이 저조할 때 여러 층에 나누어 고객을 투숙시키게 되면 하우스키핑의 인력과 시간의 낭비를 초래하게 되므로 상호 간에 긴밀하게 협조하여 특정 층만 사용하도록 하여야 한다. 또한 고객의 불만처리에 있어서 서로 간에 책임을 전가하여 불협화음이 생긴다면 고객과 직원 모두가 불편하게 된다. 그러므로 호텔에 따라서는 하우스키핑과 프런트 오피스를 하나의 부서로 묶어서 관리하기도 한다. 상호 간에 협조를 원활하게 하고 또 효과적인 비용관리를 위한 목적이기도 하나 규모가 큰 호텔일수록 분리하여 전문성을 기하는 것이 일반화되어 있다.

2 하우스키핑과 식음료부

하우스키핑과 식음료부(Food & Beverage Department)의 관계는 영업장에서 서비스하는 직원들의 유니폼을 항상 깨끗하게 해주며, 테이블의 린넨도 영업장의 종류에 따라 항상 다른 색과 디자인으로 꾸며 놓아야 하고 또 영업장의 청소문제로도 밀접한 관계를 가진다. 특히 호텔 내의 각 영업장은 성격에 따라 오전 6시부터 그 다음날 새벽 4시까지 영업이 계속되지만 시작시간과 종료시간은 일정하지 않다. 따라서 하우스키핑에서의 영업장 청소시간은 그 영업장의 영업시간 전 · 후와 중간 휴식시간을 이용하여 시행하게 된다.

그밖에 연회장은 대 · 중 · 소 연회 시작 전후에 하게 되므로 일정한 시간이 정해져 있지 않다. 식음료 영업부서장은 필요할 경우 하우스키핑 부서장에게 청소 또는 유지관리에 대한 사전 정보를 주어 영업장을 항상 청결하고 쾌적한 분위기를 유지할 수 있도록 협조가 있어야 한다.

하우스키핑에서는 식음료 영업장의 카펫, 가구, 장식품, 꽃꽂이, 화분 등의 관리책임을 맡아 일하는데 식음료부 직원의 절대적인 협조가 필요하다. 상호 협조가 없이는 효과적인 관리를 할 수 없기 때문이다. 따라서 규모가 작은 호텔 또는 영업장의 규모가 작은 호텔에서는 영업장 청소 일체를 해당 영업장에서 모두 책임지는 경우도 있다. 한편 미니바(Mini Bar) 관리를 하우스키핑에서 하는 경우는 미니바 운영에 대하여 식음료 부서장과 하우스키핑 부서장 간에 수시로 이에 관한 의견을 교환(재고관계, 미니바의 품목, 가격, 수량) 하면서 운영하게 된다.

3 하우스키핑과 시설부

엔지니어링 부서(Engineering Department)는 시설부, 영선부 또는 시설관리부 등의 명칭으로 불리고 있으나 그 기능면에서는 별 차이가 없다. 하우스키핑에서는 객실 시설물 또는 가전제품, 가구 등에 하자가 발생하거나 공공지역의 시설에 하자가 발생할 경우 수리 요구서(Maintenance Order)를 작성하여 기술부서에 요청한다.

하우스키핑은 객실을 관리하면서 상품을 만들기는 하지만, 완전한 객실상품을 만들기 위한 기술적인 면이 부족하여 시설부와의 협조 하에 업무가 진행된다. 따라서 소속은 시설부이지만 하우스키핑에서 근무하는 직원 즉 목공, 전기, 기계를 전문으로 다루는 직원이 하우스키핑에서 함께 근무하기 때문에 하우스키핑과 시설부는 밀접한 관계가 있다.

객실용품에 대한 불평사례

1. 사례내용

① 객실에 set-up되어 있는 밀크로션 화장품이 썩은 냄새가 나며, 스킨로션은 조금 밖에 들어 있지 않다고 불평한다.

② bath room에 있는 샤워 캡의 내용물과 샴푸가 빈 통이다.

③ Hair Drier가 작동 안 되며, 갖고 온 drier도 전기 스파크로 인하여 고장 났다.

2. 불평청취 및 응대요령

① 고객의 불평을 1차 접수한 직원은 즉시 고객에게 가서 불평내용을 끝까지 청취하고 불평내용을 확인한다.

② 문제점을 확인한 직원은 "대단히 죄송합니다. 곧바로 조치하도록 하겠습니다. 잠시만 기다려 주십시오."라고 정중히 사과한다.

3. 수습과 사후조치

① 1차 접수 직원은 담당 인스펙터(inspector), 층 어텐던트(room maid)에게 연락하여 간단히 경위를 물어보고, 고객이 필요한 소모품 및 비품을 교체하도록 한다.

② 1차 접수 직원은 지배인에게 신속히 보고하며, 보고를 받은 지배인은 고객의 불평사항이 해결되었는지를 확인한다.

③ 지배인은 즉시 고객에게 가서 "이런 일이 발생하여 고객에게 불편을 끼쳐드려 대단히 죄송합니다"라고 정중히 사과한다.

④ 지배인은 고객에 대한 사과의 의미로 '과일이나 와인, 꽃'을 객실에 제공한다.

⑤ 사전에 객실점검을 철저히 하도록 인스펙터와 룸 어텐던트에게 교육을 실시한다.

⑥ 지배인은 고객 불편사항을 보고양식에 의거하여 부서장에게 보고토록 한다.

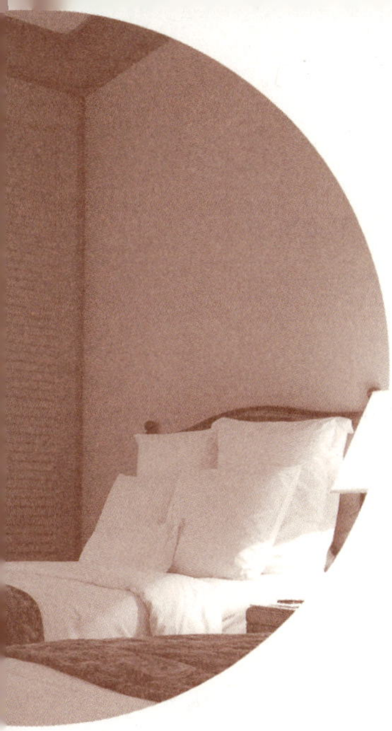

제2장

객실정비 업무

1절 Housekeeping 정비업무

하우스키핑은 투숙객이 호텔에 체재하는 동안 사용에 편리하고 안락한 시설을 갖춘 하드웨어적 서비스와 항상 청결한 관리 정비로 고객의 집과 같은 또 다른 편안함과 즐거움을 느낄 수 있도록 하는데 필요한 소프트웨어적 서비스, 즉 인적서비스를 제공한다. 이는 고객의 1차적 욕구라 할 수 있는 청결과 안락한 분위기를 조성하는 업무를 담당하는 부서가 바로 하우스키핑이라고 할 수 있다. 즉 상품이라는 것은 판매를 전제로 생산하기 때문에 아무리 호텔객실을 많이 판매하고자 할지라도 하우스키핑에서 신속한 정비가 이루어지지 않으면 객실의 판매가 불가능하다.

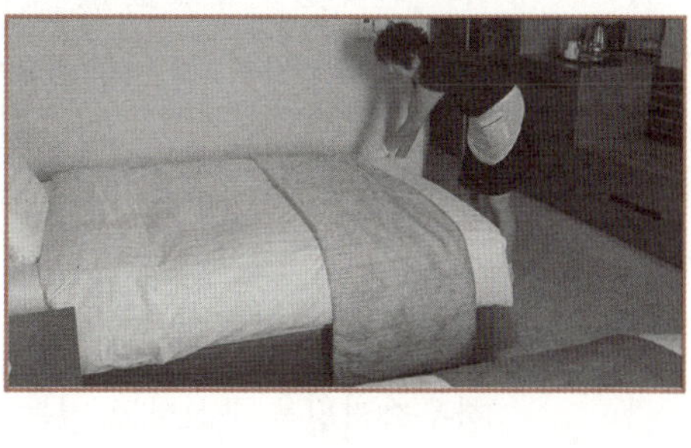

하우스키핑 부서는 호텔의 옥상에서 최저 지하층까지의 건물 내 · 외부를 총체적으로 관리하고 있다. 기술적인 부분을 제외한 호텔의 모든 지역의 청소와 유지 보수가 하우스키핑의 업무라 할 수 있다.

하우스키핑의 기능은 각 호텔의 규모나 경영방식에 따라 약간씩 차이가 있으나 5성급 호텔에서 일반적인 업무는 다음과 같다.

2절 객실의 청소와 유지 및 보수업무

호텔은 불특정한 많은 고객이 출입하고 투숙하는 곳이다. 호텔 고객은 투숙객과 식음료업장 이용고객 및 부대시설 이용고객 등으로 세분할 수 있으며, 세계 각국의 고객들이 왕래하면서 사업을 펼치거나 관광 또는 사교의 장으로 이용하고 있다. 그리고 그들의 기대욕구는 매우 다양하며, 문화의 차이, 관습의 차이, 쾌적감의 차이, 언어의 차이 등으로 인하여 똑같은 서비스에도 각각 다른 반응을 보이고 있다.

그러나 만국공통으로 똑같이 느낄 수 있는 것은 청결함을 좋아한다는 사실이다. 너무 청결해서 싫다고 하는 고객은 없을 것이다. 그럼에도 불구하고 많은 직원들이 심지어 하우스키핑에 종사하는 직원들조차 그 일을 대수롭지 않게 여긴다.

건물의 청소와 유지, 보수는 청결 그 자체도 중요하지만, 건물의 수명과도 밀접한 관계가 있다. 아무리 좋은 재료를 사용하여 건축한 호텔이라도 사후관리를 소홀히 하면 그 수명은 단축될 수밖에 없다. 대리석, 출입문, 창문, 화장실, 가구, 카펫, 외벽 등 그 어떤 부분이든 주기적인 청소와 관리가 제때 이루어지지 않으면 외관상 불결하게 느끼는 것은 물론, 재산상 손실을 수반한다. 호텔의 청소와 유지, 보수는 단순히 하우스키핑 부서의 종사원으로만 해결되는 것은 아니다. 호텔구성원 모두의 관심과 협력이 없으면 소기의 목표를 달성할 수 없다.

하우스키핑을 구성하고 있는 직원들의 담당업무를 살펴보면 다음과 같다.

1) 룸 어텐던트 업무

(1) 객실정비

객실정비(make-up)는 룸 메이드(room maid) 또는 룸 어텐던트(room attendant)에 의해 이루어지는데, 이는 객실정비 부서의 핵심역할을 수행하는 중요한 종사원이다. 룸 어텐던트는 객실정비 기준(quality standard)에 의해 약 120여 가지의 기억과 동작으로 이루어지는데, 룸 어텐던트는 객실의 청소와 정리 등 고객의 편의를 최대한 도모하는 역할을 수행한다.

룸 어텐던트는 객실을 청소하는 것이 기본업무이기 때문에 객실정비 시 준수사항을 지키며 숙련된 업무로 가장 빠른 시간 내에 가장 쾌적하고 청결한 객실상품을 제공할 수 있도록 항상 명랑하고 즐거운 마음으로 업무에 임해야 한다.

룸 어텐던트의 업무내용을 살펴보면, 우선 고객이 사용하는 객실은 침실과 욕실 그리고 응접실로 구성되어 있다. 객실청소 시 먼저 객실상태를 점검하여 체크아웃 객실과 재실로 구분한다.

객실청소의 우선순위는 호텔마다 조금씩 다를 수 있지만, 그 중에서 아침 이른 시간에 청소를 원하는 객실, 아침 일찍 체크인 예정(early check-in)인 객실, 중요고객(VIP)의 객실, 일반고객의 객실로 나누어 객실청소의 우선순위를 정한다. 일반적으로 아침 일찍 체크인 예정인 객실을 우선적으로 청소하며, 그 다음이 아침 이른 시간 청소를 요청하는 객실이라고 볼 수 있다.

객실정비는 룸 어텐던트 혼자 하기 때문에 더욱 중요하다. 객실정비의 일반적인 절차는 침실을 먼저 정비하고, 그 다음에 욕실을 정비한다. 그리고 끝으로 복도 등 공공장소를 청소한다. 그 이유는 재실의 경우 고객이 외출 후 다시 돌아왔을 경우 청결하게 보이기 위해서 침대를 먼저 정리하는 것이다. 침실을 정비할 때는 고객의 옷가지, 서류 등을 정리 정돈하게 되는데, 이때 고객의 귀중품이나 현금 등 침대 위에 놓여 있는 것을 제외하고는 옮겨 놓지 말아야 한다.

베드 메이킹(bed making : 침대꾸미기)이 끝나면 진공청소기(vacuum cleaner)를 이용하여 침실 카펫청소를 하며, 파손된 곳이 없는지 살피면서 필요한 조치를 하여야 한다.

아울러 가구류, 창문, 창틀 등을 걸레질하며, 이때 파손된 것이 있으면 객실수리 요청서에 작성하여 신속히 수리하도록 하여야 한다.

욕실정비 시 물기가 전혀 없도록 하여 청결한 상태를 유지하도록 하고, 각종 타올(towel)류와 편의용품(amenity)을 걸어 놓거나 선반 위에 놓는다. 욕실문 안쪽에는 욕실가운을 걸어 놓고 다시 한번 빠진 것이 없는지 확인한 뒤 약 15~30cm 정도 문을 열어 놓아 고객들이 욕실을 쉽게 볼 수 있도록 한다.

당일 정비업무가 끝나는 대로 오후 점검을 통하여 각 객실의 상태를 다시 한번 확인하고 사무실에 보고를 하거나 객실지시표시(room indicator)에 객실정비가 완료되었음을 표시한다. 5성급 호텔의 경우 숙련된 룸 어텐던트의 작업량은 1일 10~15개의 객실을 정비하는 것이 보통이고, 온돌 룸이나 스위트 룸의 경우 보통 1.5룸으로 계산하여 작업량을 조절하고 있으며, 일반 객실 하나를 정비하는 데 약 30여 분 정도가 소요된다.

(2) Housekeeping 키 관리

객실 키(room key)는 고객의 재산과 안전을 보호하기 위해 아주 소중하게 다뤄야 한다. 특히 하우스키핑 근무자 중 룸 어텐던트는 해당 층이나 구역의 모든 객실을 열 수 있는 플로어 마스터 키(floor master key)를 소지하고 일을 하기 때문에 각별히 주의를 기울여야 한다. 하우스키핑 사무실로 출근 즉시 룸 어텐던트 리포트(room attendant report)를 받은 후 객실 플로어 키장부(key sign record book)에 사인을 한 후 키를 잃어버리지 않도록 줄로 연결해서 목이나 허리에 차고 업무에 임한다. 업무가 끝난 후에는 반드시 사무실에 반납 후 서명하여야 한다.

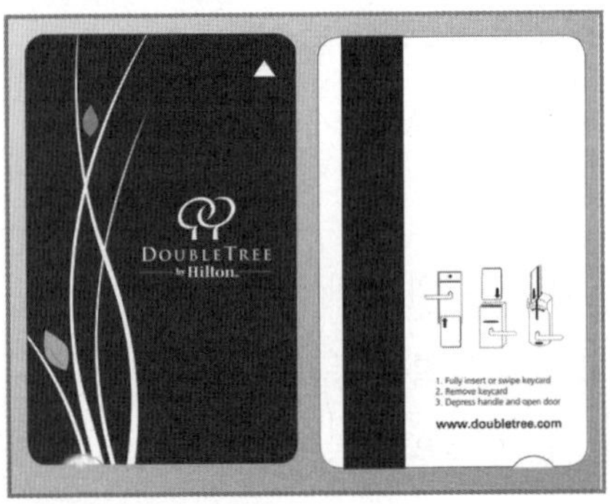

(3) 턴다운서비스

턴다운서비스(turn-down service)는 VIP 고객이나 어메니티(amenity)가 들어간 고객, 장기 투숙고객 및 기타 지시된 고객들에게 최대만족과 편안한 잠자리를 마련해주기 위한 목적으로 호텔이나 지역과 계절마다 약간씩 다르지만 이미 청소된 객실을 오후 6시

~10시 사이에 다시 점검하는 서비스로 고객들이 보다 안락하고 상쾌한 기분으로 잠자리에 들도록 하는 것이다.

이러한 턴다운서비스의 요령은 먼저 베드 스프레드(bed spread)가 씌어져 있는 경우 이를 걷어내어 보기 좋게 갠 다음 옷장에 넣어 둔다. 그리고 최대한 고객이 침대를 사용하기 편리하도록 침대시트와 이불 모서리를 45도 각도로 접어서 잠자리에 들기 쉽도록 한다. 침대 위에는 가운을 펼쳐 놓아 쉽게 입을 수 있도록 한다.

창문과 커튼을 닫고 침대 옆 바닥에 슬리퍼와 발깔개를 가지런히 놓는다. 쓰레기통을 비우고, 사용된 수건을 새것으로 교체하며, 얼음통(ice basket)에 얼음을 채워 놓는다.

마지막으로 베개 위에 룸서비스 메뉴와 함께 초콜릿 또는 굿나잇(good night) 메시지(have a nice dream 또는 have a good night)를 놓는다. 즉 턴다운서비스는 고객만족을 추구하면서 효과적인 마케팅 도구로 이용되어 좋은 반응을 얻고 있다.

이처럼 호텔의 이미지는 고객지역뿐만 아니라 종사원지역 및 공공구역의 청결함과 위생에 따라 평가되는 만큼 최선을 다해 정비하여야 한다.

① 퍼블릭 에리어 슈퍼바이저

퍼블릭 에리어 슈퍼바이저(public area supervisor : 공공구역 관리지배인)는 호텔의 공공구역 전반에 걸친 청소의 점검 · 청결을 관장하여 항상 깨끗한 상태를 유지시키며, 종사원들에 대한 교육과 직무의 감독을 책임진다.

② 퍼블릭 에리어 크리너

퍼블릭 에리어 크리너(public area cleaner: 공공지역 정비원)는 고객이 사용하는 호텔의 공공구역, 즉 화장실과 로비지역의 광택작업과 종사원이 사용하는 공공구역(숙소 · 화장실 · 사무실 등)의 모든 청소를 전담하며, 항상 깨끗하고 쾌적한 호텔의 이미지를 유지하는 업무를 담당한다.

③ 카펫 크리너

카펫 크리너(carpet cleaner)는 객실과 복도에 깔려 있는 카펫의 오염이나 공공구역 및 호텔 내의 각 업장 카펫에 대한 전문적인 샴푸작업을 실시하며, 일간 · 주간 · 월간 · 연간에 따른 정기적인 샴푸작업을 담당한다.

④ 하우스맨과 유틸리티맨

하우스맨(house man)과 유틸리티맨(utility man)은 객실로부터 접수되는 각종 잡다한(miscellaneous) 오더 중 자체적으로 처리할 수 있는 내용들을 분류하여 신속한 수리업무가 이루어지도록 함으로써 고객의 불편을 최소화하고 객실상품의 질적 유지를 가능하게 하는 업무를 담당한다. 또한 룸 어텐던트가 감당하기 어려운 힘든 업무나 궂은 일 등을 전담하는 역할을 수행한다.

룸 어텐던트 왜건(attendant wagon)의 물품보급, 엑스트라 베드(extra bed) 및 유아용 침대(baby crib)의 투입 · 관리, 린넨류의 공급 및 세탁물 수거 운반 등을 담당한다.

⑤ 린넨과 런드리

린넨과 런드리(linen & laundry)는 객실의 정비(make-up room)와 식음료업장에 필요한 각종 린넨류 공급, 객실판매현황과 식음료행사현황에 따른 필요량의 예측과 수급량 계획, 종사원 유니폼의 세탁 및 수선, 고객세탁물의 세탁 등을 담당한다.

(4) 룸 어텐던트 왜건

룸 어텐던트 왜건(wagon) 또는 룸메이드 카트(maid cart)는 객실정비를 위한 기물이나 소모품, 린넨류, 어메니티(amenities) 등을 싣고 다니며 객실을 정비할 수 있도록 제작된 수레로 능률적이고 청결한 청소를 수행하는 데 필요한 도구이다.

일반적으로 객실을 청소할 때는 룸 어텐던트 카트를 객실도어 앞에 가로막아 다른 사람의 객실 출입을 통제하도록 하며, 반드시 문을 열어 놓고 근무를 한다.

2) 룸 인스펙트리스 업무

룸 인스펙터 또는 룸 인스펙트리스(room inspector 또는 inspectress : 객실정비주임)는 하우스키핑 부서 책임자의 업무지시에 따라 룸 어텐던트를 지도 감독하여 정비업무를 수행하는 상하 간의 교량적 역할을 담당하는 자로서, 호텔객실을 고객에게 판매하기 전에 완전하게 객실이 정비되었는지를 점검하는 것을 주 업무로 한다.

이는 수년간의 룸 어텐던트의 경험을 거쳐 호텔의 일정한 담당구역이나 담당층들의 객실, 복도, 비상구 등의 청결과 비품, 소모품의 비치상태 및 객실 내 시설의 고장 유무(out of order) 등을 점검하고 룸 어텐던트에게 잘못된 점을 지시하여 완전한 호텔상품을 만드는 중요한 업무를 수행한다.

3절 ◎ 공공지역의 청소와 유지 및 보수

공공지역(public area)은 크게 고객이 사용하는 지역과 종사원이 사용하는 지역으로 나누며, 호텔에서는 당연히 고객지역을 우선적으로 관리한다. 호텔에서 가장 빈번하게 고객들이 왕래하는 고객지역은 객실층, 식음료영업장, 화장실, 로비 복도, 계단, 피트니스 클럽, 엘리베이터, 각종 연회장 등 고객 위주로 이용하는 지역을 말하여, 종사원지역은 호텔 사무실, 락카 룸(locker room), 휴게실, 비상계단 종사원 식당, 종사원 숙소 등이 있다.

호텔은 일반 건물과는 달리 관리하기가 수월치 않으며, 특히 건물, 외벽, 내벽, 천장 등은 그 높이가 높아서 아주 전문직업인이 아니면 청소하기 힘들며, 많은 인권비를 필요로 하고, 그만큼 위험부담도 크기 때문에 이런 위험지역은 대개 전문용역회사에 의뢰하여 관리하게 한다. 식음료영업이 자정을 전후로 끝나고 있고, 그 시간에 비싼 임금을 지불하는 감독자와 직원을 채용하여야 하기 때문에 야간청소 역시 외부용역(아웃소싱)으로 대체하고 있는 실정이다.

업무의 효율성과 생산성을 높이기 위해 청소장소나 대상물에 따라 사용되는 장비와 세제도 다르며, 적절한 청소방법도 필요하다. 공공지역의 청소계획과 점검계획은 장소별, 주기별로 이루어져야 하며, 집중관리가 필요한 경우 별도계획을 세워 보다 효과적이고 효율적인 관리로 호텔의 청결유지가 가능하다. 공공지역의 청소와 유지 보수를 세분하면 다음과 같다.

1 로비 및 복도 관리

주야 24시간 계속되며, 많은 사람들이 왕래하는 곳이므로 수시로 점검하고 청소해야 청결을 유지할 수 있다. 따라서 호텔에서는 일정 구역을 나누어 해당되는 지역의 전담종사원을 따로 두어 그 일을 수행하게 한다. 비나 눈이 오는 날은 현관 앞에 헌 카펫을 깔아 호텔 내부까지 더럽혀지는 일이 없게 하며 수시로 청소를 하여야 한다. 그리고 심야에는 광택기를 이용한 바닥 왁스작업을 주기적으로 실시한다.

5성급 호텔의 로비나 복도 벽면 바닥은 화강암 또는 대리석으로 되어 있으며, 가격이 매우 고가이다. 화강암 또는 대리석은 세제 약품에 민감하게 반응하며 오물에 약하다. 특히 대리석인 경우는 약제에 매우 민감하며, 화강암은 연마제를 사용하지 않으면 오점 제거가 잘 되지 않는다. 이러한 일들을 하기 위해서는 최신식 청소장비를 사용해야 하며, 숙련된 기술이 필요하다.

2 가구 및 조형물 관리

가구는 단순히 먼지만 닦는 작업과 주기적인 왁스작업이 있다. 가구는 시간이 오래 지나면 윤기가 없어지고 퇴색되기 때문에 일정 기간을 정하여 광택을 주어야 한다. 평상시에는 종사원의 눈에 잘 띄지 않는 곳도 고객의 눈에는 잘 보일 수 있고, 가구류는 먼지가 묻어도 쉽게 눈에 띄지 않기 때문에 청소직원들이 그냥 지나쳐 버릴 수 있으므로 감독자들은 하루 3회 이상 점검하여야 한다.

특히, 호텔 로비에 비치된 소파(sofa)와 의자(chair)에 놓여 있는 베개와 쿠션(cushion)은 세심하게 청소하여야 한다. 베개나 쿠션이 찢어지거나 이물질 등으로 인해 얼룩이 없는지 점검하고 손상된 것을 즉시 처리하도록 한다.

호텔 내에는 조각물(조형물)들이 많이 있는데, 이것들은 대개 화강암, 대리석, 구리 등으로 이루어져 있다. 종류에 따라 그에 맞는 세제를 사용하여 주기적으로 닦아 주어야 한다. 세제를 잘못 사용하면 지워지지 않는 얼룩으로 남는 수도 있으므로 주의하여야 한다.

3 출입문 관리

출입문은 호텔 투숙객과 식음료 이용객은 물론, 불특정한 다수의 사람들이 드나들기 때문에 손자국이 자주 생긴다. 전담 종사원이 상주하여 닦아 주지 않으면 금방 더러워지므로 로비 및 복도를 담당하는 종사원이 수시로 점검하고 닦아 준다.

4 화장실 관리

호텔 화장실은 또 하나의 호텔 얼굴이므로 항상 청결하게 관리해야 고급호텔로서의 이미지를 보일 수 있다. 화장지도 곱게 준비되어 있어야 하며, 특히 악취가 나지 않도록 방향제도 설치하여야 한다. 쾌적한 분위기가 되도록 싱싱한 꽃꽂이를 준비하며, 손을 씻은 후 물기를 닦기 위한 종이수건(paper towel)도 준비해야 한다.

그 밖에 물비누(dispenser)도 제때에 갈아 주어야 하고, 벽에는 거울을 부착하여 고객들이 자신들의 화장이나 옷매무새를 고치는 데 불편함이 없어야 한다. 또한 변기를 수시로 닦아야 하며, 바닥이 대리석인 경우 얼룩이 산화되어 지워지지 않기 때문에 자주 닦아 주어야 바닥을 보존할 수 있다.

화장실에 대한 청결은 매우 중요하므로 수시로 체크하는 시스템을 운영하고 있다. 몇몇 호텔에서는 여성용 화장실에 화장용 의자도 준비하고 있다.

5 계단 관리

계단은 고객들이 이용하는 계단과 종사원이 이용하는 계단이 있는데, 당연히 고객들이 자주 이용하는 계단을 우선적으로 청결하게 하여야 한다. 이때 청소 시 주변에 안전표지판이나 주의 표지판을 설치하여 안전사고를 방지하여야 한다. 계단 손잡이는 놋쇠로 만들어져 있어 주기적으로 광택을 내주지 않으면 퇴색되어 고객들의 기분을 상하게 하므로 세심한 관리가 필요하다. 5성급 호텔의 경우 에스컬레이터가 설치되어 있기도 한데, 이것 역시 고객지역이므로 계단청소와 동시에 실시되어야 한다.

6 카펫 관리

카펫은 일반적으로 3부분(표면, 제1층, 제2층)으로 구성되어 있는데, 호텔의 실내장식과 소음방지 그리고 고객의 안전 등 그 효용성이 매우 크다. 카펫청소 관리에는 진공청소(vacuum cleaning)와 샴푸(shampoo)가 있는데, 카펫세척기(carpet cleaner)에 카펫전용 약품이나 세제를 넣어 세척한 후 곧바로 카펫탈수기(carpet extractor)로 물기를 제거하고 말린다. 고급카펫일수록 다루기가 매우 까다롭고 힘들어 카펫샴푸작업 자체가 기술이고 기계를 사용해야 하기 때문에 아무나 쉽게 할 수 있는 일이 아니다.

카펫의 수명은 사후관리를 어떻게 하느냐가 매우 중요하며, 매우 비싸서 쉽게 바꾸기가 어렵다. 카펫은 크게 양모로 직조된 것, 화학섬유로 직조된 것, 혼방으로 분류하는데, 그것들을 다루는 방법 또한 다르다.

7 엘리베이터 관리

엘리베이터(elevator)는 하루에도 수없이 많은 고객들이 이용하는 공간이므로 바닥에 휴지, 물, 음료수 등의 오물이 없도록 청소하여야 한다. 그래서 낮에는 많은 고객들이 이용하기 때문에 수시로 간단한 청소만 시행하지만 야간에는 바닥을 적절한 세제를 이용하여 청소한 후 왁스칠을 하여 광택을 유지한다. 엘리베이터 내의 냉·난방 장치에 이상이 있거나 밝기가 정상이 아닐 때는 즉시 전기실에 연락을 해야 한다.

8 공중전화 관리 및 구내전화

최근들어 공중전화를 보기가 어렵지만 호텔로비에는 구내전화(house phone)가 있다. 따라서 공중전화 및 구내전화 부스 주변의 휴지나 이물질 등을 치우고 바닥과 벽면을 닦아낸다. 세제를 적신 천으로 송수화기와 전화줄을 닦는다. 그리고 공중전화 부스 안팎의 낙서를 세제로 닦아내고 호텔로고가 그려진 메모지와 펜을 수시로 체크하여 보충한다. 마지막으로 전화번호부(telephone directory)를 점검하여 찢어지거나 낙서가 없는지 확인한다.

객실이용 불평사례

1. 사례내용

① 옆방에서 시끄럽게 떠들어 밤에 잠을 자지 못했다고 객실의 방음시설에 대한 불평을 했다.

② 투숙객이 객실에서 슬리퍼를 신었는데, 새것이 아니고 물에 젖어 있어 양말을 버렸으며, 다른 사람이 사용하고 간 흔적이 그대로 남아 있는 것 같아 불쾌해 했다.

2. 불평청취 및 응대요령

① 고객의 불평을 1차 접수한 직원은 즉시 고객에게 가서 불평내용을 끝까지 청취하고, 불평내용을 확인한다.

② 문제점을 확인한 직원은 "대단히 죄송합니다. 곧바로 조치하도록 하겠습니다. 잠시만 기다려 주십시오"라고 정중히 사과한다.

3. 수습과 사후조치

① 간단한 고장이나 불평은 1차 접수 직원이 조치하되, 슬리퍼는 새것으로 갖다 준다.

② 고객의 불평이 시설사항일 때는 시설부 담당자에게 연락하여 고장을 수리하도록 한다.

③ 1차 접수한 직원이 판단하여 본인이 해결할 수 없을 경우에는 지배인에게 보고하여 조치하도록 한다.

④ 지배인은 불평내용에 대해 최선을 다해 조치를 취하고, 그래도 안 될 시에는 고객에게 찾아가 상황을 설명한 후 다시 한번 "이런 일이 발생하여 고객에게 불편을 끼쳐 드려 죄송합니다"라고 사과한다.

⑤ 지배인은 고객의 객실에 '꽃 또는 과일' 등을 사과편지와 함께 고객에게 제공한다.

⑥ 객실점검을 철저히 하도록 직원교육을 시킨다.

⑦ 지배인은 고객 불편사항을 보고양식에 의거하여 부서장에게 보고토록 한다.

제3장

Laundry & Linen 업무

Laundry & Linen(세탁과 린넨)은 객실정비(make up room)를 함에 있어 필요한 duvet(이불)과 duvet cover(이불 커버), sheet, towel 등의 린넨류를 세탁한다. 또한 식음료업장에 필요한 각종 table cloth와 같은 린넨류를 세탁하고 공급한다.

자체 세탁실이 있는 호텔의 경우는 사용한 linen을 linen chute(린넨 활송장치)에서 수거하여 시간대별로 세탁을 하여 언제든 사용하는 데는 문제가 없다. 하지만 세탁실이 없는 호텔의 경우는 외부 용역에 맡기기 때문에 세탁물의 출고와 입고 시간이 정해져 있다. 따라서 엄격한 시간관리가 우선되어야만 서비스에 차질이 생기지 않는다.

객실이나 식음료 영업장에서 필요한 만큼의 린넨류 공급을 위해서는 당일 또는 내일의 객실점유율을 예측할 수 있어야 하고, 연회행사(banquet)에 따른 필요량의 예측과 수급량을 계획하여야 한다. 또한 각각의 부서와 직책마다 다른 모든 직원의 유니폼을 세탁 및 수선하여 서비스하는데 차질이 없도록 노력한다. 그리고 고객세탁물을 dry cleaning(드라이 클리닝) 또는 물세탁 등을 담당하는 업무를 한다.

1절 ◎ 세탁 업무

1 세탁실 개요

세탁되어 정돈된 린넨류는 쾌적하고 산뜻한 분위기를 느끼게 되므로 호텔에 대해서도 좋은 인상으로 남게 된다. 세탁물 관리는 객실에 투숙하고 있는 고객의 편의를 위해 세탁물을 수거하고 정리하여 객실로 전달해 주는 업무를 말한다. 연회장에서 행사용으로 사용하는 테이블 클로스, 타올 등도 포함된다. 또한 직원들의 유니폼 등 린넨류의 세탁류를 총괄하는 부서이다.

이전에는 세탁물을 호텔 내에서 관리하였으나 최근에는 일부 호텔을 제외한 대부분의 호텔에서 비용절감을 목적으로 외부 세탁용역 업체와 계약하여 세탁물을 공급받고 있다. 그러므로 고객에게 정확한 서비스를 제공하기 위해서는 각별히 신경을 써야 한다.

2 세탁물 접수

고객의 요청에 따라 order taker 또는 room maid 등에 의해서 세탁물이 수거되면 세탁물 수거 후 수량과 세탁방법, 옷감 분류를 확인하고, 메이드 리포트에 세탁물 있음을 기록하고 세탁실로 보낸다. 세탁실에서는 세탁하는 방법에 따라 세탁물을 분류한다. 세탁물 접수 시는 세탁물에 흠집이나 탈색 등 이상이 없는지 자세히 확인한 후 이상이 있을 시는 고객과 확인한 후에 세탁 업무를 진행하여야 한다.

그림 4-3 Laundry Sheet

MEMBER OF INTERNATIONAL FABRICARE INSTITUTE

Millennium Seoul Hilton

LAUNDRY & VALET SERVICE
세 탁 서 비 스

☐ REGULAR SERVICE レギュラーサービス
Clothing received before 11:00 a.m. will be returned the same day by 6:00 p.m.

☐ 3-HOUR EXPRESS SERVICE 3時間エクスプレスサービス
(50% additional charge)
Available from 8:00 a.m. to 5:00 p.m.

Name
お名前 ______________________

Room No.
お部屋番号 ______________________

Date
日付 ______________________

DAILY SERVICE
月曜 – 日曜毎日営業

- REGULAR SERVICE: 8:00 A.M. – 11:00 A.M. DAILY
  - Articles collected before 11:00 a.m. wil be returned the same day by 6:00 p.m.
  - Articles collected after 11:00 a.m. wil be returned the following day by 5:00 p.m.

  レギュラーサービス: 毎日8:00 a.m. - 11:00 a.m.
  - 午前11時までにお預りした品は、その日の午後6時までに、お届けいたします。
  - 午前11時以降にお預りした品は、翌日の午後5時までに、お届けいたします。

- 3-HOUR EXPRESS SERVICE: 8:00 A.M. – 5:00 P.M. DAILY
  - With 50% extra charge.
  - Laundry & Dry-cleaning available between 8:00 a.m. to 5:00 p.m.
  - **Pressing available until 8:00 p.m.**

  3時間エクスプレスサービス: 毎日8:00 a.m. - 5:00 p.m.
  - 50%の追加料金がかかります。
  - ランドリー & ドライクリーニングは、8:00 a.m.から5:00 p.m.まで、3時間エクスプレスサービスで、受けたまわります。
  - プレスは、午後8時まで受け付けいたします。

NOTICE

Please fill in the blanks with full name, room number, quantity of each article and service desired. **Also please indicate number of articles in the "Count" column, otherwise the hotel count must be accepted as correct. In case of discrepancy in count and if you are not available to verify, the hotel count must be accepted as correct.** We cannot be responsible for shrinkage or fastness of colour, nor for valuables left in or on garments. Any claim concerning the finished articles must be reported (with this list) within 24 hours. Our liabilities for either loss or damage will not exceed the amount of 10 times the laundry/dry cleaning charge. Please remember to sign your name, otherwise your laundry will not be collected.

お名前、お部屋番号、品目の個数を、水洗いかドライ又はプレスの欄にご記入願います。個数のご記入のない場合は係員が数えて記入いたします。個数に相違のある場合で、お客様のご不在の為確認ができない場合は、係員の数えた個数を正しいものといたします。縮み、色あせ、変色等のおそれのある場合は、予め係員にお申し付けください。ポケット内に貴重品が残っていないか充分ご点検ください。仕上りについてご不満の場合は、24時間以内にこのリストを添えてお申し出下さい。当方の不注意による破損、紛失の弁償は、洗濯代金の10倍までとなっておりますのでご容赦願います。お洗濯物をお預けになる際は、必ずサインを忘れずにご記入下さい。

SPECIAL INSTRUCTIONS:
注意事項

• Subject amount will be reflected in your room account. お部屋代と一緒に請求させていただきます。

LAUNDRY 水洗い

Guest Count お客様用	Hotel Count ホテル	GENTLEMEN 紳士用	Korean ₩	Guest Count お客様用	Hotel Count ホテル	LADIES 御婦人用	Korean ₩
		Dress Shirt 礼服シャツ	12,000			Dress (normal) ドレス	15,500
		Shirt コットン・ワイシャツ	10,000			Blouse ブラウス	10,000
		Undershirt 下着	3,800			Jacket 上着	15,000
		Underpants ズボン下	3,800			Skirt(Plain) スカート	14,000
		Socks(Pair) 靴下	3,700			Skirt(Pleated) プリーツスカート	30,000
		Handkerchief ハンカチ	2,500			Brassiere ブラジャー	4,000
		Cotton Jacket 上着	15,000			Girdle ガードル	4,300
		Pants(Trousers/Jeans) スラックス	14,000			Handkerchief ハンカチ	2,500
		Pajamas(2 pieces) パジャマ	13,000			Nightgown/Pajamas 寝巻き	13,000
		Shorts 半ズボン	9,500			Stockings/Panty Hose 靴下	3,700
		Sports Shirt Sports-シャツ	9,000			Panties パンティ	3,800
		Sweater セーター	13,500			Slip スリップ	8,000
		T-Shirt T-シャツ	8,000			Scarf スカーフ	4,000
		Sweat Suit トレーナー(上、下)	15,000			Slacks(Trousers/Jeans) スラックス	14,000
						Sports Shirt T-シャツ	9,000

Please tick ☒ where necessary
Starch Yes ☐ No ☐
On Hanger Yes ☐ No ☐
Folded Yes ☐ No ☐

INFANTS 幼児

Guest Count お客様用	Hotel Count ホテル	INFANTS 幼児	Korean ₩	Guest Count お客様用	Hotel Count ホテル	INFANTS 幼児	Korean ₩
		Shirt/Blouse シャツ/ブラウス	4,200			Shorts 半ズボン	4,800
		Trousers/Skirt ズボン/スカート	6,300			Pajamas パジャマ	5,800
		Dress ドレス	6,600			Undershirt 下着	2,100
		Overalls オーバーオール	6,900			Underpants ズボン下	2,100
		T-Shirt T-シャツ	4,000			Socks 靴下	1,900
		Diapers おしめ	2,600			Bib よだれかけ	1,600

DRY CLEANING ドライクリーニング

Guest Count お客様用	Hotel Count ホテル	GENTLEMEN 紳士用	Korean ₩	Guest Count お客様用	Hotel Count ホテル	LADIES 御婦人用	Korean ₩
		Dress Suit(Tuxedo) 礼服(タキシード)	30,000			Dress (Plain) ドレス	25,000
		Suit(2 pieces) スーツ	29,000			Dress (Silk) シルクドレス	30,000
		Jacket 上着	15,000			Evening Dress イブニングドレス	30,000
		Trousers ズボン	14,000			Skirt(Plain) スカート	14,000
		Shirt シャツ	13,500			Skirt(Pleated) プリーツスカート	25,000
		Shirt(Silk) シルクシャツ	18,000			Blouse ブラウス	13,500
		Sweater セーター	15,000			Blouse(Silk) ブラウス(シルク)	18,000
		Tie/Scarf ネクタイ/スカーフ	7,000			Slacks スラックス	14,000
		Waist Coat/Vest ベスト	8,000			Sweater セーター	15,000
		Overcoat オーバーコート	32,000			Coat/Jacket(short) コート/ジャケット	15,000
		Raincoat レインコート	32,000			Half Coat コート	28,000

PRESSING プレス

Guest Count お客様用	Hotel Count ホテル	GENTLEMEN 紳士用	Korean ₩	Guest Count お客様用	Hotel Count ホテル	LADIES 御婦人用	Korean ₩
		Dress Suit(Tuxedo) 礼服(タキシード)	19,000			Dress (Plain) ドレス	13,000
		Suit(2 pieces) スーツ	18,000			Dress (Silk) シルクドレス	15,000
		Jacket 上着	9,500			Skirt(Plain) スカート	8,500
		Trousers ズボン	8,500			Skirt(Pleated) プリーツスカート	15,000
		Shirt(normal) シャツ	7,500			Blouse ブラウス	7,500
		Shirt(Silk) シルクシャツ	9,000			Blouse(Silk) ブラウス(シルク)	10,000
		Tie/Scarf/Vest ネクタイ/スカーフ	4,500			Slacks スラックス	8,500
		Overcoat オーバーコート	17,000			Coat/Jacket コート/ジャケット	9,500
		Raincoat レインコート	17,000				

SIGNATURE サイン	TOTAL PIECES 合計 個	SUB TOTAL 小計 50% Extra Charge 追加料金 10% Tax 税金 Grand Total 合計 ₩

3 세탁물 수거

1) 객실고객의 세탁 의뢰

❶ 먼저 객실번호를 확인한 후 인사를 하며, 세탁물 수거 시에는 다음 사항을 확인한다.

a. 세탁 bill에 객실번호 및 서명이 맞는지 확인한다.

b. laundry bill에 의한 품목 수량을 정확히 확인한다.

c. 세탁물을 분류 구분한다(물세탁, 드라이 크리닝, 다림질 등).

d. 배달시간을 요구받을 때에는 기록하고 확인한다.

❷ 수거한 세탁물은 접수원에게 정확히 인계한다.

❸ 세탁물 수거장부에 객실번호, 시간 등을 기록한다.

2) 외출 중인 객실의 세탁물 처리

❶ Laundry Bill이 작성되었는지 확인한다.

❷ 세탁물 속에 laundry bill이 들어 있어도 꺼내서 품목별 수량 확인, 객실번호, 서명 등을 꼭 확인한다.

❸ 객실출입 시에는 반드시 장부에 기록하여야 한다.

3) 특별한 경우의 수거

❶ 직원들이 객실점검 중 발견하고 통보하여 객실에서 수거하는 경우

❷ 고객이 세탁의뢰통보와 동시에 외출하면서 객실문 앞에 놓은 경우

❸ 고객의 통보를 받고 객실에 갔으나 이미 고객이 외출한 경우에는 담당 room maid를 찾아서 객실문을 열고 수거하는 경우

❹ 고객이 외출하면서 front desk와 bell desk에 맡긴 것을 수거하는 경우

4 세탁물 발주

예전에 대부분의 대형호텔들은 세탁실을 보유하여 자체적으로 운영하였으나 최근에 와서는 별도의 세탁실이 없는 호텔들이 많으며, 외부의 세탁용역 업체와 계약을 체결하여 처리하고 있다.

❶ 세탁물 발주와 납품은 1일 2회로 하며, 세탁물 발주 시에는 쌍방이 동시에 확인하여야 한다.

❷ 세탁물을 어떤 방법으로 세탁할 것인지, 물세탁과 드라이크리닝을 분류하여야 한다. 때로는 고객이 분류하여 놓지 않는 경우도 있으므로, 이때는 세탁실 관리자가 이를 분류하되 고객이 분류한 것이 잘못되었으면 재분리하여 준다.

❸ 세탁물의 품목별 수량을 확인한다. 확인하는 도중에 잘못된 것이 있으면 정정하고, 수량의 차이가 있으면 고객에게 확인을 하여야 한다.

❹ 모든 세탁물은 주머니에 소지품의 유무를 확인하며, 만일 현금이나 귀중품 및 기타 소지품은 바로 고객에게 전달하여야 한다.

❺ 고객의 특별 주문사항을 확인한다.

a. 손상되거나 수선할 부분이 있는지 확인한다.

b. 가죽이나 모피 등 특수한 제품 및 색상 등은 특별히 신경을 쓴다.

c. 얼룩이 있는 부분을 확인한다.

d. 다림질 시의 주의사항이 있는지 확인한다.

❻ 세탁물 발주과정에서 이상이 있는 것(찢어짐, 탈색 등)은 고객에게 확인하고 처리하여야 한다.

❼ 특별한 세탁물이나 수선과 같이 별도의 시간을 요하여 정규시간 이내에 세탁이 불가능한 것 등은 세탁 완료 일자를 고객에게 알린 후 처리하여야 한다.

❽ 공장에서 세탁 전에 이상을 발견 시는 호텔로 즉시 연락하고, 현상태 그대로 반송하여 고객에게 확인시킨 후에 처리한다.

5 계산서 작성

계산서는 laundry bill을 기준으로 발행한다. 계산서는 1조 3매로 발행하는데, 1부는 세탁실, 1부는 고객, 1부는 세탁 중에 보관하고 있다가 배달 시 확인하기 위하여 사용한다. 다음은 서비스 시간에 따른 요금의 종류인데 호텔 사정에 따라 소요되는 시간이 다를 수 있다. 특히 외주에 맡기는 경우와 자체 내에서 세탁을 하는 경우는 많이 다를 수 있다. 그리고 계산서 발행 시 유의사항은 다음과 같다.

❶ 요금의 종류는 다음의 3가지 유형이 있다.

a. 일반 서비스 요금

접수시간 : 00:00~11:00

접수시간까지는 규정요금을 징수하고, 5시경 배달

b. 특별 서비스 요금

접수시간 : 8:00~18:00

접수시간부터 3시간 이내에는 규정요금에서 50% 추가요금 징수

c. 한 시간 이내 서비스

접수시간 : 8:00~20:00

접수시간부터 1시간 이내에는 규정요금의 100% 추가요금 징수

❷ 계산서는 1조 3매로 발행하며, 유의사항은 다음과 같다.

a. 객실번호와 세탁물 수거일자를 기재한다.

b. 품목별 수량을 확인하여 정확히 기재한다.

c. 품목별 세탁물에 붙이는 tag number가 맞는지 확인한다.

d. 계산의 정확성과 할인 여부를 확인하여 기재한다.

6 배달

객실로부터 수거한 세탁물을 정확한 시간에 정성을 다하여 세탁을 하고, 다림질을 하였다 하더라도 완료된 세탁물이 객실로 전달하는 과정이 좋지 않다면 그동안의 노력은 허사일 것이다. 이는 고객의 일정에도 차질을 줄 수 있기 때문이다.

가끔 발생되는 일이지만 세탁물이 다른 객실로 전달되거나 다른 고객의 세탁물과 섞이는 경우가 발생하기도 하고, 고객의 특별요구 시간 내에 세탁이 안 되는 경우가 발생하기 때문이다. 따라서 다음과 같은 사항에 신경을 써야 한다.

❶ 세탁물이 도착하면 객실번호, 성명, 수량, 품목 등을 확인하고, laundry bill과 실물의 수량이 일치하는지 확인하여 인수한다.

❷ 속옷이나 와이셔츠 등 접어 배달되는 옷은 바구니에 담겨 있는 것은 그대로 놓고, 옷걸이에 걸린 옷은 옷장에 걸어 놓는다. 그리고 옷장문을 15cm가량 열어 놓아 고객이 확인할 수 있도록 하며, laundry bill이 보이도록 한다.

❸ 고객이 부재중인 객실은 담당 maid에게 문을 열도록 하여, ②번과 같은 방식으로 세탁물을 넣어둔다.

❹ 세탁물 배달 시 짐이 없거나 check out room과 같이 완전히 빈 객실일 경우에는 housekeeping에 전화를 하여 상황을 확인한 후 다음과 같이 처리한다.

a. 객실변경(room change)인 경우에는 변경된 객실로 배달한다.

b. Check-out한 경우에는 세탁실에 보관하되, 처리방법을 housekeeping과 논의한다.

❺ 특별 서비스의 세탁물은 시간을 엄수하여 배달(delivery)하여야 한다.

❻ 세탁 후 이상이 발견된 경우에는 매니저에게 보고하고, 고객에게 확인시켜 해결방안을 모색한다.

2절 ◎ 린넨 업무

린넨(linen) 업무는 객실에서 사용하는 침대와 욕실용 린넨과 레스토랑에서 사용하는 테이블 린넨, 냅킨, 커튼 그리고 직원 유니폼 등을 구입, 취급하고 재고관리를 하는 업무로 분류할 수 있다. 대부분의 호텔 조직은 객실정비와 관련된 린넨 업무를 담당하기 때문에 housekeeping 부서에 린넨실을 포함하고 있다.

1 린넨실의 조직과 운영

린넨(linen)실은 호텔 내에서 모든 린넨류에 대한 세탁과 공급에 따른 제반 업무를 지칭하는 것으로, 크게 객실 린넨과 식음료 린넨, 직원 유니폼으로 구분할 수 있는데, 객실과 식음료 영업을 위한 각종 린넨을 관리하고 있다고 볼 수 있다. 린넨을 관리하기 위해서는 세탁실이 있는 대형호텔의 경우는 자체에서 세탁 후 창고에 보관하는 등 관리가 용이하나 대부분 호텔에서는 외주를 주고 있으므로 번거로움이 있다. 따라서 입고와 출고량을 확인하는 세밀한 차원으로 관리가 이루어져야 하며, 린넨관리자의 직무에 따른 업무는 다음과 같다.

그림 4-4 **린넨실의 조직도**

1) 린넨 관리자

하우스키핑 부서장을 보좌하여 린넨류의 공급업무와 유지관리에 책임을 지고, 린넨실 직원을 지휘 · 감독한다. 고객들은 객실비품이나 레스토랑에서 사용하는 린넨류의 위생 상태에 민감하기 때문에 호텔관리자들은 관심을 갖고 업무에 임하여야 한다. 간혹 린넨관리가 중요하지 않게 여기는 경향이 있으나 객실에 투숙을 하거나 레스토랑을 이용할 경우 린넨류의 접촉은 필수이므로 린넨 관리자의 업무 역할은 매우 중요하다고 할 수 있다.

2) 재봉사

재봉사(sewing thread)의 업무는 직원 유니폼 수선, 고객의 옷 수선, 테이블 린넨류 수선, 침대, 커튼, 베개, 베드 스커트(bed skirt) 등 수선과 보수하는 작업을 한다. 요즘은 비용절감 차원에서 고객이 사용하던 타올류는 일정 기간이 지났거나 수선을 요하는 타올 등을 직원용 린넨으로 사용하기도 한다.

2 린넨서비스

린넨(linen)은 고객서비스를 위하여 필요한 여러 종류의 직물을 말한다. 린넨의 규격은 자세하게 표시하여야 하는데, 린넨 공급의 유지와 저장과 구매와 계산을 위하여 많은 린넨을 종류별로 구분하여 준비하여야 한다. 린넨서비스로 고객의 만족도를 높여 주고 있는데, 깨끗하고 잘 정돈된 린넨의 적절한 공급은 고객에게 기쁨과 만족감을 가져 주지만, 수선을 요하거나 부적절한 세탁 등으로 생기는 린넨의 부족 현상은 호텔 고객의 불만의 원인이 된다.

린넨(linen)실 운영의 목적은 사내에서 사용되는 모든 린넨류와 유니폼의 효과적인 운영지침에 따라 필요량을 예측하여 공급하고, 비용절감 요인을 찾아내어 이익을 창출하며, 세탁서비스 개선을 통하여 고객을 만족하게 하는 것이다. 린넨류의 세탁과 수선, 보관, 공급하는 과정은 호텔경영을 원활하게 하고, 경비를 절감할 수 있는 요인으로 호텔 객실 관리에 중요한 역할을 한다.

3 린넨류의 적정 재고량 설정

린넨 관리의 적정 재고를 유지시켜 주기 위해서는 형태별의 침대 수, 객실의 이용률, 린넨류의 교환회수, 세탁 소요시간 및 긴급사태의 예측 등을 고려하여야 한다.

현재 최소한 린넨의 회전수는 3회전 분량으로 준비되지만 일반적으로 5회전의 수량이 이상적인 필요량이다.

❶ 1회전 현재 사용 중인 것
❷ 2회전 객실 또는 식음료 부서에서 사용하기 위해 영업장 내 린넨창고에 보관 중인 것
❸ 3회전 세탁을 위한 세탁소 linen chute에 대기 중인 것
❹ 4회전 세탁 중에 있는 것
❺ 5회전 긴급사태에 대비하여 린넨 창고에 보관 중인 예비분

4 린넨류 관리

린넨 예산을 설정하기 위해서는 구입과 경로로 구분하여 매년 예산을 작성한다. 당해 연도 경비예산을 기초로 구입하고자 하는 예상품목을 선정하고, 선정된 품목을 업장별로 재고파악한 뒤, 당해 연도 영업예상에 대해 예산을 설정한다.

경비처리를 위한 재고조사(inventory)는 매월 1회 정기적으로 재고조사를 실시하는 것을 원칙으로 하고 있으나 대부분 호텔에서는 분기별 또는 1년에 2회 정도 한다. 그리고 린넨류는 호텔 전체 자산 중 차지하는 비중이 크므로 객실과 식음료, 직원 유니폼 등으로 나누어 관리를 하며, 구입의뢰에 대한 관리는 부서장의 승인이 있어야 되지만, 자산관리를 담당하는 재정부의 통제도 받는다.

❶ 객실용 린넨 구입은 린넨실에서 구입 의뢰하고 관리하며, 식음료 부서 및 기타 부대업장의 린넨류 구입은 해당 부서에서 구매 의뢰하여 린넨실에서 일괄 구입하여 관리한다.
❷ 식음료 부서 및 기타 부대업장의 신규 린넨 구입은 사용 부서에서 테이블 규격, 용도, 실내 분위기에 맞게 구입 의뢰한다.
❸ 영업부 직원 및 조리사 유니폼 구입은 사용 부서에서 종업원의 인원변동에 따라 구입 의뢰하고, 인사 부서와 린넨실의 통제를 받는다.
❹ 린넨류의 재고조사는 매월 1회 실시하며, 객실층에 있는 재고와 객실에서 사용 중인 품목을 합산한 후 품목별 고정 지급수와 변동분에 대한 수량을 조정하여 전체의

금액의 합산을 계산한다. 업장 린넨 및 유니폼의 경우는 사전에 서면 통보하여 영업 종료 후 업장별 조사 후 린넨실에 결과를 통보하여 집계 후 보고한다.

5 업장별 린넨의 수급

린넨 수급은 린넨(linen)을 사용하는 호텔의 모든 부서에서 린넨이 원활하게 사용될 수 있도록 공급하는 것을 말한다. 물론 그러기 위해서는 사용된 린넨이 원만하게 수거되고, 세탁과정을 거쳐 각 업장으로 필요한 만큼의 린넨을 공급하여야 한다. 린넨의 종류와 크기, 색상도 다양하지만 사용되는 부서를 크게 나누면 객실 부서의 린넨과 식음료 부서의 린넨, 헬스 클럽의 린넨으로 나누어 볼 수 있다.

다음의 설명은 외부 세탁업자에 의뢰하는 경우를 예를 들어 설명한 것이다. 호텔 자체에 세탁실이 있을 경우는 별도의 숫자를 파악하지 않고, 수거되는 그대로 linen chute(린넨 활송장치)에 내리면 되기 때문이다.

1) 객실 린넨의 수급

❶ Room Maid는 객실정비 후 수거되는 린넨을 room maid car로 운반한다.

❷ 품목별로 수량을 확인하여 세탁물 의뢰전표에 기록하여 운반용 wagon에 담아 린넨 담당자에게 인계한다.

❸ 전 객실층의 수거작업이 완료되면 린넨 담당원은 회수한 세탁물 의뢰전표를 보고 숫자를 파악한다.

❹ 린넨 담당자는 객실 린넨 세탁의뢰서에 기록된 수량만큼을 담당 room maid에게 불출한다.

❺ 수급량의 부족으로 미불출발생 시에는 미불출수량을 의뢰전표에 표기하고 차기 불출을 점검한다.

❻ 세탁소에서 세탁한 린넨류는 부문별, 종류별로 분리하여 지정된 장소에 운반하여 정리한다.

⑦ 접수시간은 11:20~12:30, 16:00~17:20까지 1일 2회이며, 불출시간도 10:00~11:00, 15:00~16:00로 1일 2회로 한다.

⑧ 분류방법

a. Duvet Cover, Sheet류
b. Bed Pad
c. Pillow Case
d. Towel(Bath, Foot, Face, Wash)

표 4-3 객실 린넨 사용전표

Room Linen Laundry

FL:		Date:
Items	QTY	Remarks
Bed Sheet		
Pillow Case		
Bath Towel		
Face Towel		
Wash Cloth		
Bath Mat		
Bed Pad		
Duckdown Spread		
Sheet		

Total		
Inspection		Maid

Delivery Man

2) 식음료 린넨 수급

❶ 각 식음료 영업장에서 사용 후 발생하는 린넨(dirty linen)은 세탁의뢰서를 작성하여 wagon을 이용하여 세탁실 린넨 담당자에게 접수시킨다.

❷ 린넨 담당자는 세탁의뢰서에 기록된 린넨 품목 및 수량을 확인하여 같은 양만큼을 불출하도록 한다.

❸ 분류 방법

a. 색상별 Napkin류

b. Table Cloth류

c. Race류

d. Green Field(세미나용)

e. Velvet(융이나 부드러운 면종류)

f. Drape류(Table Skirt류)

표 4-4 **식음료 린넨 사용전표**

F & B Linen Laundry

Section:		Date:
Items	QTY	Remarks
테이블 크로스 140×140(W)		
테이블 크로스 150×150(W)		
테이블 크로스 880×230(W)		
냅킨 52×52		
물수건 28×28		
테이블 스커트		

Total		

Attendant

3) 헬스 린넨 수급

헬스 클럽에서 사용하는 린넨 수급 역시 식음료에서 수급하는 순서와 방법은 차이가 없다. 하지만 사용되는 품목이 테이블 클로스, 냅킨, 테이블 스커트 등이 아닌 운동복 상 · 하의, bath robe, 대형 타올, 매트, 중형 타올 등으로 종류가 다양하다.

표 4-5 **헬스 린넨 사용전표**

Sauna Health Club Linen Laundry

Sauna & Health Club:		Date:
Items	QTY	Remarks
매트		
바디 타올		
라운지 타올		
가운		
운동복 하의		
운동복 상의		
Wash Towel		

Total		

Attendant　　　　　　　　　　Section

3절 ◎ 유니폼 관리 업무

호텔에서의 유니폼(uniform)은 직원들이 고객에게 서비스할 준비를 하고 있음을 보여주는 것이고, 나름대로의 자부심을 갖고 소속감을 높여주는 역할을 한다. 또한 호텔의 영업장 분위기를 좌우하는 것은 깨끗하고, 맵시 있는 유니폼 차림의 직원들의 상냥한 모습이라 하겠다. 매력적인 유니폼을 입은 직원이 고객들을 영접하고, 수준 높은 서비스를 하며, 환송하는 자세는 고객들로 하여금 커다란 인상을 심어준다.

따라서 모든 호텔 직원의 다양한 유니폼 착용은 호텔 이미지 제고에 매우 중요하다고 하겠다. 즉, 유니폼 착용이야말로 최소한의 비용으로 최대의 효과를 볼 수 있는 것이다.

1 유니폼 관리의 중요성

유니폼은 호텔의 명성이나 이미지에 중요한 역할을 하기 때문에 유니폼을 착용한 직원은 항상 청결함을 유지하고 서비스를 제고하도록 노력해야 한다. 유니폼 착용 자체가 호텔을 방문하는 모든 고객에게 서비스할 준비가 되어 있다는 사실을 묵시적으로 표현하는 것이기 때문에 항상 신선함을 줄 수 있도록 노력해야 한다.

유니폼은 근무하는 시간에는 항상 착용해야 하기 때문에 최소한 1인 3벌이 준비되어 있어야 한다. 때문에 많은 비용이 들어간다. 최근에는 호텔이용고객 또한 패션 감각이 뛰어나기 때문에 호텔 유니폼 역시 고객의 트렌드(trend)에 따라 갈 수밖에 없다. 따라서 유니폼에 더 많은 비용이 들어갈 수밖에 없다. 유니폼의 선택은 디자인도 중요하지만 직원들이 서비스를 제공할 경우 업무를 효율적으로 수행할 수 있게 제작되어야 한다. 즉, 호텔에서는 편안하고, 기능적이며, 매력적이어야 한다. 또한 세탁과 유지 · 관리함에 문제가 없고, 가격 부담이 적어야 한다.

유니폼 선정 시 고려되어야 할 사항은 유니폼의 직물을 어떠한 것으로 선택하느냐이다. 일반 직원들의 유니폼은 내구성이 있어야 하며, 주방에서 요리를 하는 직원들은 땀을 많이 흘리기 때문에 조리복의 경우 통풍이 잘 되고, 흡수성이 강한 면제품으로 만들어져야 한다. 따라서 유니폼은 외형적이나 실용적으로 만들어져야 하며, 제작비용이 많이 들어가는 만큼 내구성이 있어야 하고 관리하기에도 용이해야 한다.

2 유니폼 관리

대부분의 호텔에서는 린넨 관리자가 유니폼 관리까지 한다. 하지만 효율적인 관리를 위해서는 린넨실과 유니폼 관리를 분리하여 관리하는 것이 효과적이다. 유니폼은 개인이 보관하는 것보다는 유니폼 손상을 방지하고 비용을 절감하기 위하여 유니폼실에서 보관해야 한다.

직원 개개인의 유니폼 보유량은 예산이나 업무직종에 따라 다르지만, 가능한 1인 3벌이면 적당하다. 주방이나, 객실정비 부서, 접객 부서와 같이 이동이 많은 부서의 직원 유니폼은 4벌을 초과하는 경우도 있다. 유니폼에 대한 재고조사(inventory)는 분기별로 수량 파악이 되어야 한다. 이와 같은 점검도 유니폼에 대한 통제수단이 된다. 손상되어 착용하기가 어려운 것은 사유서를 작성하고 폐기 처리한다.

유니폼 관리실에서는 상의와 하의, 스커트, 블라우스, 넥타이 등을 옷걸이에 걸어 두거나 접을 수 있는 것은 접어서 부서별, 사이즈별, 성별, 이름별 등으로 보관해야 한다. 그리고 유니폼 관리를 위해서는 다음과 같은 원칙을 두고 관리한다.

❶ 유니폼을 세탁할 때에는 의뢰서를 작성하여 담당자에게 의뢰한다.
❷ 유니폼은 본인이 직접 들고 유니폼실까지 와서 교환한다.
❸ 세탁의뢰된 유니폼은 품목별 수량을 집계하여 담당자에게 인계한다.
❹ 유니폼에 따른 소품(tie, apron, scarf, hair band) 등은 개인지급이 아니라 공동지급을 원칙으로 한다.
❺ 유니폼은 본인 이외 타인에게 불출을 금한다.

❻ 세탁실에서 인계받은 유니폼은 이상유무 확인 후 부서별, 업장별로 분류하여 hanger에 정리하고, 소품은 잘 접어서 보관한다.

❼ 유니폼의 분류방법

a. 양복류(front desk, F&B, door desk 등)

b. 셔츠류(모든 부서 적용)

c. 주방복류(cold kitchen, hot kitchen, bakery, butcher 등)

d. 원피스 및 기타(모든 여성 착용)

e. 소품류(tie, apron, hair band)

표 4-6 유니폼 사용전표

Uniform Individual Laundry

Date:

Department:

Section:

Position:

Name:

Items	QTY	Remarks
Total		

Attendant

세탁물에 대한 불평사례

1. 사례내용

① 고객이 전일 저녁에 세탁물 주문을 하여 객실에 08:30까지 배달해 달라고 요청을 하였는데, 40분이 지나도 배달이 안 되어 심하게 불평하였다.

② 드레스 셔츠 1벌을 드라이 크리닝 주문을 하였는데, 세탁된 옷에 물감이 묻어 입을 수가 없다고 변상을 요구하였다.

2. 불평청취 및 응대요령

① 고객의 불평을 1차 접수한 직원은 즉시 고객에게 가서 불평내용을 끝까지 청취하고 불평내용을 확인한다.

② 문제점을 확인한 직원은 "대단히 죄송합니다. 곧바로 조치하도록 하겠습니다. 잠시만 기다려 주십시오"라고 정중히 사과한다.

3. 수습과 사후조치

① 1차 접수 직원은 지배인에게 고객 불평내용을 신속히 보고한다.

② 세탁물 배달이 잘못된 경우는 log book을 대조하고 전일 배달 객실번호를 파악한 후 고객세탁물을 빠른 시간 내에 찾아서 고객에게 전달하며, 2차로 지배인이 사과한다.

③ 세탁물 세탁과정이 잘못된 경우는 세탁지배인이 고객에게 찾아가 세탁경위를 설명하고, 규정된 배상요금을 고객에게 변상토록 한다. 그리고 "동일한 현상이 발생하여 고객에게 불편을 끼쳐 드려 대단히 죄송합니다"라고 정중히 사과한다.

④ 고객에 대한 사과의 의미로 지배인의 동의를 얻어 고객의 세탁요금을 일부 차감 또는 무료로 제공한다.

⑤ 세탁실 직원에게 고객세탁물의 중요성을 다시 한번 재교육시킨다.

⑥ 지배인은 고객 불평사항을 보고양식에 의거하여 부서장에게 보고토록 한다.

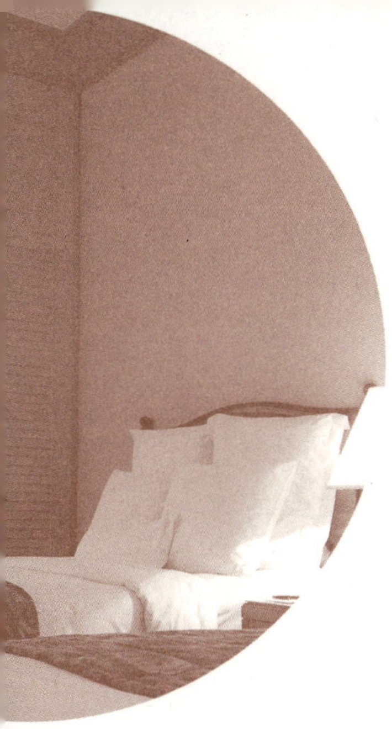

제4장

공공지역 업무

1절 공공지역 업무 개요

호텔에 대한 고객이 받은 첫인상은 호텔 내 공공장소(public area)인 경우가 많다. 공공장소라 함은 모든 방문객이 이용하는 곳으로, 호텔 door man이 근무하는 출입문, 로비, 복도, 화장실, 엘리베이터, 연회장, 헬스 클럽, 회의장, 주차장, 야외 가든, 옥외 수영장 등을 포함한다.

공공장소의 청소상태가 호텔의 이미지를 대변해 줄 수 있기 때문에 공공장소가 청결하게 관리된다는 것은 호텔의 이미지 평가에도 영향을 미칠 것이다. 호텔 방문객은 처음 접하는 호텔로비와

같은 공공지역을 보고 호텔의 전반적인 평가를 하게 될 것이고, 인상이 깊게 남을 것이다. 따라서 공공지역을 담당하는 하우스키핑 직원은 언제든 청결을 유지해야 한다.

1 Public Area Manager

공공구역 관리지배인(public area supervisor)은 호텔의 공공구역 전반에 걸친 청소의 점검 · 청결을 관장하여 항상 깨끗한 상태를 유지시키며, 종사원들에 대한 교육과 직무의 감독을 책임진다.

2 Public Area Cleaner

공공지역 정비원(public area cleaner)은 고객이 사용하는 호텔의 공공구역, 즉 화장실과 로비지역의 광택작업과 종사원이 사용하는 락카룸(locker room), 화장실, 사무실 등 공공지역의 모든 청소를 전담하며, 항상 깨끗하고 쾌적한 호텔의 이미지를 유지하는 업무를 담당한다.

3 Carpet Cleaner

카펫 크리너(carpet cleaner)는 객실과 복도에 깔려 있는 카펫의 오염이나 공공구역 및 호텔 내의 각 업장 카펫에 대한 전문적인 샴푸작업을 실시하며, 일간 · 주간 · 월간 · 연간에 따른 정기적인 샴푸작업을 담당한다.

2절 ◎ 호텔의 공공지역 청소 및 보수

호텔 하우스키핑은 사무실과 공공지역 그리고 호텔의 보이지 않는 여러 부분의 청소와 관리를 책임지고 있다. 공공지역과 직원들이 사용하는 공간의 청소도 하우스키핑의 공공장소 담당 팀이 맡아서 하며, 청결을 유지해야 하므로 객실의 점유율과 관계없이 공공지역을 관리해야 한다.

호텔 하우스키핑의 공공장소 담당은 청결관리를 하도록 배정받은 지역을 어떻게 관리해야 하고, 얼마나 자주 청소를 해야 되는지 정확하게 알고 있어야 한다. 청소와 함께 호텔 객실관리 부서의 공공장소 담당은 공공지역의 가구들은 정렬해 놓고, 쓰레기통을 비우는 일을 해야 한다. 공중전화의 수회기는 살균제를 사용하여 깨끗하게 닦도록 하고, 전화번호 책은 낙서되어 있거나 찢겨 나간 경우에는 새로운 것으로 교체해야 한다.

또한 공공지역의 표면에 먼지 얼룩이 있거나 분수대의 물이 더러울 경우, 원목제품에 윤택이 없을 경우 이러한 것들은 고객에게 호텔에 대해 좋지 않은 인상을 심어 줄 수가 있다. 서비스 엘리베이터를 포함해서 모든 엘리베이터들은 bell desk cart나 무거운 짐들로 인해서 벽에 흠집이 날 수 있기 때문에 항상 관심을 갖고 청소를 해야 할 것이다.

객실이나 레스토랑과 같은 공간만 중요하다고 생각할 수 있지만, 호텔직원들이 사용하는 공간의 청소 또한 매우 중요한 업무 중 하나이다. 직원들이 사용하는 락커 룸이나 화장실의 위생은 직원의 건강과 관련이 있고, 이는 고객서비스에도 관계가 있기 때문이기도 하다. 따라서 공공지역의 청결과 안전관리에도 세심한 관심을 기울이는 것도 하우스키핑의 업무라 하겠다.

1 공공지역 직원의 용모와 복장 및 근무수칙

공공지역에서 청소를 담당하는 직원이라고 단순하게 청소만 하면 된다는 생각은 잘못된 것이다. 공공지역에 근무하는 직원 역시, 영업부서와 근무하는 직원이 같이 서비스를 한다는 마음으로 용모와 복장을 단정히 해야 하고, 근무도 규칙에 따라야 한다. 왜냐하면 공공장소도 인테리어, 청결, 분위기 등도 호텔에서는 하나의 상품이기 때문이다.

호텔을 방문하는 고객은 공공지역에서 느끼는 분위기, 직원의 복장에 따라 호텔 평가가 이루어지기도 하는데, 이는 공공지역에 근무하는 직원 복장도 호텔상품으로 평가되기 때문이다. 따라서 공공지역 직원은 자신들의 용모와 복장도 하나의 호텔상품임을 인식해야 하기 때문에 지켜야 할 일반적인 규정을 보면 다음과 같다.

1) 용모와 복장

❶ 공공지역 직원을 포함한 호텔의 모든 직원은 두발이나 화장 등 용모는 회사규정에 따라야 한다.

❷ 호텔의 사규에는 호텔 직원의 너무 화려한 액세서리(accessory)는 안 되며, 규정된 장신구만을 착용하도록 되어 있다.

❸ 사적인 옷을 입어서는 안 되며, 호텔에서 지급하는 규정된 유니폼을 착용하여야 한다.

2) 근무수칙

❶ 고객 화장실 청소나 정비 시에도 고객을 만나면 목례를 하여 고객에 대한 예의를 지킨다.

❷ 근무 시 사용하는 장비나 물품 등을 소홀히 다루면 안 되며, 유니폼과 같은 복장에 관한 규칙을 지킨다.

❸ 호텔의 근무는 30분 전에 교대함으로서 근무시간 30분 전에 출근한다는 마음으로 근태관리 규정을 지킨다.

④ 공공장소 근무자는 항상 고객과 함께 하므로 언제든지 고객을 인식하여 청소에 임한다.

⑤ 공공장소는 많은 고객이 이용하므로 짧은 시간이라도 자리를 비우면 안 된다. 따라서 근무지를 이탈하는 일이 없도록 한다.

⑥ 모든 근무자는 사규에 준한 규칙을 엄수해야 한다.

⑦ 화장실, 로비 등 공공장소는 습득물(lost & found)이 자주 발견되는데 발견 즉시 사무실로 신고 후 접수한다.

⑧ 담당업무에 대해서는 책임감을 갖고 처리하고 근무규칙을 지킨다.

⑨ 공중전화는 사용하는 고객이 없다 하더라도 고객전용인 만큼 절대 사용을 금한다.

⑩ 청결은 고객과의 약속이기 때문에 각각의 담당지역에 비치된 점검표를 규정대로 기재하여 청결을 유지하고, 업무에 최선을 다하고 있음을 보여주어야 한다.

2 공공지역의 책임구역

공공지역에 대한 관리의 필요성은 각 호텔의 설계상 로비공간의 비율, 업무활동 및 고객들의 동선 등에 따라 매우 다양하다. 따라서 수시로 관리를 해야 하는 장소로는 주로 출입문, 로비, 프런트 데스크, 복도, 엘리베이터, 공공화장실, 호텔 전 지역의 유리 등 광범위하다고 하겠다.

이처럼 하우스키핑에서는 호텔 전체를 관리하고 있는데, 관리하는 부서 면적을 세분화해서 본다면 그 중 공공장소가 가장 넓다고 하겠다. 그러므로 방문객이 가장 많이 이용하는 곳이기도 하기 때문에 관리지역을 조금이라도 소홀히 하면 쉽게 더럽혀질 수 있어 책임구역을 설정하여 관리한다. 다음은 공공지역 담당자의 책임업무이다.

❶ 호텔 내 · 외곽 전 지역의 청결 · 유지 관리

❷ 호텔 내 · 외곽 전 지역의 방역 작업

❸ 일반 쓰레기와 음식 쓰레기 분리 작업

❹ 청소에 필요한 소모품구매 신청 및 청소장비 관리

⑤ 조각품, 그림 등 공공지역 내의 고정자산 관리

⑥ 호텔 객실창문과 공공지역 및 영업장에 있는 유리창 청소

⑦ 로비와 같은 공공지역 및 식음료 영업장 카펫, 소파, 의자 등 청결 · 유지 관리

⑧ 로비와 식음료 영업장에 위치한 화장실 청결 · 유지 관리

⑨ 공공지역의 대리석 계단 또는 안전보호대 청결 유지

⑩ 로비에 위치한 크고 작은 분수대 이끼제거 및 청소

1) 호텔 출입문 정비(Main Entrance)

호텔 출입문(entrance)은 대형 회전문(door)이 설치되어 있는 경우가 많은데, 이용객이 많기 때문에 그만큼 관리하는데 신경을 써야 한다. 청결한 상태로 유지해야 하는데는 호텔의 첫인상에 커다란 영향을 주기 때문이다.

❶ 출입문 관리는 날씨에 따라 결정하는데, 현관 바닥 카펫과 현관 유리문 등이 더러워지므로 눈 · 비가 오는 날에는 더욱 주의를 기울여야 한다.

❷ 출입문 밖에 매트를 깔아 두면 발자국 등 외부에서 들어오는 먼지를 예방할 수 있으므로 정기적인 매트교체로 호텔로비를 청결하게 유지할 수 있도록 한다.

❸ Door Desk 주변의 바닥 세척과 현관 유리창 청소는 작업일정표를 정해놓고 관리해야 한다.

2) 로비 정비(Lobby)

로비(lobby)는 고객들의 왕래가 가장 빈번한 곳이며, 객실과 영업장을 통하는 관문이기도 하다. 그러므로 로비의 청결상태를 지속적으로 유지하기 위해서는 로비 전담 담당자를 정하여 항상 정비와 관찰을 통해서 고객의 기대에 부응하여야 한다. 수행해야 하는 청소업무는 다음과 같다.

❶ 로비 재떨이 및 휴지통 비우기

❷ 현관 대리석 바닥 청소

❸ 로비 화장실 정비

❹ 현관출입 유리문 손자국 청소

❺ 로비 소파와 가구 및 tea table 먼지 제거

❻ 엘리베이터와 에스컬레이터 작동확인 및 청소

❼ 로비 공중전화 상태 확인 및 먼지 제거

❽ 로비 꽃꽂이, 화초 관리

❾ 현관 캐노피(canopy) 청소

❿ 현관 밖 바닥 청소

3) 공공 화장실 정비(Public Restroom)

로비에 위치한 공공 화장실은 호텔 방문객과 레스토랑 이용객뿐만 아니라 호텔에서 개최하는 회의나 컨벤션에 참석한 모든 사람들까지 이용을 하는 곳이다. 따라서 한결같은 청결을 유지하기 위해서는 세심한 관심을 기울여야 한다. 그리고 공공 화장실에는 항상 위생용품과 비누, 생화가 있어야 하며, 자동 공기정화 장치가 설치되어 있어야 한다.

최근에는 호텔 내 공공 화장실이 점차 휴식 공간의 역할을 겸해가고 있다. 그러므로 공공화장실의 관리는 더욱 세심해질 수밖에 없다.

❶ 휴지통 청결상태 확인과 휴지 유무를 확인하고, 오물을 수거

❷ 거품 비누용액 작동상태 확인

❸ 소변기 배수상태 및 누수상태 확인

❹ 세면기 배수상태 확인

❺ 변기 청결상태 및 배수상태 확인

❻ 부착된 시설물 작동상태 확인 및 조치

❼ 점검이 끝나면 청소

❽ 바닥은 마포로 닦아내고 물기가 없도록 한다.

4) 승강기 청소(Elevator)

승강기 정비는 엔지니어에 의해 이루어지지만 청소는 공공지역 담당자가 한다. 특히 정지된 상태에서 청소를 해야 되지만 움직이는 기계이므로 안전수칙을 지키는 것이 우선이다. 엘리베이터 바닥의 휴지나 오물을 제거하고, 레일이나 발판 등의 설비 시설을 청소한다. 파손이나 수선이 필요하면 호텔 하우스키핑에 보고한다.

5) 소파, 의자, 쿠션(Sofa, Chair, Cushion)

의자와 소파에서 베개와 쿠션을 꺼내어 젖은 천으로 먼지와 이물질을 제거한다. 의자와 소파 밑에 휴지나 병뚜껑, 기타 오물이 있는지 점검하여 없앤다. 베개를 부풀려서 제자리에 놓는다. 베개나 쿠션이 찢어졌거나 얼룩이 있는지 점검하고, 손상된 것은 감독자에게 보고하고, 가급적 빨리 수선을 하도록 한다. 매일 소형 진공청소기를 사용하여 청소한다.

6) 진공청소기를 이용한 카펫 청소(Vacuum Cleaning)

카펫의 경우는 석기시대에 동굴에서 생활할 때 동물의 가죽이나 풀로 된 깔개를 카펫의 원조로 보고 있다. 기원전 40년경 이집트의 직물기술이 발달하게 됨과 동시에 카펫이 상품으로 시장에서 유통되면서 보편화가 열리게 되었다. 기원전 7세기경 로마시대에는 색상을 첨가한 제품이 출현되어 융단산업이 크게 발달하였다. 이렇게 발달된 카펫은 실내 장식용으로 이용될 뿐만 아니라 소음을 흡수하고, 실내를 따뜻하게 해 준다.

카펫의 장점은 고객들이 걸을 때 감촉이 좋고, 피곤을 덜어준다. 또한 보행에 안전감을 제공한다. 단열재로의 효과도 크고, 소음을 흡수하는데도 효과가 있다. 카펫의 청소 방법은 크게 세제를 이용하여 오염, 얼룩을 제거하는 샴푸와 각종 먼지, 쓰레기를 흡입하는 진공청소(vacuum cleaning) 방법이 있다.

7) 대리석 책상과 테이블(Marble Desk/Tables)

마블은 일종의 돌이기 때문에 조심스럽게 다루어야 한다. 그렇지 않으면 깨지기 쉽고,

표면에 손상을 줄 수 있기 때문이다. 그러므로 깨끗하고 젖은 부드러운 천을 사용하고, 광택이 날 때까지 마른 천으로 문지른다. 특히 정해진 세제를 사용해야만 한다. 그렇지 않으면 마블의 색이 변색 또는 변질될 수 있다.

8) 구내전화와 공중전화(House Phone & Public Phone)

호텔의 구내전화는 공중전화와 같은 곳에 있는데, 전화기 주위를 보면 벽이나 바닥에 낙서를 한 경우가 많다. 따라서 이를 닦아내고, 메모지와 펜을 전화기 오른쪽에 하나씩 비치한다. 그리고 공중전화는 여러 사람이 아용하기 때문에 종종 송화기에서 냄새가 나는 경우가 있으므로 세제를 이용하여 닦아낸다.

9) 거울과 창문 청소(Mirrors & clean Windows)

호텔의 공공장소에는 유난히 거울이나 유리제품이 많다. 이와 같은 제품의 청결상태는 눈에 쉽게 띄기 때문에 신경을 많이 써야 한다. 화장실 등의 거울은 유리세정용 세제를 이용하여 위부터 아래 방향으로 내려가면서 세제가 없어질 때까지 닦고 난 후에 깨끗하고 마른 부드러운 천을 사용한다.

10) 커튼 정리(Align Drapery)

커튼의 용도는 다양하겠지만 분위기를 연출하는 완전한 소품이다. 특히 서비스를 강조하는 호텔에서의 커튼은 고품격 서비스를 창출해 내기도 하므로 커튼과 속 커튼을 점검하고, 주름이 골고루 잡혀 있는지 확인한다. 손상이나 구멍 흠집이 있는지 점검하고, 커튼고리가 제자리에 있는지 살펴보며, 손상된 것과 수선이 필요한 것은 슈퍼바이저(supervisor)에게 보고한다. 커튼은 2주일에 한번 작은 진공청소기로 커튼의 먼지를 제거하고, 분기별로 한번씩 세탁을 의뢰한다.

11) 먼지 털기(Dusting)

공공장소에 있는 모든 가구, 액자, 책상, 창틀, 장식품들은 많은 고객이 왕래하는 곳에 있어 객실이나 레스토랑에 있는 가구보다 먼지가 많이 쌓인다. 그러므로 먼지를 매일 제거하여야 하고, 파손이나 보수가 필요하면 하우스키핑에 보고한다.

세제와 광택제를 묻힌 천을 사용하며, 표면과 다리 및 뒷부분의 먼지 얼룩 손자국을 깨끗이 닦고, 모든 가구의 윗부분과 옆면 및 정교한 무늬에 특별히 주의하여 먼지를 제거한다. 소파와 같이 덮개가 씌워진 가구 위에는 쿠션을 빼고 진공청소를 하며, 얼룩이 없는지를 확인한다.

12) 홀과 복도 청소(Hall & Corridor)

홀과 복도도 고객이 많이 이용하는 곳 중 하나이다. 진공청소기를 이용한 청소 시에는 복도 가장자리인 벽 쪽을 먼저 흡입한다. 이때 사람들이 줄에 걸려 넘어지지 않도록 '주의' 표지를 놓는다. 진공청소기 작업이 끝나면 대리석 부분을 마무리한다.

13) 그림과 액자 틀(Picture and Frame)

그림 위에 묻은 먼지를 털어내려면 액자에 직접 세정제를 뿌리지 않는다. 반대로 유리로 액자를 만들었다면 유리전용 세제를 이용하여 손자국 등의 얼룩을 제거한다. 얼룩을 제거할 때는 전체를 닦은 후 깨끗하고 부드러운 천으로 유리표면을 닦고 얼룩이 있는지 확인한다.

14) 나무제품 광택(Polish Wood Furniture)

세제나 광택제를 이용하여 깨끗한 천으로 먼지, 얼룩, 손자국을 없애 가며 표면을 깨끗이 한다. 모든 가구의 다리 뒷부분, 옆 등 정교한 공예품에 특히 주의를 기울인다. 등 나무제품의 흠은 칫솔을 이용하여 높은 부분은 총채(duster)나 깃털 먼지 털이를 사용한다. 로비에 있는 가구, 선반, 화장실 가구, 난간, 복도 가구, 문, 계단손잡이 등 나무제품은 매일 청소한다.

15) 조명기구와 램프(Lamp)

조명기구를 청소할 때는 전원을 끄고 마른 천으로 먼지를 닦는다. 램프 위의 장식, 전등갓은 세제를 묻힌 천으로 닦는다. 램프와 전등 스위치 위의 먼지 손자국 얼룩을 제거하며, 전등과 스위치가 제대로 작동하는지 확인한다.

16) 재활용 쓰레기(Recycle Trash)

쓰레기를 모을 때 알루미늄 캔류, 신문 또는 잡지와 같은 종이류, 일반쓰레기, 공업용 쓰레기를 분류하여 각각의 용기에 넣는다.

3 영업장 관리지역

1) 식음료업장 관리

하우스키핑에서 관리하는 식음료업장 관리는 레스토랑, 연회장, 바 등 매우 넓다. 호텔서비스의 기본은 청결이기 때문에 식음료업장은 음식의 맛과 더불어 깨끗한 분위기 연출이 동반되어야 하며, 청소는 영업시작 전 · 후에 실시한다. 점심영업 후 저녁영업을 하기 전까지의 break time(중간 쉬는 시간)이 있는 업장은 진공청소기로 청소를 한다.

저녁시간 종료 후 야간청소는 카펫샴푸와 바닥, 창문, 출입문, 의자, 테이블, 장식품, 가구 등 레스토랑(outlet restaurant) 내 모든 곳을 청소한다.

2) 레스토랑 관리

호텔 내의 영업장인 레스토랑은 깨끗한 정리 · 정돈으로 고품격의 레스토랑으로 변신할 수 있다. 따라서 식당 내에 있는 전화기나 소품 등 간단한 것은 레스토랑 직원이 관리를 하지만, 카펫청소, 화장실청소 등은 하우스키핑 영업장 관리 담당자가 관리한다.

3) 연회장 관리

연회장(banquet room)은 넓이에 따라 대 · 중 · 소 연회장이 있는데, 거의 모든 지역에 카펫이 깔려 있으므로, 진공청소기(vacuum)를 이용한 청소는 행사 전 · 후에 실시하여야 하고, 특히 심야에는 주기적인 카펫샴푸를 하여 카펫 노후화를 방지한다. 카펫은 직물이기 때문에 먼지가 많이 끼어 있으므로 제때 청소하지 않으면 카펫이 산화되어 지워지지 않고 얼룩이 남기 때문에 신속히 조치하도록 한다.

4) PDR 관리

PDR(private dinning room)은 레스토랑의 개인 별실이라고 할 수 있는데, 이용하고자 하는 고객이 언제든지 사용할 수 있도록 레스토랑의 홀처럼 항상 정리되어 있어야 한다. 그러므로 의자, 테이블, 가구, 벽, 바닥 등은 정돈된 상태로 관리되어야 한다. 테이블 위의 음식 얼룩을 제거하고, 카펫은 진공청소를 하며 얼룩을 제거한다. 행사 시 더럽혀진 부분은 가장 빠른 시기에 약품이나 세제로 부분 샴푸를 하여 상태가 더 나빠지지 않도록 조치를 취한다. 회의실 입구 대리석은 광택기를 이용하여 항상 광택(burnish)이 나도록 관리를 한다.

5) 카펫 청소(carpet)

호텔 공공장소의 많은 부분에 깔려 있는 카펫은 소음을 흡수하여 조용한 호텔 분위기를 만들어 준다. 또한 다양한 색채와 품위로 고객의 정신적인 안정에 도움을 준다. 카펫의 종류로는 대표적인 것으로 양모가 있으며, 화학섬유와 혼방으로 직조된 것을 사용한다. 따라서 재질에 따라 각각 손질하고 관리하는 방법이 다르기 때문에 하우스키핑 퍼블릭(public)에 소속된 카펫 맨이 이를 전담한다.

6) 피트니스 센터 관리(fitness center)

피트니스 센터는 건강을 위해 오는 고객들이 많고, 운동을 하게 되면 많은 땀이 흘러 쉽게 운동기구들이 더럽혀질 수 있다. 따라서 여느 장소에 비해 더욱 청결에 신경을 써서 관리해야 한다. 기구의 먼지를 제거하고, 파손된 기구가 없는지 점검한다. 유리와 거울을 닦고 바닥을 닦는다. 더러워진 린넨(linen)을 수거하고, 깨끗한 린넨을 보충한다. 기구를 닦고 정돈하며, 조명의 먼지를 제거하고 벽의 얼룩을 제거한다.

대부분의 5성급 호텔 피트니스 센터는 회원제로 운영하는데, 수영장과 사우나가 설치되어 있어서 비누때나 물때가 많이 발생된다. 매일 밤과 정기휴일에 계속 청소해 주지 않으면 고객의 안전(미끄럼)사고에도 영향을 끼치게 되므로 세심한 관리가 필요하다.

7) 바닥 청소(Floor)

휴지와 먼지를 쓸어내고, 변기 뒤와 문 뒤쪽 및 세면기 아래에 특히 주의를 기울인다. 청소할 때 너무 많은 물을 사용하지 않는다. 대리석 바닥을 청소할 때는 구석과 틈에 특히 주의하면서 휴지, 먼지, 구석, 선반을 진공청소기로 한다. 이물질이 묻어 있는 부분은 약중성 세제를 사용하고 젖은 걸레로 닦아낸다. 바닥용 세제로 인한 자국을 없애고, buffer(완충제)로 필요한 부분을 문지르는데, 특별한 약품과 순서에 따라 문지른다.

마무리하는 바닥 걸레질은 조심해야 한다. 바닥에 물기가 너무 많거나 오래 방치하면 변색이 되므로 가능한 빨리 물기를 제거하고, 타일은 걸레질을 조금만 한다. 세제가 너무 강하면 타일에 금이 가고 변색될 수 있다.

4 직원사용 지역

호텔에서는 고객이 우선이다 보니 직원이 사용하는 남 · 여 탈의실 청소는 자칫 소홀하기 쉽다. 그러나 직원이 사용하는 구역이 청결하지 못하면 직원들의 무의식 속에 청결에 대한 개념이 희박해져 고객서비스 지역까지도 청결하지 못할 수 있다. 특히 직원 탈의실(locker room), 기숙사(dormitory), 직원 화장실 등은 직원들만이 사용하기 때문에 상당히 지저분할 수 있어 고객이 사용하는 지역 이상으로 청결이 이루어져야 한다.

또한 호텔 사무실도 업무가 끝나면 청소를 해야 하는데, 특히 쓰레기도 함부로 버려서는 안 된다. 쓰레기통에 있는 것만 치워야 하며, 의심이 가는 것은 사무실에 그대로 둔다.

1) 직원 탈의실 관리

직원 탈의실(employee locker room)은 직원들이 유니폼으로 갈아입거나 샤워를 할 수 있는 공간으로 바닥 청소와 샤워장 청소 등의 업무를 수행한다. 샤워장의 경우 뜨거운 물로 바닥, 벽 등을 씻어 낸 후 물기를 제거하여 곰팡이가 생기지 않게 한다. 또한 수리가 필요한 부분은 시설관리부에 연락하여 조치를 취한다.

직원 탈의실 청소 시는 물비누와 화장실 휴지 및 종이수건 등을 채우고, 파손으로 인하여 수선이 필요하면 사무실에 보고한 후 다음의 절차에 따라 탈의실을 청소한다.

❶ 탈의실을 바닥 닦고 먼지 제거
❷ 천장과 환풍기의 부분 청소
❸ 거울 닦기
❹ 옷장 벽면 닦기
❺ 조명시설 확인 및 닦기
❻ 휴지통 비우기
❼ 변기 이상 · 유무 확인 및 닦기
❽ 변기와 칸막이 청소
❾ 샤워장 바닥 청소
❿ 세면대 청소

2) 사무실 관리

호텔 사무실(office)은 직원 퇴근 후 야간에 이루어지고 있으나 요즘은 인건비 부담을 줄이기 위해 쓰레기를 치우는 일 이외에는 사무실 직원 스스로가 해결하는 추세이다. 그러나 호텔 사무실은 직원들만이 사용하는 곳이 아니라 방문고객들도 많이 오기 때문에 쾌적한 분위기를 만들기 위하여 화분도 비치하는 등 사무실 나름대로 관리를 하고 있다.

사무실 청소는 직원들이 퇴근 후 하우스키핑 야근 근무자가 하는 것이 보통인데, 책상 위의 물건이나 서류는 절대로 손대거나 옮기지 않는 것을 원칙으로 한다. 다음의 순서와 같이 정해진 업무를 완수한다.

❶ 문과 문틀과 창문 청소
❷ 휴지통 비우기(메모지라도 휴지통 것만 비운다)
❸ 먼지를 털고 책상과 가구 닦기
❹ 전화기 닦기
❺ 카펫 진공청소하기
❻ 카펫이 없는 바닥은 걸레로 매일 닦고 왁스칠하기
❼ 거울과 액자, 틀 닦기
❽ 장식품 닦기

⑨ 화초나 화분 관리

⑩ 조명시설 램프 확인

⑪ 천장 벽이나 환기통 닦기

⑫ 서류함과 선반 먼지 닦기

3) 건물 외벽 관리

호텔 건물의 외벽과 창문 관리도 호텔 직원이 해야 하나 고층건물에다 리프트(lift) 또는 고가사다리를 이용해야 하기 때문에 위험도가 높다. 따라서 건물외부관리 전문 용역업체에 의뢰하는 것이 안전 측면에서나 비용절감에서 훨씬 효과적이다.

욕실사용에 있어 불평사례

1. 사례내용

① 욕조에서 샤워하던 중 샤워기 손잡이 부분이 날카로워 고객이 손을 베어 피를 흘렸다며 불평하였다.

② 샤워실에서 샤워하던 중 냉·온수조절이 잘 안 된다고 불평하였다.

③ 욕조 및 변기의 배수가 잘 안 된다고 고객이 불평하였다.

2. 불평청취 및 응대요령

① 고객의 불평을 1차 접수한 직원은 즉시 고객에게 가서 불평내용을 끝까지 청취하고, 불평내용을 확인한다.

② 문제점을 확인한 직원은 "대단히 죄송합니다. 곧바로 조치하도록 하겠습니다. 잠시만 기다려 주십시오"라고 정중히 사과한다.

3. 수습과 사후조치

① 욕조 및 변기 배수불량 등 간단한 고장내용은 즉시 처리한다.

② 고객의 불평내용이 즉시 시정되지 못하는 것은 시설부 설비담당자에게 즉시 수리될 수 있도록 통보한다.

③ 수리하는 시간이 많이 소요되면 고객에게 상황을 설명한 후 다시 한번 정중히 사과한다.

④ 만일 고객 불평사항이 당일 수리되지 않을 경우에는 지배인에게 즉시 보고하며, 지배인은 프런트 오피스와 협의하여 고객의 객실을 변경하여 준다.

⑤ 지배인은 고객의 객실에 과일과 와인, 꽃 등을 무료로 제공하며, 사과편지를 넣어 준다.

⑥ 고객의 불평사항이 재발되지 않도록 객실점검을 철저히 하며, 문제가 있는 객실은 설비담당자에게 주문하여 사전에 수리토록 한다.

⑦ 지배인은 고객 불평사항 보고양식에 의거하여 부서장에게 보고토록 한다.

호텔 객실 관리

Hotel Front Office Management

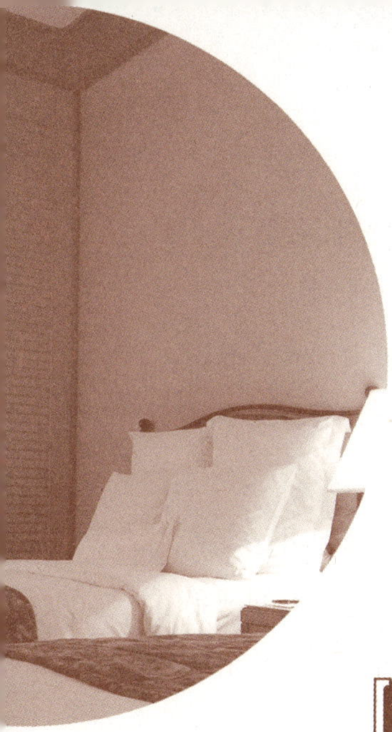

제5장

호텔 안전관리와 화재관리

1절 호텔 안전관리

1 호텔 안전관리 부서의 조직

호텔의 안전관리 부서의 조직구성은 독립적으로 구성된 경우도 있지만 인사 또는 총무부의 하위 부서로 구성된 호텔이 많으며, 호텔 내의 다른 부서들의 조직과 비슷하게 이루어져 있다. 안전관리 부서의 장(the director of security)은 호텔의 고객과 직원을 위한 안전한 분위기 조성을 책임지며, 그에 관련하는 모든 직무를 총관장하는 역할을 담당하고 있다. 이를 위해서는 필요한 인력, 기술과 24시간의 원활한 부서 운영을 위한 예산 등이 확보돼야 한다. 규모가 큰 호텔의 경우에는 부서장 밑에 부부서장(the assistant director of security)을 두어 부서장의 부재 시에 대비하거나 역할을 분담하고 있기도 하다. 안전관리 부서의 부서장은 업무활동 상황을 인사부장과 총지배인에게 반드시 보고하며, 또한 다른 부서의 부서장들과도 항상 상호 협조체제를 구축해야 한다.

안전관리 부서의 직원들은 1일 3교대 근무시간을 기준으로 근무를 하는데, 근무 중에는 호텔의 시설, 고객안전, 직원안전 등을 위해 정해진 시간과 구역을 순찰한다.

이 경우의 순찰업무는 안전관리인(security guard)이 담당한다. 물론 이 부서에서 필요로 하는 직원의 수는 전적으로 호텔 규모의 크고 작음에 달려 있다. 아래 그림은 호텔에 따라 안전관리 부서 조직도를 나타낸 것이다.

이 같은 조직구성을 갖고 있는 안전관리 부서는 업무내용이 호텔 내의 각 부서들의 부서장들과 직원들 그리고 고객들과 긴밀히 연결되어 있다. 따라서 어떠한 상황이 발생했을 때 이를 해결하기 위하여 신속한 대응조치를 계획하고 실천하는 것이 성공적인 업무수행의 근본이 되는 것이다.

그림 4-5 **호텔 안전관리 부서의 조직도**

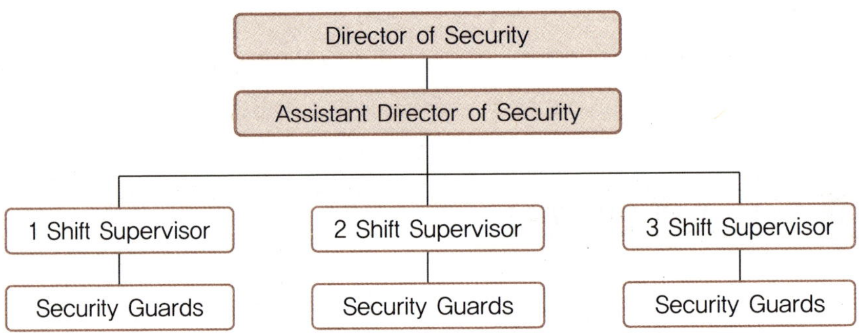

2 호텔 안전관리의 목적

호텔경영에서 안전관리는 여러 가지 책임을 갖고 있지만, 그 중에서 가장 중요한 안전관리상 책임은 호텔 고객과 호텔 자산의 보호라고 할 수 있다. 즉, 고객, 건물과 시설물, 직원에 대한 안전이라고 할 수 있기 때문에 호텔의 경영자 모두는 이에 대하여 많은 관심을 갖고 있다. 호텔의 안전은 1년 연중무휴로 하루 24시간 쉬는 날 없이 운영을 하기 때문에 호텔의 안전에 문제가 발생되지 않도록 항상 노력해야 한다.

호텔은 고객에게 환대정신에 입각하여 편안하면서 안락하고, 안전한 호텔분위기를 제공해야 하는데, 이 같은 분위기를 만들기 위해서는 호텔의 각 부서원들의 조직적이고 근면한 근무자세가 필요하며, 무엇보다도 안전에 대한 프로정신이 있어야 한다. 이 안전을 위한 프로정신은 경영방침에 따라 교육의 빈도수를 높이고, 교육을 강화하면서 세워지게 된다.

결국, 교육 강화를 통한 호텔 안전에 관한 목적은 첫째, 호텔의 건물과 시설 등 재산의 보호를 위함이고, 둘째, 호텔 고객의 신변보호와 소지품의 도난 및 분실방지를 위함이고, 셋째, 호텔직원의 근무 분위기에 대한 보호를 위해 존재한다. 호텔의 안전관리 부서는 고객에게 안락한 호텔 분위기를 제공하기 위해 고객 소지품의 분실과 화재 그리고 그 밖의 비상사태 등에 대비해 항상 이를 처리하기 위한 준비태세를 갖추고 있어야 한다. 화재 시에 대비하여 장비의 준비, 비치 등의 모든 제반사항을 숙지하고 있어야 한다.

호텔은 고객과 직원 모두를 위해 안전에 대한 관심을 갖고 있어야 한다. 고객에게 안전한 환경을 제공하는 것은 호텔의 안전 프로그램과 조직화된 부서가 수행할 수 있어야 한다.

안전관리 부서의 목적은 철저한 계획과 대비를 통해 발생될 수 있는 위급한 상황을 미리 예방하는 것이며, 불가피하게 이 같은 상황이 발생되는 경우에는 미리 신속히 대처하여 원만한 해결을 꾀하는 것이다. 오늘날과 같이 사건, 사고가 빈번히 발생하고, 또한 이에 관련되는 법률적인 소송이 자주 일어나는 사회에서는 잘 조직된 안전관리 부서를 갖고 있는 것이 매우 중요하다.

3 호텔 안전관리 부서의 직무 역할

호텔의 안전관리 부서(security department)는 고객에게 안락하고, 편안한 호텔 분위기를 제공하는데 있어서 중요한 역할을 수행하는 부서이다. 이 부서의 직무역할로는 호텔 전 건물 순찰, 소방 대피업무, 비상시 대피업무, 호텔 직원 안전관리 교육, 고객 재산의 보호 등이 있다. 이 같은 업무들은 겉으로 드러내지 않고 내부적으로만 처리하고 있다.

때로는 호텔에서 범죄가 발생한다든지, 화재, 사망사고 등 그 밖의 예기치 않은 상황이 발생할 수 있지만, 소방차가 호텔에 들어오거나 구급차가 현관 앞에 주차되어 있다면 고객들의 혼란이 예상되어 보이지 않게 처리하는 것이 일반적이다. 이처럼 안전관리 부서에서는 고객이 명백히 필요로 하는 위급상황이 발생되거나 호텔의 손익에 관련되는 사건이 나타나지 않는 한 근무 중 일어나는 활동이 다른 부서들처럼 외부에 쉽게 나타나지 않는다. 하지만 고객소지품의 도난, 분실과 화재 그리고 그 밖의 비상사태 등에 대비해 항상 이를 처리하기 위한 준비태세를 갖추고 있어야 하며, 처리절차는 호텔 안전관리 매뉴얼에 따라 진행되어야 한다. 하지만, 호텔의 프런트 오피스 직원들은 이 같은 상황이 발생되면 대부분 이에 관여하게 되는데, 프런트 데스크는 업무특성상 직원들이 항상 고객과 접촉하고, 또 여러 고객들이 지불하는 요금들이 최종 정산이 이루어지는 중심부서이기 때문이다.

호텔의 안전관리 부서 직원들은 항상 신속한 처리를 위하여 발생하는 상황에 대비하고 있어야 한다. 특이한 상황이 아니면 담당해야 할 업무가 없는 것같이 보여 이 부서를 어떤 일이 발생되어야만 활동하는 부서라는 의미로 피동적인 부서라고 평가하기도 한다. 그러나 실제로는 능동적으로 활동하는 부서로서 많은 중요한 일을 담당하고 있다. 안전관리 부서의 장은 경험 많은 직원으로 기용되어야 하는데, 왜냐하면 이 부서의 역할이 다만 고객뿐만이 아닌, 호텔 직원과 재산 등의 모든 부문과 연결되어 있기 때문이다.

4 호텔객실의 안전관리

1) 호텔객실의 안전관리 중요성

호텔의 객실은 불특정다수인을 상대로 24시간 쉬지 않고, 영업을 해야 하는 점에서 항상 발생 가능한 각종 위험이나 안전사고가 노출되어 있다. 종업원 자신은 물론, 고객과 호텔 자산을 보호해야 하기 때문에 객실의 안전관리에 대한 문제는 중요하다. 안전관리는 성격적으로 볼 때 타 건물에 비해 각종 사고원인을 안고 있고, 더욱이 서비스를 영업의 주축으로 삼아야 하는 호텔기업인 만큼 사회적 책임으로서의 안전에 대한 양질의 서비스를 창출하기 위해 객실관리자는 끊임없는 노력이 요구된다.

호텔의 사고는 호텔의 대외 이미지에 치명적인 손상을 주고, 고객으로부터 부정적인 평가를 받아 이용을 꺼리는 사태가 발생되어 치열한 경쟁 속에서 객실 수입의 증대에 악

영향을 미칠 것이다. 또한 고객으로부터 부정적인 평가는 고객 없는 호텔로 전락할 수 있다. 따라서 객실에서의 무사고는 호텔의 발전과 직접적인 관계가 있으므로 객실관련 근무자는 안전관리의 중요성을 다시 인식해야 할 것이다.

2) 객실 안전관리상의 특성

❶ 호텔은 여행객들이 편안하고, 안락하게 쉬는 일반가정과 동일한 기능을 가진 제2의 집 역할을 하는 곳으로, 다국적 고객이 많이 이용하므로 인사사고의 원인이 많이 내포되어 있어 객실안전에 신경을 써야 한다.

❷ 고객이 체재하는 24시간 동안 생명과 재산을 보호하여야 하고, 고객이 만족하는 서비스를 제공하여야 한다.

❸ 호텔은 현대생활과 밀접한 관계가 있고, 현대인의 생활공간 일부를 차지할 만큼 대중화되어 있어서 각종 안전사고가 빈번하고, 사전예측이 곤란하다. 특히 안전에 관한 문제가 발생하면 피해보상과 해결요소가 다양하고 복잡하며, 보상액도 크다.

❹ 객실 내의 공간은 모두가 방염처리되었다고 하지만, 카펫 등 가연성 물질이 많기 때문에 화재의 위험성이 크며, 일단 화재가 발생하면 인사사고가 발생하고, 대형화될 우려가 높다.

❺ 최근의 객실영역은 일반인이 출입하는데 쉽지는 않지만, 그래도 생각보다 객실은 노출공간이 많고 외부인의 출입에 대한 통제의 어려움이 있어 일반인의 배회, 도난, 강도 등의 발생가능성이 항상 있다.

3) 객실 안전사고의 원인

(1) 직접 원인

안전사고의 직접 원인에는 인적원인과 물적 원인의 두 가지로 분류할 수 있다. 인적원인으로는 사람의 불안전한 행위에 의한 것으로 결함기구의 사용, 전열기구 사용, 개인소유의 전기 제품 사용, 고객전용통로 불이행, 안전 홍보물 무시 등과 같은 예를 들 수 있다.

물적 원인으로는 주변의 불량한 환경설비에 기인한 것으로 대리석 바닥의 미끄러움, 조명불량 등의 정비결여 등을 들 수 있다.

(2) 간접 원인

각종 기계장치의 점검, 보전의 불충분, 특히 최고경영자의 책임감 부족, 안전교육제도와 안전관리 조직의 결여, 그리고 안전기준의 불명확 등을 생각할 수 있다.

(3) 객실 안전사고의 요인

❶ 고객용 열쇠관리의 부주의
❷ 객실 내 유리컵의 부주의
❸ 지정장소 이외의 흡연
❹ 객실 내 조명이 어두운 곳
❺ 고객용 엘리베이터의 불안전한 조작
❻ 균열과 파손된 각종 손잡이
❼ 객실 바닥에 슬리퍼, 휴지 등 방치
❽ 전기, 전화선의 불량상태 방치

5 호텔 안전관리의 업무분석

1) 호텔객실의 안전업무

호텔 전체로 볼 때 객실의 경우는 면적에 비하여 직원이 적은 편이다. 게다가 근무 중에도 룸 메이드는 객실 안에서 일하는 경우가 많아 어떻게 보면 안전에 취약한 점이 많다고 할 수 있다. 그러다 보니 호텔객실은 가장 빈번하게 범죄활동의 표적이 되는 곳으로서 호텔의 안전관리 부서가 가장 많이 관심을 기울이는 곳이다.

객실 내에 있는 투숙객의 소지품이 없어지는 경우가 생기기도 하고, 객실에서 사용하고 있는 비품과 소모품들의 도난사건이 발생하기도 한다. 그리고 무엇보다 중요한 것은 투숙객을 대상으로 범죄의 우려가 큰 곳이 바로 객실인 것이다. 그러므로 객실의 안전을 지키기 위해 안전대책의 수립이 반드시 필요하다. 이를 위해 객실 층에 근무하는 지배인들이나 안전부서 직원들은 호텔객실의 안전장치로써 객실 문에 바깥을 볼 수 있는 작은 피폴(peephole)을 설치하고, 안전을 강화하기 위하여 객실 문을 2중 잠금장치(double lock)로 설치하는 등 객실의 안전을 위해 많은 노력을 기울이고 있다. 또한 객실 내의 유리창을 2중 유리나 컬러유리를 사용하여 햇빛 차단과 안전유지에 목적을 두고 설치되어 있다.

모든 호텔의 직원들에게는 객실의 안전을 위해 일정한 규칙을 정해 놓고 교육을 시키고 있다. 예를 들면 프런트 오피스 직원들에게는 호텔 투숙객 이외의 제3자에게 고객등록 내용을 공개하지 않도록 교육시킨다. 즉, 신분을 밝히지 않는 낯선 사람이 전화를 걸어 특정고객의 객실번호를 물어 보면 교환원은 객실번호를 알려 주지 않고 고객에 대한 인적사항으로 확인을 하거나 먼저 객실에 연락하여 고객의 확인 후 연결시켜 준다. 또한 프런트 데스크에 접근하여 객실 키를 달라고 할 때도 프런트 클럭은 키를 내주기 전에 반드시 그 사람의 신분확인을 하여야 한다. 그렇지 않고 키를 발급하면 예기치 않은 도난사건 등이 발생할 수 있기 때문이다.

모든 직원들은 호텔의 로비나 객실이 위치해 있는 복도 근처에서 이른바 목적 없이 서성거리는 사람들에 대해서는 반드시 의심을 하고 예의 주시해야 한다. 또한 호텔객실 관리직원들이 사용하는 카트 위에 낯선 사람이 손에 닿을 수 있게끔 함부로 객실 마스터키 등을 놓아두어서는 안 된다. 호텔의 하우스키핑은 고객에 대한 환대를 이끌어내는데 중요한 역할을 하며, 안전관리 업무의 책임을 다하기 위하여 다음과 같은 항목은 숙지하고 있어야 한다.

❶ 객실 키의 중요성을 인식
❷ 객실 고객과 호텔 재산 그리고 직원 안전에 대한 의식 강화
❸ 객실 내 비치된 소화기, 방화 시스템 등 화재안전 지침 확인
❹ 객실에서 특정기구를 사용하거나 전열기구 등 의심가는 물건을 보면 신고하는 정신
❺ 화재 발생 시 방독면 사용법 훈련과 비치한 위치 확인
❻ 비상사태 발생 시 신고방법과 대처방법

2) 호텔 출입자들의 통제와 관리업무

호텔 객실의 경우는 객실고객에게만 이용할 수 있도록 제한을 두고 있지만, 호텔의 로

비, 주차장 등 공공적인 호텔시설은 고객뿐만 아니라 일반대중에게도 개방하고 있다. 따라서 항상 많은 사람들이 출입하는 로비지역을 중심으로 하여 늘 안전문제가 대두되는 실정이다. 호텔 안전을 담당하는 안전 관리실 직원들은 이에 따른 제반 감시 대책을 세워야 사고를 미연에 예방할 수 있어야 한다.

객실층은 투숙객이 아닌 일반인에게 공개되는 장소가 아니므로 투숙객과 호텔 직원 그리고 방문객 등을 제외하고는 출입을 제한시킬 필요가 있다. 이와 같은 외부인의 무단 침입의 경우에는 호텔 측이 퇴장시킬 수 있는 법적인 권한을 가지며, 이에 불응 시에는 관할경찰서에 신고하여 강제퇴장 조치를 시킬 수 있다. 하지만 강제적인 퇴장이나 방문객에 대한 예의에 어긋나는 행위는 호텔 이미지에도 좋지 않아 호텔 입장을 설명한 후 조치를 취한다. 그러나 공공장소인 호텔 로비 등의 경우에는 이 같은 조치를 적용시키기 힘들므로 항상 출입자들의 동태를 파악할 필요가 있다.

3) 호텔 재산의 보호업무

호텔의 안전관리실에 근무하는 직원은 호텔 재산의 안전을 위한 보호업무에 충실해야 할 의무가 있다. 호텔의 객실, 레스토랑 등에서는 현금과 각종 통화가 통용되고 있어 보호의 절차와 지침이 세워져 있어야 한다.

특히 통화가 빈번히 거래되는 부서와 업장에서는 항상 신경을 써야 할 절차로써 안전업무가 있다. 프런트 데스크 캐셔(cashier)는 항상 현금을 다루고 있기 때문에 금전 거래를 하지 않을 때에는 항상 금전서랍(cash drawer)을 닫아 두고 근무를 한다. 또한 금전통 속에는 사용될 최소한의 잔돈만을 보관하게끔 교육시켜야 한다. 도난감시 기능을 위한 cctv 감시 시스템이나 경보(alarm) 시스템을 빈번한 금전거래가 이루어지는 업장을 중심으로 설치하기도 한다.

호텔 직원들은 노숙자 같이 보이거나 호텔 로비나 프런트 데스크 부근에서 불필요하게 장시간 서성거려 의심이 가는 사람을 발견하면 안전관리실로 즉시 연락을 하고, 경우에 따라 경찰에 신고를 하는 등 필요한 조치를 취해야 한다. 특히 프런트 데스크의 야간 근무 시에는 호텔의 시설물 등을 파손시키는 상황의 발생에 항상 대비하고 있어야 한다.

4) 고객재산의 보호업무

호텔은 투숙객을 비롯한 모든 호텔 고객의 재산을 보호해야 할 책임을 갖고 있다. 고객이 갖고 있는 귀중품, 소지품을 비롯해 타고 온 차량 등은 소중한 고객의 재산으로 호텔에 머무는 동안에 고객의 소유물이 도난당하거나 혹은 훼손되면 큰 문제가 될 것이다.

고객의 귀중품을 관리하는 귀중품 보관 업무에 관해서 살펴보기로 한다. 귀중품보관용 금고(safety deposit box)는 호텔의 프런트 데스크에 설치되어 귀중품을 소지한 고객의 요청이 있을 시 사용을 허락하는 안전한 보호장치이다.

귀중품을 보관하는 금고는 대부분 프런트 데스크 옆, 일반고객의 경우 프런트 데스크 직원의 허락 없이는 접근이 용이하지 않은 장소에 설치해 놓고, 사용자는 호텔에 투숙하는 고객으로 제한하고 있다. 귀중품 보관함은 객실고객이 원하는 시간에 언제든지 무료로 이용할 수 있도록 하며, 관리는 프런트 데스크(front desk) 직원 중 담당자가 맡아서 수행하게 되어 있다.

일반적으로 귀중품 보관금고를 열 때에는 고객의 여권과 보관표를 본인인지 확인하고, 두 개의 키를 사용하는데, 한 개의 키는 고객이 보관하고, 또 다른 한 개, 즉 control key는 금고관리자가 보관하여, 금고를 열 때는 이 두 개의 키를 동시에 사용해야 한다. 모든 금고 키는 1개씩 밖에 없기 때문에 고객이 키를 분실하게 되면 정해진 금액을 호텔측에 배상해야 한다. 그리고 고객의 금고는 증인(손님, 당직지배인, 프런트 직원)의 입회 아래 영선실 직원이 와서 기구(drill)를 사용하여 강제로 열 수밖에 없다.

따라서 프런트 클럭은 고객에게 금고 키를 건네주기 전에 반드시 금고 키의 분실배상에 관한 호텔규칙을 설명해 주어야 한다. 금고를 열 때마다 고객은 반드시 여권확인과 서명을 해야 하고, 그 때마다 담당직원은 금고를 처음 사용할 때 고객이 사용했던 서명과 동일한가를 반드시 확인해야 한다.

금고를 마지막으로 사용한 후 고객은 키를 반드시 반납하고, 금고사용 종료 서류에 서명한 후 담당자의 확인을 거쳐야 한다.

6 아웃소싱에 의한 안전관리 업무

호텔경영 측면에서 보면 호텔 내에 안전관리 부서를 업무량이나 중요성을 볼 때 절대적으로 필요성이 대두되지만, 경제적인 면에서 보면 과연 효율적인가 의문을 제기할 수 있다. 안전관리 부서의 업무내용이 많기 때문에 많은 인력이 필요하고, 그에 따른 인건비 등 비용이 크기 때문에 몇몇 호텔의 경우에는 외부기관에 위탁하기도 한다.

호텔 전체를 계속적으로 도보로 순찰하는 것은 안전업무의 주요내용 중 하나이다. 그러나 호텔 자체의 인력부족 등의 이유로 외부기관에 위탁하여 이 업무를 대신하도록 하기도 한다. 무엇보다도 안전업무를 아웃소싱(outsourcing)에 위탁하는 주된 이유는 경제적인 이유에서이다.

외부에 의한 안전업무의 수행내용은 정해진 시간에 호텔 주변 순찰과 주차장 순찰 등이 주를 이룬다. 그러나 이 경우에는 많은 의문점이 제기되는데, 호텔의 소방안전절차를 세울 때 누가 다른 부서의 부서장들과 토의를 맡아서 할 것인가, 누가 소방안전훈련 프로그램을 계획하고 진행할 것인가, 소방안전규칙의 제정에 누가 관여할 것인가 등의 안전부서 공백으로 인한 여러 문제들이 제기될 수 있다.

따라서 호텔 내에 안전관리 부서를 두고 자체적으로 업무를 수행하는 것보다는, 호텔 외부기관에 위탁하여 안전업무를 수행하게 하는 것이 경제적으로나 여러 모로 보아 훨씬 낫다고 불 수 있다.

2절 ◎ 화재안전 관리

1 화재안전 관리

아무리 경영을 잘하여 거대 호텔기업이 되었다 하더라도, 화재는 이를 한 번에 삼킬 화마라고 할 수 있다. 따라서 화재에 대한 안전관리는 아무리 강조를 해도 지나치지 않는다. 화재안전 관리는 어느 지역에 위치하고 있든 모든 호텔이 화재안전 규칙을 지켜야만 한다. 그러기 위해서는 구성 물질, 인테리어 직물, 입구와 비상구의 구조물, 발연경보 설치, 자동소화 장치설치, 화재훈련, 화재경보기 작동 등을 규정할 것이다. 이 같은 광범위한 규칙들은 고객안전과 호텔의 재산을 보장하기 위해서 개발되었으며, 이를 시행하기 위해서는 재정적인 투자가 요구되겠지만 반드시 필요하다 하겠다.

프런트 오피스 지배인과 방화통제 관리실장은 효과적인 화재안전 관리와 대피를 위하여 전 직원들에게 교육시켜 만일의 사태에 대비하여야 한다. 화재안전 관리는 호텔이 위치하고 있는 지역당국과의 소방안전규칙을 제정하고, 이에 따른 장비의 준비와 소방시설 비치 등의 모든 제반 사항을 완비하여야 한다. 즉 호텔 건축 시에 투입되는 건축자재, 호텔 내부의 실내 구조 및 재료, 호텔 출입구의 숫자와 형태, 비상시에 대피할 수 있는 대피통로의 유무, 화재경보기의 설치, 스프링클러(sprinkler)의 설치, 소방훈련의 실시 등의 내용들이다. 이 같은 모든 규칙들은 고객의 안전과 호텔 재산을 보호하기 위해 개발된 것이다.

호텔고객들은 투숙하는 동안에 안전한 환경 속에서 지내기를 원한다. 따라서 어떤 비교적 세심한 고객은 투숙할 객실에 비상구가 어디에 있는지, 객실 내 소화기의 위치, 방독면은 있는지, 화재경보장치가 있는지 확인을 한 후에 투숙하기도 한다. 그러므로 호텔 객실을 담당하는 직원은 이와 같은 설명을 하기 위해서는 객실 내부에 대하여 상세히 알아야 할 필요가 있다. 그러나 대부분의 고객들은 소방안전보다는 객실의 크기와 호화로움 등 다른 것에 관심을 갖고 있어 화재 시의 대피절차 등에 대해서는 아예 무관심하다. 하지만 좀 더 관심을 가지면 호텔객실의 안쪽 문에는 화재 등의 비상시에 대피할 수 있는 대피요령과 이 객실의 위치 약도가 그려져 있어 가장 가까운 비상탈출구가 어느 쪽에 있는지에 관해 쉽게 알 수 있다.

프런트 오피스 지배인은 호텔의 안전을 위해 그리고 고객과 직원의 안전을 위해 간단한 화재안전계획 프로그램을 개발해야 하며, 이를 정기적으로 직원들에게 훈련과 대비를 시켜 비상사태에 대비하여야 한다. 이에 따른 유의사항은 방화관제통제실의 관할 아래 다음과 같은 사항들을 체크해야 한다.

❶ 정기적으로 연기감지기와 화재경보기의 상태를 확인한다.

❷ 지역의 소방안전규칙에 의해 요구되는 각종 소화장비와 작동상태 및 화재경보기 작동사태를 시간대별로 기록해 둔다.

❸ 객실이 위치한 지역과 공공지역 및 작업지역 등지의 가까운 화재대피출구를 지정하여 호텔 내의 객실과 각 지역에 게시해 놓는다.

❹ 모든 객실과 공공장소에 연기감지기를 설치한다.

❺ 정기적으로 연기감지기의 작동상태를 테스트해 보고 그 결과를 기록해둔다.

❻ 객실복도에 소화기설치와 작동상태를 점검한다.

2 화재예방 계획

화재예방 계획은 고객의 생명과 재산을 다루는 문제로 호텔 전 직원을 대상으로 교육과 계획, 개발이 필요하다. 따라서 방화통제실은 호텔 직원들과 고객들에게 객실의 화재예방 계획을 게시판이나 교육을 통하여 위험한 상황에 대처하도록 해야 한다. 다음은 화재예방 계획에 대한 개괄적인 내용이다.

❶ 프런트 오피스 전 직원들의 화재 시 행동지침과 절차의 공지 및 연습

❷ 고객과 종업원을 위해 화재 시 철수절차 훈련

❸ 화재안전지침 및 소화기의 위치교육

❹ 객실 복도에 위치한 화재경보의 설치 유지 테스트

❺ 고객객실과 공공장소 중앙과 연결된 경보장치 설치

❻ 정기적으로 경보장치 테스트 기록유지

3 화재안전 교육

소화전 사용법, 소화기 사용법, 소화기의 위치, 화재 시 비상구, 화재경보기와 같은 방법에 대해 직원들이 실시하는 훈련 프로그램은 호텔고객 서비스 차원에서 이루어져야

한다. 호텔 직원들이 호텔 전 지역의 비상구, 소화기, 화재경보기의 위치에 대한 지속적인 교육과 비상교육을 통하여 효과를 점검하여야 한다.

모든 직원을 대상으로 정기적인 교육과 훈련이 필요하며, 화재에 대한 이론과 소화기 다루는 법과 같은 실무교육은 호텔에 근무하고 있는 한 지속적으로 이루어져야 할 것이다. 또한 실지로 일어날 수 있는 예상 훈련은 화재안전의 중요성을 일깨워 준다. 이 같은 비공식적인 훈련과정에는 조직적인 과정과 화재 시 이용하는 적합한 도구 이용 정보 등을 포함한다.

4 사고관리 대처

호텔은 일정 공간에 이용객이 많다보니 항상 사고의 위험이 도사리고 있다. 사고발생 시의 대응은 매우 신속하게 이루어져야 되기 때문에 이에 대한 대책으로 방화통제실은 24시간 근무자가 모니터를 감시하고 있고, 간호사가 상주하고 있으며, 호텔에 따라서는 의사가 근무하는 경우도 있다. 이러한 사고관리 대처는 사고에 대한 대처능력이 떨어질 경우 고객의 생명까지도 잃을 수 있는 경우가 발생되므로 이에 대한 해결방안을 조직화하고 있다. 이와 같은 대처는 호텔 이미지는 물론, 대고객서비스의 좋은 예라고 할 수 있으며, 화제에 대한 사전관리는 다음과 같다. 그리고 화재발생 시 조치사항은 화재발견 시 직원 간 연락과 신속한 경보, 고객들의 질서 있는 대피가 될 수 있도록 유도를 한다.

❶ 객실 내 방독면, 랜턴, 비상 로프, 비상물품 관리 등
❷ 전기기구의 전선피복 점검, 콘센트 관리, 개인 전열기구 사용 확인
❸ 소화전, 표시등, 소방호스의 정돈상태, 비상 유도등의 작동상태
❹ 비상구, 방화문 관리, 비상계단에 불필요한 물품 방치 여부

5 화재의 종류

1) A급 화재(일반화재)

일반적으로 흔히 볼 수 있는 화재를 말하며, 종이, 나무, 섬유 등과 같은 가연성 물질

에서 발생하는 화재로 연소 후 재로 남는 화재를 말한다. 일반적으로 적용소화기에는 백색바탕에 "A"라는 표시가 되어 있다.

2) B급 화재(유류화재)

유류화재라고 표현하는데, 휘발유, 알코올, 페인트, 가스 등의 가연성 액체나 기체에 발생하는 화재로 연소 후 재가 남지 않는다. 일반적으로 적용소화기에는 황색바탕에 "B"라는 표시가 되어 있다.

3) C급 화재(전기화재)

흔히 전기화재라고 하며, 전선, 전기기구, 전기모터 등에 의해 발생되는 화재를 의미한다. 일반적으로 적용소화기는 청색바탕에 "C"라는 표시가 되어 있다.

6 연소의 원리

연소란 물질이 불에 타는 것을 표현하는 것으로, 화학적 표현으로 나타낸다면 산화방응이 수반되는 발열로서, 온도가 상승하고 그 결과로 열복사선의 파장 또는 강한 빛이 육안으로 느껴지는 것으로, 열과 빛을 동반하는 산화반응을 말한다. 연소하기 위하여서는 다음의 3가지 요소가 결합되어야 한다.

❶ 가연물 ❷ 공기(산소) ❸ 점화 에너지(열원)

이상의 3가지 중 하나라도 없어지면 연소는 발생될 수 없다. 따라서 이 3가지를 소화이론으로서 적용되는 중요한 이유가 된다.

소화기의 요령은 연소가 지속되려면 연소에 필요한 가연성 물질과 산소의 공급 및 열원이 필요하며, 이 중 한 가지만이라도 제거하면 소화하는 방법이 된다.

❶ 가연물을 제거하여 소화하는 방법 ❷ 산소공급을 차단하여 소화하는 방법
❸ 냉각시켜 소화하는 방법

1) 일반화재 소화

❶ 이불, 가마니 등을 덮어서 소화하는 방법

❷ 소화기 옥내 소화전 등을 이용하여 소화하는 방법

❸ A급 소화기 사용

2) 유류화재 소화

❶ B급 소화기 사용 ❷ 이불, 가마니, 모래 등을 덮어서 소화하는 방법

❸ 절대 물 사용 금지

3) 전기화재 소화

❶ C급 소화기인 하론 소화기를 사용 ❷ 전기의 흐름을 차단

❸ 절대 물 사용 금지

4) 가스화재 소화

❶ B급 소화기를 사용 ❷ 안전밸브 이용 ❸ 절대 물 사용 금지

7 화재예방과 소화전 사용법

1) 화재예방

우리는 항상 불과 함께 생활을 한다. 따라서 화재의 위험은 어디에서나 발생할 수 있다. 그러므로 화재예방을 하기 위해서는 불에 대한 조심성과 경각심을 가지고 주의해야 한다. 항상 사용하고 난 불은 확실하게 점검하고, 꺼진 불이라 하더라도 다시 확인함으로서 화재발생을 예방할 수 있다.

A · B · C 분말소화기의 구조방식은 압축식 용기에 불연성 가스(탄산가스)를 압축하였다가 필요할 때 레버를 조정만 하면 분말약제가 방출된다. 약제는 중탄산염, 황산염류, 탄산나트륨 등이다. 소화기 사용법과 소화기 사용 시 주의할 점은 다음과 같다.

❶ **소화기 사용법** 손잡이 옆의 안전핀을 빼고 왼손은 노즐을 잡으며, 오른손으로 손잡이와 레버를 함께 잡으면 분말이 방출되며 소화된다. 이때 주의해야 할 점은 바람을 등지고 사용해야 한다.

❷ **소화기 사용 시 주의할 점** 직사광선과 습기가 없는 곳에 비치하고, 수시로 약제를 점검하고 교환한다. 습기가 있으면 응결되며, 한번 사용한 소화기는 재충전해야 한다.

2) 소화전 사용법

❶ 소화전함을 열고 호스가 꼬이지 않도록 주의한다.

❷ 분사관창을 잠그고 개폐 밸브를 연다.

❸ 분사관창을 열고 화점을 향해 분사한다.

❹ 소화가 완료되면 개폐 밸브를 우측으로 돌려서 잠근다.

8 화재발생 시 행동요령

1) 신속 · 정확한 통보

❶ 상황이 발생되면 침착하게 행동

❷ 화재의 신고는 발화건물의 위치 및 명칭, 주위의 건축물을 알기 쉽게 설명

❸ 신고자의 인적사항

❹ 자체 초기 진화

2) 초기의 안전조치

❶ 소방서에 신고

❷ 유류화재는 분말소화기, 모래 등을 사용하여 최단시간 내에 소화

❸ 가스폭발에 의한 화재는 가스 밸브를 차단

❹ 전기화재는 발화 층 전원을 차단

❺ 초기 소화가 불가능하다고 생각될 때에는 즉시 밖으로 대피

❻ 엘리베이터 사용 금지

❼ 문틈으로 연기가 들어오면 바깥 창문을 이용하여 구조 요청

❽ 카펫화재는 욕실로 가서 젖은 타올 이용

3) 초기 진화

❶ 초기 진화작업은 침착하고, 신속하게 행동

❷ 소화 작업은 가능한 한 화점에 접근하여 불꽃 아래 부분부터 진화

❸ 현장 주위에 가연성 물질은 신속히 제거

❹ 불길을 잡을 수 없을 때에는 화재가 더 이상 확대되지 않게 주력

4) 대피 방법

❶ 대피할 때는 낮은 자세로 코를 감싸고 호흡량은 적게

❷ 화점과 먼 풍향의 반대방향으로 탈출

5) 인명구조 활동

❶ 구조자 마음을 안심시키고 통로 또는 비상구 위치 확인

❷ 옥내 진입할 때에는 로프, 손전등, 갈고리 물수건 등을 휴대

❸ 높은 열과 유독가스가 발생 시는 환기가 우선

❹ 막다른 곳과 화장실, 계단입구 등을 중점을 두고 인명색출

❺ 부상자가 발생한 경우 상처를 확인하고, 의료요원에게 인도

❻ 구출한 환자는 응급조치 후 병원으로 후송

❼ 구조는 2인 1조

6) 교통 통제

❶ 일반차량, 보행인보다 소방차가 우선

❷ 좁은 길목에서 모든 차량은 통행금지

❸ 소화 작업 요원 이외에는 현장출입과 통행금지

❹ 화재현장에서 꺼낸 물건은 도난당하지 않도록 감시

❺ 소화 작업에 지장이 없다고 인정되면 즉시 교통 통제 해제

9 직원의 안전

호텔은 인적서비스로 이루어지는 사업이기 때문에 다른 사업에 비하여 인적 구성의 비율이 높다. 즉, 호텔에 근무하는 직원들의 숫자가 많기 때문에 직원들로 인해 각종 안전사고가 발생하기 쉽다. 특히 프런트 데스크와 레스토랑, 주방 및 주방 옆의 좁은 공간 등에서는 많은 직원들이 일을 하기 때문에 분주히 움직이고 있다. 또한 호텔시설을 담당하는 전기 · 기계 · 영선 직원들과 주차대행서비스 직원들은 업무 특성상 항상 바쁘게 움직이다 보니, 항상 사고의 발생위험이 존재하고 있다.

그러므로 호텔은 직원들의 안전을 위한 지침(manual)을 세워 놓을 필요가 있다. 근무 중 항상 고객과 접점 서비스를 하는 일선의 종업원들(front line employees)은 업무 중 일어날지도 모를 위험을 미리 예측해 대비하여야 한다. 따라서 호텔에서는 경영자와 일선직원, 지배인들로 구성된 안전대책 위원회를 구성할 필요가 있는데, 이 위원회에서는 모든 직원들의 의견을 수렴하고, 장기적인 측면의 직원 안전대책을 마련하여야 한다. 총지배인을 비롯한 최고 경영진과 각 부서의 부서장들은 산하부서 직원들에 대한 안전에 깊은 관심을 가져야 안전한 작업환경에서 일하는 직원들이 최대의 작업성과를 올릴 수 있다.

안전훈련은 부서별로 근무하는 환경이나 사용품목이 다르기 때문에 환경에 맞게 실시되어야 한다. 특히 기계작동, 자재운반, 화학약품사용, 장비이동, 위생 등의 작업을 담당하는 직원들을 위해서는 안전훈련이 반드시 필요하다. 안전훈련 방법으로는 오리엔테이션, 유인물, 영상자료, 책자 등이 사용되며, 이들은 직원들의 작업수행을 보다 안전하게 이끌기 위한 지침자료로 활용될 수 있다. 또한 안전훈련은 정기적으로 실시되어야 하는데, 부서별로 근무환경이 다른 점을 감안하여 훈련은 직원들의 업무에 지장을 받지 않는 시간대에 나누어 실시되어야 성과를 거둘 수 있다.

3절 ◎ 도난사고와 방지

1 도난사고

호텔에서 발생되는 도난사고는 두 가지 형태로 나눌 수 있다. 하나는 호텔 재산이 직원, 고객, 도둑에게 도난당하는 경우와 고객의 재산이 도둑에게 도난당하는 경우이다.

호텔은 고객이 체크인할 때 등록카드에 여권, 현금과 귀금속을 프런트 데스크 금고(safety box)에 보관하도록 안내하고 있다. 그리고 호텔은 서비스업이라는 도의적인 면에서 도난예방 및 투숙고객의 안전, 보안 등 일정 부분을 책임지고 있는 것이 현실이다.

1) 호텔재산 도난

호텔에서 분실되는 물건의 종류는 객실에서 사용하는 비품이 많으며, 오리털 이불(duvet), 시트(sheet), 타올, 베갯잇(pillowcase), 모포(blanket) 및 각종 객실비품(amenity) 등을 들 수 있다. 이러한 분실액수가 객실판매 이익을 초과하게 되는 경우가 있으므로 하우스키핑의 직원들은 도난방지에 최선을 다하지 않으면 안 된다. 호텔 하우스키핑에서는 고객이 호텔물품을 갖고 check out하는 것을 알았을 때, 프런트에 통보하여 front cashier 또는 room clerk으로 하여금 조사하도록 한다.

이때 고객의 기분을 상하지 않도록 정중하게 물어 보며, 확증이 있을 때에는 고객에게 가방을 열어 보도록 요청한다. 만약 가방을 열어서 물품이 발견되지 않았다면 호텔의 신뢰나 고객에 대한 평판이 좋지 않고 호텔에 미치는 영향이 크므로 신중히 고려하지 않으면 안 된다. 하지만 확증이 있다 하더라도 가방까지 열어보라고 강요하는 것은 현실적으로 어렵다. 없어진 물건에 대해서는 손실 처리하는 경우가 대부분이다.

2) 고객재산 도난

호텔에서 드물긴 하지만 객실 또는 레스토랑에서 고객이 소지품을 잃어버리는 경우가 가끔 있다. 미국의 경우는 수많은 호텔에서 고객의 재산에 대한 도난사건이 자주 발생하여 경영자들은 크게 골치를 앓고 있다. 호텔은 다국적 방문객과 유동인구가 많다보니 누구든지 도둑질이 가능하고 쉬운 장소로 보고 있는 것은 고객이 객실문 잠그는 것을 잊었다거나 룸 메이드가 객실문을 닫지 않았던 경우, 프런트에서 고객을 확인하지 않고 열쇠를 준 경우와 같이 다양한 원인이 있다.

호텔의 경영자는 종업원들의 철저한 교육을 통하여 안전대책을 강구하여 사고를 미연에 방지하여 호텔의 신뢰와 안전을 자랑할 수 있다.

2 도난방지

1) 내부에서의 도난방지

❶ 호텔 종업원을 채용할 때 인적사항과 신원조회를 철저히 한다.

❷ 룸 메이드, 벨맨, 영선과 직원, 룸서비스 등 종업원이 객실을 출입할 때 시간, 용건, 객실번호, 종업원명을 기록한다.

❸ 열쇠관리를 철저히 한다. 룸 메이드가 사용하는 열쇠는 반드시 사용 후 사무실에 반환하여 master key는 사용명세서를 기록해 둔다. 열쇠의 사용에는 규정을 만들어 상사의 긴급명령을 받은 자 외에는 그 누구도 사용할 수 없도록 해야 한다.

❹ 모든 종업원은 객실 복도에 서성거리는 수상한 사람을 발견하였을 때에는 즉시 해당부서에 보고한다.

2) 투숙객에 의한 도난방지

❶ 예약 없이 투숙하는 고객 중 간혹 좀도둑이 있으므로 등록 시 여권과 주민등록증을 확인하여 등록하도록 한다.

❷ 등록 시 룸 클럭과 벨맨은 수하물의 수량과 의심되는 부분을 확인하며, 룸 메이드는 객실 내에 펼쳐져 있는 고객의 물건상황을 세밀히 관찰하여 이상한 점이 있을 경우에는 즉시 상사에게 보고한다.

❸ 고객이 투숙한 객실의 열쇠를 반환하지 않았을 경우에는 고객의 인상, 성명, 객실 번호, 참고사항을 파악하여 기록해 놓는다. 열쇠를 분실했을 때에는 즉시 객실열쇠를 교체한다.

❹ 열쇠는 재산보호의 1차적인 관건이므로 언제든지 행방을 확인하여야 한다. 프런트 캐셔는 투숙객의 정산 즉시 열쇠의 반환을 최종적으로 확인하도록 한다. 반납이 안 될 경우 룸 클럭은 즉시 새로운 열쇠를 만들어야 한다.

❺ 고객에 의한 도난사고는 외출할 때 객실문을 완전히 잠그지 않았을 경우 발생한다. 종업원은 수시로 순찰을 하고, 열려 있는 객실문을 닫아 주어야 하며, 자동열쇠장치를 부차로 가하면 더욱 효과적이다.

3) 외부로부터의 도난방지

❶ 투숙객을 대상으로 불법행위를 하기 위하여 객실번호만을 알고 고객의 이름도 모르면서 재실 여부를 알아내고자 호텔 교환실을 이용하는 경우가 있다. 교환은 찾는 고객에 대하여 정확히 알고 있지 않으면서 고객의 성명과 행방을 알려고 하는 문의는 절대로 알려주어서는 안 된다.

❷ 현관 직원은 로비를 배회하는 자가 이유 없이 객실층으로 올라가는 것을 막아야 한다.

❸ 룸 클럭은 고객 이외의 다른 고객에게 객실열쇠를 잘못 전해주어 사고가 발생하지 않도록 해야 한다.

❹ 호텔에서는 안전관리를 철저히 한다고 하지만 도난사고가 가끔 발생한다. 따라서 하우스키핑 직원에게 객실문을 철저히 단속하도록 하고, 객실키 없는 고객의 부탁은 프런트 데스크를 통하여 해결할 수 있도록 하여야 한다.

❺ 24시간 정해진 객실순찰 시간을 불규칙적으로 할 필요가 있다.

❻ 호텔의 비상계단은 일반 고객이 이용하는 곳이 아니다. 따라서 이러한 고객은 의심해 볼 필요가 있다.

호텔 산업 환경의 변화

최근 일부 호텔에서는 일본인 투숙객에게 '한류방송'을 보여주기로 했다. 일본에서 인기몰이를 했던 한류스타 배용준, 송승헌, 송혜교가 출연했던 드라마나 오락프로그램을 편집해 방송한다는 계획이다. 호텔 관계자는 "서울 물가가 비싼데다 엔화 가치가 너무 떨어져 일본 관광객이 줄었다"면서 "이들을 다시 불러올 아이디어로 한류방송을 생각해냈다"고 말했다. 게다가 서울에 있는 5성급 호텔을 비롯한 국내 호텔들은 심각한 고민에 빠졌다. 영세율 폐지와 레지던스(Residence)의 성황으로 경영상 어려움을 겪고 있는 가운데, 환율 충격(달러나 엔화에 대한 원화가치가 높아짐)이 가중되고 있기 때문이다.

호텔 마케팅 담당자 사이에서는 5성급 호텔 중 일부가 객실요금(단체요금)을 10만원대 중반으로 낮춰 잡았다는 소문이 돌았다. 업계 관계자는 평균 20만 원 이상을 받아야 하는데 10만 원대까지 낮아져야 된다는 것을 보면 호텔들이 매출을 올리기 위해 얼마나 경쟁을 벌이고 있는지 알 수 있다고 밝혔다.

지난 소식이긴 하지만 호텔업계 자료에 따르면 2004~2006년 5성급 호텔 대부분의 객실 매출은 일제히 감소했다. 호텔별로 대대적인 개보수를 하느라 정상적인 영업이 어려웠던 곳도 있지만, 대부분 영업 사정이 어려워 속을 태우고 있다고 밝혔다. 게다가 5성급 호텔 CEO들은 사정이 어려워진 가장 큰 이유로 레지던스와 같은 유사숙박시설을 지목했다. 한국관광 · 호텔업협회는 레지던스의 불법영업을 주장하며 행정당국에 규제를 호소했다. 레지던스는 호텔급 수준의 서비스에 객실 이용료가 저렴해 외국인들에게 인기를 모으고 있다. 그리고 일본 엔화에 대한 원화가치 상승 등 환율영향을 주요 이유로 꼽았다. 엔화에 대한 원화 가치를 비교하면 2년 전에 비해 20% 정도 높아졌다는 주장이다. 일본 관광객들은 한국 호텔의 숙박비가 비싸지면서 호텔보다 가격이 싼 숙박시설을 찾거나 아예 대만이나 중국으로 발을 돌리는 실정이다.

국내 호텔들이 그동안 너무 안이한 경영을 해왔다는 지적도 있다. 국내 호텔은 인건비 비중이 다른 나라 호텔에 비해 높다면서 높은 인건비 부담을 객실료에 전가하고 자구 노력을 게을리하다 보니 가격경쟁력이 떨어지고 있다고 말했다. 일부에서는 호텔들이 서비스 개선 등은 외면한 채 가격만 높게 받아 소비자로부터 외면당하고 있다고 지적하고 있다.

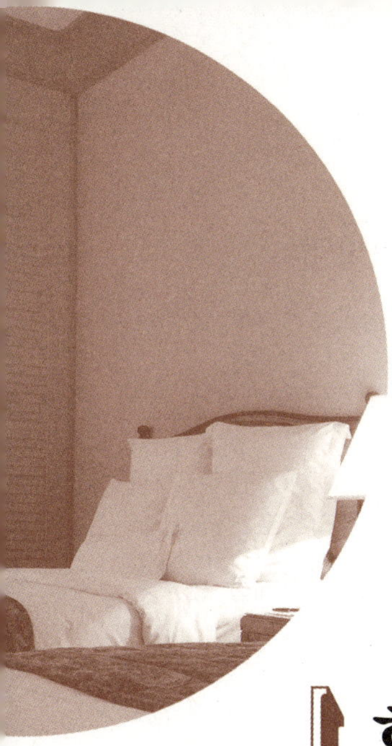

제6장

호텔 하우스키핑의 아웃소싱

1절 ◎ 호텔 아웃소싱

1 호텔 아웃소싱의 개요

아웃소싱(outsourcing)은 미국의 경영학자 프리할라드(Prahalad) 교수의 경쟁이론에서 유래한 용어로서 기업이 경쟁력을 높이기 위해서는 인력, 자본, 시설에 한계가 있기 때문에 업무를 외부 전문 기업체에 의뢰하는 것이라고 말하고 있다. 따라서 아웃소싱은 경쟁력 강화 차원에서 경쟁의 촉진, 분사화와 자회사화에 의한 내부사업의 외부화를 통하여 해외기업과 공장에서의 제품조달, 프랜차이즈 시스템의 활용, 개방적인 기업 간 네트워크의 구축 등에 의해서 업무의 유연성을 높이고 효율화나 합리화를 촉진하여 동종기업의 환경 변화에 대응해 간다는 발상에서 유래되었다.

수년 전부터 호텔기업에서도 아웃소싱(outsourcing)이라는 경영 방법이 도입되었다.

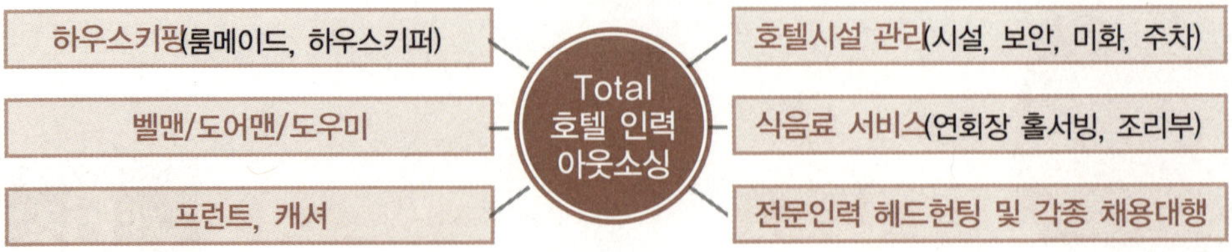

일반적으로 아웃소싱을 도입하는 이유는 저비용 · 고효율의 경영효과를 목적으로 자사가 추구하는 핵심 사업이나 업무를 제외한 특정업무를 외부의 전문가나 전문 업체를 통해 지원받는 외부자원의 활용방법이다. 최근에는 호텔경영에서 가장 큰 비용인 인건비에 대한 부담이 점점 증가하고 있고, 노사문제로 인한 운영의 어려움으로 인해 점차 전문분야에 대한 아웃소싱 부분이 증가하고 있는 추세이다. 또한 1997년 IMF 이후 호텔내부에 있던 세탁실, 보안실과 같은 부서들의 일부가 분사방식으로 나와 운영하고 있는 경우도 있어 전문 업체들이 생기면서 아웃소싱업체가 다양화되고 있다.

국내의 아웃소싱 업체들은 더욱 발전하여 다양한 업종에 고급두뇌와 특정분야의 전문경력자 및 단순 업무의 숙련공 등을 보유하고 필요한 기업체의 요청에 의해 용역을 제공하고 있다. 호텔의 경우 아직까지는 업무의 중요도에서 떨어진다고 생각되는 부서가 아웃소싱의 형태로 도입되었지만, 일반적으로 아웃소싱은 전문경영인 · 통역 · 번역 · 디자인 · 컨설팅 · 프로젝트 · 인력교육 · 시설관리 등 전문 인력의 파견과 같이 매우 다양해지고 있다.

특히 호텔과 관련해서 급속도로 시장의 규모가 증가하고 있어 전문 인력뿐만 아니라, 일반 계약직 근무자까지 파견을 하고 있다. 특히 호텔에서는 경비실, 주차관리실, 공공장소, 시설관리부문, 기물관리, 하우스키핑 등에 아웃소싱이 매우 급속도로 커지고 있다.

최근 우리나라 호텔들은 단순반복 업무를 수행하는 객실관리 · 기물관리 · 차량관리 · 안전관리 · 시설관리 부서 등을 대상으로 외부자원을 늘려 나가고 있다.

이러한 호텔기업의 아웃소싱은 70년 전에 미국 시카고에 본부를 둔 서비스 마스터사에 의해 최초 개발되어 우리나라에서는 현재 록산 TSM으로 바뀌었지만, 1977년 록산개발이 설립되어 객실정비, 공공장소 청소, 안전관리, 기물관리 등에 전문인력 파견업무를 시작하였다. 현재 인터넷을 활용하여 인력을 모집하여 다양한 부서로의 인력파견 전문업체들이 성황하고 있는 실정이며, 최근 아웃소싱 전문기업인 AMPM의 경우는 보유직원이 1,000명이 넘을 정도로 아웃소싱 시장이 커졌다고 할 수 있다. 특히 호텔경영 관련학과가 증설되면서 인력공급이 풍부해지자 이들을 대상으로 호텔을 전문으로 하는 인력파견 업체가 생겨나 양질의 전문인력과 함께 아웃소싱이 활성화되고 있는 것이 현실이다.

표 4-7 서울시내 호텔의 아웃소싱 사례

호텔명	담당 업무	호텔명	담당 업무
밀레니엄 서울힐튼	객실관리, 기물관리, 세탁실, 공공장소, 안전관리, 셔틀버스	쉐라톤 워커힐	조경관리, 셔틀버스, 외곽정비관리, 객실관리
그랜드 하얏트	안전관리, 기물관리, 객실관리	웨스틴 조선	주차관리, 경비관리, 객실관리, 기물관리
르네상스 서울	객실관리	소피텔앰버서더	시설관리, 객실관리
리츠 칼튼	기물관리, 주차관리, 시설관리	코리아나	주차관리, 안전관리, 객실정비, 식당
노보텔	주차관리, 시설관리, 객실정비, 안전관리, 직원식당	더 프라자	객실정비, 기물관리, 주차관리, 세탁업무, 외식사업 부문
임페리얼 팰리스	안전관리, 주차관리, 객실관리	서울팔레스호텔	객실관리, 공공장소 정비 주차정산소
세종호텔	객실관리, 연회장	프레지던트호텔	공공장소 정비
인터컨티넨탈	외관정비관리, 주차관리	올림피아	객실정비, 시설보수
호텔신라	객실관리, 주차관리, 기물관리, 전산관리, 직원식당	로얄호텔	객실관리, 기물관리, 조리

우리나라 호텔의 아웃소싱 발전단계를 보면, 같은 특급이라 하더라도 5성급 호텔의 경우보다는 특2급 호텔에서 아웃소싱을 먼저 도입하였다. 5성급 호텔의 경우 고객 서비스를 가장 중요시하는데 아웃소싱으로 인하여 고객에 대한 서비스 품질이 떨어질지 모른다는 걱정 때문이었다. 그래서 초기에는 아웃소싱 업체에 대한 신뢰도가 높지 않아 아웃소싱의 도입이 늦어졌다. 그러나 현재는 많은 호텔전문 아웃소싱 업체가 생겨났고, 각 아웃소싱 업체들도 전문분야를 갖고 호텔기업과 협력하기 때문에 점차 확산되어 일반화되었다고 할 수 있다.

2 하우스키핑의 아웃소싱

1) 아웃소싱의 관리

호텔에서 직접 담당하던 업무를 아웃소싱으로 전환하게 되면 비용 절감의 효과를 얻을 수 있다. 하지만 아웃소싱 업체에 대한 운영관리 능력에 따라 업무의 결과는 차이가 날 수 있다. 따라서 아웃소싱 업체를 선정하고, 예상효과를 달성하기 위해서는 다음과 같은 내용을 확실히 해야 한다.

❶ 직무분석 후 향후 경영방안과 업무대행단가표를 제시받아 가장 낮은 가격에 입찰한 아웃소싱 업체와 업무협약에 관한 계약을 체결한다.

❷ 업무능력과 신뢰성이 있는 아웃소싱 업체를 선정하고, 그 업체의 직무분석자료 제공과 견적을 의뢰한다.

❸ 적절한 금액의 급여가 지불되는지 보고서를 요청한다.

❹ 하우스키핑의 부서장이 평가한 근태평가표를 바탕으로 아웃소싱 직원에 대한 인사조치와 적당한 교육을 아웃소싱 업체에 요청한다.

❺ 하우스키핑 부서장은 근태평가표를 바탕으로 업무에 대한 지휘 · 감독을 행사한다.

❻ 호텔에 근무하는 아웃소싱 직원은 호텔의 제반 규칙에 관한 교육을 실시하고 업무에 투입한다.

❼ 업무 진행상의 주의사항과 점검사항 등을 명시한다.

2) 전문경영인의 요청

호텔은 하우스키핑의 서비스에 따라 상품의 질이 결정되고, 상품의 질은 호텔의 이미지를 만들어내기도 하기 때문에 전문적인 지식과 기술이 없이 업무에 임한다는 것은 바로 상품의 질과 연관된다. 따라서 아웃소싱 업체에 업무를 이양시킬 경우는 반드시 전문경영인을 요청하여 이를 관리할 수 있어야 한다. 따라서 다음과 같은 내용을 아웃소싱 업체에 요청한다.

❶ 전문적인 교육을 이수한 관리자의 근무

❷ 호텔에 최고의 서비스를 제공하기 위하여 위생에 대한 관리와 효율적인 방법들을 사용할 것을 요청

❸ 아웃소싱 업체의 전산 프로그램 활용 유도

❹ 업무결과에 대한 보고서 제출

3) 아웃소싱 근로자의 교육

아웃소싱 업체에서 전문적인 직원을 파견할지라도 호텔의 특성과 기업이념을 살리기 위해서는 아웃소싱 직원의 개념이 아닌 자사의 직원이라는 마인드를 심어 줄 필요가 있다. 그리고 특성에 맞는 전문훈련을 실시하여 파견근로자로 하여금 열심히 업무에 임할 수 있도록 여건을 만들어 준다. 이를 위해서 호텔 교육센터에서 아웃소싱 업체에서 파견 근무자들에게 교육훈련을 실시할 것을 요청한다. 이를 위해 다음의 사항을 점검한다.

❶ 관리자 교육 프로그램을 실시

❷ 각 근무자들이 각종 상황에 따라 장비나 도구 등을 정확히 설명하고, 안전하게 사용할 수 있도록 교육 실시

4) 아웃소싱 근무자의 사기앙양 프로그램

호텔 전체 부서를 보면 아웃소싱 직원이 차지하는 비율이 높다. 이러한 직원의 힘은 호텔경영에서 크지 않을 수 없다. 따라서 아웃소싱 직원의 사기는 서비스 상품의 질에 영향을 미칠 뿐만 아니라 매출에도 상관관계가 추론되므로 아웃소싱 근로자의 사기앙양을 위한 개발이 필요하다.

❶ 아웃소싱 근무자의 사기앙양을 위한 프로그램 개발을 유도한다.

❶ 생산성 향상 및 이직률 줄이기를 위한 프로그램 개발을 유도한다.

❸ 아웃소싱 근무자와 감독자와의 문제점 발생 시 대화를 통해 문제점 해결을 유도한다.

④ 호텔 직원과 아웃소싱 근로자와의 인간적 유대강화로 공동운명체를 강화한다.

⑤ 호텔과 아웃소싱 업체와의 원활한 의사소통을 통해 노사문제를 해결하도록 지원한다.

3 아웃소싱 계약체결

아웃소싱 계약체결은 엄격한 계약이다. 양자가 계약을 하는 목적은 서로의 득을 얻기 위한 것이다. 그러므로 목적달성을 위해서는 정확한 업무이행과 협력관계를 위한 명확한 계약이 이루어져야 한다. 아웃소싱 업체와 호텔 간의 관계는 겉으로 보면 종속적인 관계같이 보일 수 있지만, 내부적으로는 그렇지 않으며 서로 협력관계임을 명확히 하여 서로의 발전에 도움이 될 수 있는 관계이다. 그러므로 아웃소싱 업체의 전문성을 호텔기업에서는 충분히 활용하여 고객 서비스의 증진에 노력해야 할 것이다. 이을 위해 서로 간의 계약을 체결할 때에는 반드시 다음의 사항에 유의하여 계약을 체결한다.

계약서를 작성하기 앞서 다음의 내용을 중심으로 문구를 만들고, 계약의 성립을 증명하기 위해 계약서를 2통 작성하여 호텔과 용역업체의 대표자는 각각 서명 · 날인하고 각기 1통씩 보관한다.

1) 일반적 규정

일반적 규정에서는 계약하고자 하는 목적과 업무수행의 대상물을 명확히 기재한다. 그리고 지원하는 인원에 대한 내용을 명시하며, 필요에 따라 증감할 수 있음을 명시하는 것이 서로에게 보탬이 된다. 그리고 영역과 인원에 따른 용역 도급료를 명시한다. 이때 도급료에는 직접노무비인 급료, 퇴직금, 상여금과 간접노무비인 국민연금, 산재보험료, 복리후생비, 교육훈련비 등 기타 아웃소싱 직원에게 지출되는 비용 및 이외에 일반관리비, 세제공과금, 위험부담금, 기업이윤 등을 포함한다. 이외에 계약기간과 계약의 해지 및 용역 도급료의 청구 · 지급에 대한 내용을 명시한다.

2) 아웃소싱 직원의 후생복지

생활이 향상되고 복지국가라는 국가의 지향 아래, 대부분의 기업이 후생복지에 많은 신경을 쓰고 있다. 안전한 직장과 안정된 생활의 유지가 생산성 향상에 도움이 되므로, 아웃소싱 직원들이 호텔에 근무하면서 호텔 직원으로서의 업무를 수행할 수 있도록 호텔에서는 아웃소싱 직원의 후생복지를 이행한다는 내용을 명시해 준다. 이를 위해 세부사항으로 급여, 후생복지, 시설지원에 대한 내용을 명시하여야 한다.

3) 업무이행 실시

아웃소싱 업체에서는 계약된 업무를 처리할 수 있는 전문가를 채용한다는 내용을 명시하고, 수행하여야 할 근무에 대한 내용을 명시한다. 아웃소싱 업체는 업무를 수행하기 위하여 필요한 권한을 호텔로부터 위임받아 업무의 이행과 지휘의 권한을 가진다는 내용을 명시한다. 이를 통해 아웃소싱 업체에서는 책임감 있는 업무를 수행할 수 있다.

이외에 파견근무자의 통제와 고용책임 및 상호 협력내용을 명시한다. 그리고 어떠한 경우에 계약된 업무가 정지될 수 있는지 명확히 명시한다.

4) 의무사항 명시

아웃소싱 업체는 업무를 수행함에 있어서 호텔로부터 규정과 규칙을 준수한다는 사항과 호텔 측과 아웃소싱 업체와의 권리와 의무를 별도로 명시한다. 그리고 계약기업에 대한 담당업무의 기밀보존을 명시한다. 이외에도 계약 이후 아웃소싱 업체의 준수사항과 금지사항 및 면책내용을 명시하고, 양도금지 등의 내용을 명시하여 계약 간 의무사항을 확실히 규정하여 놓는다.

5) 보칙 명시

이상과 같은 규정과 의무사항이 정해지면 마지막으로 규정을 보충하기 위하여 만든 규칙인 계약의 발효와 분쟁의 해결 및 조합의 관할에 대한 내용 등의 보칙을 명시한다.

2절 ◎ 아웃소싱의 기대효과

아웃소싱은 기업을 경영함에 있어 나타나는 한계점을 해결하기 위하여 새롭게 도입된 경영방식이다. 즉, 경쟁력 강화 차원에서 경쟁이론을 발전시킨 기업의 경영전략이라고 말할 수 있다. 아웃소싱의 도입은 업무의 유연성과 효율성을 높이기 위한 기대효과 때문에 호텔기업에서도 도입되었다고 할 수 있다. 아웃소싱은 기업의 기능 중 부분 또는 전부를 위탁 관리하는 활동으로 단지 일시적 어려움을 회피하기 위한 임시적 수단이 아니라 근본적인 경영 이슈를 내포하고 있다.

아웃소싱이 비용절감의 필요성 때문에 기인된 현상이라고 생각할 수 있지만, 보다 효과적인 업무 수행을 위한 보편적인 수단이기도 하다. 부가가치가 낮은 단순 업무를 외부화함으로써 기업을 유연하게 개편하기 위한 경영의 핵심 분야라 할 수 있다. 호텔에서는 일부 부서를 아웃소싱하게 됨으로 인한 효과는 긍정적인 기대효과와 부정적인 효과 등 여러 가지가 있을 수 있는데 다음과 같다.

1 긍정적 효과

1) 역량강화

조직을 관리하는 효과로 핵심기능의 역량강화에 주력할 수 있고, 경직된 조직구조를 유연성 있는 구조로 바꾸기 위한 구조조정이 용이하다. 따라서 정규직으로 하여금 더 높은 성과를 내도록 하는 자극제 역할에 좋은 기회가 될 수 있다.

2) 도전의욕 고취

아웃소싱의 도입은 산업전반에 실업의 공백을 완화할 수 있다. 또한 재충전의 기회로 활용할 수 있으며, 기존의 직원들에게 새로운 기능과 지식, 업무에 대한 견문이 확대되는 기회가 되어 직원들의 도전의욕을 고취시킬 수 있다.

3) 경영효과 기대

외부전문 업체의 기술 활용, 새로운 사업의 기회를 마련할 수 있고, 인력투자에 대한 위험성을 전가할 수도 있다. 또한 공급자의 네트워크를 통하여 저비용과 고효율의 경영 가능으로 인한 경영효과를 기대할 수 있다.

4) 손해배상의 보장효과

아웃소싱 직원이 담당업무를 수행하다가 과실 또는 고의로 인한 손해를 입혔을 시에는 아웃소싱 회사 또는 보험으로 보상이 가능하기 때문에 손해배상의 보장효과가 있다. 또한 본사가 가입한 보험에 대한 직접적인 책임이 면제된다.

5) 비용감소 효과

아웃소싱 도입으로 자사의 인력이 감소됨으로써 인사관리에 대한 비용이 감소되고, 고정비용이 변동비로 전환되어 비용감소로 보다 효율적인 자산관리를 할 수 있다. 또한 고정비용이 감소되어 현금흐름이 보다 원활해질 수 있다.

6) 노사분규 축소

기업의 조직구조의 변화가 생기면 인원감축을 추구하는 계기가 됨으로써 기존 직원들의 안정적 위치가 불안하여 직접적인 노사분규의 갈등을 줄일 수 있다.

2 부정적인 효과

아웃소싱 도입은 이상과 같은 긍정적인 효과도 있지만, 반대로 부정적인 효과도 있을 수 있다.

1) 조직의 와해

아웃소싱 도입을 오로지 비용절감을 위해서라면 오히려 정규직과 아웃소싱 직원 간에 상호 불신으로 인하여 조직의 와해가 생길 수 있다.

2) 호텔 이미지 실추

아웃소싱 직원이 자신의 업무를 적극적이고, 진취적으로 하지 않으면 점차적으로 서비스 질이 저하되어 기존에 갖고 있던 호텔의 이미지와 평판에 악영향을 미칠 수도 있다.

3) 이직률 증가

아웃소싱 직원들의 신분보장이 미흡할 경우 오히려 업무에 대한 집중도와 소속감이 낮아 근로자로서의 책임감이 줄어들 수 있고, 잦은 이직률로 인하여 업무의 연계와 일관성 있는 서비스 질이 하락할 수 있다.

호텔에서 아웃소싱을 도입하는 목적이 단순히 비용절감과 노사문제를 해결하기 위한 하나의 수단으로 이용되는 것보다 전문적이고 효율적인 관리를 통해 호텔기업의 지속적인 수익을 증진시킬 수 있는 수단으로서의 아웃소싱에 대한 접근이 필요하다. 이를 위해 단순 업무를 담당하는 부서보다는 재정부, 프런트 데스크, 마케팅 등 특정분야에 전문성을 갖는 아웃소싱 업체의 노력도 필요하다.

서비스의 질

지난해 서울 강남 5성급 호텔에서 있던 일이다. 외국 바이어를 만나기 위해 카페테리아에서 커피를 마시게 되었는데, 컵에 희미한 립스틱 자국이 남아 있는 것을 발견했다. 고객은 직원을 불러 불평을 했고, 호텔 직원은 죄송하다며 다른 컵으로 바꿔 주었지만 기분은 좋지 않았다. 우리나라 최고의 호텔에서 있을 수 없는 일이라고 생각하면서 가격대비 서비스 질이 많이 너무 낮은 것 아닌가 하는 생각이 들었다.

국내 호텔이 처해있는 현실을 잠깐 돌이켜 보면 서비스 질에 영향을 미치는 여러 요인이 있을 수 있지만, 다음과 같이 지적할 수 있다.

먼저 엔저현상과 유사 숙박시설 영향으로 매출 감소를 겪으면서 직원의 감원으로 서비스에 최선을 다하지 못하고 있다는 것이다. 그리고 정부지원을 호소하기 전에 호텔기업 스스로가 질적, 서비스적 체질을 개선해야 한다는 지적이 높다. 업계 관계자는 5성급에 걸맞은 서비스를 하지 못하는 호텔이 가격을 올려 받고, 서비스 질은 저하되어 결국 손님이 점차 줄어든다고 하였다. 그러므로 매출이 안 좋고 서비스 질은 떨어지는 악순환이 이어지고 있다고 밝혔다. 호텔들은 객실 매출 감소를 패키지 판매로 일부 회복해보려고 하지만 근본 처방은 아니라는 지적이다.

외국의 예이기는 하지만 싱가포르 호텔 시장은 2000년 9 · 11테러와 불경기 여파로 하향세를 보여 왔으나, 집중적인 직원 교육과 투자, 서비스 질 개선을 통하여 어려움을 이겨나갔다. 싱가포르 팔레스 호텔의 경우, 직원 교육을 위해 국제 트레이닝 센터를 세웠다. 서비스뿐 아니라, 영어, 일어, 독어, 중국어 등 외국어와 컴퓨터 과목 등을 전문적으로 가르치기 위해서였다. 세계적 호텔인 포시즌은 직원을 위한 12단계 교육이 있으며, 손님 요구를 99%가 아닌 100% 만족시키라고 교육시키고 있다.

각국이 관광산업에 적극 나서는 이유는 고용창출 효과가 높기 때문이다. 문화관광부에 따르면 관광산업은 고용창출 효과가 높아 1억 원의 관광수요가 생기면 5~6개 일자리가 생긴다고 하였다. 이는 주요 수출산업인 반도체의 7배이며, 승용차의 3배에 해당하는 것이라고 말했다.

호텔 객실 관리

Hotel Front Office Management

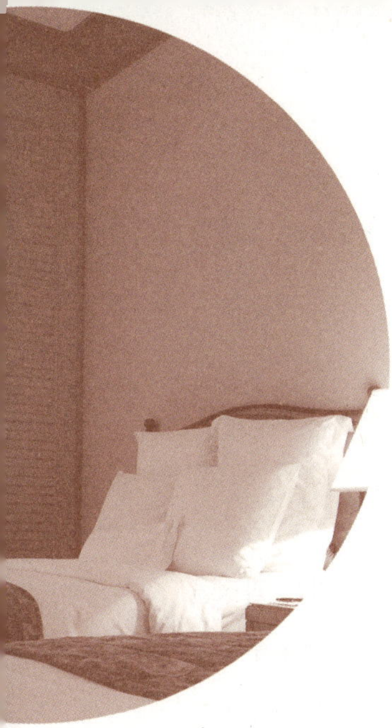

제7장

호텔 시설물 관리

1절 호텔 시설관리

호텔의 자산인 건축물, 시설, 조경 등을 관리하는 것은 호텔의 경제적 가치를 보존하고, 고객을 위하여 쾌적한 환경조성을 함으로써 호텔 기업을 브랜드 가치를 제고하고 지속적으로 보존하기 위한 것이다. 일반적으로 호텔의 개수(repair)와 보수(renovation)는 호텔업의 초기투자 비용이 많은 관계로 시설관리에 투자하는 것이 매우 어려운 실정이다. 하지만 시각적으로 보이는 호텔 자산을 계속적인 관리를 하지 않으면 아무리 좋은 서비스를 제공한다 하여도 호텔 재방문고객은 떨어질 것이다.

호텔 고객의 욕구가 변화함에 따라 호텔 간의 경쟁이 치열해지고 가속화되면서 시설의 고급화 추세를 따라가기 위해서는 객실이나 부대시설의 시설관리는 매우 중요하다. 또한 호텔의 인적서비스가 거의 대등해져 결국 고객들은 호텔에 대한 평가를 시설과 가격기준으로 하게 되고, 타 경쟁호텔과의 경쟁우위를 점하기 위해서는 지속적인 호텔의 재투자와 개수와 보수를 통한 시설관리가 필요하다.

1 호텔 시설관리의 중요성과 업무

1) 호텔 시설관리의 중요성

호텔의 모든 시설물들을 일관성 있게 관리해 나가기 위해서는 점검해 나가는 과정을 시간대별로 정하여 같은 방법으로 점검을 한다. 예를 들어 객실을 점검하기 위하여 하루에 일정한 객실 수를 정하고 점검하여 1달이라는 시간이 소요된다면 다음 점검은 더 짧은 시간이 소요될 것이다. 그러므로 정기적인 시설물 관리는 얼마만큼 계획적으로 관리하느냐에 따라 호텔 자산의 가치는 상승할 것이다. 따라서 시설점검의 리스트를 작성하고, 업무순서에 입각해서 호텔시설물을 관리하는 것은 호텔경영에서 매우 중요한 일이다.

또한 객실 이외에 공공장소인 로비, 홀, 계단, 레스토랑, 회의실과 같은 공공장소도 계속적인 관찰이 요구된다. 아무리 멋있는 카펫, 테이블, 의자, 문 등 모든 것을 둘러싸고 있는 벽이나 냉 · 난방 시설 등에 대한 규칙적인 관찰이 없어 작동도 안 되고, 시설물이 노후화되어 있다면 이 같은 시설물들은 그 호텔의 가치를 떨어트릴 것이다. 더 나아가 중요한 사실은 안전사고로 이어질 수 있기 때문에 시설물 관리는 중요하다고 하겠다.

2) 호텔 시설관리의 업무

호텔 시설물 관리의 업무는 하우스키핑(housekeeping)에서 전체적인 면을 관리하지만, 실질적인 업무는 시설부(engineering department)에 의뢰하여 업무를 수행한다. 하우스키핑에서는 객실관리를 원활히 하기 위하여 시설팀이 하우스키핑에 파견근무를 하고 있다. 그래서 호텔의 시설관리 업무 구분을 세분화하면 다양하지만 다음과 같이 나누어 설명할 수 있다.

① 시설관리는 기계, 전기, 건축, 통신, 음향, 방송, 조명, 영선, 용역관리 등으로 나눌 수 있다.

② 공사관리는 개수, 보수 그리고 건물 증축 및 설계시공 등으로 나누어진다.

③ 호텔 자산관리를 위해서는 시설을 장기보존하고 유지하기 위한 정기점검, 설비보존, 건물노후화 방지, 건축자재 보수, 안전점검 등으로 나누어진다.

④ 기타 시설관리로는 조경 및 환경관리, 방제관리, 안전관리, 설비관리 등이 있다.

2 호텔 시설의 유지 · 보수

호텔 하우스키핑에서 호텔시설의 관리 · 유지 · 보수는 자산관리 측면에서 매우 주요한 업무 중 하나이다. 따라서 하우스키핑은 호텔 내 부서 중 가장 많은 부서(section)로 이루어져 있고 직원 또한 많은 인원으로 구성되어 있다. 호텔시설의 유지 · 보수는 계속해서 이루어지는 일련의 과정이다. 이와 같은 관리는 시간적으로 많은 시간이 소요되며, 하우스키핑의 관리 목적과 연계성을 가지고 호텔시설의 유지와 관리가 경영학적 이익 측면에서 다루어야 한다.

호텔 시설의 유지 · 보수는 정확하고 다양한 체크 리스트(check list)가 있어야 가능하며, 가능한 빠른 시간 안에 개선할 수 있는 것부터 시작해야 한다. 호텔 시설물 유지와 보수를 하기 위해서는 객실시설 유지, 비품시설 유지, 정기적인 검사에 따른 일상적인 개수와 보수, 비상시를 대비한 시설 유지가 있다.

표 4-8 **유지 · 보수 Check List**

MAINTENANCE CHECKLIST

☐ CHECKED ▨ NEEDS REPAIR ▦ REPAIR COMPLETED

ROOM NO. ______________

AIR CONDITIONERS
☐ 1. Switches/controls/valves check operation
☐ 2. Thermostat dial positioned, works correctly
☐ 3. Thermostat probe secure, calibrated, working
☐ 4. Filter-clean
☐ 5. Fan & fan motor-clean, lubricated, Secure
☐ 6. Evaporator and condenser-clean
☐ 7. Condensation pan & drain-clean

- ☐ 8. Exterior gril-clean, maintained to complement building exterior
- ☐ 9. compressor-clean
- ☐ 10. Check for leaks in refrigeration system
- ☐ 11. Check electric plug, receptacles, cord
- ☐ 12. Heating unit, clean & operating correctly

ELECTRICAL
- ☐ 13. Lamp switches on/off-3 way working correctly
- ☐ 14. Lamp sockets & swivels, tight, in good repair
- ☐ 15. Lamp shades, clean no holes, secure
- ☐ 16. Light bulb-replace burned, check wattage
- ☐ 17. Plugs, cords & connections, repair as needed
- ☐ 18. Lamp base/body in good repair
- ☐ 19. Light switches on/off-working and in good repair
- ☐ 20. Switch & outlet wallplates good repair and match in color
- ☐ 21. Wall sockets/receptacles operate, no shorts
- ☐ 22. Timer switches work correctly, knob secure
- ☐ 23. Heat lamps, correct wattage, clean, good repair
- ☐ 24. All light fixtures are clean, dust free, complementary to room decor

TELEVISION
- ☐ 25. Audio-clear(radio and television
- ☐ 26. Visual-in focus(check each station)
- ☐ 27. knobs-replace, if necessary
- ☐ 28. Fine tune-color contrast, horizontal, vertical
- ☐ 29. Antenna-cable connections secure
- ☐ 30. Chassis/screen-clean, dust free, no apparent damage security mounts Secure

TELEPHONE
- ☐ 31. Overall appearance & condition-clean, good repair
- ☐ 32. Dialing instructions-replace if faded
- ☐ 33. Defects(good connections, audio good, bell works, etc.) report to telephone company

FURNITURE
- ☐ 34. Drawer handles, knobs tight, good repair and drawer guides libricated
- ☐ 35. Mattresses and box springs, good repair, turned clean, etc.
- ☐ 36. All furniture surfaces-stains, scratches, damages, repair
- ☐ 37. Chairs(cushions, legs, brace springs) repair/replace as needed
- ☐ 38. Tables/desks-tops and bases tigth, atable and in good repair
- ☐ 39. Headboards-secure, clean top and front
- ☐ 40. Nightstans-atable, stain and scratch-free
- ☐ 41. Bed box/bed rails and casters clean and in good repair
- ☐ 42. Pictures secure, clean, good condition, color coordinated wih room

WINDOW AND MIRRORS
- ☐ 43. Window guides and latches clean, work easily
- ☐ 44. Window trim clean, caulk in good repair
- ☐ 45. Drapery hardware(rod, pulls, cord, mounting, pin, hooks) all in good repair
- ☐ 46. Mirror(s) condition, hangers secure, no scratches or mars

SLIDING DOORS/WINDOWS

☐ 47. Tracks clean and in good repair
☐ 48. Guides, wheels are clean to slide freely
☐ 49. Doorstop and bumpers present so doors close quietly and securely
☐ 50. Latches-primary and secondary security-are effective

DOORS, ENTRANCES

☐ 51. Handles-check and secure
☐ 52. Lock cylinder, key hole, condition & operation
☐ 53. Hinges, hinge pins lubricated, secure
☐ 54. Door chain/dead bolt, securely attached, and working correctly
☐ 55. Lock striker and check plates secure to prevant unauthorized entry
☐ 56. Door frame, bumpers, replace as necessary
☐ 57. Weatherstripping in good repair, replace as needed
☐ 58. Threshold is secure, replace rubber inserts if needed
☐ 59. Door fit(security, energy and noise control) smooth and tight
☐ 60. Peepholes correctly installed, clean
☐ 61. Door condition-check for holes, need of cleaning, repair
☐ 62. Door stops in place to prevent damage to handle or wail

BATHROOM/VANITIES

☐ 63. Bathtub satety strips, clean and in good condition
☐ 64. Tub and lavatory drain, plugs, popups, strainer clean and working
☐ 65. Shower head secure, clean, has correct spray pattern
☐ 66. Bath tile and walls-check for loose tiles, grout holes, need for caulking
☐ 67. Toilet flush and drain-no excess noise, leaks
☐ 68. Toilet tank, tank top clean, no cracks, secure to base
☐ 69. Seat, hinges, bumpers all in good repair-replace if in doubt
☐ 70. Toilet seal-check evidence of leaks
☐ 71. Hot, cold faucets-check for leaks
☐ 72. Shower/mixing valve doesn't leak
☐ 73. Chrome fixture appearance is bright-clean/replace if needed
☐ 74. Shower rod, curtain, clean, chrome or plastic sleeve
☐ 75. Basin "P" trap is clean, no leaks
☐ 76. Tub and basin appearance is free of scratches
☐ 77. Toilet paper holder, properly mounted, clean
☐ 78. Facial tissue holder secure and clean
☐ 79. Soap dish & grab bars are secure, good repair
☐ 80. Towel racks-fastened securely, good repair
☐ 81. Vanity top/cabinet not marred, clean, attractive

이상과 같이 객실상품을 만드는데 문제가 있는 경우 호텔 내에서는 호텔 자산의 손실과 손상(lost & damage)으로 처리하고 있다. 따라서 고객에 의해 호텔 자산이 분실되었거나 파손된 것은 정도를 막론하고 신속히 호텔 하우스키핑 사무실에 보고하여 수리하거나 보상받도록 하고 있다.

호텔에서는 항상 호텔시설물의 손실로 인해 판매할 수 없는 경우에는 OS or OO(out of service or out of order) 현황에 대한 기록을 보유한다. 판매 불가능한 객실에 대한 사항에 관해서는 out of order를 각 층에 통보하고, 그에 대한 사항을 보고 처리한다.

❶ 룸 메이드 또는 점검자(room inspector)는 호텔의 재산인 오리털 이불, 타올, 베개 등이 분실되거나 TV, 가구, 침대 등의 파손이 발생하면 신속히 사무실로 보고하여 order taker에게 Damage 정도와 상황을 접수한다.

❷ 객실번호, 고객성함, 연락처, 파손부위, 금액 등을 리포트(report)하고, 카메라로 찍어 참고자료로 붙인다.

❸ 객실담당 지배인은 상태를 확인하고 Damage Charge 여부를 결정한다.

❹ 카메라로 사진을 찍어서 증거를 남긴다.

❺ Executive Housekeeper가 부재중일 경우 당직지배인에게 보고하고 서명을 받아서 프런트 데스크로 전달한다.

❻ Executive Housekeeper의 사인을 받은 후 고객과 연락하여 금액을 받는다.

❼ 고객이 불만을 제기할 수 있으므로 고객입장에서 생각하고 Damage Charge 여부를 결정한다.

❽ Damage Charge를 받아야 할 경우 리포트를 작성한다.

❾ 변상금액은 재정부로 입금시킨다. 그리고 리포트와 folio를 프런트 데스크로부터 받아 따로 보관한다.

3 일상적인 객실관리

❶ 가구류 관리는 오점과 물기를 닦아낸 후 광택을 낸다.

❷ 대리석은 매일 먼지, 물기가 없도록 완전히 제거하여야 하며, 주기적 관리를 철저히 하여 지속적으로 광택을 유지한다. 또한 세제를 잘못 사용하면 대리석이 변색될 우려가 있으므로 주의하여야 한다.

❸ 벽지관리는 청소 타올에 뜨거운 물을 묻혀 조심스럽게 닦아내고, 먼지가 묻었을 때는 진공청소기로 흡수한다.

❹ 유리와 거울은 세제를 이용하여 깨끗하게 닦으며 얼룩이 없도록 한다.

❺ 금속류 관련 관리는 금속 부위에는 광택제를 사용하고, 세제 사용은 절대 안 되며, 청소 타올로 깨끗이 오점을 닦아내고 광택을 낸다.

❻ 세면대, 욕조, 변기는 더운 물로 닦아낸 후 청소 타올로 물기를 완전히 제거한다. 특히 머리카락이나 체모가 있는지 확인한다.

❼ 카펫은 진공청소기로 매일 크리너를 하되 정기적으로 카펫샴푸 작업에 의하여 항상 청결하게 유지시킨다.

2절 ◎ 호텔의 보수관리

1 리노베이션(renovation)

1) 리노베이션의 필요성

리노베이션(renovation)은 영어의 사전적 의미로 혁신, 수리라는 의미를 갖고 있는데, 호텔에서는 환경변화와 고객의 필요에 대응하기 위하여 끊임없이 호텔시설에 변화를 주고, 쾌적한 환경을 조성하여 호텔의 긍정적인 이미지를 창출하는 매우 주요한 업무이다. 현대의 호텔에서는 편안한 숙식제공은 물론, 고객이 호텔에 머무는 동안 최고의 환경을 제공하여야 한다.

호텔에서는 수익성을 높이기 위해서는 리노베이션이 기본적으로 수행되어야 함에 따라 정확한 시장조사와 투자비용이 고려되어야 한다. 호텔시설의 노후화는 고객에게 친근한 이미지보다는 오래되고 낡은 이미지를 전달하므로 빠르게 변화하는 고객의 욕구에 맞추기 위해서는 지속적인 리노베이션이 이루어져야 한다.

2) 리노베이션의 효과

리노베이션(renovation)을 하는 이유는 여러 가지가 있지만, 호텔 이미지 제고와 최고 호텔로 도약하는 발판을 마련할 수 있다. 또한 호텔 내의 식음료 시설과 헬스 클럽, 공공장소인 시설과 같은 기존의 부대시설 운영의 질 향상과 고객요구에 부합할 수 있도록 개선함에 따라 수익성 극대화를 도모할 수 있다. 그리고 경쟁호텔과의 대외경쟁력 확보를 할 수 있다.

3) 리노베이션의 주요공법

❶ 호텔영업 중 공사 호텔영업 중 공사는 소음, 먼지, 위험성 등 호텔이용객의 불평을 초래할 수 있다. 따라서 이러한 특성을 고려하여 무소음, 무진동, 칸막이 방음벽, 일부지역 폐쇄와 같은 공법을 시행하고 있다.

❷ Fast Tack 방식 공기를 최대한 단축하기 위해 설계와 시공을 동시에 진행하는 방법

2 호텔 설비관리

호텔에서의 설비관리라 함은 고객이 호텔에 머무는 동안 쾌적하고 안락한 공간을 제공하기 위해 작동되어야 하는 보일러, 냉 · 난방, 공기정화, 음향, 통신, 급수, 에너지관리 시스템, 방제 시스템, 위생시설, 냉동 · 냉장시설, 전기, 조명 등의 장비를 원활하게 관리하는 것을 의미한다.

따라서 시설관리는 호텔의 건물, 비품 등에 대한 관리라고 할 수 있고, 설비관리라 함은 호텔 시설물에 장착되어 있는 장비들을 관리하는 업무라고 할 수 있다. 호텔 건물에

장착된 설비를 잘 관리하기 위해서는 건축물의 설계단계에서부터 효율적인 에너지관리가 될 수 있도록 시스템을 구축하고, 전문가를 적절히 배치하여 호텔의 안전과 효율적인 비용관리에 신경을 써야 한다.

호텔 건물에 있어서의 설비는 일반건물과 마찬가지로 국내 건축법과 소방법 및 관련 법규에 근거하여 건축한다. 다만 호텔의 특성상 식품냉장, 냉동설비와 세탁을 위한 폐수설비 및 연회행사를 위한 음향설비, 조명설비 등이 추가로 도입된다.

일반적으로 건물 시스템을 설계하기 위해서는 여러 단계를 거쳐야 되는데 첫째, 건물 시스템의 부하계산, 둘째, 시스템의 개략설계와 장비선정, 셋째, 연간 에너지 사용량 추정, 넷째, 라이프 사이클 비용 추정, 다섯째, 장비배치 검토, 여섯째, 최종설계의 단계를 걸쳐 이루어진다. 이러한 절차 없이 호텔 건물을 설계하여 운영을 하게 되면, 호텔영업이 이루어진 후 이러한 시설물에 장착된 설비를 바꾸기가 어려워 추후 막대한 비용이 지출될 수 있다.

최근 대부분의 호텔들은 건물을 효율적으로 운영하기 위하여 자동화 시스템을 도입하고 있다. 자동화 시스템의 장점으로는 실내의 온도, 습도 등의 자동조절로 실내 분위기를 상쾌하게 만들어 주는 역할, 객실, 영업장의 에너지 활용을 점검하여 최적의 상태로 만들어 주면서도 비용을 절감해 주는 역할을 한다. 그리고 사고, 정전, 화재 등의 비상시에 적절한 대응을 할 수 있어 안전을 확보할 수 있도록 해 주는 역할을 한다. 이러한 내용으로 인해 인원이 관리해야 할 일을 자동 시스템이 대치하여 행하게 됨으로써 인력절감효과를 가져올 수 있다.

1) 설비관리 계획

효율적인 호텔시설, 설비의 운영을 위해서는 연중 설비관리에 대한 사전계획을 수립하여야 한다. 일반적으로 호텔에서는 시설, 설비관리에 대한 부분은 외부의 업체에 외주를 주어 용역에 의해 호텔시설, 설비의 관리가 이루어지고, 이에 대한 계획수립과 총괄적인 관리만 호텔시설 부서에서 담당하는 경우가 많다. 따라서 호텔의 전반적인 운영의 흐름과 그에 따른 세부적인 수행계획은 다음의 내용을 중심으로 하여 수립한다.

❶ 전기시설 안전점검 전기안전공사 법규상 2년 1회

❷ 사우나 욕조수질검사 법규상 2년 1회 실시

❸ 오 · 폐수 수질검사 호텔 내 세탁실 포함 1~5종으로 구분하여 달리 적용

❹ 냉동기 점검

❺ 가스설비 점검 가스안전공사

❻ 호텔 건물 외부 청소

❼ 엘리베이터 안전 점검 법규상 연 1회

❽ 주방, 세탁실 환기용 덕트(duct) 청소

❾ 정화조 탱크 청소

❿ 냉각탑 화학검사 법규상 연 2회 실시

⓫ 건축물 안전점검

⓬ 전화교환설비 유지, 관리 계약

⓭ 소방시설 정밀점검 법규상 연 2회

⓮ 방역작업연간 계약

⓯ 조경 유지, 관리 계약

이상과 같이 설비관리를 위해 연간 계획을 수립하여 실행하여야 할 것이 있는 반면, 보일러, 자동제어 시스템, 저수조, 기계실, 펌프실, 전기일반, 변전설비, 가스배출 설비에 대해서는 1일 점검계획을 수립하고, 점검표를 작성하여 만약의 비상상황에 항상 대비하여야 한다. 특히, 설비와 관련된 고장은 고객 서비스에 있어서 막대한 영향을 미치게 되고, 수리하는데도 투여되는 시간이 많기 때문에 신속하고 정확한 정보공유는 필수적인 요소라고 할 수 있다.

따라서 부문별 세부관리 계획과 점검은 꼼꼼하게 이루어져야 한다. 이러한 내용을 외부의 용역업체가 담당을 한다고 하더라도 호텔객실 관리 부서에서는 총괄적인 운영을 위해 항상 정보를 공유하고 협의를 하여 최상으로 관리될 수 있도록 행정적인 업무를 처리해 준다. 이외에도 호텔의 설비를 관리는 아웃소싱 업체와의 계약과 재계약 및 기간연장 등과 같은 업무도 병행하여야 한다.

2) 자동화 시스템

모든 실내온도, 습도, 조도 및 에너지관리 등 자동으로 하는 설비자동화 시스템의 경우는 검출부, 조절부, 조작부로 나뉘어 각각의 작업을 수행한다.

(1) 검출부

이는 일반적으로 센서라고 부르는 것으로 실내온도나 습도를 제어하기 위해 검출한다.

(2) 조절부

설정온도, 습도와 검출온도, 습도를 비교하여 제어편차를 적게 하도록 조작부에 신호를 보내어 적절하며 효율적인 온도와 습도를 유지할 수 있도록 제어한다(중앙처리장치).

(3) 조작부

조절부로부터 신호를 받아 조작량을 변환하여 제어대상에 작동시키는 장치를 말한다. 전자 개폐기와 전자 밸브 및 전동 모니터와 같이 제어대상에 구체적인 조작량을 주는 구동기를 의미한다.

3) 냉 · 난방 시스템

호텔의 실내는 항상 쾌적하고 상쾌한 상태가 유지되어야 하기 때문에 냉 · 난방 시스템은 매우 중요한 설비관리 중의 하나이다. 그리고 대부분의 5성급 호텔의 경우는 외국인들의 방문이 많아 각 나라 사람들의 기온에 대한 감각적 온도가 다르기 때문에 건축법상에서 규정하고 있는 적종온도를 맞추되, 각 고객의 특성에 맞추어 조절할 수 있는 기능을 첨부하여 구성한다.

냉 · 난방 시스템은 단순히 실내온도의 조절이란 부분뿐만이 아니라, 실내 공기와 환기 시스템과도 연계된다. 따라서 냉 · 난방과 환기설비를 합하여 일반적으로 공조설비라고 한다.

4) 화재경보 시스템

오늘날 대부분의 국가에서는 호텔의 화재에 대비하여 모든 호텔의 객실 안에 화재 시 연기를 감지할 수 있는 연기 감지기(smoking detector)를 설치할 것을 의무화하고 있다. 하지만 모든 호텔직원들은 화재 시에 그들이 수행해야 할 각자의 책임이 무엇인가를 정확히 인식하고 있어야 하고, 호텔은 이들 직원들에게 정기적인 교육 등을 통해 책임과 역할을 주지시켜야 한다.

이는 우리나라 국민들은 사계절의 변화에 익숙해져 있지만, 외국인의 경우 환절기와 일교차에 대한 적응력이 낮은 사람을 위해 반드시 지켜 나아가야 할 내용이다. 특히 실내의 경우에는 냉·난방에 대한 설비 외에 환기설비에 대한 중요도가 강조된다.

5) 승강기 관리

호텔의 경우는 대형구조물로 되어 있어 모든 호텔에 승강기가 설치되어 있다. 승강기 종류에는 elevator(엘리베이터), escalator(에스컬레이터), dumbwaiter(덤웨이터), parking equipment(주차시설) 등이 있다. 덤웨이터는 고객이나 종사원 엘리베이터가 아니라 물품을 나르기 위한 것으로 2~3개 층만 운행하도록 만들어진 것이다.

6) 통신설비 관리

정보의 수집에 지대한 역할을 하는 것이 바로 통신이다. 특히 통신설비는 모든 호텔 내의 정보흐름 역할을 한다. 통신설비는 호텔기업 운영을 함에 있어 중요한 설비이기도 하지만 최신화에 필요한 요소이기도 하다.

호텔에서는 가장 보편화되어 있는 통신설비 중의 하나가 전화설비이다. 전화설비의 대표적인 사용자는 교환실이라 할 수 있는데, 교환장치(PABX : Private Automatic Branch Exchager)는 고객서비스의 기본이 되기도 한다. 최근에는 객실에서도 컴퓨터를 사용하기 때문에 인터넷을 이용하게 되는 경우가 많아 근거리 통신망(LAN : Local Area Network)을 설치하여 운영하고 있다.

점점 최첨단 통신시설의 개발이 급변하면서 우리나라 5성급 호텔에서는 대고객서비스의 질 향상을 위하여 첨단시설을 설치하고 있다.

7) 전기설비

호텔은 연중무휴 하루 24시간 운영되는 곳이다. 또한 일반 가정과 같이 주거 공간, 식문화 공간, 사무 공간, 쇼핑 공간, 운동 공간 등 세계인이 머무는 모든 공간의 집합체이다. 호텔 내부는 장소와 기능에 따라 안락하면서도 편안한 조명을 설치하여 운영하는 곳이기도 한다. 또한 연회장의 경우는 연회 내용에 따라 많은 조명을 사용해야 하는 경우도 있다. 뿐만 아니라, 냉 · 난방 설비 가동과 냉장 설비 시스템의 운영에서도 전기설비의 역할은 중요하다.

8) 상 · 하수도 관리

호텔 내에서 물 관리는 매우 중요하다. 물 관리는 크게 둘로 나눌 수 있는데, 상수도 관리와 하수도 관리로 구분한다.

(1) 상수도 관리

상수도 관리는 식수로 이용하는 물과 일반 세척을 위한 물로 구분할 수 있다. 호텔의 상수도 관리에서 가장 중요한 것은 수질과 수압이다. 특히 수질은 식수용을 측정할 때 물의 질적 평가를 나타내는 것이지만, 양질의 수질을 얻기 위해서는 연 2회 물탱크를 의무적으로 청소해야 한다. 수질 또한 월 1회 검사를 하여야 한다.

(2) 하수도 관리

호텔에서 사용하는 대량의 물은 사용한 만큼 하수도로 방류한다. 따라서 하수도의 관리도 철저하게 이루어져야 한다. 일반적으로 하수의 종류는 오수, 배수, 우수 등으로 구분한다. 오수는 화장실 내의 변기와 싱크 등에서 배출되는 것을 말하며, 정화조 시설로 연결되어 있다. 배수는 세면기, 욕실, 주방 등에서 흘러나오는 물을 말한다. 또한 배수는 세탁실에서 배출되는 일반적으로 폐수라고 한다. 이 폐수는 주로 화공약품이 첨가된 물을 의미한다. 우수는 빗물을 의미하며, 별도의 배수관을 설치하지 않고 밖으로 방류한다.

호텔과 같이 다양한 물을 사용하는 곳에서는 호텔 설계 시 이러한 점을 고려하여 사전에 설계가 된다면 운영 시 비용을 절감할 수 있고, 보다 효과적으로 물 관리를 할 수 있다.

호텔 신축 급증

서울시내 관광호텔 개발 열기가 뜨겁다. 기존 업무시설을 관광호텔로 개조하거나 새로 짓겠다며 서울시에 사업내용 심의를 신청하는 개발건수가 늘어나고 있다. 서울시도 최근 외국인 관광객 급증으로 숙박시설 부족난이 심화되자 업무시설을 숙박시설로 용도변경을 해주거나 해당 부지의 용적률을 늘려 호텔 신축을 용이하게 해주는 등 적극 지원하고 있다.

2012년 12월 서울시에 따르면 올 들어 총 13건의 호텔 신축안과 2건의 증축 안이 서울시 심의에 상정됐다. 대부분 호텔 신축을 위한 용적률 완화요청으로 11건이 가결됐다. 매달 2건가량 심의를 통과한 셈이다. 사업자가 지방자치단체로부터 사업계획승인과 건축허가를 받기 이전에 용적률을 높이려면 서울시 심의를 통과해야 한다. 최근 열린 서울시 도시계획위원회에서도 오장동의 서울스타호텔(207실)이 신축안을 조건부 가결, 용적률을 600%에서 720%로 늘려줬다. 2009년 개정된 시 도시계획 조례에 따르면 관광 숙박시설을 지을 때 용적률을 기존의 120%까지 높여 줄 수 있다. 용적률이 늘어날 경우 사업성도 좋아져 호텔신축이 수월해질 수 있기 때문이다.

시 도시 · 건축공동위원회도 종묘, 창덕궁 등과 인접한 원남동 25일대 율곡로 변에 관광호텔 '메이필드'(120실)의 용적률 완화 안을 수정 가결했다. 기준 용적률 400%를 614%로 높이는 내용이다. 을지로2가 수표동에도 208실 규모의 호텔 건립 안이 통과됐다. 지난 5월 말에도 서울지하철 4호선 명동역 인근에 160실 규모의 관광호텔 건립 안이 승인됐다. 서울시가 용적률을 기존 600%에서 716%로 완화해줬다. 올 초에는 신설동과 광화문에서 업무시설을 숙박시설로 변경하고 용적률을 높여줬다. 서울시 도시계획과 관계자는 심의위원들이 관광호텔 신축 심사 때 차량 진출입 등 교통문제와 일반인에게 휴식공간으로 제공하는 공개공지 비율 등 공공성을 깐깐하게 살펴본다면서도 관광 숙박시설이 워낙 부족하기 때문에 신축을 독려하는 분위기라고 설명했다.

서울시는 2010년부터 현재까지 관광호텔 신축 사업계획이 추진되는 곳을 81개로 집계하고 있다. 50곳은 건축 단계이고, 나머지 31곳은 사업계획을 마련 중에 있다. 대부분 2015년 완공 예정이다. 서울시가 관광호텔 공급 확대에 적극 나서고 있는 것은 외국인 관광객은 급증한 반면 숙박시설은 턱없이 부족하기 때문이다. 지난해 외국인 관광객은 처음으로 1000만 명을 돌파했다. 이 중 90%가량이 서울을 방문한다. 객실당 2.4명이 이용한다고 계산하면 외국인 숙박수요는 4만 4300여 실에 달한다. 그러나 지난달 말 기준 서울시내 호텔 객실 수는 2만 6031실에 그쳐 1만4000여 실이 부족한 상태이다.

호텔 객실 관리

Hotel Front Office Management

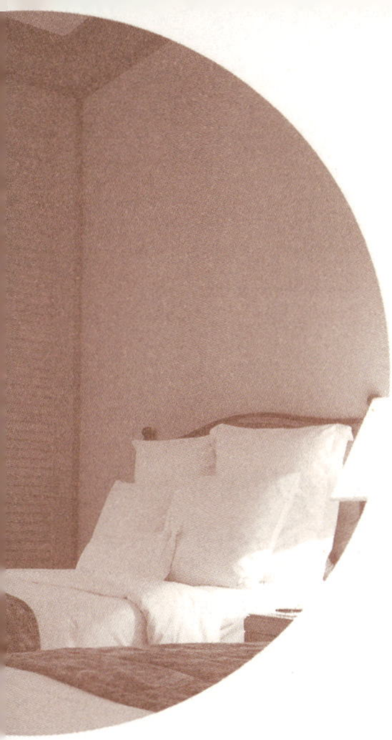

제8장

습득물 관리

1절 ◎ 습득물(lost & found)의 일반적 개요

습득물이란 호텔객실 및 부대시설을 포함한 호텔의 건물 내 · 외에서 고객의 소지품이나 수하물을 고객이 분실하고 다른 고객 또는 종업원이 습득한 물건을 뜻하며, 이때 신고받은 그 습득물을 관리하고 있다가 소유주가 나타났을 때에 이를 확인하고 돌려주는 업무를 습득물 관리라고 한다.

습득물 관리는 호텔의 중요한 서비스 중의 하나로 고객으로 하여금 호텔에 대한 이미지 제고와 신뢰성을 심어주는 기회가 될 수 있다. 그리고 고객이 분실한 물건을 찾았을 때 호텔에 대한 충성심과 감사하는 마음으로 재방문할 수 있을 뿐만 아니라, 호텔을 안심하게 이용할 수 있다는 마음을 들게 함으로써 고객관리차원에서 중요한 업무이다.

2절 ◎ 습득물 분류와 신고

1 습득물 분류

호텔에서 습득되는 물건은 매우 다양한데, 고가의 반지나 목걸이와 같은 귀금속부터 일상생활에서 많이 사용하는 휴대폰, 시계, 안경, 지갑, 식품 등의 습득물이 신고된다. 그러므로 습득물의 가격, 보관 장소, 보관 가능한 기간에 따라 다음과 같이 몇 가지로 분류 · 보관한다.

1) 가격과 보관 기간에 따른 분류

❶ A급 귀금속, 휴대폰, 카메라, 현금 등 고가품

❷ B급 가방, 의류, 안경, 구두, 우산, 서적 등 일상용품

❸ C급 약품, 속옷, 음식물 등 다른 사람이 사용 불가능한 용품

2) 보관 장소에 의한 분류

❶ 일반보관 금고보관이나 냉장보관 이외의 일반 습득물

❷ 금고보관 고가의 귀금속이나 현금

❸ 냉장보관 냉동과 냉장에 분류하여 보관되어야 할 습득물

2 습득물 신고

1) 분실 신고

어떠한 물건이든 분실한 고객은 호텔종사원이나 지배인 또는 프런트 데스크, 안내 데스크 등 누구에게나 구두로 신고하게 된다. 1차적으로 신고를 접수한 접수자는 분실신고 사항을 호텔 내의 분실물 및 습득물 취급담당자(housekeeping lost & found)에게 알려 주어 분실물이 습득되어 보관되고 있는지 확인한 후 물건이 보관되어 있으면 분실물 주인

의 신원(성명 · 주소 · 연락처, 서명)과 분실물에 대한 정확한 내용(제품 명, 색, 크기, 종류, 브랜드 등)을 확인하고 반환해 준다. 만약 신고된 분실물의 물품이 접수되어 있지 않으면 분실자의 성명, 주소, 전화번호, 분실장소, 분실물 내용과 색상, 분실 시간 등을 기록하여 두었다가 차후에 습득물 신고가 들어오면 분실자에게 연락하여 전달해 주어야 한다.

2) 습득 신고

호텔의 객실이나 레스토랑, 로비, 화장실, 정원과 같은 공공장소를 포함하는 구내에서 발견되는 습득물은 사소한 물건일지라도 호텔 내의 규칙에 따라 housekeeping에 습득 신고를 하여야 하며, 습득자는 습득물 신고카드를 작성하여 습득물과 함께 제출한다. 습득 즉시 습득물 제출이 어렵다면 전화로 습득물 상태와 시간, 장소 등을 신고해야만 한다. 습득물품은 습득자 개인 또는 습득자 근무 장소에 절대로 보관해서는 안 된다. 모든 습득물은 담당부서에 집중시켜서 일괄적으로 보관 · 관리되어야 습득물 반환에 혼선이 생기지 않는다.

3 습득물 반환

분실자가 분실물 신고를 하고 그 분실물의 반환요청으로 인하여 습득물을 반환할 때에는 해당 물품의 유실자 본인 여부 및 정당한 청구권자임을 확인하고 반환하되, 인수자의 성명, 주소, 연락처, 서명 등을 대장에 기록하고 반환한다. 또한 반환품이 맞는지와 손상은 없는지를 수령자 앞에서 확인해야만 한다.

4 습득물 관리대장 및 보관

1) 습득물 관리대장

습득물이 신고 · 접수되면 습득물 관리대장에 기록하고, 보관창고, 금고, 냉장고 등에 분류하여 보관하게 된다. 습득물 관리대장의 기록사항은 다음과 같다.

❶ 접수 일련번호
❷ 습득 일자 및 시간
❸ 습득 장소
❹ 품명(크기, 색상, 내용물 특징 등)
❺ 습득자 성명 및 연락처
❻ 분실자 주소
❼ 분실자 연락처(전화번호)
❽ 분실자 성명
❾ 확인자
❿ 인수자 성명
⓫ 인수자 주소 및 연락처
⓬ 인수일자 및 시간, 특징 등을 적어 넣는다.

2) 습득물 보관 봉투

습득물 보관은 보관봉투에 넣어 귀중품이나 고가품은 금고에 별도 보관하고, 그 외의 물품은 습득물 보관 창고나 월 또는 날짜별 보관함에 별도 보관한다. 보관봉투에는 다음과 같이 기록한다.

❶ 습득일자 및 시간
❷ 습득자 성명 및 연락처
❸ 품명(상품명, 색상, 내용물 특징 등)
❹ 습득 장소
❺ 보관담당자

3) 습득물 보관 기간

습득물 보관소는 담당자 외에 외부인 출입이 절대 안 되며, 습득물은 일시 유용하거나 사용 및 외부인에 인출할 수 없다. 습득물 관리대장은 항상 정확하게 기록하고, 안전하게 보관하여야 한다. 보관기간은 사규에 따라 약간 다르기는 하지만 일반적으로 A급은 1년, B급은 6개월, C급은 3개월이며, 부패되는 물품은 사규 또는 부패 정도에 따라서 담당 책임자의 판단 하에 즉시 폐기 또는 냉동보관 등의 조치를 취할 수 있다.

5 습득물의 처리

습득물 보관 기간이 지났거나 습득물 주인이 일정한 기간이 경과된 후에도 아무런 연락이 없을 때에는 어떻게 처리하여야 할 것인가는 사규에 의해 처리하여야 한다. 대부분 보관 기간이 경과된 물품은 사전 결재에 득한 다음 관할 경찰서에 신고서를 제출한다.

경찰에 신고된 물품이 일정 기간 경과 후에도 찾아 가지 않으면 이를 습득자에게 귀속시키거나 회사의 복리후생비 또는 호텔 잡수입으로 처리하는 경우도 있으며, 불우이웃돕기 행사로 귀속시킨다.

■ 습득물 관리 규정

제1조 목적

이 규정은 ○○호텔을 이용하는 고객에 대한 적극적인 서비스 정신에 기본을 두고, 호텔 내에서 습득한 유실물을 처리함에 있어 가장 합리적인 처리절차를 규정함을 목적으로 한다.

제2조 정의

이 규정에서 종업원이라 함은 당 호텔에 재직 · 정직 · 휴직 중인 자와 기타 임시 고용인 및 당 호텔을 위해 근무하는 용역업체 직원을 포함하여 말한다.

제3조 습득물

습득물이라 함은 당 호텔 내에서 고객과 종업원을 막론하고 타인이 유실한 물건을 말한다.

제4조 습득물의 종류

습득물은 그 가치 및 보관가능기간에 따라 다음 3가지로 분류보관토록 한다.

① A급 : 귀금속, 휴대폰, 카메라, 현금 등 고가품

② B급 : 가방, 의류, 안경, 구두, 우산, 서적 등 일상용품

③ C급 : 약품, 속옷, 음식물 등 다른 사람이 사용 불가능한 용품

〈B, C급이라도 housekeeping 부서장의 판단 하에 등급을 수정할 수 있다〉

제5조 의무

종업원은 근무 중이거나 휴일을 막론하고 유실물이 발견되면 반드시 습득하여 본 규정이 정하는 절차에 따라 처리한다.

제6조 즉시반환

유실물을 습득 시 현장에 유실자가 있거나 알 수 있을 때에는 즉시 반환하고, 분실물 담당자에게 경위를 통보하고 반환 처리결과를 기록에 남긴다.

제7조 신고

① 객실 및 객실 층 복도에서 발견 시 유선으로 즉시 신고하고, 가능한 최단시간에 housekeeping lost & found 사무실로 습득물을 접수하도록 한다.

② 업장(식음료, 레포츠)에서 발견 시는 1차로 업장지배인에게 신고 · 접수하고, 업장지배인은 습득물의 주인을 파악하지 못할 시 즉시 H/K사무실로 접수하도록 한다.

제8조 접수

① 습득물 접수업무는 housekeeping 부장이 지명한 전담자가 담당하고, housekeeping 부장이 감독한다.

② 접수자는 접수 즉시 시간 · 장소 · 습득자 · 품명들을 파악하여 습득물 대장에 기록 · 유지토록 한다.

③ 접수절차를 마친 습득물은 규격봉투에 넣어 봉투 겉면에 2항의 내용을 기재하여 지정된 장소에 보관한다.

④ 접수자는 front desk의 협조를 얻어 분실자 신원을 파악할 수 있을 경우 분실자에게 통보하도록 하고, 그 내용을 습득물대장에 기록 · 유지한다.

제9조 반환

① 습득물을 반환할 때에는 해당물품의 유실자 본인 여부 및 정당한 청구 권리자임을 확인하고 반환하되, 영수증을 받아 보관하여야 한다.

② 습득물의 반환에 따른 우편료 및 이에 수반되는 경비가 있을 경우는 습득물의 반환을 받은 자의 부담을 원칙으로 한다. 사규에 따라 소요경비를 회사가 부담하는 경우도 있다.

제10조 보관

① 습득물의 보관은 지정된 장소에 보관한다.

② 보관기간 : A급은 1년, B급은 6개월, C급은 3개월로 한다.
단, 부패되는 물품은 부패 정도에 따라 housekeeping 부장의 판단 하에 즉시 폐기처분하는 등의 조치를 취할 수 있다.

③ 보관된 습득물은 일시 유용하거나 사용 및 외부 인출을 하지 못한다.

④ Housekeeping 부장의 주관 하에 매월 1회 습득물대장의 내용과 습득된 보관품이 일치하는지를 점검토록 한다.

제11조 처리

① 보관기간이 경과한 습득물은 사전 결재를 득한 다음 관할경찰서로 신고하여 제출한다. 다만 유가증권이 아닌 경미한 물건은 자체 처리한다.

② 제1항에 의거 경찰에 신고 된 물건이 기간이 경과하여도 찾아 가지 않는 경우, 이를 습득자에게 귀속시키거나 회사의 복리후생비 또는 호텔 잡수입으로 처리하는 경우도 있으며, 불우이웃돕기 행사로 귀속시킨다.

제12조 상벌

① 습득물의 접수는 공적으로 인정하여 연말 인사고과의 자료로 활용토록 한다.

② 습득물을 임의로 판단하여 개인이 소유할 경우는 규정에 의거 상벌로 처리한다.

③ ①, ②항은 지위고하를 막론하고 동등하게 적용한다.

부칙 : 이 규정은 20_년 _월 _일부터 시행한다.

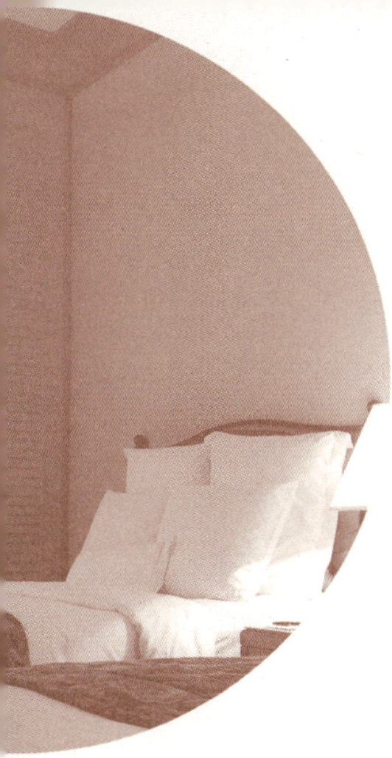

제9장

미니바 업무

미니바(Mini Bar)는 객실 매출 수익 면에 큰 영향을 줄 수 있다. 미니바의 근본적인 운영 목적은 객실 내에 스낵코너를 설치하여 준비된 스낵(Snack)을 즐긴 후, 후불 형식의 정산을 통하여 편리하게 이용할 수 있도록 하는 데 그 목적이 있다. 또한 미니바의 합리적인 관리는 부가가치를 높일 수 있다. 미니바는 객실에 냉장고를 비치하여 간단한 주류와 음료, 견과류 등을 넣어 두고 투숙객이 기호에 맞는 음식물을 선택하여 이용한 후 퇴실할 때 정산하게 하도록 하는 호텔 측의 하나의 수입원 역할을 하는 코너이다.

현재의 미니바는 작은 양주나 안주, 스낵류 등 그 종류가 다양해지고 있으며 요금은 일반 요금보다는 조금 비싸게 책정하고 있다. 미니바는 고객이 스스로 이용하는 것이

므로 서비스료는 부가되지 않고 세금만 부가된다. 미니바 영업은 호텔에 따라 룸서비스 부서나 프런트 오피스에서 운영한다. 그러나 미니바는 객실에 설치되므로 객실을 관리하는 하우스키핑에서 맡아 운영하는 것이 더 효율적이므로 하우스키핑에서 미니바를 관리하는 경우도 있다.

미나바의 물품 관리는 물품 판매 자료에 근거하여 품목의 선정과 변경 그리고 추가를 정하여 구매과에서 구매와 공급을 담당하며 하우스키핑 부서에서는 판매만 한다. 미니바 품목은 40리터 내외의 작은 냉장고에 넣는 관계로 개수도 그리 많지 않고 크기도 작다.

1절 ◎ 미니바 관리

미니바(Mini Bar) 담당자는 객실 내의 소형 냉장고에 있는 음료 및 주류 등을 확인하고 점검하는 업무를 담당한다. 투숙고객이 프런트에서 체크아웃을 신청하면 프런트 직원은 미니바 담당자에게 연락하여 미니바 사용을 점검하게 한다. 미니바 담당자는 고객이 사용한 품목과 가격을 프런트에 알리고 정산하도록 한다.

소규모 호텔에서는 룸 메이드(Room Maid)가 미니바 업무를 겸하기도 한다. 한편 미니바는 고객 편의를 위하여 제공되지만, 고객 체크아웃 시 미니바 품목 사용에 대한 확인을 위해 장시간 고객을 기다리게 할 수 없어 고객이 표시한 미니바 계산서(Bill)에 의존하거나 고객에게 물어보고 처리할 수밖에 없다. 이 경우 고객이 정확히 기억을 못하거나 일부 사용을 부인하면 그에 대한 부분은 손실처리를 하게 된다. 미니바 운영이 호텔에 수익은 가져오지만 운영상에 어려움이 많은 것도 사실이다. 미니바 운영에서의 손실을 줄이기 위해 다음과 같은 사례가 있다.

❶ 체크아웃 시 즉시 객실에 들어가 미니바를 확인하여 사용 내역을 컴퓨터에 입력하거나 프런트 캐셔가 알려온 내용을 객실요금과 함께 계산 가능하도록 한다.

❷ 체크인 시 등록을 받아놓거나 현금 보관을 충분히 하도록 유도 또는 크레디트 카드(Credit Card)를 사전승인 받아 사용하도록 하는 방법으로 손실을 줄일 수 있도록 해야 한다.

2절 ◎ 미니바 점검

각 층의 미니바(Mini Bar) 담당자들은 출근 이전에 일찍 퇴숙(check out)하는 고객을 위해 야간근무자와 협력하여 미니바의 점검업무를 담당한다. 점검은 신속 · 정확하게 이루어져야 하며, 확인 즉시 프런트로 우선 통보함으로써 계산서의 발행과 수납이 정확히 진행되도록 해야 한다. 점검이 진행되는 대로 점검표에 객실별로 물품의 수량을 기재한다.

미니바에 들어가는 일반적인 품목으로는 음료(Water, Jucie, Coke, Cider), 알코올류(Beer, Wine, Whisky, Cognac), 스낵류(Chip, Peanuts, Chocolate, Beef) 등이다. 최근에는 호텔들이 미니바를 통한 객실매출을 극대화하기 위해 비치품목을 다양화하고 있는데, 기존의 품목 외에도 면도기, 칫솔세트, 화장품류 등을 판매하고 있다. 이상과 같이 미니바의 아이템 종류가 다양하고 개수도 많으므로 주의 깊게 확인을 해야 하며, 점검 시의 유의사항은 다음과 같다.

❶ 항상 객실에 고객이 투숙 중임을 생각하며, 고객이 응답할 수 있는 충분한 시간을 기다려야 한다. 급한 마음에 서둘러 객실문을 열면 안 된다.

❷ 아침 인사를 한 후 정중하게 양해를 구한 다음 신속히 점검을 마치고 기재하되, 객실에서 나올 때 인사도 잊지 말아야 한다.

❸ 점검 후에도 고객이 체크아웃 이전이라면 재점검해야 할 객실로 표시하여 둔다.

3절 ◎ 미니바 재고조사

미니바(Mini Bar)의 재고조사는 매월 정기적으로 하는 것이 일반적이긴 하지만 때에 따라서는 매일 하는 일일 결산을 하기도 한다. 재고조사는 손실을 줄이기 위함도 있지만, 유효기간이 지난 품목을 찾아내고자 하는 의미도 내포되어 있다.

❶ 일일 결산 : 전일 재고분량에서 당일의 판매분을 출고 후에 빈 카드의 수량과 현품을 대조, 확인

❷ 월별 결산

- 월별 재고 조사일을 정하고 재정부 담당자와 미니바(Mini Bar) 담당자가 확인
- 층별 창고의 보유량 및 객실에 설치된 분량을 확인(Inventory Report)

❸ 전월의 미니바(Mini Bar) 손실 체크

참|고|문|헌

1. 국내문헌

고석면(2000), 호텔경영론, 기문사.

구정대(2004), 호텔객실실무서비스, 대왕사.

권동극 · 김영식(2008), 호텔객실관리실무, 백산출판사.

권봉헌 · 임재문(2009), 호텔객실관리론, 연경문화사.

김경환 · 차길수(2002), 호텔경영학, 학현사.

김광철(2002), 호텔객실 경영과 실무, 대왕사.

김권식 · 박민규 · 조준수(2009), 호텔객실실무, 한올출판사.

김근종 · 정종훈(1996), 호텔실무개론, 기문사.

김성동 · 김성대 · 김권수(2005), 호텔객실실무론, 대왕사.

김성혁 · 유도재 · 김명수 · 이재형 · 이상경(2011), 현관객실론, 백산출판사.

김영규 · 이희천(2000), 호텔객실실무, 학문사.

김영준 · 민덕기 · 김영화(2006), 최신 호텔현관객실실무론, 대왕사.

김왕상(2004), 호텔객실실무관리론, 대왕사.

김왕상 · 신강현(2001), 호텔객실실무관리론, 대왕사.

김용식 · 박영기 · 하채헌(2016), 호텔경영론, 에이드북

김일채 · 박대환(2000), 호텔객실관리론, 백산출판사.

김재민 · 신현주(1999), 신호텔경영론, 대왕사.

김정근(2002), 호텔경영론, 대왕사.

김진강 · 원유석 · 최우성(2010), 호텔객실실무론, 백산출판사.

김진섭 · 김혜영(2002), 호텔경영학, 대왕사.

김철광(2003), 호텔객실 경영과 실무, 대왕사.

김충호(2002), 호텔경영학, 형설출판사.

남택영 · 김영욱 · 김홍일(2011), 프론트 · 객실실무론, 새로미.

문화관광부(2003), 1~3급 관광호텔 서비스 매뉴얼.

민혜성 · 이승연(2005), 호텔객실관리론, 대왕사.

박대환 · 박동균 · 조보경 · 전우혁(2010), 호텔객실영업론, 백산출판사.

박영기(2016), 호텔경영전략, 이프레스.

______(2018), 호텔경영론, 이프레스.

______(2018), 호텔인적자원관리, 범한.

박진배(2003), 호텔경영과 디자인 팔레트, 도서출판 국제.

송대근 · 강용관(2011), 호텔객실서비스 실무, 대왕사.

송성인 · 김영식(2007), 새로운 호텔경영학, 새로미.
신형섭 · 강종천 · 신동렬(2003), 호텔경영서비스실무, 백산출판사.
안광호 · 김영식 · 송필수 · 전용수(2012), 호텔객실서비스 실무, 기문사.
안광호 · 김영식 · 이완로(2007), 호텔객실서비스 실무, 새로미.
오홍진 · 강찬호(2012), 실전 호텔객실서비스론, 기문사, 2012.
원융희 · 임병설 · 이보연(2003), 최신호텔실무론, 백산출판사.
유정남(2003), 호텔경영학, 기문사.
이선희 · 송대근(2007), 호텔객실실무론, 대왕사.
이세일 · 정호권(2003), 호텔실무개론, 한올출판사.
이정학(2003), 호텔경영의 이해, 기문사.
이희천 · 김영규(1999), 호텔객실실무, 학문사.
주종대(1997), 호텔객실업무론, 대왕사.
전원배(2003), 호텔경영학개론, 백산출판사.
전홍진 · 김홍일(2004), 호텔객실실무론, 학현사.
정호권(2008), 최신호텔경영론, 한올출판사.
정종훈 · 한진수(2004), 호텔 프런트 & 객실관리론, 학현사.
최복수(2006), 호텔현관과 객실업무, 대왕사.
최복수 · 김원태(2011), 호텔객실 및 하우스키핑 실무, 대왕사.
최우성 · 이기국(2007), 호텔서비스 실무론, 새로미.

2. 호텔 매뉴얼

경주 조선호텔(1994), 객실부 매뉴얼.
그랜드 앰버서더 호텔(2004), 객실부 업무 매뉴얼.
그랜드 인터컨티넨탈 서울(2000), 업무 매뉴얼.
그랜드 하얏트 호텔(1990), 업무 매뉴얼.
리츠칼튼 호텔(2008), 직무교재.
밀레니엄 서울힐튼(2009), 매뉴얼.
부산 웨스틴조선 호텔(2007), 객실영업업무 매뉴얼.
세종호텔(2008), 객실 매뉴얼.
쉐라톤 워커힐(2008), 하우스키핑 매뉴얼.
신라호텔(1992), 객실 매뉴얼.
호텔롯데(2004), 객실부 업무 매뉴얼.
호텔현대(1992), 공통직무 매뉴얼.
홀리데이 인(2003), 하우스키핑 매뉴얼.

3. 국외문헌

American Hotel & Lodging Educational Institute(2002), Certified Hotel

Administrator: Study Gide 2002, Vol. Ⅲ, Orlando: Educational Institute of the AH & LA.

Balzer, Harry(1982), Product Positioning Chicago: International Foodservice Manufacturers Association.

Barke, James A.(1990), Hotel Front Office Management, Van Nostrand Reinhold.

Berger, Florence & Ajay Ghei(1995), Employment Tests: a Facet of Hospitality Hiring, The C.H.R.A.Q., December.

Charles E. Steadmon, Michael L. Kasavana(1998), Front Office 2nd ed., The Educational Institute of the American Hotel & Motel Association.

James A. Bardi(1996), Hotel Front Office Management 2nd ed., John Wiley & Sons, Inc.

Jerome J. Vallen, Gary K. Vallen(1991), Check-in Check-out, 4th de., Wm. C. Brown Publishers.

Kappa, Margaret M., Aleta Nitschke & Patricia B. Schappert(2002), Managing Housekeeping Operations, Michigan: AH & LA.

Lefever, Michael M.(1998), The Gentle Art of Overbooking, The Cornell H.R.A. Quarterly November.

Linsely T. Deveau, Paricia M. Deveau(1996), Front Office Management and Operations, Prentice-Hall, Inc.

Martin, Robert H.(1998), Profdssional Management of Housekeeping Operations, John Wiley & Sons, Inc., New York.

Michael L. Kasabana, John J. Cahill(1997), Managing Computers in the Hospitality Industry, 3rd ed., The Educational Institute of the American Hotel& Motes Association.

Michael L. Kasabana, Richard M. Brooks(1998), Managing Frond Office Operations, 5rd ed., The Educational Institute of the American Hotel& Motes Association.

Mill, Robert C.(1986), Managing the Service Encounter, The C.H.R.A.Q., February.

Peter Abbot and Sue Lewry(1999), Front Office Procedures, Social Skills, Yield and Management, 2nd ed., Butterworth Heinemann.

Perte Renner(1994), Basic Hotel Front Office Procedures, 3rd., Van Nostrand Reinhold.

Ross, Barbara-Jean(1990), Training: Key to Effective Reservations, The C.H.R.A.Q., 31(3).

Slack, Kim(1993), Training for the Real Thing, Training & Development, May.

Toh, Rex S., Michael Y. Hu, and Glenn Withian(1993), Service: The Key to Frequent-Guest Programs, The Cornell H.R.A. Quarterly, June.

Wood, Robert H.(1994), Managing Hospitality Human Resource, M1: EIAH&MA.

저자소개

■박 영 기

- 경희대학교 경영학석사(호텔경영전공)
- 가천대학교 경영학박사(호텔외식경영전공)
- 밀레니엄 서울힐튼호텔 객실부 지배인 역임

현) 한국관광학회 평생회원
한국호텔외식경영학회 평생회원
한국호텔리조트학회 부회장
한국관광품질인증 평가요원
청운대학교 호텔경영학과 교수(학과장)

■안 성 근

- 경기대학교 대학원 관광학박사(호텔경영전공)
- 그랜드 하얏트 서울 식음료 지배인 역임
- 경희대학교 외래교수 역임
- 성신여자대학교 외래교수 역임

현) 한국관광레저학회 평생회원
한국와인소믈리에학회 부회장
한국관광레저학회 부회장
청운대학교 호텔경영학과 교수

호텔객실관리

2013년 6월 20일 초　판 발행
2015년 1월 31일 2판 1쇄 발행
2019년 2월 20일 3판 1쇄 발행
2020년 8월 31일 4판 1쇄 발행
2023년 8월 31일 4판 2쇄 발행

저　자 박영기 · 안성근
발행인 한 인 환
발행처 도서출판 **기문사**
등　록 1978. 8. 9. NO. 6-0637
주　소 서울시 동대문구 안암로 50-1(용두동) 홍신빌딩 3층
전　화 02) 2265-7214/922-8662~8663
팩　스 02) 922-8772

homepage : www.kimoonsa.co.kr
e-mail : book@kimoonsa.co.kr

ISBN : 978-89-7723-957-9 93370

저자와의 협의하에 인지생략

정가 : 24,000원